통암기 수능 영단어 plus 어원편

통째로 외우면서 정리하는

통암기 수능 영단어 plus 어원편

지은이 염종원, 심우철
펴낸이 정규도
펴낸곳 (주)다락원

초판 1쇄 발행 2006년 12월 26일
초판 6쇄 발행 2015년 7월 30일

책임편집 김명진
디자인 이수민
영문 감수 Michael Putlack

다락원 경기도 파주시 문발로 211
Tel: (02)736-2031 Fax: (02)732-2037
(내용문의: 내선 302 / 구입문의: 내선 113~114)
출판등록 1977년 9월 16일 제300-1977-23호

값 12,800원

ISBN 89-5995-111-0 53740
     978-89-5995-111-6

http://www.darakwon.co.kr

- 다락원 홈페이지를 방문하시면 상세한 출판정보와 함께 동영상강
  좌, MP3자료 등 다양한 어학 정보를 얻으실 수 있습니다.

통째로 외우면서 정리하는

염종원·심우철 지음

다락원

효과적인 영단어 학습법

모든 언어가 그렇듯이 영어 역시 단어, 즉 어휘력이 실력을 크게 좌우합니다. 문법이 하나의 언어를 구성하는 뼈대라면 단어는 살이죠. 수능에서도 문법은 정확하게 알지 못해도 어휘력으로 지문의 맥락을 이해하여 독해 문제를 쉽게 맞히는 학생들을 많이 봅니다. 그만큼 어휘력의 효과가 크다는 반증이겠죠. 그렇다면 누구나 그 중요성을 인식하고 있는 단어 학습은 어떻게 해야 가장 효과적일까요?

단어 학습에는 우선 주제별 접근법과 수준별 접근법이 있습니다. 주제별 접근법이란 하나의 주제와 연관된 단어들을 모아서 공부하는 것이고, 수준별 접근법은 각 학습 수준에 맞는 어휘수를 공부하는 것입니다. 하지만 이 두 가지 방법은 초급 수준에서는 적절할지 모르나 고학년이 되어 알아야 할 단어수가 늘어나면서 한계를 느끼게 됩니다.

다음으로 어구별 접근법이 있습니다. 저는 이전에 〈통암기 수능 영단어〉(다락원)를 통해 최초로 collocation, 즉 어구를 통한 단어 학습법을 제시했습니다. 즉, moist '축축한, 습한'이란 단어와 skin '피부'를 따로 익히는 것이 아니라 moist skin 즉, '촉촉한 피부'처럼 실제로 쓰는 생생한 표현을 통해 어휘력을 배가시키는 방법입니다. 이 방식은 단어 습득 시간을 단축시켜주고 독해 지문을 중심으로 영어를 공부하는 수험생들에게 큰 도움이 되기 때문에, 입시 관련 정보 사이트에서 상위권 학생들의 어휘 필독서로 추천되기도 했습니다. 그러나 학생들에게 좀 더 다양한 어휘 학습 방법을 제시하고자 이번에는 '어근'이라는 화두를 꺼내들었습니다. 모든 단어의 의미를 좌우하는 핵인 '어근'을 통해서 관련 어휘들을 배울 수 있는 방법입니다.

어근을 통해 단어를 익히는 책들은 시중에 꽤 나와 있습니다. 그러나 그들 모두는 천편일률적으로 다음과 같은 학습 방식을 제시하고 있습니다.

예 ▶ **mit-, mis-**	보내다	*ex.* submit
spect-	보다	*ex.* inspect
ple-, pli-	더하다, 채우다	*ex.* complete

이 방식대로라면 여러분들은 submit, inspect, complete라는 단어를 익히기 위해 추가적으로 mit, mis, spect, ple, pli 등의 여러 복잡한 형태의 어근들을 외워야 합니다. 즉 단어를 외우기 위해 어근을 따로 외워야 한다는 것이지요. 혹을 떼려다가 혹 하나 더 붙인 꼴이 되었습니다. 정말로 여러분들의 암기 부담을 덜어주기 위해서는 어근을

따로 외워야 하는 부담까지 없애주어야 합니다. 그래서 〈통암기 수능 영단어 plus 어원편〉에서는 누구나 다 아는 외래어나 초등학교 수준의 단어를 중심으로 어근을 제시합니다. 다음의 방식을 한번 비교해 보시기 바랍니다.

> 예 ▶ **missile** 미사일 ▷ 쏘아 보내다(mis)
>
> **spectacle** 스펙터클 ▷ 눈으로 보다(spect)
>
> **plus** 플러스 ▷ 더하다, 채우다(plu=ple)

여러분 중에 설마 missile이나 spectacle, plus라는 단어를 모르는 분은 없겠죠? 이렇게 어근을 따로 외울 것이 아니라 우리에게 익숙한 단어들 속에서 어근을 익히기 때문에 추가적으로 암기할 것이 없습니다. 즉, 여러분들은 이미 missile을 알고 있으니까 이 단어속의 'mis'가 쏘아서 '보내는' 것과 관련이 있구나, 하는 것만 깨닫고서 miss, dismiss, promise, mission, mess, message 등의 많은 단어를 힘들이지 않고 외우는 것입니다. 그리고 그렇게 외워진 단어는 손으로 100번 쓴 것보다 훨씬 더 강력하게 기억 속에 남습니다. 마치 '日과 月을 합치면 해와 달이 합쳐져 더 밝으니 밝을 명(明)자가 되는구나!'하고 한자를 익히는 이치와 같습니다. 이제 소위 '빽빽이'하면서 애꿎은 연습장 버리거나 손가락 관절염 걸리지 마시고 현명하게 어휘를 익히도록 합시다.

이 책의 또 다른 특징은 기존의 어근 교재들에서 다루지 못한 단어들을 40% 이상 다루고 있다는 점입니다. 수능 단어들 대부분은 어근으로 접근하여 설명될 수 있음에도 불구하고 많은 어근 관련 책들에서는 수능에 자주 나오는 단어들을 빼먹는 경우가 대부분인 형편입니다. 하지만 이 책에서는 veil(베일)-reveal(드러내다), net(그물)-connect(연결하다), mouth(입)-moustache(턱수염), lotion(로션)-pollution(오염) 등 우리가 잘 알고 있는 단어들과 짝지어서 쉽게 익힐 수 있는 수능 필수 단어들을 풍부하게 실었습니다. 또한 10여 종 이상의 외국의 어근 전문 도서와 5종 이상의 어근 관련 사전을 면밀히 참조하여 정확한 근거를 바탕으로 보다 쉬운 어근을 통한 단어 학습이 가능하게 했습니다.

마지막으로 이 책의 내용은 실제 학원 강의를 통해 많은 학생들에게서 효과를 확인한 후 출판하게 되었음을 말씀드리면서 이 한 권의 책이 여러분의 어휘력을 늘리는 데 획기적인 도움이 되리라 자신합니다. 수험생 여러분, **Cheer up!** ^^

이 책의 특징

1 외울 것만 늘어나는 여타 어원 중심 단어 암기법의 한계를 극복하였다.

예를 들어, 단어 devastate를 '완전히(de) + 비게(vast) + 만들다(ate) = 황폐하게 만들다'라는 식으로 학습할 경우 'vast'라는 새로운 어근을 암기해야 단어 하나를 기억할 수 있지만, 이 책에서는 이미 알고 있는 단어의 어근을 뽑아 접근하므로 훨씬 쉽습니다.

예를 들어 '바캉스(vacance) = 집을 비우고(vac) 떠나는 것'이라는 도식을 통해 어근 vac이 '비우다'라는 뜻임을 익히고 그 어근 변화형인 vast를 익히면, 이를 이용해 vanish(사라지다), vanity(허영), devastate(황폐하게 만들다) 등 보다 어려운 단어들을 손쉽게 한 번에 기억할 수 있습니다.

2 길고 장황한 예문 대신 기억하기 쉬운 짧은 예시 어구를 사용했다.

'a border dispute = 국경 분쟁'의 예처럼 '국경 분쟁'이라는 매우 사용 빈도가 높은 어구를 통해 'dispute'의 의미를 익히고, 동시에 한 번의 학습을 통해 영단어 'border'와 'dispute'을 모두 익히게 됩니다. 학습 시간을 단축시키는 것은 물론 훨씬 더 오래 기억에 남게 되고, 실제 독해 지문에서 이 구문이 등장하였을 때 더 빨리 의미를 파악해낼 수 있습니다.

3 연습문제를 통해 단어 이해 여부를 다시 한 번 확인한다.

다음과 같이 'prolong'이라는 단어의 경우, 예시 어구와 매우 유사하고 관련 있는 예문을 이용함으로써 자연스럽게 반복 학습의 효과를 볼 수 있습니다.

〈예시어구〉 prolong one's life ～의 수명을 연장시키다
〈연습문제〉 The operation could ___________ his life by two or three years.
　　　　　　수술로 그의 생명을 2～3년 연장시킬 수 있었다.

4 기본적이고 필수적인 접사는 따로 익힌다.

collaborate 함께(co=together) 일하는(labor) ▷ 공동으로 일하다

위의 예에서 알 수 있듯이 'collaborate'에서 '-ate'의 설명은 본문에서 생략하였습니다. 이것은 '-ate'가 이 단어의 의미를 기억하는 데 필수적이지는 않기 때문입니다.
그러나 동사형 접미사 '-ate'는 때로 단어의 활용에 중요한 역할을 하기도 하기 때문에 부록 2 '필수 접사 총정리'에서 다른 기본 접사들과 함께 그 쓰임을 소개해 놓았습니다.

- **ate:** '∼시키다, ∼(이 되게) 하다, ∼을 부여하다' 따위의 뜻을 가진 동사를 만든다.
  locate(위치하다), concentrate(집중하다), evaporate(증발시키다), celebrate(축하하다), motivate(자극하다)…

5 부록으로 주요 동사구와 혼동어를 수록하였다.

부록으로 '수능에 필요한 주요 동사구'와 '혼동어 휘어잡기'를 수록하여 수능을 준비하는 학생들이 유용하게 활용할 수 있도록 하였습니다.

동사구는 다음과 같이 직역을 통해 그 의미를 유추하는 형식으로 소개했습니다. 동사구나 숙어를 빠르게, 오래, 그리고 많이 기억할 수 있는 가장 확실하고 유일한 방법이기도 합니다.

- **account for :** ∼에 대한 이유(for)나 정당성을 설명하다(account) ▷ 이유를 밝히다 ▷ 책임을 지다

혼동어는 수능, 교육청 모의고사, 교육평가원 모의고사 등에 출제되었던 문제를 파생어, 유사어, 대조어 구분 없이 모두 망라하였습니다. 혼동어 문제는 다음에서 보듯이 2005년부터 출제되기 시작한 유형으로, 앞으로 모의고사나 수능을 준비하는 데 큰 도움이 될 것입니다.

- **identity** [aidéntəti] n. 정체성
- **identification** [aidèntəfikéiʃən] n. 신원, 신분

[**교육청 05**] Speakers of a language may experience the loss of their language as a loss of their cultural (identity / identification).
한 언어를 사용하는 사람들은 그들의 언어가 사라지는 것을 그들의 문화적 정체성이 소실되는 것으로 느낀다.

6 무료 MP3로 발음까지 잡는다.

철자와 뜻을 다 알고 있다 하더라도 제대로 알아듣고 발음할 줄 모른다면 아무 소용이 없습니다.
이 책에서 다룬 단어와 예문은 모두 무료 MP3 파일에 수록하여 어떻게 발음하고 강세가 어디에 붙는지 확실하게 익힐 수 있도록 하였습니다.

이 책의 구성

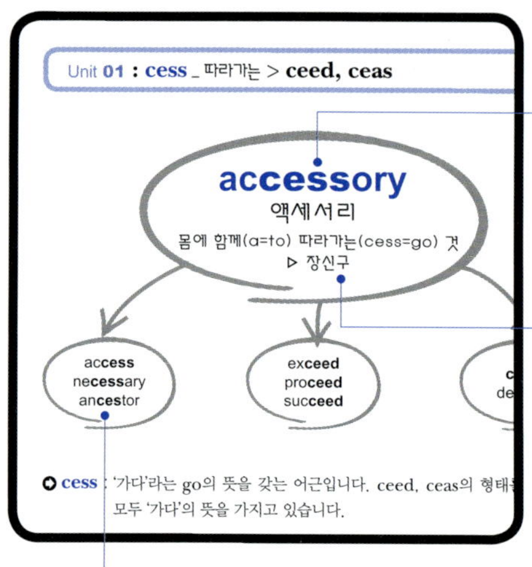

누구나 다 알고 있는 쉬운 표제어

이 unit에서 배우게 될 어원을 담고 있는 단어입니다. 어원을 먼저 외울 것이 아니라, 우리가 잘 알고 있는 이 단어 속에서 어원을 찾아보도록 합시다.

표제어 파헤치기

표제어 accessory가 왜 '액세서리'라는 뜻이 되었는지를 설명합니다. 여기에서 등장하는 어원 cess가 이 유닛의 주인공이니 잘 봐두도록 합시다.

같은 어원을 가진 단어들

accessory와 마찬가지로 어원 cess에서 파생된 단어들을 닮은 것끼리 모았습니다. 이 중에 먼저 자신이 모르는 단어가 있는지 체크해 봅시다. 처음부터 너무 완벽하게 외우려 하지 말고 모르는 단어 중심으로 공부합시다.

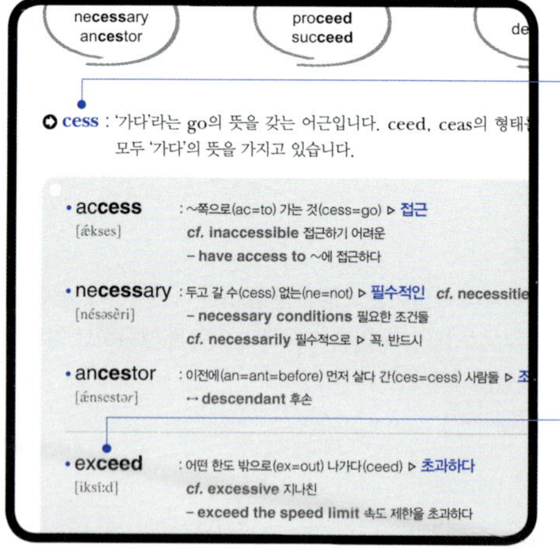

어원에 대한 간략한 소개

어원에 담긴 뜻과 다양하게 변형된 어원의 모습을 소개합니다. 표제어와 그 아래 소개된 파생어들에 담긴 어원을 살펴보며 그 뜻을 연관시켜 이해하는 것이 중요합니다.

어원을 통한 본격적인 학습

위에서 소개한 단어들 하나하나를 어원에 기초를 두어 설명했습니다. 모르는 단어가 있다면 꼭 어원 풀이를 꼼꼼히 읽어 보세요. 읽기만 해도 뜻이 저절로 머리속에 들어옵니다.

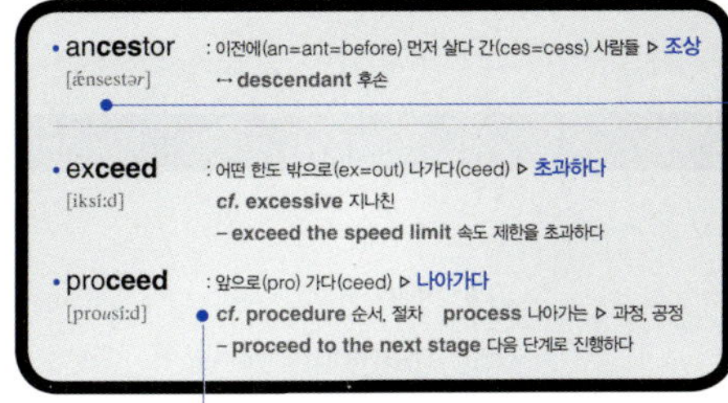

발음기호

각 단어는 꼭 소리 내어 발음해 보도록 합시다. 발음을 모르면 그 단어를 안다고 할 수 없습니다. 무료 MP3를 활용하는 것, 잊지 마세요!

파생어와 예시 어구

각 단어들과 함께 배우면 더욱 이해하기 쉬운 예시 어구와 파생어입니다. 단어의 뜻을 더 잘 이해할 수 있는 것은 물론 독해에도 큰 도움이 됩니다.

연습문제로 확인하자!

앞에서 배운 단어나 파생어, 예시 어구를 사용해서 답할 수 있는 연습문제를 제시했습니다. 새로운 단어를 잘 익혔는지, 실력을 확인해 봅시다.

어원실록

표제어로 다루고 있는 단어들 이외에도 우리에게 친숙한 많은 단어들의 정착 과정을 알기 쉽게 파헤칩니다. 흥미롭게 변신해온 많은 단어들의 역사를 알면 단어 공부가 더욱 즐거워질 것입니다.

여기까지 봤는데도 머리에 잘 남지 않는 단어들이 있습니다. 3번을 반복 학습했는데도 잘 기억나지 않는 단어들은 따로 단어장을 만들어 둡시다. 이렇게 블랙리스트를 만들면 자신의 약점이 무엇인지 알 수 있기 때문에 또 다른 실수를 예방할 수 있습니다.

Chapter 2 우선순위 어원 110

Chapter 4 알짜 어원 162

부록

최우선순위 어원 70

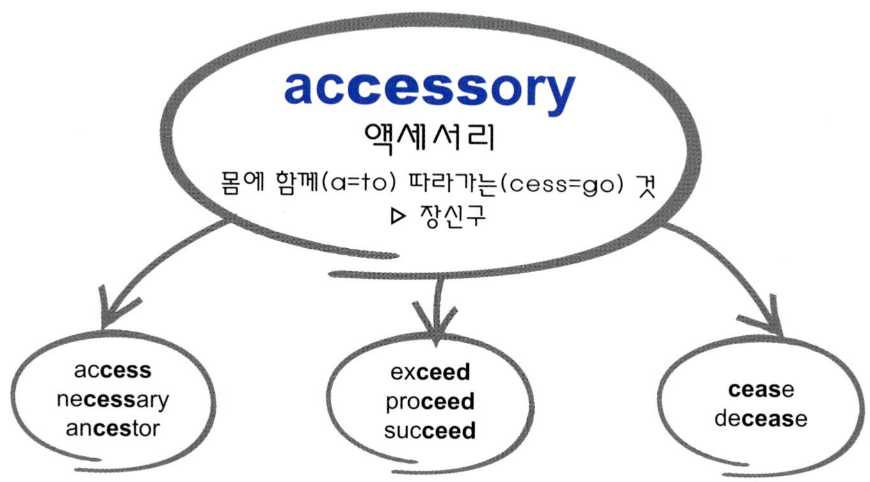

○ **cess** : '가다'라는 go의 뜻을 갖는 어근입니다. ceed, ceas의 형태를 갖는 어근 모두 '가다'의 뜻을 가지고 있습니다.

- **access** : ~쪽으로(ac=to) 가는 것(cess=go) ▷ **접근**
  [ǽkses]
  cf. **inaccessible** 접근하기 어려운
  – **have access to** ~에 접근하다

- **necessary** : 두고 갈 수(cess) 없는(ne=not) ▷ **필수적인** *cf.* **necessities** 필수품
  [nésəsèri]
  – **necessary conditions** 필요한 조건들
  cf. **necessarily** 필수적으로 ▷ 꼭, 반드시

- **ancestor** : 이전에(an=ant=before) 먼저 살다 간(ces=cess) 사람들 ▷ **조상**
  [ǽnsestər]
  ↔ **descendant** 후손

- **exceed** : 어떤 한도 밖으로(ex=out) 나가다(ceed) ▷ **초과하다**
  [iksíːd]
  cf. **excessive** 지나친
  – **exceed the speed limit** 속도 제한을 초과하다

- **proceed** : 앞으로(pro) 가다(ceed) ▷ **나아가다**
  [prousíːd]
  cf. **procedure** 순서, 절차   **process** 나아가는 ▷ 과정, 공정
  – **proceed to the next stage** 다음 단계로 진행하다

- **succeed** : 누구 밑으로(suc=under) 들어가다(ceed)
  [səksíːd] ▷ 1. **계승하다, 이어받다** 2. **성공하다**
  – **succeed to the family business** 가업을 잇다
  – **succeed in solving a problem** 문제 해결에 성공하다
  cf. **succession** 연속, 계승 **successive** 연속적인

- **cease** : 가다가(ceas=cess) ▷ **멈추다** *cf.* **unceasing** 멈추지 않는, 끊임없는
  [síːs] – **cease to breathe** 숨을 거두다

- **decease** : 멀리(de=away) 가버리다(ceas=cess) ▷ **사망; 사망하다**
  [disíːs] *cf.* **deceased** 죽은, 작고한, 고(故)

1. Please log in below to gain __________ to our classified information.
우리의 기밀 정보에 대한 접근 (권한)을 얻기 위해 아래에서 로그인 하세요.
*classify 기밀로 다루다

2. They still use a variety of traditional remedies handed down from their __________s. 그들은 여전히 조상에게서 전해진 여러 전통적 처방을 사용한다.

3. Everyone went to the funeral to pay their respects to the __________.
고인에게 조의를 표하기 위해서 모두 장례식에 갔다.

4. The average cost of building a new bowling center today __________s $100,000 per lane!
새로운 볼링센터를 건설하는 평균 비용은 레인 하나당 십만 달러를 넘는다!

5. Please note that you don't need to follow this __________ every time you start the program.
프로그램을 시작할 때마다 이 절차를 따를 필요는 없다는 것을 유의하세요.

6. When the queen dies, her eldest son will __________ to the throne. 여왕이 죽으면, 그녀의 장자가 왕위를 계승할 것이다.

7. Having a risk factor does not __________ mean that a person will get the disease.
위험 인자를 가진다는 것이 반드시 병에 걸린다는 것을 의미하는 것은 아니다.
*risk factor 위험 인자

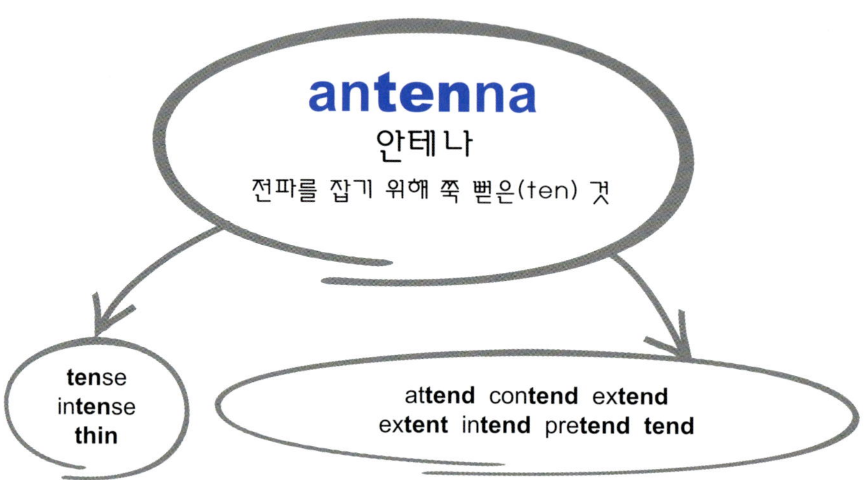

◐ ten : ten, tend, tent는 모두 '쭉 뻗은'이라는 뜻입니다.

• **ten**se
[tens]
: 뻗쳐(ten) 있는 ▷ **팽팽한, 긴장한** *cf.* tension 긴장
– **a tense moment** 긴장된 순간

• **in**ten**se**
[inténs]
: **강렬한** ◉ tense의 강조 *cf.* intensive 강한, 집중적인
– **three weeks of intensive training** 3주간의 집중적인 훈련

• **thin**
[θin]
: 길게 뻗어서(thin=ten) ▷ **가느다란, 얇은**
↔ **thick** 두꺼운

• a**tt**end
[əténd]
: 1. ~로(a=to) 몸을 뻗다(tend) ▷ 다다르다 ▷ **출석하다**
– **attend classes** 수업에 참석하다

2. 마음을 ~에게 뻗치다(tend) ▷ **돌보다** *cf.* attention 주의, 돌봄
– **Could I have your attention, please?** 집중해 주시겠습니까?

• con**tend**
[kənténd]
: 1. 좋은 것을 붙잡기 위해 손을 뻗다(tend) ▷ **경쟁하다, 싸우다**
2. **강력하게 주장하다**

• ex**tend**
[iksténd]
: 한계선 밖으로(ex=out) 뻗치다(tend) ▷ 늘리다 ▷ **연장시키다**
– **extend the life of man** 인간의 수명을 연장시키다
cf. extension 연장

• **extent**　: 뻗치는(tent) 범위 ▷ **정도**
[ikstént]　　– **to some extent** 어느 정도는

• **intend**　: 마음속에서(in) 뻗쳐 나오다(tend) ▷ **의도하다**
[inténd]　　– **intend to go to the party** 파티에 갈 작정이다
　　　　　　cf. **intention** 의도　**intentional** 의도적인

• **pretend**　: 사실과 다른 것을 앞에(pre=before) 내밀다(tend) ▷ **~인 척하다, 가장하다**
[priténd]　　– **pretend to be indifferent** 무관심한 체하다

• **tend**　: ~로 뻗치다 ▷ ~로 향하다 ▷ **~하는 경향이 있다**
[tend]　　– **tend to** ~하는 경향이 있다(= have a tendency to)

---

1. May I have your ___________?
집중해 주시겠습니까?

2. The lawyer ___________ed that she is innocent.
그 변호사는 그녀가 무죄라고 강력히 주장했다.

3. We planned to ___________ the no-smoking area.
우리는 금연 지역을 확장할 것을 계획했다.

4. To some ___________, you are responsible for the accident.
어느 정도는 당신이 그 사건에 대해 책임이 있다.

5. He ___________ed to go there by noon.
그는 정오까지는 거기에 갈 작정이었다.

6. She ___________ed (that) she was his daughter.
= She ___________ed to be his daughter.
그녀는 그의 딸인 체했다.

7. Suddenly she felt an ___________ pain in her back.
갑자기 그녀는 등에 강한 통증을 느꼈다.

8. Women ___________ to live longer than men.
여성이 남성보다 더 오래 사는 경향이 있다.

assist
어시스트

곁에(a=to) 서 있다(sist=stand)
▷ 도와주다

assistance persist insist resist consist exist

O sist : sist와 xist는 '서다'라는 뜻을 가지고 있는 어근입니다.

- **assistance** : 곁에 서 있는 것 ▷ **보조, 원조** *cf.* **assistant** 조수
  [əsístəns]   – **give assistance** 원조하다

- **persist** : 끝까지(per=through) 서 있다(sist) ▷ **고집하다, 지속하다**
  [pəːrsíst]   – **persist in+-ing** ～을 고집하다, 주장하다
  cf. **persistent** 지속적인
  – **a persistent, dry cough** 계속되는 마른 기침

- **insist** : 자기 입장 속에(in) 굳건히 서 있다(sist) ▷ (고집스럽게) **주장하다**
  [insíst]   – **insist on+-ing** ～을 주장하다

- **resist** : 마주하고(re=against) 서 있다(sist) ▷ **저항하다**
  [rizíst]   – **cannot resist+-ing** ～하지 않고는 참을 수 없다
  ⫸ '～하는 유혹에 저항할 수 없다'는 의미에서.
  cf. **resistance** 저항   **irresistible** 저항할 수 없는

- **consist** : 함께(con) 서 있다(sist) ▷ **구성되다, 존재하다**
  [kənsíst]   – **consist of** ～으로 구성되다(= be made of)
  ex. Water consists of hydrogen and oxygen.
  물은 수소와 산소로 구성되어 있다.
  – **consist in** ～에 있다, 존재하다
  ex. His happiness consists in watching television.
  그의 행복은 TV를 보는 데 있다.

- **exist**
  [igzíst]

: 밖으로 나와(ex) 서 있다(xist=sist) ▷ **존재하다, 살아가다**
– **exist on a low salary** 박봉으로 살아가다
cf. **existence** 존재, 생존
– **people's day-to-day existence** 사람들의 매일매일의 생존

1. I think a bank only ___________s to lend money.

나는 은행이 단지 돈을 빌려주기 위해 존재한다고 생각한다.

2. He ___________ed on his son going to a special school.

그는 자기 아들이 특수학교에 가야한다고 주장했다.

3. She couldn't ___________ showing off her new clothes.

그녀는 새 옷을 자랑하지 않을 수 없었다.

4. Her diet ___________s of rice and vegetables.

그녀의 식단은 쌀과 야채로 이루어져 있다.

5. She ___________ed in blaming herself.

그녀는 계속해서 자신의 잘못임을 주장했다.

6. If you have more questions, please contact my ___________ Jack.

질문이 더 있으면 제 조수인 잭에게 연락해 주세요.

7. Man cannot ___________ without water.

인간은 물 없이는 살아갈 수 없다.

어원실록 **투표(ballot)를 하려거든 공(ball)을 던져라!**

영어로 '투표하다'를 cast a ballot이라고 하는데, 여기서 ballot은 '투표용지'를 가리킵니다. 이 ballot이란 단어는 ball과 사촌지간으로, 고대 그리스인들은 선거에 나온 후보자들을 결정할 때 돌을 공처럼 던졌다고 합니다. 찬성은 하얀색 공, 찬성하지 않으면 검은색 공(ball)을 던졌다고 하는군요. 이런 연유로 ball에서 약간 철자가 변한 ballot이 '투표'라는 뜻으로 탄생했다는 말씀!

◑ **ward** : 상이라고 하는 것은 '(상을 받는 사람에게) 관심을 가지고 지켜보다'가 주는 것입니다. award의 ward는 '주의를 기울이다'라는 원래 의미에서 '~로, ~에게'라는 관심의 방향을 나타내게 되었습니다.

• **reward**
[riwɔ́ːrd]
: ~로(ward) 다시(re) 돌아가는 ▷ **보답, 보상**
– **a reward for good behavior** 선행에 대한 보답

• **forward**
[fɔ́ːrwərd]
: 앞쪽(for) 으로(ward) ▷ **앞으로, 금후; 앞의**
– **the forward part of the airplane** 비행기의 앞부분
– **look forward to + -ing** ~하기를 기대하다

• **toward**
[tɔːrd]
: ~ 쪽(to) 으로(ward) ▷ **~ 쪽으로**
– **walk toward him** 그 사람 쪽으로 걸어가다

• **aware**
[əwɛ́ər]
: ~에게(a=to) 주의를 기울이는(ware) ▷ **~을 의식하는**
– **be aware of** ~을 알다 ↔ **be unaware of** ~을 알지 못하다

• **beware**
[biwɛ́ər]
: ~로 주의를 기울이는(ware) ▷ **조심하다**
– **Beware of dog!** 개를 조심하시오!

• **guard**
[gɑːrd]
: 주의를 기울이는(guard ▷ ward) ▷ **보호하다; 파수꾼, 감시인, 경계**
– **guard the main gate** 정문을 감시하다

1. The principal ___________ed a prize to the best student.
   교장선생님께서 최우수 학생에게 상을 수여하셨다.

2. Winning the match was a ___________ for the effort.
   시합에서 승리한 것은 노력에 대한 보상이었다.

3. She is well ___________ of the problem.
   그녀는 그 문제를 잘 인식하고 있다.

4. My dog was ___________ing my baggage.
   나의 개가 짐을 지키고 있었다.

5. ___________ of falling asleep while sunbathing on the beach.
   해변에서 일광욕을 하는 동안에는 잠들지 않도록 주의하라.   *sunbathe 일광욕하다

6. I'm looking ___________ to seeing you.
   당신을 만나기를 기대하고 있습니다.

7. He was ___________ that somebody was watching him.
   그는 누군가가 자신을 지켜보고 있다는 것을 알아차리지 못했다.

8. She was nominated for the best actress ___________.
   그녀는 여우주연상 후보에 올랐다.

어원실록

발레(ballet)와 발라드(ballad)는 무도회장(ball)에서!

우리가 흔히 쓰는 발라드(ballad)라는 말. 사전에는 무슨 뜻으로 나와 있을까요? 네, 정답은 '민요'지요. ballad는 원래 '춤추며 부르는 노래'였는데 시간이 흐르면서 단어의 형태가 약간 변한 것이 바로 'ballet'입니다. 이때의 뜻은 '노래 없는 무용극' 정도의 의미로 축소되었구요. 또 한편으로 ball이라는 형태로 남아 그런 무용이나 춤을 추는 무대, 즉 '무도회장'라는 뜻으로 지금도 쓰이고 있습니다.

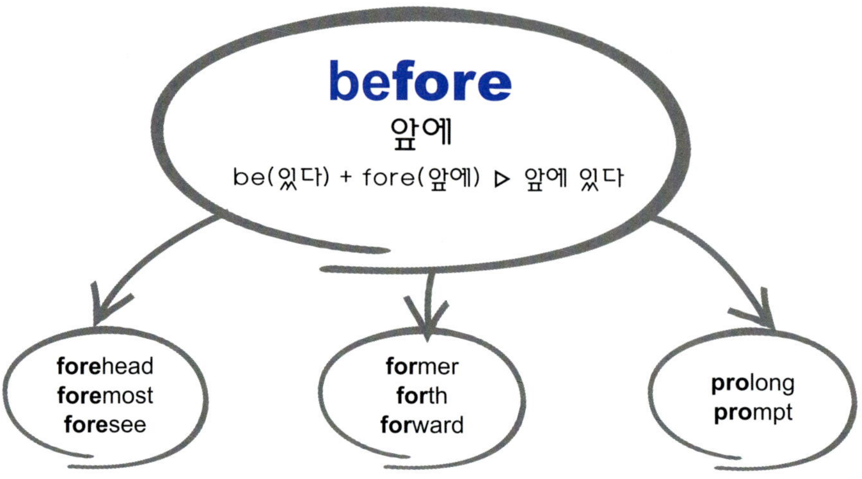

○ **fore** : fore는 '~의 앞에'라는 뜻을 가진 어근입니다. 단어 맨 앞에서 접두사로 많이 쓰이고, for, por, pro, pre 등으로 모양이 변하기도 합니다.

- **fore**head : 머리 (head) 앞 (fore) 부분 ▷ **이마**
  [fɔ́:rhèd]   – **a man with a wide forehead** 이마가 넓은 남자

- **fore**most : 가장 (most) 앞에 (fore) 나와 있는 ▷ **최초의, 일류의**
  [fɔ́:rmòust]   – **the foremost authorities on...** ~ 분야의 최고 권위자들

- **fore**see : 앞을 (fore) 보다 (see) ▷ **예견하다, 내다보다**
  [fɔːrsíː]   – **foresee the future** 미래를 예견하다

- **fore**cast : 앞 (fore) 날의 날씨를 미리 말하다 (cast) ▷ (날씨를) **예보하다**
  [fɔ́:rkæst]   – **the weather forecast** 일기예보

- **for**mer : 더 앞선 (for) ▷ **이전의**
  [fɔ́:rmər]   ◁» foremost에서 -ost가 탈락하고 비교급 -er을 붙인 것
       – **former U.S. President Jimmy Carter** 전 미국 대통령 지미 카터

- **for**th : **앞으로**(fore=forth)
  [fɔːrθ]   – **back and forth** 앞뒤로 ▷ 이리저리

- **forward** : 앞 (for) 쪽으로 (ward) ▷ **앞으로, 전방으로, 금후**
  [fɔ́ːrwərd]
  ⋙ ward는 방향성을 나타낸다. *ex.* upward (위로), downward (아래로)
  – **step forward** 앞으로 한걸음 내딛다

- **prolong** : 앞으로 (pro) 길게 늘리다 (long) ▷ **연장하다, 늘이다**
  [prouló:ŋ]
  ⋙ 어근 for는 라틴어에서 por ▷ pro, pre로 변형
  – **prolong one's life** ~의 수명을 연장시키다

- **prompt** : 바로 앞에 (pro=fro) 있는 ▷ 곧 ▷ **즉각적인, 즉석의, 신속한**
  [prɑmpt]
  – **a prompt reply** 즉각적인 응답
  cf. **promptly** 신속하게, 즉시
  – **as promptly as possible** 가능한 신속하게

---

1. The plants put ___________ leaves in spring.

그 식물은 봄에 잎을 틔운다.　　　　　　　　　　***put forth** 내밀다, 뻗치다

2. He stepped ___________ to greet her.

그는 그녀에게 인사하기 위해 한걸음 앞으로 내딛었다.

3. The man with the wide ___________ is my cousin.

저 이마가 넓은 남자가 내 사촌이다.

4. Some prophets could ___________ such problems.

몇몇 예언가들은 그런 문제들을 예견할 수 있었다.

5. He is one of the ___________ authorities on ancient Korean history.

그는 고대한국사 분야의 최고 권위자들 중 한명이다.

6. He said that he killed ___________ President Park by himself.

그는 자기가 박 전(前) 대통령을 단독으로 살해했다고 말했다.

7. The operation could ___________ his life by two or three years.

수술로 그의 생명을 2~3년 연장시킬 수 있었다.

8. I answered her letter as ___________ as possible.

나는 가능한 빨리 그녀의 편지에 답장을 했다.

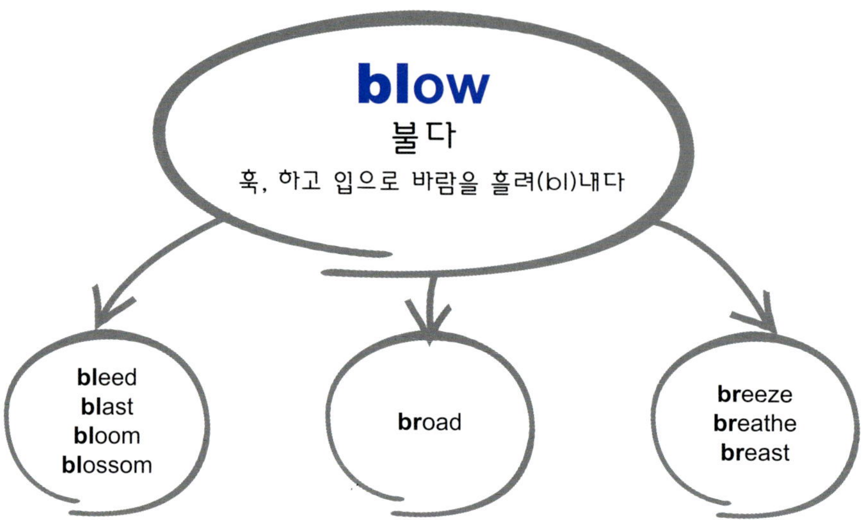

○ **bl** : 우리말로 바람이 '불다'라는 말은 영어의 blow와 그 느낌이 너무나 비슷하죠? 그럴 수밖에 없는 것이 유음, 즉 흐르는 듯 부드러운 소리라 할 수 있는 'l'이 들어가 있기 때문입니다. 'r'도 역시 같은 느낌을 줍니다.

- **bleed** : 피가 흐르다 *cf.* **blood** 피
  [bliːd]　　　　 – **bleed heavily** 심하게 피를 흘리다

- **blast** : 사방으로 날아가는 ▷ **폭발**
  [blæst]　　　　 – **a bomb blast** 폭탄의 폭발

- **bloom** : (피어) 넘치다 ▷ **꽃이 피다; 꽃의 만발**
  [bluːm]　　　　 – **the blooming season** 꽃 피는 계절

- **blossom** : 사방으로 흘러 넘치다 ▷ **꽃이 만발하다; 꽃**
  [blásəm]　　　　 – **in full blossom** (꽃이) 만개하여
  　　　　 – **cherry blossom** 벚꽃

- **broad** : 흘러 퍼지는 ▷ **넓은** *cf.* **broaden** 넓히다
  [brɔːd]　　　 ◉ 일반적으로 형용사의 앞이나 뒤에 en을 붙이면 동사가 된다.
  　　　　 ex. short → shorten 줄이다　**large → enlarge** 확대하다
  　　　　　　 wide → widen 넓히다

- **br**eeze : 솔솔 부는 ▷ **산들 바람**
  [briːz] – **a light breeze** 가벼운 산들바람

- **br**eathe : 공기가 흐르게 하다 ▷ **숨 쉬다**
  [briːð] – **breathe in deeply** 깊이 숨을 들이 쉬다
  cf. **breath** 숨, 호흡

- **br**east : 공기가 출입하는 ▷ **가슴**
  [brest] – **breast milk** 모유

1. He pulled up a handful of grass and released it in the __________.

그는 풀을 한줌 뽑아서 그것을 산들바람에 실어 보냈다.

2. He didn't want to __________ other people's smoke.

그는 다른 사람의 담배연기를 마시고 싶지 않았다.

3. She didn't wear a low-cut dress for fear of revealing her ________s.

그녀는 가슴이 보일까 두려워서 깊게 파인 옷을 입지 않았다.

***for fear of -ing** ~하지 않기 위해서

4. If the wound __________s during the first 12 hours, apply pressure with a clean cloth.

처음 12시간 안에 상처에서 피가 나면, 깨끗한 천으로 묶어 압박을 가하라.　　***apply** 적용하다

5. The force of the __________ threw 100 people into the air.

폭발의 힘은 100명의 사람들을 공중으로 날려버렸다.

6. Her waist is narrow, and her shoulders are __________.

그녀는 허리는 좁고 어깨는 넓다.

7. Spring produces the bright __________ing of wildflowers.

봄은 야생화의 눈부신 개화(開花)를 만들어낸다.

8. The peak time for cherry __________s will occur between March 20 and April 5.

3월 20일과 4월 5일 사이에 벚꽃이 절정으로 필 것이다.　　***occur** 일어나다

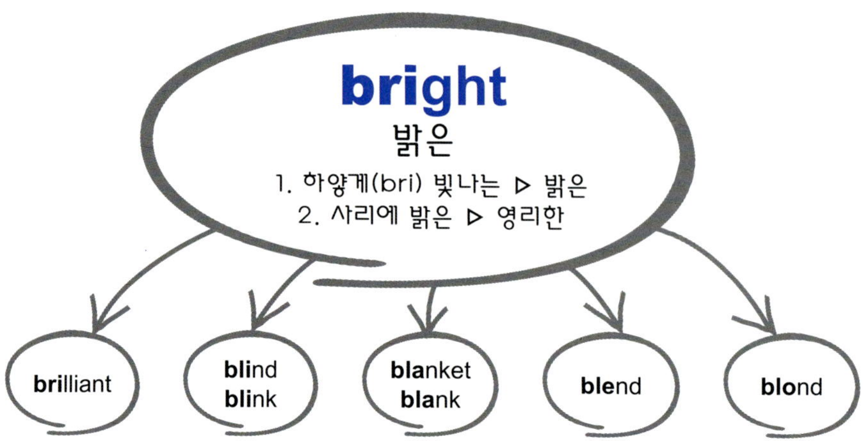

○ **bri** : '빛'을 뜻하는 어근으로, '밝은, 하얀'의 뜻으로 확장되어 두루 사용되고 있습니다.

- **bri**lliant : **빛나는, 화려한, 멋진** ◈ bright의 동족어.
  [bríljənt]
  – **brilliant jewels** 빛나는 보석들
  – **a brilliant career** 화려한 경력

- **bli**nd : 빛 때문에 ▷ 하얗게(bli=bri) 아무것도 안 보이는 ▷ **눈 먼; 블라인드**
  [blaind]
  – **go blind** 눈이 멀다

- **bli**nk : 하얀 빛(bli) 때문에 ▷ **눈을 깜박이다**
  [bliŋk]
  – **blink in the bright sunlight** 눈부신 햇살에 눈을 깜빡이다

- **bla**nket : 하얀(bla=bri) 털로 만든 ▷ **이불, 덮개**
  [blǽŋkit]
  – **be wrapped in a blanket** 이불에 싸여 있다

- **bla**nk : 하얀(bla) ▷ 아무것도 없는 ▷ **빈 칸; 백지의, 텅빈**
  [blæŋk]
  – **fill in the blank** 공란에 기입하다
  – **a blank sheet of paper** 백지 한 장
  cf. **blankly** 멍하니
  – **stare blankly at her** 그녀를 멍하니 쳐다보다

- **blend**　: 빛(ble=bri)이 흐릿한 ▷ 구분이 잘 안 되는 ▷ **섞다; 혼합**
  [blend]　– **Oil and water do not blend.** 기름과 물은 섞이지 않는다.

- **blond**　: 빛(blo)나는 ▷ **금발의; 금발머리**
  [blɑnd]　– **Is she a natural blond?** 그 여자애 원래 금발이야?

1. Who's the ___________ woman talking to Bob?
밥에게 말을 걸고 있는 금발의 여자는 누구냐?

2. A little boy is lying unconscious on a ___________.
어린 소년이 의식이 없이 담요 위에 누워 있다.

3. Fill in the ___________s on this form.
이 양식의 빈칸을 채우시오.

4. ___________ the flour with the milk.
밀가루와 우유를 섞어라.

5. Men are ___________ to their own faults.
사람들은 자신의 잘못을 보지 못한다.

6. I'll be back before you can ___________.
네가 눈 깜박할 사이에 돌아오겠다.

7. The movie was a ___________ success.
그 영화는 빛나는 성공작이었다.

어원실록　**염소(tragos)의 울음 소리를 들어보지 못한 자 비극(tragedy)을 논하지 말라!**

그리스어에서 염소를 뜻하는 tragos에 노랫말이나 시를 뜻하는 ode가 결합되어 tragedy를 탄생시켰습니다. 염소가 노래를 부를 리는 없으니까 tragedy의 최초 뜻은 '염소의 울음 소리' 정도였겠지요. 우리도 그렇지만 서양 사람들의 귀에도 염소의 울음 소리는 퍽이나 애처롭게 들렸나 봅니다. 그 울음 소리가 '비극'이라는 단어를 만들어낼 정도였으니 말입니다.

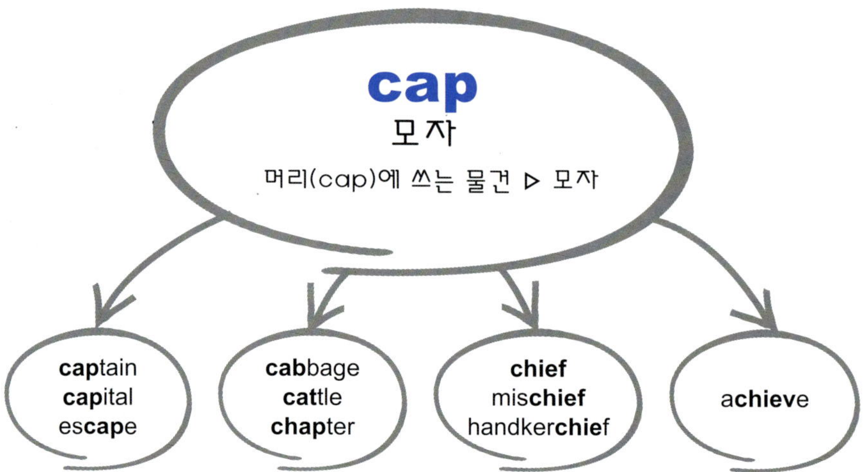

❍ cap : '모자'라는 뜻의 cap은 원래 '머리'라는 뜻을 가진 어근에 해당합니다. 변화의 모습이 다양해서 cab, cat, chap, chief, chiev 등 다양하게 변화하지만 그 근본적인 뜻은 모두 '머리'와 연관 있는 것들입니다.

- **cap**tain : 집단의 우두머리(cap) ▷ **선장, 대위, 대장**
  [kǽptin]   – **the captain of a baseball team** 야구부 주장

- **cap**ital : 1. 한 나라의 머리(cap) ▷ **수도**
  [kǽpitl]   2. 농가에서 가축의 머리(cap)수 ▷ **자본**   *cf.* **capitalism** 지본주의
          3. 문장을 시작하는 머리(cap) 글자 ▷ **대문자의; 대문자**
          – **capital letters** 대문자

- es**cap**e : 모자(cap)가 벗겨질 정도로(es=ex=out) 급하게 ▷ **달아나다**
  [iskéip]   – **escape from prison** 탈옥하다

- **cab**bage : 사람 머리(cab=cap)처럼 생긴 채소 ▷ **양배추**
  [kǽbidʒ]   – **salted cabbage** 절인 배추

- **cat**tle : 머리(cat=cap) ▷ **소(떼), 가축**
  [kǽtl]   – **drive cattle** 소를 몰아넣다

- **chap**ter : 글의 앞머리(chap=cap)에 표시하는 ▷ **장(章), 단원**
  [tʃǽptər]   – **skip a chapter** 한 단원을 건너뛰다

- **chief** : 1. 어떤 집단의 머리가 되는 ▷ **우두머리, 장(長)**
  [tʃiːf]   – **the chief of police** 경찰국장

             2. 어떤 일의 머리가 되는 ▷ **주된**
             – **the chief problem** 주된 문제

- **mischief** : 머릿속에서(chief=cap) 나쁜(mis=bad) 생각을 함 ▷ **짓궂은 장난**
  [místʃif]   – **fall into mischief** 장난치기 시작하다

- **handkerchief** : 손으로(hand) 머리를(chief) 싸는 보자기 ▷ **손수건**
  [hǽŋkərtʃif]

- **achieve** : 머리(chiev=cap)에 이르다 ▷ 정상에 이르다 ▷ **성취하다, 이루다**
  [ətʃíːv]   *cf.* **achievement** 성취, 업적
               – **a sense of achievement** 성취감

1. I dined with the ___________ of the ship. 나는 그 배의 선장과 식사를 했다.

2. Australia's ___________ city is Canberra. 호주의 수도는 캔버라이다.

3. They brought ___________, pigs, and sheep to Spain.
그들이 소, 돼지, 양을 스페인으로 가지고 왔다.

4. The Republic of Korea ___________d independence from Japan in
1945. 1945년에 대한민국은 일본으로부터 독립을 이루었다.

5. What is that country's ___________ import?
그 나라의 주된 수입품이 무엇입니까?

6. Read ___________ 12 before class on Thursday.
목요일 수업 전에 12장을 읽어라.

7. His family ___________d from North Korea and arrived in South
Korea in 1989. 그의 가족은 1989년에 북한에서 탈출하여 남한에 도착했다.

8. You need to stop him from falling into ___________.
당신이 그가 장난치는 것을 막아줄 필요가 있다.

*stop[keep] A from -ing A가 ~하는 것을 막다

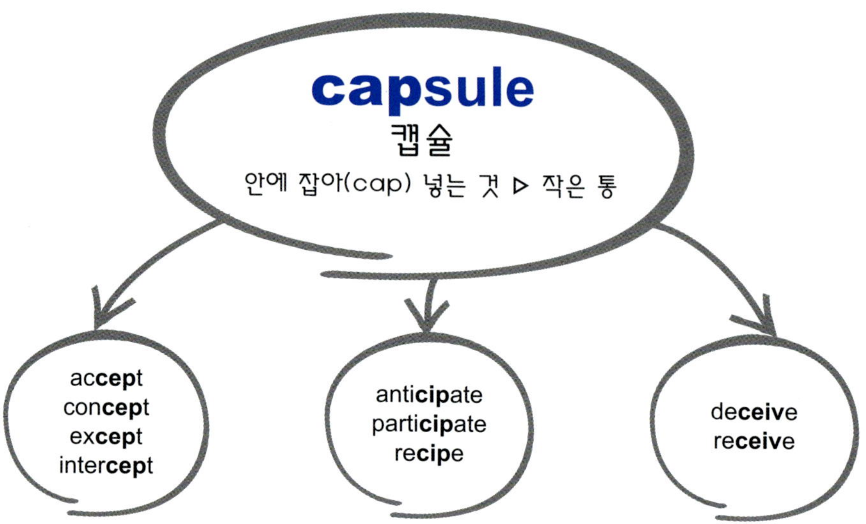

◖ **cap** : 앞에서 배운 cap은 '머리'라는 의미의 어근이었습니다. 여기에서는 '잡다'라는 뜻을 가진 cap을 어근으로 갖는 단어들을 배워 봅시다.

- **ac**cep**t**
  [əksépt]
  : 나에게(ac=to) 오는 것을 잡다(cep=cap) ▷ **받아들이다**
  – **accept his proposal** 그의 제안을 받아들이다

- **con**cep**t**
  [kánsept]
  : 어떤 대상과 함께(con=with) 받아들이는 것(cep=cap) ▷ **개념**
  – **the novel's main concept** 그 소설의 주요 개념

- **ex**cep**t**
  [iksépt]
  : 잡아서(cep=cap) 밖으로(ex=out) 뺀 ▷ **～을 제외한**
  – **everyone except me** 나를 제외한 모든 사람

- **inter**cep**t**
  [ìntərsépt]
  : 중간에 끼어들어(inter=between) 잡다(cep=cap) ▷ **가로채다**
  – **intercept the pass** 패스를 가로채다

- **anti**cip**ate**
  [æntísəpèit]
  : 미리(anti=before) 느낌을 잡다(cip=cap) ▷ **예상하다, 기대하다**
  – **anticipate a victory** 승리를 예상하다
  cf. **anticipation** 기대, 예상

- **parti**cip**ate**
  [pɑːrtísəpèit]
  : 전체 중에서 한 부분(part)을 잡고(cip=cap)있다 ▷ **참가하다**
  – **participate in a project** 프로젝트에 참가하다
  cf. **participation** 참가

- **recipe** : 환자가 섭취할(cip=cap) 것을 쓴 내용 ▷ 1. **처방**   2. **요리법**
  [résəpì:] – **a recipe for chicken soup** 닭죽 만드는 요리법

- **deceive** : 함정에 빠트려(de=down) 잡다(ceive=cep=cap) ▷ **속이다**
  [disí:v] – **be deceived by the advertisement** 광고에 속다
  cf. **deceit** 속임수

- **receive** : 나에게 돌아오는 것(re=back)을 잡다(ceive=cep=cap) ▷ **받다**
  [risí:v] – **receive a phone call** 전화를 받다
  cf. **receipt** 영수증   **reception** 접대
  – **Can I have a receipt, please?** 영수증 좀 주시겠어요?

1. She __________ed their kind offer.
그녀는 그들의 친절한 제안을 받아들였다.

2. We __________ a lot of people at the party tonight.
우리는 오늘 밤 파티에 많은 사람들이 올 것으로 예상한다.

3. Most students fail to grasp even simple mathematical _______s.
대부분의 학생들은 간단한 수학적 개념조차도 이해하지 못한다.

*grasp 파악하다, 이해하다

4. The company __________________d customers by selling cheap computers as expensive ones.
그 회사는 값싼 컴퓨터를 비싼 것으로 판매함으로써 고객들을 속였다.

5. The museum is open daily __________ on Sundays.
그 박물관은 일요일을 제외하고 매일 개관한다.

6. The spy __________ed a message sent from a business firm.
그 스파이가 한 회사에서 보낸 메시지를 가로챘다.

7. He never __________d in any of our meetings.
그는 우리 모임에 한 번도 참가하지 않았다.

8. I bought a leather jacket, and the clerk gave me a __________.
가죽 재킷을 하나 사자 점원이 내게 영수증을 주었다.

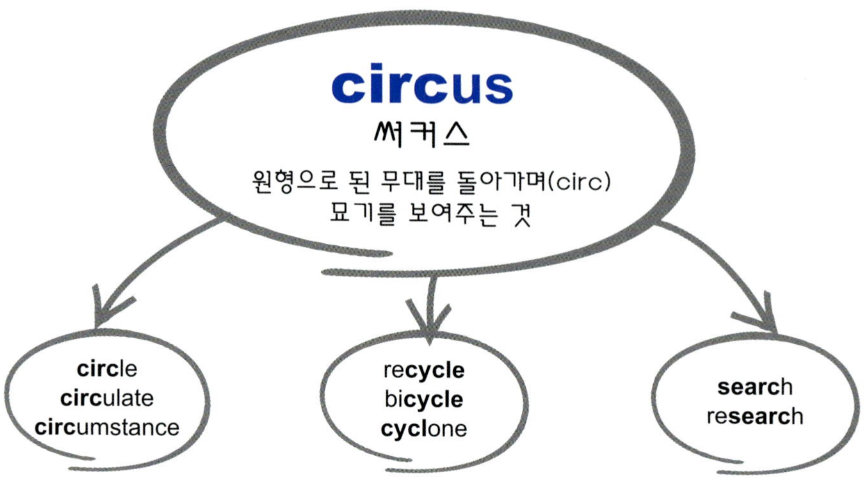

○ **circ** : '서커스'라고 하면 제일 먼저 둥근 무대가 생각나지 않으시나요? circ가 바로 '둥근, 돌다'의 의미를 가진 어원입니다.

- **circle** : 원형의 ▷ **원**
  [sə́:rkl]
  – **draw a circle on the blackboard** 칠판에 원을 그리다
  cf. **semicircle** 반(semi)원

- **circulate** : 둘레를(circul=circle) 돌다 ▷ **순환하다**
  [sə́:rkjulèit]
  cf. **circulation** 순환
  – **the circulation of the blood** 혈액 순환

- **circumstance** : 둘레에(circum=circle) 서 있는(stance=stand) ▷ **환경**
  [sə́:rkəmstæns]
  – **family circumstances** 가정 환경

- **recycle** : 다시(re) 돌리다(cycle=circle) ▷ **재활용하다**
  [ri:sáikəl]
  – **recycled paper** 재생지

- **bicycle** : 동그란(cycle) 바퀴가 두 개인(bi=two) ▷ **자전거**
  [báisikəl]
  – **a bicycle trip** 자전거 여행

- **cyclone** : 둥글게(cycl=circle) 돌아가는 바람 ▷ **회오리바람, 폭풍우**
  [sáikloun]
  – **a cyclone strikes the village** 폭풍우가 마을을 덮치다

> **search** : 주위를 둘러(searc=circle) 보다 ▷ **찾다, 탐색하다; 수색, 조사**
> [sə:rtʃ]   – **search through the bag** 가방을 수색하다
>
> **research** : 몇 번이고 다시(re=again) 탐색하다(search) ▷ **연구; 연구하다**
> [risə́:rtʃ]   – **market research** 시장 조사
>   – **research cancer** 암을 연구하다
>   *cf.* **researcher** 연구원, 조사원

1. The blue-colored paper was cut into ___________s and squares.
파란색 종이가 원과 사각형 모양으로 오려졌다.

2. Old sheets can be ___________d for children's clothes.
낡은 이불천은 아이들 옷으로 재활용될 수 있다.

3. You should never ride your ___________ without lights at night.
너는 밤에 라이트 없이 자전거를 타서는 안 된다.

4. The ___________________s surrounding her death are unusual.
그녀의 죽음을 둘러싼 상황들은 범상치가 않다.

5. Hot water ___________s through the heating system.
온수가 난방 시스템을 타고 순환한다.

6. Some policemen are _____________ing the woods for the missing child. 몇몇 경찰관이 행방불명된 아이를 찾기 위해 숲을 수색하고 있다.

7. We are ___________ing possible cures for AIDS.
우리는 에이즈 대한 가능한 치료법을 연구하고 있다.

8. Willy-Willy is an Australian term for a tropical ___________.
윌리윌리는 열대성 폭풍을 가리키는 호주 말이다.   ***tropical** 열대(지방)의

9. My mother is taking medicine for bad ___________.
어머니는 혈액 순환이 나빠서 약을 드시고 있다.

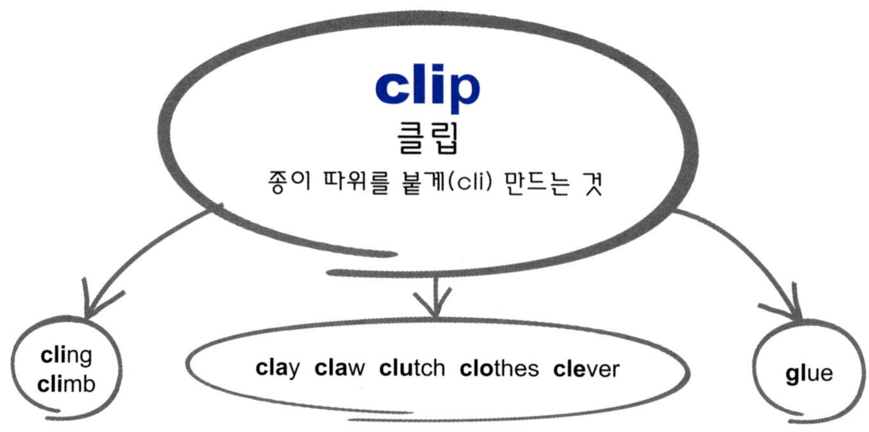

○ **cli** : 클립의 역할은 종이를 서로 부착시키는 것이죠? 그럼 어근 cli는 '접촉, 부착' 과 관련이 있음을 짐작할 수 있겠네요.

- **cling**
  [kliŋ]
  : ~에 붙다(cli) ▷ **매달리다**
  – **cling together** 서로 들러붙다, 단결하다
  cf. **cling-clung-clung**

- **climb**
  [klaim]
  : 절벽에 매달려(cli) ▷ **~에 오르다, 등반하다**
  – **climb up the stairs** 계단을 오르다

- **clay**
  [klei]
  : 찰싹 잘 붙는(cla=cli) ▷ **진흙, 점토**
  – **make dishes out of clay** 점토로 접시를 만들다

- **claw**
  [klɔː]
  : 꽉 붙들어 잡는 ▷ **갈고리 발톱, 집게발**
  – **a lion's claws** 사자의 발톱

- **clutch**
  [klʌtʃ]
  : **붙들다, 꽉잡다**
  – **clutch at straws** 지푸라기라도 잡다 → 실낱같은 희망에 매달리다

- **clothes**
  [klouðz]
  : 몸에 붙는 ▷ **옷**
  – **clothes sense** 옷에 대한 감각
  – **put on one's clothes** 옷을 입다 ↔ **take off one's clothes**

- **clever**
  [kléver]
  : 손에 잘 잡는 ▷ 손재주가 있는 ▷ **영리한, 똑똑한**
  – **a clever student** 영리한 학생

1. He got so wet that his clothes ___________ to him.
그는 흠뻑 젖어서 옷이 몸에 들러붙었다.

  ***so ~ that...** 너무~해서 …하다

2. My plane ___________ed quickly to a height of 20,000 feet.
내가 탄 비행기는 2만 피트 높이로 재빨리 올라갔다.

3. ___________, chalk, bar soap, and wax can be materials for carving.
점토, 분필, 비누, 밀랍 등이 조각의 재료가 될 수 있다.

4. Silent and pale, he ___________ed his father's hand.
조용하고 창백해진 채로, 그는 아버지의 손을 꼭 잡았다. ***pale** 핼쑥한, 창백한

5. When you pick up the crab, keep your fingers away from its
___________s. 게를 집을 때는, 손가락을 집게발에서 멀리 하세요.

6. Fine ___________ make the man.
좋은 옷이 사람을 만든다. → 〈속담〉 옷이 날개다.

7. With a ___________ lawyer, he could be easily released.
영리한 변호사가 있어서 그는 쉽게 석방될 수 있었다.

8. We use ___________ to stick something on paper.
우리는 종이에 뭔가를 붙일 때 접착제를 사용한다.

9. Prices ___________ed sharply this year.
올해에 물가가 현저히 올랐다.

10. A drowning man will ___________ at straws.
〈속담〉 물에 빠진 사람은 지푸라기라도 잡는다.

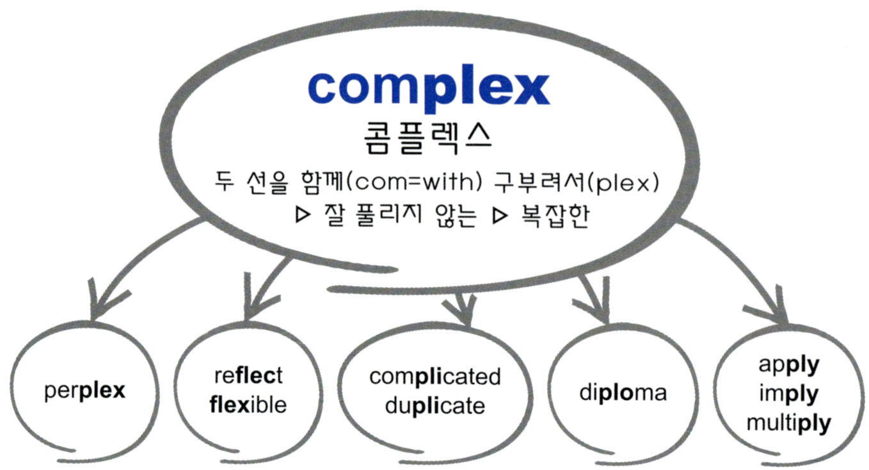

❍ **plex** : 기본적으로 '구부러진, 구부리다'의 뜻을 가집니다. 구부려서 '접은'이라는 의미로 확장되기도 합니다. flex, ply, pli 모두 같은 뜻입니다.

- **per**plex
  [pərpléks]
  : 여기저기(per) 굽은(plex) ▷ **혼란스럽게 하다, 당혹하게 만들다**
  – **be perplexed by A** A에 당황하다

- **re**flect
  [riflékt]
  : 빛을 다시(re) 구부리다(flec=flex) ▷ **반사하다**
  – **light reflecting from the water** 수면으로부터 반사되는 빛

- **flex**ible
  [fléksəbəl]
  : 구부릴(flex) 수 있는(ible=able) ▷ **유연한**
  – **flexible working hours** 유동적인 근무시간

- com**pli**cated
  [kámpləkèitid]
  : 서로(com=together) 구부려져(pli) 엉킨 ▷ **복잡한**
  – **a complicated problem** 복잡한 문제

- du**pli**cate
  [djú:pləkèit]
  : 둘로(du=two) 접다(pli) ▷ **복제하다**
  ◈ 한쪽 면에 그림을 그리고 접으면 다른 한쪽에 똑같은 그림이 나오기 때문.

- di**plo**ma
  [diplóumə]
  : 둘로(di=du) 접은(plo) 문서 ▷ **졸업장**
  – **a high school diploma** 고등학교 졸업장

- **apply** ~쪽으로(a=to) 접어서(ply) ▷ 접촉시키다 ▷ **적용하다, 지원하다**
  [əplái]
  – **apply the rule to one's life** 규칙을 ~의 삶에 적용하다
  – **apply for the job** 그 일에 지원하다
  cf. **application** 지원, 적용, 응용   **applicant** 지원자

- **imply** : 안쪽으로(im=in) 접어(ply) ▷ 드러나지 않게 ▷ **암시하다, 나타내다**
  [implái]
  cf. **implication** 암시

- **multiply** : 여러 번(multi) 접다(ply) ▷ **증가하다, 곱하다**
  [mʌ́ltəplài]
  – **multiply 5 by 3** 5에 3을 곱하다

1. Above all, dancers need to be very ____________.
무엇보다도 춤꾼들은 아주 유연할 필요가 있다.

2. She ____________d the document for me.
그녀는 날 위해 그 서류를 복사해 주었다.

3. Her face was ____________ed in the mirror.
그녀의 얼굴이 거울에 반사되었다.

4. All employees have at least a high school ____________.
모든 종업원들은 최소 고등학교 졸업장을 가지고 있다.

5. He was ____________ed by her response.
그는 그녀의 대답에 당황했다.

6. She didn't want to make the task ____________d.
그녀는 일을 복잡하게 만들고 싶지 않았다.

7. To apply, send your ____________ form by December 1.
지원하려면 12월 1일까지 지원서를 보내시오.

8. ____________ 3 and 7 together, and you get 21.
3과 7을 곱하면 21이다.

9. The data ____________ that you are wrong.
그 자료는 네가 틀렸다는 것을 나타낸다.

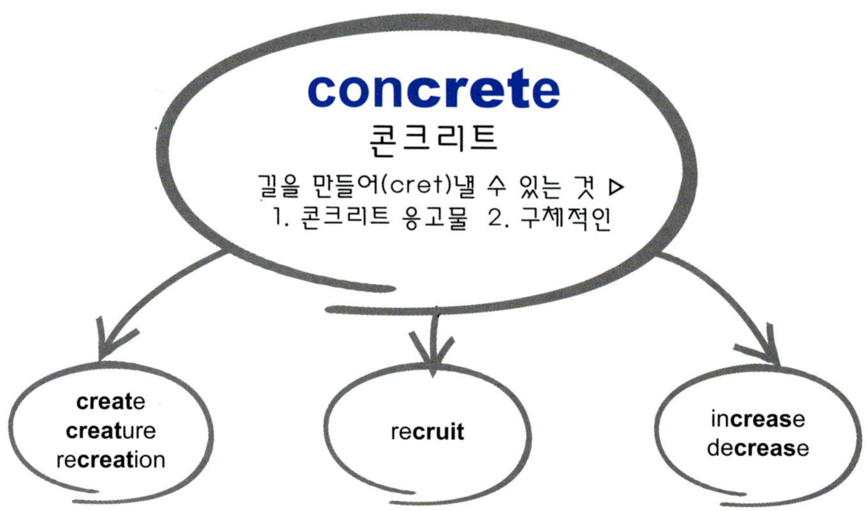

◐ **cret** : concrete는 자갈, 모래, 시멘트를 함께(con) 혼합해 뭔가를 만들어(cret) 낼 수 있는 콘크리트 응고물을 말하죠. 여기에서처럼 cret은 '만들다'라는 뜻을 가진 어근입니다.

- **create** : 새로운 것을 만들어내다 ▷ **창조하다**(creat=crete)
  [kriéit]
  – **create more jobs for young people**
  젊은이들을 위해 더 많은 일자리를 창출하다

- **creature** : 만들어 낸 것 ▷ **창조물, 생명체**
  [krí:tʃər]
  cf. **creative** 창조적인   **creator** 창조자
  creation 창조   **creativity** 창조성

- **recreation** : 재(re) 창조(creation)를 위한 ▷ **오락, 레크레이션**
  [rèkriéiʃən]
  – **leisure and recreation** 여가와 오락
  – **a facility for recreation** 오락 시설

- **recruit** : 부족한 부분을 다시(re) 만들어(cruit) 채우다 ▷ **모집하다; 신회원**
  [rikrú:t]
  – **recruit members to the club** 클럽에 회원들을 모집하다
  – **a new recruit** 초심자, 풋내기

• **increase** : 안에서(in) 만들어내다(creas) ▷ **증가하다, 증가시키다; 증가**[ínkriːs]
  [inkríːs] – **increase rapidly** 빠르게 증가하다
  – **the increase of crime** 범죄의 증가

• **decrease** : 만들어내는 것(creas)의 반대(de) ▷ **감소하다, 감소시키다; 감소**[díːkriːs]
  [dikríːs] – **price decreases on the products** 생산품의 가격 감소
  – **be on the decrease** 감소 추세에 있다

1. The police are looking for ____________ proof.
경찰은 구체적인 증거를 찾고 있다.

2. The government plans to ____________ more jobs for young people.
정부는 청년들을 위해 더 많은 일자리를 만들어낼 계획이다.

3. The square provides space for entertainment and ____________.
그 광장은 여흥과 오락을 위한 공간을 제공해 준다.

4. Too many rules might deaden ____________.
너무 많은 규칙들이 창의성을 죽일 수도 있다.

5. What do coaches look for when they are ____________ing players?
감독들은 선수들을 모집할 때 무엇을 찾는가?

6. The number of DVD player users ____________d rapidly.
DVD 플레이어 사용자의 수가 급속하게 증가했다.

7. The number of members of the young generation in the country is
starting to ____________.
시골에서는 젊은이들의 수가 감소하기 시작하고 있다.

어원실록

바자(bazaar)회는 중동이 원조!

흔히 자선 바자회를 연다고 할 때의 '바자'는 영어의 bazaar를 옮겨놓은 것입니다. 원래 이 단어는 중동에서 거리에 줄 지어 있는 상점을 가리키던 말로 페르시아어 bazar에서 기원한 것입니다. 이것이 터키와 이탈리아를 거쳐 bazarro, buzzard 등의 변화를 거쳐 오늘날의 철자로 굳어진 것이죠. 참고로 '자선 바자회'는 영어로 charity bazaar라고 하면 됩니다.

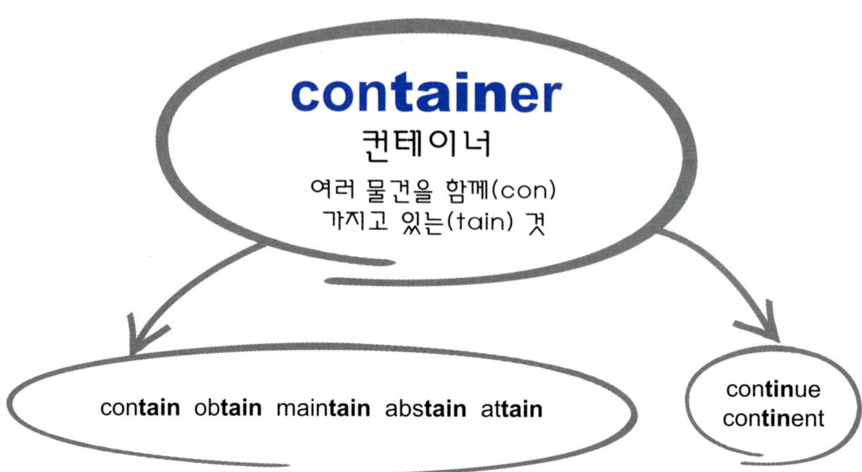

❍ **tain** : tain은 뭔가를 붙잡아서 '가지고 있다'는 것을 의미하는 어근입니다. tin으로 모양이 변하기도 합니다.

- **contain**
  [kəntéin]
  : 여러 가지를 함께(con=together) 잡아(tain=take) 넣다 ▷ **담다, 포함하다**
  – **The milk contains no fat.** 그 우유는 지방이 함유되어 있지 않다.
  cf. **content** 내용물
  – **the contents of the course** 과정의 내용
  – **a table of contents** 목차, 차례

- **obtain**
  [əbtéin]
  : ∼로 부터(ob) 취하다(tain) ▷ **획득하다**
  – **obtain water from the lake** 호수에서 물을 얻다
  – **obtain information through research** 조사를 통해 정보를 얻다

- **maintain**
  [meintéin]
  : 손아귀(main=hand)에 가지고 있다(tain) ▷ **관리하다, 유지하다**
  – **maintain close relations** 긴밀한 관계를 유지하다
  cf. **maintenance** 유지, 관리
  – **car maintenance** 자동차 정비

- **abstain**
  [əbstéin]
  : ∼로부터(abs=from) 자신을 붙잡아두다(tain) ▷ **삼가다, 절제하다**
  – **abstain from alcohol** 술을 삼가다

- **attain**
  [ətéin]
  : ∼쪽으로(a=to) 다가가 손에 쥐다(tain) ▷ **달성하다**
  – **attain a high grade on the exam** 시험에서 높은 점수를 얻다

• **continue** : 서로(con) 잡고(tin=tain) 있다 ▷ 연결하다 ▷ **계속하다**
[kəntínjuː]   – **To be continued.** 다음 편에 계속.
                cf. **continuous** 계속적인   **continually** 끊임없이

• **continent** : 나라끼리 서로 연결되어(continue) 있는 ▷ **대륙**
[kántənənt]   – **the African continent** 아프리카 대륙

1. She was not aware of the letter's ___________s.
그녀는 편지의 내용을 알지 못하고 있었다.

2. The food ___________s a lot of fat.
그 음식은 많은 지방을 함유하고 있다.

3. People ___________ their water from ponds nearby.
사람들은 근처 연못에서 물을 얻는다.

4. ___________ing your weight through exercise is important.
운동을 통해서 몸무게를 유지하는 것이 중요하다.

5. She ___________ed the highest grade on her exam.
그녀는 시험에서 최고 점수를 얻었다[달성했다].

6. She ___________s from eating meat.
그녀는 육식을 삼간다.

7. The rain ___________d to fall all evening.
비가 저녁 내내 계속해서 내렸다.

8. Christopher Columbus discovered the American ___________ in
1492. 크리스토퍼 콜럼버스는 1492년에 아메리카 대륙을 발견했다.

어원실록 **비데(bidet)를 쓰려면 조랑말(bidet) 타는 자세로!**
화장실에서 볼일을 보고 비데(bidet)로 마무리하는 분들 많죠? bidet는 프랑스어로 '조랑말'을 뜻합니다. 프랑스어에선 단어의 마지막 자음을 발음하지 않기 때문에 '비데'라고 발음하지요. 이 단어는 조랑말(bidet)을 타기 위해 취하는 자세가 이 물건(?)을 사용할 때의 자세와 흡사하다 하여 생겨난 것이라고 합니다.

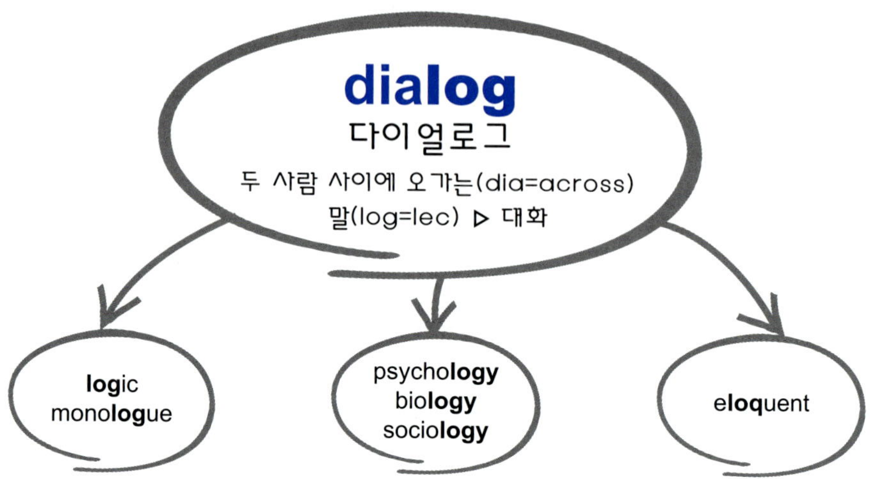

◑ log : log는 원래 '말, 말하다'의 뜻입니다. 이것이 발전하여 logy가 '논리적인 말'이라는 뜻을 갖게 되었고, 즉 '학문'을 뜻하는 어근이 되어 -**logy**라는 어미가 쓰이면 '–학'이라는 뜻이 되었습니다.

- **log**ic : 말(log)을 잘하는 ▷ **논리; 논리학**
  [láʤik]
  cf. **logical** 논리적인   **illogical** 비논리적인   **logic** 논리학

- mono**log** : 혼자(mono) 하는 말(log) ▷ **독백, 1인극**
  [mánəlɔ̀ːg]
  – **give a long monolog** 긴 독백을 하다

- psycho**logy** : 심리(psycho)에 대한 논리적인(logy) 설명 ▷ **심리학**
  [saikáləʤi]
  – **child psychology** 아동 심리학
  cf. **psycho** 정신, 심리

- bio**logy** : 생물(bio) 학(logy) ▷ **생물학** ⫸ bio는 '생명'과 관련된 어근.
  [baiáləʤi]
  cf. **biological** 생물학의
  – **biological weapons** 생물학 무기

- socio**logy** : 사회(soci) 학(logy) ▷ **사회학**
  [sòusiáləʤi]
  cf. **sociological** 사회학의
  – **sociological research** 사회학적 연구

1. He explained the reason with clear ___________.
그는 명쾌한 논리로 그 이유를 설명했다.

2. He studied child ___________ at Yale University.
그는 예일 대학교에서 아동 심리학을 공부했다.

3. Chemistry, ______________, and physics are the basis of medical
science. 화학, 생물학, 물리학은 의학의 기초가 된다.

4. Ms. Baker has a master's degree in ___________ and history.
베이커 여사는 사회학과 역사학에서의 석사학위를 가지고 있다.   *degree 정도, 학위

5. ___________ thinking is very important in writing a report.
보고서를 쓸 때는 논리적인 사고가 중요하다.

6. Her speech was really powerful and ___________.
그녀의 연설은 정말로 힘 있고 감동적이었다.

 **어원실록**   **포도주나 주식이나 브로커(broker)가 있어야…**

투기나 거래 따위의 좋지 않은 일을 중간에서 알선하는 사람들을 broker라고 하지요. 이 말의 유래는 포도주와 관련이 있습니다. 원래 프랑스에서 brokiere는 포도주 통을 여는 사람을 가리키던 말이었는데, 나중에 brokour로 약간 철자가 변형되면서 포도주 소매상을 나타내는 단어가 됩니다. 그런데 포도주를 취급하던 '중간 상인'의 취급 품목이 주식, 채권 등으로 확대되고 이 과정에서 부당한 이득을 많이 취하면서 우리나라에선 좋지 않은 의미로 쓰이게 된 것입니다. 부동산 중개인은 영어로 **real estate broker**라 하고 결혼 정보업체에서 일하는 사람들 역시 **marriage broker**정도로 표현할 수 있겠습니다.

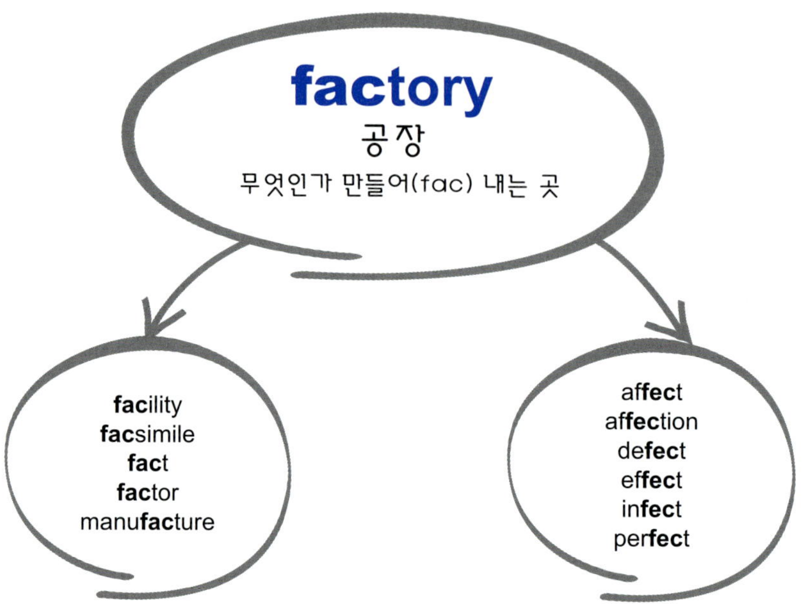

○ fac : '만들다'의 뜻. fec도 마찬가지로 '만들다'의 뜻을 가진 어근입니다.

- **facility**
  [fəsíləti]
  : 만들어(fac) 내는 장소 ▷ **시설, 설비**
  – **modern facilities** 현대식 시설

- **facsimile**
  [fæksíməli]
  : 유사하게(simil=same) 만들다(fac) ▷ **복사기, 복제, 팩시밀리**

- **fact**
  [fækt]
  : 이미 만들어진(fac) 것 ▷ **기정 사실, 실제**
  – **in fact** 사실은(= as a matter of fact)

- **factor**
  [fæktər]
  : 어떤 결과를 만들어(fac)내는 것 ▷ **요인, 요소**
  – **vital factor** 필수 요소

- **manufacture**
  [mæ̀njəfǽktʃər]
  : 손으로(manu) 만들다(fac) ▷ **제조하다**
  – **car manufacturing** 자동차 제조업

- **affect**
  [əfékt]
  : 어떤 결과를 만들어내다(fac) ▷ **영향을 주다**
  – **affect our lives** 우리 삶에 영향을 미치다

- **affec**tion : 다른 사람에게 미치는 영향 ▷ 관심 ▷ **애정, 호의**
  [əfékʃən] *cf.* **affectionate** 애정이 깊은

- **de**fec**t** : 다 만들지(fec=fac) 못해(de=not) 생긴 ▷ **결함, 결손**
  [díːfekt] – **small defects** 작은 결함들

- **e**ffec**t** : 밖으로(e=ex) 만들어(fec=fac) 내놓은 것 ▷ **결과, 효과**
  [ifékt] – **greenhouse effect** 온실효과
  cf. **effective** 효과적인

- **in**fec**t** : 안으로 들어가(in) 병을 만들어 내다(fec=fac) ▷ **감염시키다**
  [infékt] – **infect others through kissing** 키스로 남들을 감염시키다
  cf. **infection** 감염
  – **viral infection** 바이러스 감염

- **per**fec**t** : 완전하게(per) 만든(fec=fac) ▷ **완벽한**
  [pə́ːrfikt] – **perfect win** 완벽한 승리
  ↔ **imperfect** 불완전한

1. The newspapers ___________ed the outcome of the election.
신문들이 선거 결과에 영향을 끼쳤다.

2. Don't buy those shoes; there's a ___________ in the leather.
그 신발 사지 마. 가죽에 결함이 있어.

3. The new driving laws will come into ___________ next month.
새 운전 법안이 다음 달에 발효될 것이다.

4. We need to improve the recreational ___________ at the subway station. 우리는 지하철역의 위락 시설들을 개선할 필요가 있다.

5. Safety is the most important ___________ in the product's design.
안전이 그 제품의 설계에서 가장 중요한 요인이다.

6. All the plants are ___________ed with a virus.
모든 식물들이 바이러스에 감염되어 있다.

7. The company ___________s car parts. 그 회사는 자동차 부품을 제조한다.

8. Her body was in ___________ condition. 그녀의 몸은 완벽한 상태였다.

○ **fer** : '옮기다', '가다'의 뜻을 가지고 있는 어근입니다.

- **different**
  [dífərənt]
  : 따로 떨어져(de=apart) 가다(fer) ▷ **다른**(from)
  cf. **indifferent** 서로 다르지 않은 ▷ 다 똑같은 ▷ 무관심한(to)
  – **indifferent to politics** 정치에 무관심한

- **offer**
  [ɔ́(:)fər]
  : ~쪽으로(o=a=to) 물건을 가져가(fer) ▷ **제안하다, 제공하다**
  – **offer A some advice** A에게 조언을 좀 하다

- **prefer**
  [prifə́:r]
  : 다른 것보다 먼저(pre=before) 집어 가져가다(fer=carry)
  ▷ **~을 더 좋아하다**
  – **prefer jazz to rock music** 록 음악보다 재즈를 더 좋아하다

- **refer**
  [rifə́:r]
  : 다시(re) 가져가다(fer) ▷ ~로 돌리다
  ▷ **~을 참조하다, ~에 의존하다**
  – **refer to a dictionary** 사전을 참조하다

- **suffer**
  [sʌ́fər]
  : ~아래로(su=under) 지나가다(fer) ▷ 겪다 ▷ **~으로 고통 받다**
  – **suffer from cancer** 암으로 고통 받다

- **transfer**
  [trænsfə́:r]
  : 이쪽에서 저쪽으로 건너(trans=across) 가다(fer) ▷ **바꿔 타다, 전학하다**
  – **transfer from one bus to another** 버스를 갈아타다

- **conference**
  [kánfərəns]
  : 여럿이 함께(con=together) 가서(fer) 모이는 ▷ **회의**
  – **International Trade Conference** 국제무역회의

1. She is in a __________ with her boss.
그녀는 사장님과 회의 중이다.

2. The farmland in Gim-po is very __________.
김포에 있는 그 농장은 매우 기름지다.

3. It is a mistake to __________ in other people's relationships.
다른 사람들 간의 관계에 간섭하는 것은 잘못이다.

4. I __________ed her $3,000 for her car.
나는 차 값으로 그녀에게 3,000 달러를 제안했다.

5. They __________ shopping online to shopping in stores.
그들은 상점에서 쇼핑하는 것보다 온 라인으로 쇼핑하는 것을 더 좋아한다.

6. Not knowing the cause of my disease, the doctor __________red me to a specialist. 내 병의 원인을 몰라 그 의사는 나를 전문가에게 의뢰했다.

7. She __________ed quite a lot when her father left her.
아버지가 그녀를 떠났을 때, 그녀는 매우 힘들어 했다.

8. He __________red $2,000 to his son's account.
그는 아들의 계좌에 2,000 달러를 이체했다.

어원실록 | **포도 수확(vintage)은 오래된(vintage) 것일수록 좋다!**
요즘 종종 보이는 빈티지 청바지는 '오래 전 스타일, 고풍스런 스타일'의 청바지란 뜻입니다. wine은 라틴어 계통인 프랑스어에선 vin으로 표기됩니다. 또한 영어 단어 vine은 '포도나무'라는 뜻으로 쓰입니다. 따라서 vintage가 포도수확을 한 특정한 년도를 가리키는 것이 자연히 이해될 것입니다. 포도주는 오래될수록 좋으니 vintage가 '오래되어 가치 있는'이란 사전적 뜻을 가지는 것도 너무나 당연해 보이죠?

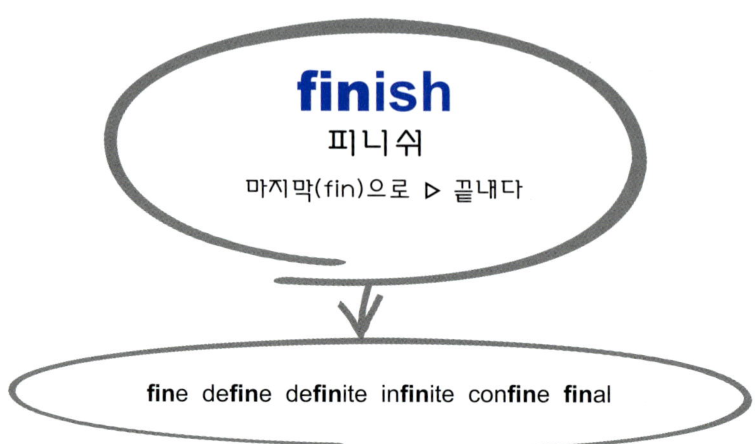

fin : fin은 '끝, 마지막'이라는 뜻을 가진 어근입니다.

- **fine**
  [fáin]
  : 1. 처벌을 끝내기(fin) 위해 내는 돈 ▷ **벌금; 벌금을 부과하다**
  2. 끝(fin)내주는 ▷ **훌륭한, 좋은**
  – **fine ₩50,000 for speeding** 과속에 대해 5만원의 벌금을 부과하다

- **define**
  [difáin]
  : 끝(fin)을 분명히(de=강조) 하다 ▷ (뜻을) 한정시키다 ▷ **정의하다**
  – **define the writer's role** 작가의 역할을 정의하다
  cf. **definition** 정의

- **definite**
  [défənit]
  : 확실히(de=강조) 끝을(fin) 맺는 ▷ **명확한**
  – **a definite offer of a job** 확실한 일자리 제공
  cf. **definitely=certainly=sure** 물론(구어에서 강한 긍정의 표현), 확실히

- **infinite**
  [ínfənit]
  : 끝(fin)이 없는(in=not) ▷ **무한한** ↔ **finite** 유한한
  – **an infinite universe** 무한한 우주

- **confine**
  [kənfáin]
  : 끝(fin)을 확실히 해두다 ▷ **한정하다, 감금하다**
  – **confine to a jail cell** 감방에 넣다(감금하다)

- **final**
  [fáinəl]
  : 끝(fin)의 ▷ **마지막의, 결정적인; 결승전**
  – **the final exam** 기말시험
  – **go to the finals** 결승전에 진출하다

1. We need a ___________ answer by tomorrow.
우리는 내일까지 명확한 답변이 필요하다.

2. How do you ___________ the writer's role today?
당신은 오늘날의 작가의 역할을 어떻게 정의하는가?

3. Chris was sentenced to ten months in jail and given a $300,000 ___________.
크리스는 징역 10개월과 30만 달러의 벌금을 선고받았다.　　　*sentence 형을 선고하다

4. There is an ___________ number of stars in the night sky.
밤하늘에는 무한한 수의 별이 있다.

5. The police ___________d the criminal to a very small room.
경찰은 그 범죄자를 아주 작은 방에 감금했다.

6. My little brother failed his ___________ exam.
내 남동생은 기말고사에서 낙제했다.

7. I ___________ remember sending the letter.
난 편지 보낸 거 확실히 기억하고 있다.

어원실록

캠페인(campaign)은 샴페인(champagne)으로!

'야영'을 영어로 camp라고 표현한다는 것쯤은 다 알고 계시죠? camp는 원래 '넓은 들판'을 가리키는 라틴어 campus에서 유래한 단어입니다. 대학 교정은 매우 넓기 때문에 campus가 된 거죠. 이 campus가 프랑스에 들어와 champagne이 되었고, 영어로는 '샴페인'으로 발음합니다. 프랑스 상파뉴 지역에서 나는 포도주를 가리키는 말로 우리 모두에게 익숙한 단어지요. 그리고 바로 이 champagne이 campaign으로 철자 변형을 거치고 원래 campus가 가지고 있던 '넓은 들판'에서 펼쳐지는 '작전'의 뜻이 되어 결국 '선거 운동(election campaign)'과 같이 쓰이게 된 것입니다. 선거 운동 역시 일종의 작전으로 볼 수 있으니까요. 참고로 champion은 들판(campus)에서 싸우던 사람들을 지칭하던 단어였다가 현재의 '우승자'라는 뜻을 갖게 된 것이랍니다.

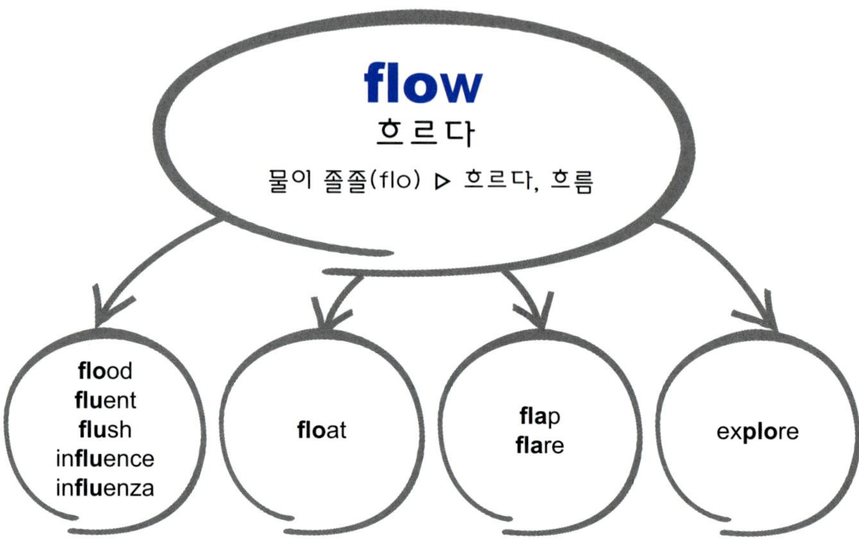

○ **flo** : '흐르다'라는 뉘앙스를 가진 어근. blow는 '공기'의 흐름을 나타내고 flow는 주로 '액체'의 흐름을 나타냅니다.

- **flood**　: 물이 흘러(flo=flow) 넘치다 ▷ **홍수**
  [flʌd]　　– **flood damage** 홍수 피해

- **fluent**　: 말이 물 흐르듯(flu) ▷ **유창한**
  [flúːənt]　　– **a fluent Chinese speaker** 유창한 중국어 구사자

- **flush**　: (물이) 왈칵 흐르다, 얼굴이 확 달아오르다 ▷ **물을 내리다, 얼굴을 붉히다**
  [flʌʃ]　　– **flush with shame** 부끄러워 얼굴을 붉히다
  　　cf. **flutter** 물결이 넘실대듯 움직이다 ▷ **퍼덕거리다**
  　　– **flutter in the wind** 바람에 나부끼다

- **influence** : 마음속으로(in) 흘러들어가(flu=flow) ▷ **영향을 미치다; 영향**
  [ínfluəns]　　– **the influence of television on children**
  　　아이들에 대한 텔레비전의 영향력

- **influenza** : 몸 안으로(in) 흘러(flu=flow) 들어오는 ▷ **전염성 독감** ⊪▶ 줄여서 'flu'
  [ìnfluénzə]　　– **She is down with flu.** 그녀는 독감에 걸려 누워 있다.

- **float** : 흐르는(flo) 물에 ▷ **떠다니다**
  [flout]   – **a boat floating on the river** 강에 떠 있는 배

- **flap** : 물결이 넘실거리듯 ▷ (깃발 따위가) **펄럭이다**
  [flæp]   – **a flapping flag** 펄럭이는 깃발

- **flare** : 흐르듯 넘실대는 ▷ **불길, 화염**
  [flɛər]   – **the flare of the match** 성냥의 불길
  ***cf.* fling** 흘리듯이 물건을 휙 던지다
     – **fling a stone through the window** 창문으로 돌을 던지다

- **explore** : 밖으로(ex) 흘러 나가다(plo=flow) ▷ **찾아가다, 탐험하다**
  [iksplɔ́ːr]   – **explore the universe** 우주를 탐험하다

1. Some children went to ___________ in the woods.
몇몇 아이들이 숲을 탐험하러 갔다.

2. A pigeon ___________ped its wings noisily.
비둘기 한 마리가 날개를 시끄럽게 퍼덕거렸다.

3. The ___________ above the oil well shot up into the sky.
유정(油井) 위의 불길이 하늘로 치솟았다.

4. Because it's so salty, we can ___________ very easily in the Dead Sea. 염분이 많기 때문에, 사해(死海)에서는 몸이 쉽게 물에 뜬다.

5. New Orleans has been badly hit by ___________s.
뉴올리언즈에 매우 심한 홍수가 덮쳤다.

6. He was born in America, but his Korean is ___________.
미국에서 태어났지만, 그의 한국말은 유창하다.

7. She began to ___________ with anger.
그녀는 화가 나서 얼굴을 붉히기 시작했다.

8. His wife had a strong ___________ on his thoughts.
그의 아내는 그의 생각에 큰 영향을 끼쳤다.

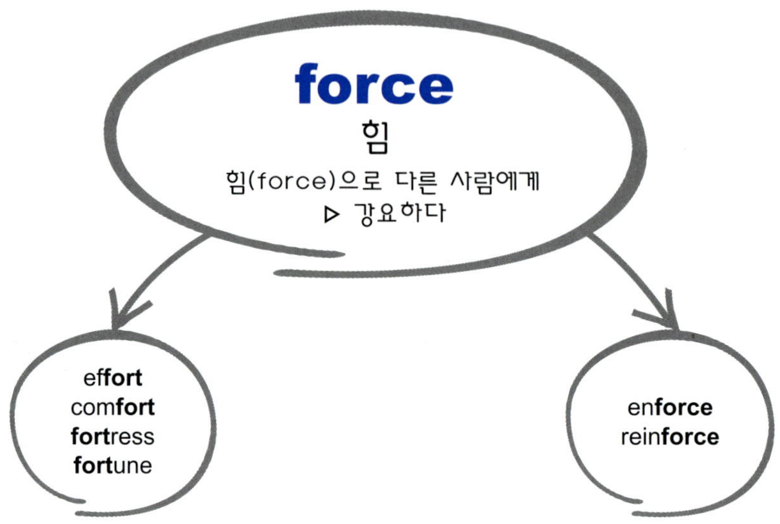

fort : fort는 '힘'이라는 뜻을 갖는 어근으로, 이것이 발전하여 force가 되었습니다. force 자체가 영어로 '힘'이라는 뜻이죠. 동사로 '억지로 강요하다'라는 뜻을 갖기도 합니다.

- **effort** : 힘(fort)을 내다(e=out) ▷ **노력**
  [éfərt]
  - **make an effort** 노력하다
  - **invest a great deal of time and effort**
    많은 시간과 노력을 투자하다

- **comfort** : 함께(com=together) 힘(fort)이 되어주다 ▷ **위로하다**
  [kʌ́mfərt]
  cf. **comfortable** 위안이 되는 ▷ 편안한
  - **comfortable living conditions** 편리한 생활 여건

- **fortress** : 강하게(fort=strong) 만든 ▷ **요새, 성벽**
  [fɔ́:rtris]
  - **a hidden fortress** 숨겨진 요새

- **fortune** : 삶의 힘(fort)이 되어주는 ▷ **재산, 행운** *cf.* **fortunate** 운 좋은
  [fɔ́:rtʃən]
  - **a man of fortune** 부자, 재산가
  - **a fortune teller** 점쟁이

- **enforce** : 힘으로(force) 밀어붙이다 ▷ **시행하다**
  [enfɔ́:rs]
  - **enforce laws** 법을 집행하다

1. Most students made a great ____________ to pass the test.
대부분의 학생들은 시험에 합격하려고 많은 노력을 했다.

2. She went upstairs to ____________ her baby.
그녀는 아기를 달래기 위해 위층으로 갔다.

3. Your clothes look loose and ____________ .
너의 옷은 헐렁하고 편안해 보인다.

4. The police ____________ the laws that governments make.
경찰은 정부가 만든 법을 집행한다.

5. Her behavior just ____________d his dislike of her.
그녀의 행동은 그저 그녀에 대한 그의 반감을 강화시킬 뿐이었다.

6. The army stormed the ____________ town and occupied it.
군대가 그 요새 마을을 급습해 점령했다.   *storm 급습하다

7. The ____________ teller said that he would die young.
그는 요절할 것이라고 점쟁이가 말했다.

어원실록 **내가 돈(geld)이 많으면 양보(yield) 할 텐데.**

yield는 독일어 geld에서 유래한 단어입니다. geld는 독일어로 '돈'을 나타냅니다. 돈은 기본적으로 다른 사람에게 지불하는 수단이므로 geld에서 유래한 yield는 처음의 '지불하다'에서 '주다'(give)라는 뜻으로, 그리고 좀 더 나아가 '양보하다'까지 그 의미가 확대되었습니다. 그래서 yield는 다음의 세 가지 뜻을 가집니다.

1. **양보하다** ☞ 자기 것을 더 필요한 사람에게 '주는 것'이니까.
2. **(작물을) 산출하다** ☞ 농사를 지어 다른 사람에게 '주는 것'이니까.
3. **굴복하다** ☞ 나의 권한을 상대에게 모두 '주는 것'이니까.

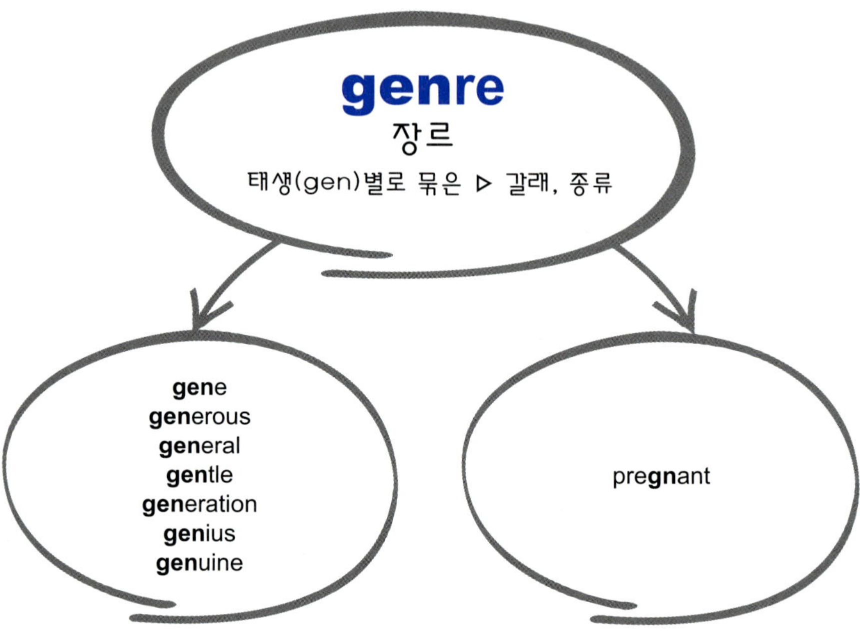

○ **gen** : '태생, 태어나다'의 의미를 갖는 어근입니다. genre는 프랑스어에서 온 단어이기 때문에 '장르'라고 발음합니다.

- **gene** : 태어나면서(gen) 가지는 ▷ **유전자** *cf.* **genetic** 유전자적인
  [dʒiːn] – **gene activation** 유전자 활동

- **generous** : 태생(gen)이 귀한 ▷ 품성이 온화한 ▷ **후한, 너그러운**
  [dʒénərəs] – **a generous reward** 후한 보수
  cf. **generosity** 관대, 아량

- **general** : 1. 비슷하게 태어난(gen) ▷ 같은 종류 ▷ **일반적인, 종합적인**
  [dʒénərəl] – **general hospital** 종합 병원
  2. 부류를 대표하는 ▷ 우두머리 ▷ **장군**

- **gentle** : 귀족의 유전자(gene)를 가진 ▷ 품성이 고상한 ▷ **온화한, 예의바른**
  [dʒéntl] – **a gentle voice** 부드러운 목소리

- **generation** : 태생이(gen) 비슷한 시기의 사람들로 이루어진 ▷ **세대**
  [dʒènəréiʃən] – **the generation gap** 세대 차이

- **gen**ius : 타고난(gen) 사람 ▷ **천재**
  [dʒíːnjəs] – **a mathematical genius** 수학의 천재

- **gen**uine : 태생(gen)을 알 수 있는 ▷ 족보 있는 ▷ **진품의, 순종의**
  [dʒénjuin] – **genuine leather** 진짜 가죽

- **pregn**ant : 태어나기(gn=gen) 전의(pre=before) ▷ **임신한**
  [prégnənt] *cf. pregnancy* 임신
  – **a pregnancy test** 임신 테스트

---

1. Doctors believe that the disease is caused by a ___________ defect.

의사들은 질병이 유전적 결함에 의해 야기된다고 믿는다.　　　　　　　*defect 결함, 결점

2. If it is a ___________ Picasso, it will sell for millions.

그것이 진짜 피카소의 그림이라면, 수백만 달러에 팔릴 것이다.

3. Mom was ___________ with my brother when we moved here.

우리가 여기에 이사 왔을 때, 어머니는 동생을 임신한 상태였다.

4. There is ___________ concern about rising crime rates.

증가하는 범죄율에 대한 전반적 우려가 있다.

5. He gave ___________ly to those in need.

그는 도움을 필요로 하는 사람들에게 후하게 베풀었다.

6. The younger ___________ smokes more than their parents do.

젊은 세대가 부모들보다 더 많이 흡연을 한다.

7. From the age of five, he showed signs of being a ___________.

그는 5세부터 천재성의 조짐을 보였다.

 **어원실록**

직장인들이 제일 싫어하는 두 가지는? 세금(tax)과 업무(task)!

'접촉하다'의 뜻을 지닌 영어 contact에서 어근 tact는 touch의 뜻입니다. tact의 변형이 tax인데 어떤 사람이 건드리는, 즉 다루는(touch) 일이라는 뜻에서 '업무'의 의미로 사용되었지요. 그런데 영국으로 건너가면서 철자가 tasque로 변하더니 결국 현재의 형태인 task가 되었습니다. 하지만 tax라는 형태의 단어도 그대로 살아남아 '업무 ▷ 의무 ▷ 의무적으로 내야 하는 것'의 과정을 거쳐 오늘날 '세금'의 뜻을 가지게 되었답니다.

○ **gla** : '빛'과 관련된 단어들 속에서 많이 찾아볼 수 있는 어근. '빛나다'라는 뜻입니다. glo, gli, glea, clea로 모양이 변하기도 합니다.

- **glare**　　　: 유리(glass)처럼 ▷ **번쩍번쩍 빛나다; 빛**
  [glɛər]

- **glance**　　: 짧은 순간의 빛 ▷ **흘끗 봄; 흘끗 보다**
  [glæns]　　　　– **at a glance** 잠깐 봐서, 첫눈에

- **glimpse**　　: 희미하게 빛나다(gli) ▷ **흘끗 보기**　◀» glimpse는 명사로 많이 쓰임.
  [glimps]　　　– **catch a glimpse of** ~을 잠깐 보다

- **glimmer**　　: **희미한 빛,** (희미하게) **빛나다**
  [glímər]　　　– **The sky glimmered with stars.** 하늘은 별들로 빛났다.

- **glitter**　　　: (금 따위의 표면이) **빛나다**
  [glítər]　　　– **glitter in the sunlight** 햇빛에 빛나다

- **glory**　　　: 빛나는 ▷ **영광**　*cf.* **glorious** 영광스러운
  [glɔ́:ri]　　　– **a glorious victory** 영광스런 승리

- **glo**w : **빛나다**
  [glou]
    – **A nightlight glowed dimly in the dark.**
    야간등이 어둠 속에서 희미하게 빛났다.

    ⇒ gold는 원래 '빛이 나는(glo=gol) 광물'이란 뜻.
    cf. **glad** 얼굴에 빛이 나는 ▷ 기쁜

- **glea**m : **희미한 빛, 섬광, 번쩍임; 번쩍이다**
  [gliːm]
    – **gleaming windows** 반짝거리는 창

- **clea**n : 빛이 날 정도로(clea=gli) ▷ **깨끗한**
  [kliːn]

1. He is at the height of his fame and ___________.
그는 명성과 영광의 절정에 있다.

2. A nightlight ___________ed dimly in the hallway.
복도에는 야간등이 희미하게 빛났다.

3. I caught a ___________ of him in the crowd.
군중들 속에서 그를 얼핏 보았다.

4. He polished the table until it ___________ed.
그는 테이블이 반짝거릴 때까지 윤을 냈다.

5. The sun's ___________ on the car's windshield made driving difficult. 차창에 내리쬐는 태양빛이 운전을 힘들게 만들었다.

6. The light of his house was ___________ing in the distance.
그의 집 불빛이 멀리서 희미하게 빛나고 있었다.

7. All that ___________s is not gold.
〈속담〉 반짝이는 모든 것이 다 금은 아니다.

8. She ___________d at her watch nervously.
그녀는 초조하게 시계를 흘끗 쳐다보았다.

glitter
반짝이다

빛(gli)이 사방으로 흩어져서(tter)
▷ 빛나다

flatter scatter litter shatter mutter stutter chatter

◯ tter : tter가 들어가는 단어들은 발음할 때 자연스럽게 소리가 튀어서 흩어집니다.

- **flatter** : **아첨하다** ⇢ 옆에서 침 튀기며(tter) 아부하는 모습 연상.
  [flǽtər]   – **flatter his boss** 사장에게 아부하다
      cf. **flattering** 듣기 좋은

- **scatter** : 뿔뿔이 흩어지다(tter), 흩어지게 하다 ▷ **해산하다, 해산시키다**
  [skǽtər]   – **scatter the crowd** 군중을 해산시키다

- **litter** : 어수선하게 흩어진(tter) ▷ **쓰레기**
  [lítər]   – **No Littering.** 쓰레기 투기 금지

- **shatter** : 산산이 부수다, 부서지다 ▷ **분쇄하다; 파편**
  [ʃǽtər]   – **shatter into pieces** 산산이 부서지다

- **mutter** : 분명히 말하지 않고 띄엄띄엄 ▷ **투덜투덜(tter) 거리다**
  [mʌ́tər]   – **Stop muttering, and speak up!** 투덜거리지 말고 말을 해!

- **stutter** : 말이 흩어지다(tter) ▷ **말을 더듬다**
  [stʌ́tər]   – **"I'm J-J-Jane,"** she stuttered.
      "난 제–제–제인이야", 하고 그녀는 말을 더듬었다.

- **chatter** : 말이 쏟아져나와 흩어지다(tter) ▷ **재잘거리다, 이가 딱딱 맞부딪히다**
  [tʃǽtər]   – **chatter from the cold** 추위로 이가 딱딱 부딪히다

1. You are only ___________ing me.
   넌 단지 나에게 아부를 하고 있을 뿐이다.

2. He ___________ed a reply with his face red.
   그는 얼굴이 빨개져서 말을 더듬거리며 대답했다.

3. The park is filled with the ___________ of old newspapers.
   공원이 폐신문 쓰레기로 가득하다.

4. The diamond necklace ___________ed in the bright light.
   다이아몬드 목걸이가 밝은 빛에 빛났다.

5. The vase ___________ed into pieces on the floor.
   꽃병이 마루에 산산조각나 흩어졌다.

6. She ___________ed something about her husband and left.
   그녀는 남편에 대해 뭐라 뭐라 투덜거리더니 떠나버렸다.

7. The child ___________ed a lot of grains of rice all over the floor.
   아이가 많은 쌀알을 마루 여기저기에 흩어놓았다.

8. Stop ___________ing, and finish your homework.
   수다 그만 떨고 어서 숙제를 끝내라.

어원실록 **클럽(club)에 합류하려면 골프채(golf club) 정도는 있어야지~**

골프채는 끝부분이 뭔가 뭉쳐져 있는 것처럼 뭉툭하죠? 예전에는 이렇게 끝이 뭉툭한 막대를 가리켜 club이라고 했습니다. 그러다가 뭉쳐 있는 끝부분처럼 사람들이 뭉친다고 해서, 일종의 사교 모임을 일컬을 때 역시 club이라는 말을 쓰게 되었죠. 전혀 상관없어 보이던 club의 두 가지 뜻도 알고 보면 이런 연관성을 가지고 있답니다.

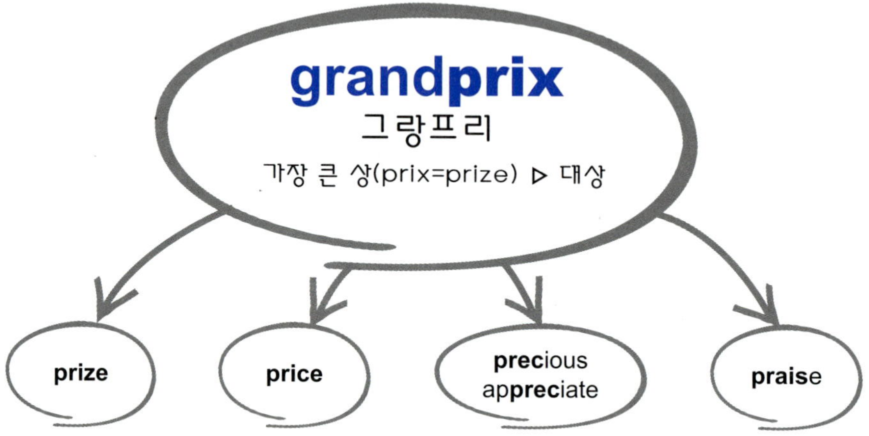

○ **prize** : grand-prix는 프랑스어로 큰 상, 즉 '대상, 1등상'을 말합니다. '상'을 뜻하는 prix는 영어의 prize에 해당합니다. '상'은 '가치' 있는 것이므로 어근 priz는 '가치'라는 의미로 쓰입니다.

• **prize**
[praiz]
: 가치 있는 행위에 대해 주는 ▷ **상**
– **win first prize** 일등상을 받다
– **the Nobel prize** 노벨상

• **price**
[prais]
: 물건의 가치(price=priz) ▷ **값, 물가**(prices)
cf. **priceless** 가치를 따질 수 없는   **pricy** 비싼(= expensive)
– **rising[falling] prices** 오르는[떨어지는] 물가

• **prec**ious
[préʃəs]
: 가치 있는(prec=pric) ▷ **귀중한, 값비싼**
– **waste precious time** 귀중한 시간을 낭비하다

• ap**prec**iate
[əprí:ʃièit]
: 1. ～에 대해(a=to) 가치를(prec) 알아보다 ▷ **감상하다, 평가하다**
– **appreciate English poetry** 영시를 감상하다

2. 상대방 도움이 가치 있다고 생각하므로 ▷ **감사하다**
– **I'd really appreciate your help.** 도와주셔서 정말 감사합니다.

1. The movie took top ___________ at the Cannes Film Festival.
그 영화는 칸 영화제에서 대상을 탔다.

2. My family photos are ___________.
내 가족 사진들은 값을 매길 수 없을 정도로 소중하다.

3. We're wasting ___________ time!
우리는 귀중한 시간을 허비하고 있다.

4. I would ___________ it if you paid in cash.
현금으로 지불해 주시면 감사하겠습니다.

5. My teacher ___________d me for my good work.
선생님께서 숙제를 잘 했다고 나를 칭찬해 주셨다.

어원실록 **'공동 통치 구역', 그대의 이름은 '콘도(condo)'!**

가족끼리 여행갈 때 흔히 이용하는 condo라는 단어도 알고 보면 알짜배기 어근을 담고 있는 녀석입니다. 원래 condominium이라는 긴 단어를 줄여 condo라 표시하는 것인데, 여기서 con은 '함께'라는 뜻이고 dominium은 라틴어로 '통치'라는 뜻입니다. 실제로 예전에는 이 단어가 '공동 통치'의 의미로 사용된 적이 있습니다. 그러나 시간이 흐르면서 '여러 사람들이 함께 머물면서 다스리는 곳' ▷ '함께 머무는 곳'이 되어 오늘날의 '공동 분양주택'이라는 의미로 굳어진 것이죠.

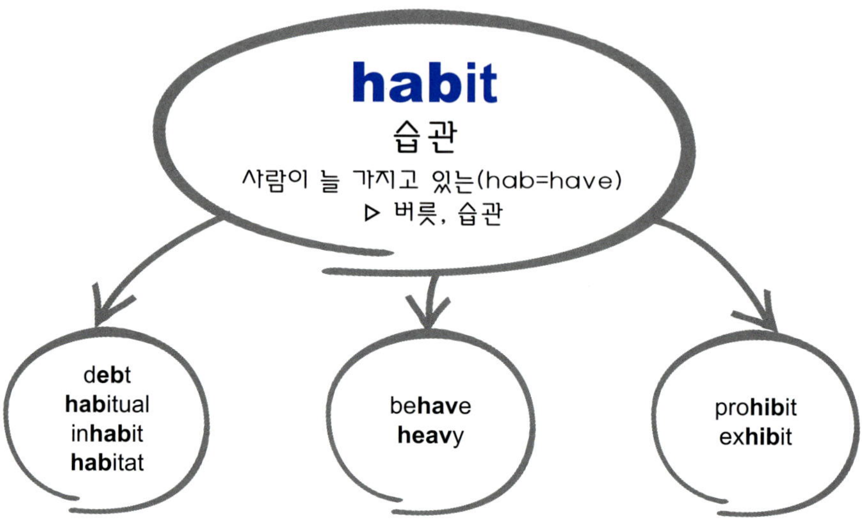

○ hab : have, 즉 '가지다, 가지고 있다'라는 의미의 어근입니다.

- **debt**
  [det]
  : 가지고 있는(hab) 것과 거리가 먼(de=away), 즉 가지고 있다고 볼 수 없는 것
  ▷ **빚** ◀ de와 결합되면서 hab의 'h'가 탈락.
  – **owe a debt to a friend** 친구에게 빚을 지다
  – **get out of debt** 빚을 갚다
  cf. **indebted** 빚진

- **habitual**
  [həbítʃuəl]
  : **습관적인, 평소의**
  – **habitual drug use** 상습적 약품 복용
  cf. **habitually** 습관적으로, 늘

- **inhabit**
  [inhǽbit]
  : ∼안에(in) 자리 잡다(hab), 내 영역을 가지다 ▷ **거주하다**
  cf. **inhabitant** 주민
  – **a city of 10 million inhabitants** 천만 거주자가 사는 도시

- **habitat**
  [hǽbətæt]
  : 항상 가지고 있는(hab) 영역 ▷ **서식처, 거주지**
  – **destruction of natural habitats** 자연 서식지의 파괴

- **behave**
  [bihéiv]
  : 몸에 지닌(hav) 방식으로 ▷ **처신하다, 행동하다**
  – **The child behaves like an adult.** 그 아이는 어른처럼 행동한다.
  cf. **behavior** 행동, 처신

- **heavy**
  [hévi]
  : 안에 뭔가를 가지고 있어(heav=hav) ▷ **무거운, 심한**
  – **a heavy burden** 무거운 짐
  – **a heavy rain** 호우
  – **a heavy smoker** 골초

- **prohibit**
  [prouhíbit]
  : 미리(pro=before) 붙들어 잡다(hib=hab) ▷ **~하지 못하게 하다**
  – **Snow prohibited her from going to school.**
  눈은 그녀가 학교 가는 것을 금지시켰다. → 눈 때문에 그녀는 학교에 갈 수 없었다.

- **exhibit**
  [igzíbit]
  : 밖에(ex=out) 가지고 있는(hib) ▷ **전시하다, 보여주다**
  – **exhibit a wide gap between the rich and poor**
  빈부 간에 큰 격차를 보이다
  cf. **exhibition** 전시

1. He managed to pay his __________s off in three years.
그는 3년 만에 그럭저럭 빚을 모두 갚았다.

2. She __________d like a true lady. 그녀는 진정한 숙녀처럼 행동했다.

3. Careful, that suitcase is pretty __________.
조심해, 그 짐가방 꽤 무겁다.

4. He is a __________ smoker. 그는 상습 흡연가이다.

5. Seoul is __________ed by over 10 million people.
서울은 천만 이상의 사람들이 거주한다.

6. A lot of wildlife has lost its natural __________s these days.
최근 많은 야생 생물들이 자연 서식지를 잃었다.

7. The sale of alcohol to young people is __________ed by law in this city. 이 도시에서는 미성년자에게 술을 판매하는 것이 법으로 금지되어 있다.

8. Her work is __________ed at the art gallery.
미술 화랑에 그녀의 작품이 전시되어 있다.

interview
인터뷰
두 사람 사이(inter)에 마주 보고(view)
▷ 면접

interpret intercept international interrupt
interact interfere interval interest

○ **inter** : 어근 inter는 쉽게 말해 between의 의미입니다. '~의 사이에'의 뜻이죠.

• **inter**pret
[intə́:*r*prit]
: 두 사람 사이에서(inter) 말을 전하다 ▷ **통역하다, 해석하다**
– **interpret the meaning of dreams** 꿈의 의미를 해석하다
cf. interpreter 통역사

• **inter**cept
[ìntərsépt]
: 두 사람 사이에서(inter) 잡다(cept=cap=take) ▷ **가로채다**
– **intercept the pass** 패스를 가로채다

• **inter**national
[ìntərnǽʃənəl]
: 국가들(nation) 사이의(inter) ▷ **국제적인**
– **The Busan International Film Festival** 부산 국제 영화제

• **inter**rupt
[ìntərʌ́pt]
: 두 사람 사이를(inter) 갈라놓다(rupt=break) ▷ **끼어들다, 방해하다**
– **interrupt the view** 시야를 가로막다

• **inter**act
[ìntərǽkt]
: 둘 사이에서(inter) 작용하다(act) ▷ **상호 작용하다**
cf. interaction 상호 작용
– **interaction between chemicals** 화학물질 간의 상호 작용

• **inter**fere
[ìntərfíər]
: 사이에(inter) 끼어들다 ▷ **방해하다, 간섭하다**
– **interfere in family problems** 가정 문제에 간섭하다

• **inter**val
[íntərvəl]
: 둘 사이의 ▷ **간격**
– **at 5-minute intervals** 5분 간격으로

1. The two saw each other at regular ___________s – usually about twice a month.

그 둘은 규칙적인 간격을 두고 보통 한 달에 두 번 정도 서로를 만났다.

2. He ___________ed a ball thrown to the receiver.

그는 상대편에게 던져진 공을 가로챘다.

3. His ___________ly known novel has won several literary prizes.

그의 국제적으로 알려진 소설은 몇 개의 문학상을 수상했다.　　　*literary 문학적인, 문학의

4. Please don't ___________ me while I'm doing my homework.

숙제를 하고 있는 동안 저를 방해하지 마세요.

5. The professor explained how these two chemicals ___________.

교수님이 이 두 화학물질이 어떻게 상호 작용하는지 설명했다.

6. A reporter ___________ed the mayor about the problems.

기자가 그 문제에 대해 시장을 인터뷰했다.

7. I speak Chinese. Would you like me to ___________ for you?

제가 중국어를 할 줄 압니다. 통역해 드릴까요?

어원실록

마차(coach)와 코치(coach)는 무슨 관계일까?

coach라는 단어를 사전에서 찾아보면 먼저 '마차'라는 뜻이 나옵니다. 그럼 역사적으로 보았을 때 '마차'의 뜻이 먼저 생겨났고 뒤이어 '코치, 지도자'라는 뜻이 생겼을 것으로 추측할 수 있겠지요? 그렇습니다. 먼저 말 네 필이 이끄는 '대형마차'의 뜻으로 쓰이다가 말이 마차를 잘 끌고 가듯이 '학생을 잘 이끌고 가는 사람'의 뜻으로 확장되어 오늘날 '지도자'의 의미가 되었답니다.

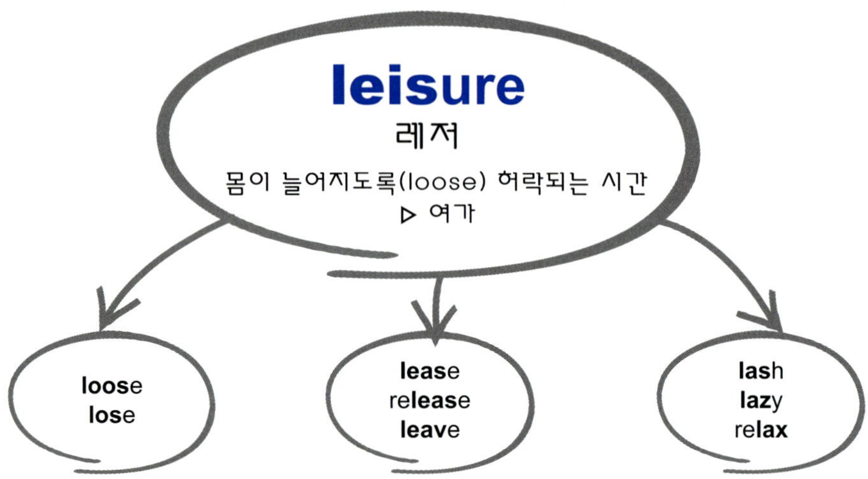

○ **loos** : '늘어진, 느슨한'이라는 의미를 갖는 어근. leas, leis, laz, las lax 등 다양하게 변신하는 어근입니다.

- **loose** : 늘어져 ▷ **느슨한** ◀) 발음에 유의. [(을)루-스] 와 같이 발음된다.
  [luːs]   – **loose pants** 헐렁한 바지

- **lose** : 느슨하게(loose) 하다가 ▷ **잃어버리다** ◀) 발음에 유의. [(을)루-즈]
  [luːz]   – **lose one's wallet** ～의 지갑을 잃어버리다
  cf. **loss** 분실   **lost** 길을 잃은

- **lease** : 느슨하게(loose) 풀다 ▷ 허용 ▷ **임대, 차용**
  [liːs]   – **car leasing** 자동차 임대

- **release** : 느슨한(lease=loose) 상태로 되돌리다(re=back) ▷ **풀다, 석방하다**
  [rilíːs]   – **release the first album** 첫 앨범을 내다

- **leave** : 느슨하게(loose) 풀어주다 ▷ 1. **～상태로 내버려 두다, 남기다**
  [liːv]   2. 남겨두고 ▷ **떠나다**

  3. 떠나는 것 ▷ **휴가**
  – **leave the key inside the car** 열쇠를 차에 두고 내리다
  – **leave his job** 그의 직장을 떠나다(사직하다)
  – **go on leave for a week** 일주간의 휴가를 떠나다

- **lash** : 길게 늘어진(loose) 가죽 끈으로 만든 ▷ **채찍**
  [læʃ] – **receive 10 lashes for stealing** 절도죄로 채찍 10대를 받다

- **lazy** : 몸이 느슨해져서 늘어진(laz=loose) ▷ **게으른**
  [léizi] – **a lazy worker** 게으른 일꾼

- **relax** : 몸을 다시(re) 느슨하게 하다 ▷ **풀어주다, 편안히 하다**
  [rilǽks] – **relax the muscles** 근육을 풀어주다

1. If you take time off for sick __________, you can be disadvantaged at getting promoted.

만약 질병 휴가를 내면, 진급하는 데 약간의 불이익을 당할 수도 있다.

2. The __________ has been renewed three times.

그 임대 계약은 세 차례 갱신되었다.

3. We wear comfortable and __________ clothing to our exercise class. 우리는 체육 수업에 편안하고 헐렁한 옷을 입는다.

4. She was __________ in thought and didn't hear me calling her.

그녀는 생각에 **빠져서** 내가 부르는 걸 듣지 못했다.

         ***be lost in** ~에 정신을 잃을 정도로 ▷ ~에 빠져 있다

5. After work, she __________ed her tired muscles.

그녀는 일을 마친 후 그녀의 지친 근육을 풀었다.

6. 3,000 balloons were __________d at the opening ceremony.

개막식에서 3천 개의 풍선을 풀어 놓았다.

7. Please, __________ me alone. I'm exhausted.

나를 내버려 두세요. 완전히 지쳤어요.

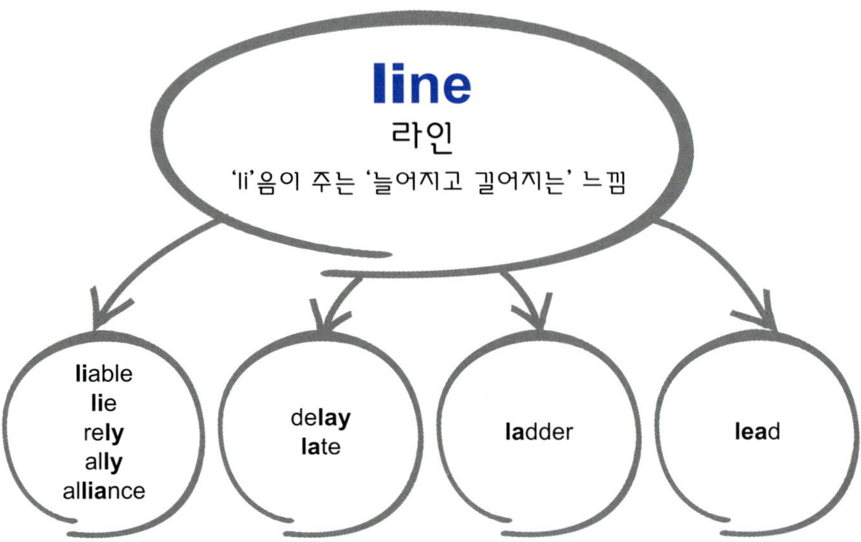

⟴ **li** : li, ly, lea, la와 같은 어근이 포함된 단어들을 보면 공통적으로 '선으로 이어져서 길~게 늘어진' 것을 연상해낼 수 있습니다.

- **liable** : 선(line)으로 연결되어 ▷ 1. **책임 있는** 2. **~하기 쉬운**
  [láiəbl]   – **liable to heart disease** 심장병에 걸리기 쉬운

- **lie** : 몸을 길게(line) 뻗치다 ▷ **드러눕다** ◈ 동사변화 유의 lie-lay-lain
  [lai]   – **lie down on the grass** 잔디에 눕다
       cf. **lie-lied-lied** 거짓말하다

- **rely** : 어딘가에 자신을 묶다(ly=line) ▷ **의지하다**
  [rilái]   *cf.* **reliable** 의지할 만한
       – **reliable information** 믿을 만한 정보

- **ally** : ~쪽으로(a=to) 묶이다(ly=line) ▷ **동맹을 맺다**
  [əlái]   – **ally with each other** 서로 동맹을 맺다

- **alliance** : 묶여(li) 있는 ▷ **동맹, 연합**
  [əláiəns]   – **a military alliance** 군사적 동맹
       – **in alliance with** ~와 결탁하여

- **delay**   : 길게(lay) 늘이다 ▷ **늦추다**
  [diléi]   – **delay the meeting** 회의를 연기하다

- **late**   : 선(line)처럼 늘어진 ▷ 느슨한, 느릿한 ▷ **늦은**
  [leit]   *cf.* **lately** 최근에(= recently)   **latest** 최신의

- **ladder**   : 긴(la) 모양의 것 ▷ **사다리**
  [lǽdər]   – **climb a ladder** 사다리를 오르다

- **lead**   : 앞에서 길게(lea=li) 끌다 ▷ **이끌고 가다, 안내하다**
  [li:d]   – **lead the reform** 개혁을 이끌다

1. Her plane was _________ed by half an hour.
그녀가 탄 비행기는 30분 정도 연착되었다.

2. Firefighters were pouring water on the building using extended
_________s. 소방대원들은 고가 사다리를 이용해서 건물에 물을 퍼부었다.

***extended** 연장되는

3. Have you seen her _________? 최근에 그녀를 본적이 있니?

4. He is _________ for his wife's debts. 그는 아내의 빚에 책임이 있다.

5. Several European nations _________ with one another against
terrorism. 몇몇 유럽 국가들은 테러에 대항하여 서로 동맹을 맺었다.

6. Women, as they grow older, _________ more and more on
cosmetics. 여성들은 나이가 들어감에 따라 점점 더 화장품에 의존하게 된다.

***cosmetics** 화장품

7. He _________ bricks to build a wall.
그는 담을 만들기 위해 벽돌을 쌓아 올렸다.

8. The three nations formed an _________ to make peace among
themselves. 그 세 나라는 평화를 유지하기 위해 서로 동맹을 맺었다.

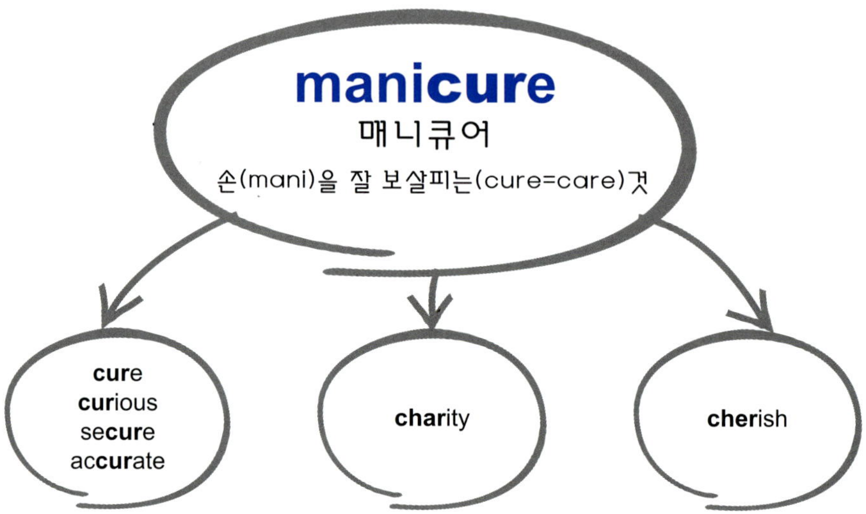

⊙ **cur** : cur는 영어로 care, 즉 '보살피다, 돌보다'의 뜻입니다. car, char, cher 로 모양이 변하기도 합니다.

• **cure**
[kjuər]
: 잘 보살펴서(cur) ▷ **낫게 하다, 치료하다; 치료법**
cf. incurable 고칠 수 없는, 불치의(in=not)
– **an incurable disease** 불치병

• **curious**
[kjúəriəs]
: 보살피는(cur) ▷ 신경이 쓰이는 ▷ **호기심 있는**
cf. curiosity 호기심
– **curiosity about sex** 성(性)에 대한 호기심

• **secure**
[sikjúər]
: 신경 쓸(cur) 게 없는(se=free from) ▷ **안전한** ↔ **insecure** 안전하지 않은
– **a secure job** 안정된 직업
cf. security 안전
– **national security** 국가안보

• **accurate**
[ǽkjərit]
: ~쪽으로(ac=to) 신경 써서(cur) ▷ **꼼꼼한, 정확한**
– **accurate information** 정확한 정보
cf. accuracy 정확성, 정밀도

• **cherish**
[tʃériʃ]
: 오랫동안 돌보다(cher=cur) ▷ **소중히 간직하다, 소중히 하다**
– **Every mother cherishes her children.**
모든 어머니는 자식을 소중히 여긴다.

1. She has __________ cancer and will die within 4 months.

그녀는 불치의 암에 걸려서 넉 달 안에 죽을 것이다.

2. Burning with __________, he asked me who won.

호기심에 불타서, 그는 나에게 누가 이겼냐고 물었다.

3. The savings plan will __________ your child's future.

저축 계획은 아이의 미래를 안정시켜 줄 것이다.

4. The information relates to national __________.

그 정보는 국가 안보와 관계가 있다.

5. The police are trying to obtain __________ information.

경찰은 정확한 정보를 얻으려고 노력 중이다.

6. I __________ all of the good times we had together.

나는 우리가 함께 했던 그 즐거운 시간들을 소중히 간직한다.

7. The singer raised thousands of dollars for __________.

그 가수는 자선 기금으로 수천 달러를 조성했다.

어원실록 | **여성들의 화장(cosmetic) 속에 우주(cosmos)가 들어 있다!**

카오스(chaos)라 함은 우주가 생성되기 전의 혼돈 상태를 말합니다. 그래서 이러한 혼돈을 극복하고 태어난 우주를 뜻하는 단어 cosmos는 완벽한 '질서와 체계'라는 뜻도 담고 있습니다. 초기의 그리스어 철자는 kosmos였는데 여기서 kosmein이라는 동사도 만들어집니다. 급기야 형용사형인 kosmetik이 나오고 오늘날 cosmetic이라는 영어 단어로 정착합니다. 실제로 여성들의 화장은 얼굴의 질서를 잡아주는 행위라고 볼 때 이러한 역사적인 변천 과정은 너무도 당연해 보이네요. ^^

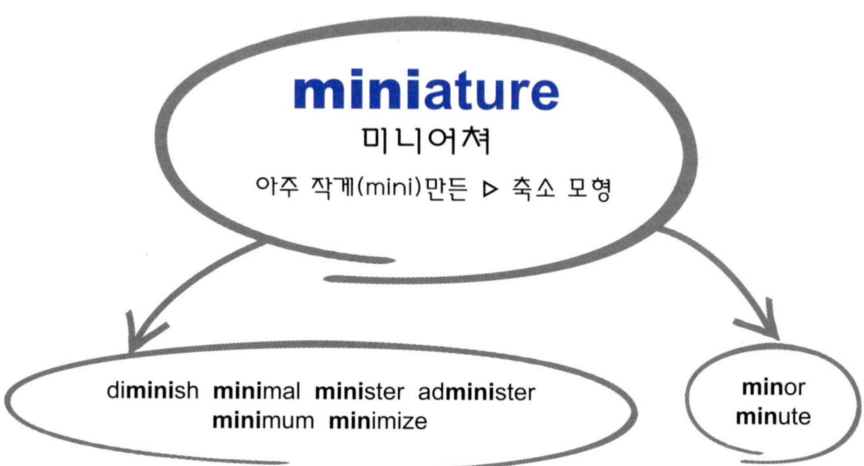

❍ **mini** : 단어만 보고도 짐작할 수 있듯이 **mini**는 '작은'이라는 뜻의 어근입니다. 다양한 단어에 쓰여서 '작은, 작게 만드는'이라는 의미를 부여해주는, 작지만 유용한 어근이죠.

- **diminish**
  [dəmíniʃ]
  : 아주(di, de=강조) 작게(mini) 만들다 ▷ **줄이다, 감소하다**
  – **diminish little by little** 조금씩 감소하다

- **minimal**
  [mínəməl]
  : 가장 작은(mini) ▷ **최소한의, 극소의** ↔ **maximal** 최대의
  – **at minimal cost** 최소한의 비용으로

- **minister**
  [mínistər]
  : 대통령보다 힘이 작은(mini) ▷ **장관, 성직자**
  – **the Minister of Education** 교육부 장관
  – **the Prime Minister** 국무총리, 수상

- **administer**
  [ædmínəstər]
  : 장관(minister)들이 정책을 ▷ **집행하다, 관리하다**
  cf. **administration** 경영, 관리, 통치
  – **the Bush Administration** 부시 정권

- **minimum**
  [mínəməm]
  : **최소 한도, 최소량**
  ◁ 복수형은 minima, minimums.

- **minimize**
  [mínəmàiz]
  : **최소화하다, 극소화하다**
  ↔ **maximize** 극대화하다

1. Oil production in this region has __________ed.

이 지역의 석유 생산이 감소했다.

2. He remembered everything in __________ detail.

그는 미세한 것까지 모두 자세히 기억했다.   **in detail* 상세하게, 자세히

3. She spent a __________ amount of time watching television.

그녀는 TV를 보는 데 최소한의 시간만을 썼다.

4. The new __________ of the church is a woman.

그 교회의 새 목사는 여성이다.

5. Teachers have the authority to __________ punishment.

교사들은 처벌을 시행할 권한이 있다.

어원실록   **샐러드 조리(dress)는 정장(dress) 입듯이 반듯하게!**

'샐러드를 조리하다'라는 표현은 영어로 dress salad for the table이라고 합니다. salad에 옷을 입힌다는 얘기는 아니구요, 원래 dress는 '곧은'의 뜻을 가진 direct 의 사촌으로 '(일렬로 곧게) 정돈하다'의 뜻을 가지고 있었습니다. 예전부터 음식 재료 를 정돈하는 일을 dress라고 표현하게 되고 나중에 사람들이 '옷매무새를 정돈한다' 는 의미로 사용하면서부터 '정장'이나 '옷을 (정장으로) 차려입다'라는 뜻도 가지게 된 것입니다.

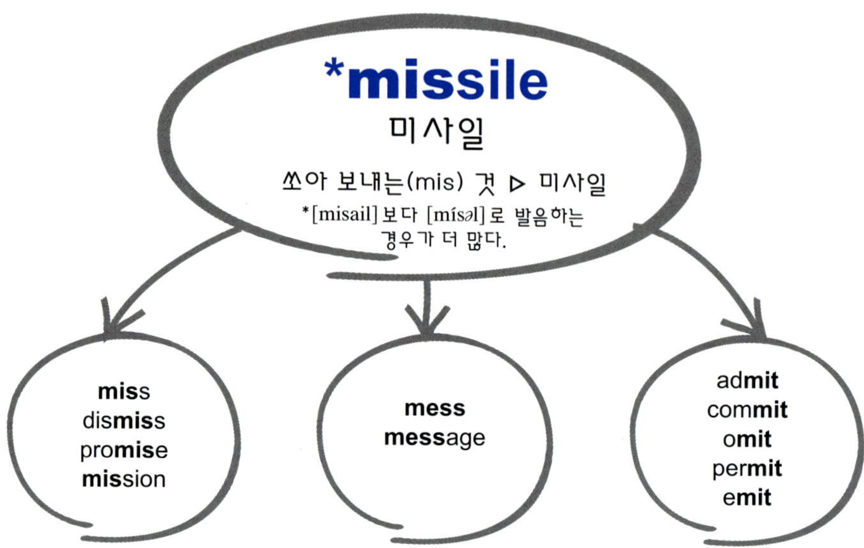

○ **mis** : 어느 한 쪽으로 뭔가를 '보내다, 넘기다'의 뜻. 원래는 mess에서 발전되어 mis가 되었고, mit으로 변하게 되었습니다.

- **miss**
  [mis]
  : 1. 보내고(mis) 나서 ▷ **그리워하다**
  2. 보내다 ▷ **놓치다**
  3. 잡았다 놓친 것 ▷ **실수**

- **dismiss**
  [dismís]
  : 멀리(dis=away) 보내다(mis) ▷ 1. **해산시키다** 2. **해고하다**
  – **dismiss a boy from school** 남학생을 퇴학시키다

- **promise**
  [prámis]
  : 말로써 미리(pro=before) 무엇인가 보내는 것(mis) ▷ **약속하다; 약속**
  – **keep one's promise** 약속을 지키다

- **mission**
  [míʃən]
  : 포교 활동을 위해 보낸(mis) ▷ **사절단,** (사절단의) **임무**
  – **carry out one's mission** 미션을 수행하다

- **mess**
  [mes]
  : 여기저기로 보내다(mess=mis, mit) ▷ **어질러 놓음, 어수선함**
  cf. **messy** 지저분한, 어질러진

- **message**
  [mésidʒ]
  : 다른 사람에게 보내는(mess=mis) ▷ **전갈, 메시지**
  – **leave a message** 메시지를 남기다

- **admit** : ~쪽으로(ad=to) 들여보내다(mit) ▷ **받아들이다, 인정하다**
  [ædmít]   *cf.* **admission** 허가, 입장

- **commit** : 1. ~에게 전부(com) 보내다(mit) ▷ **맡기다, 위임하다**
  [kəmít]   *cf.* **committee** 권한을 위임한 ▷ **위원회**
  2. 맡겨진(commit) 일을 하다 ▷ (일 따위를) **저지르다, 헌신하다**
  – **commit an error** 잘못을 저지르다

- **omit** : ~로(o=a=to) 보내버리다(mit) ▷ **빼다, 생략하다**   *cf.* **omission** 생략
  [oumít]   – **omit his name from the list** 명단에서 그의 이름을 빼다

- **permit** : 완전히(per=perfect) 주다(mit) ▷ **허락하다**   *cf.* **permission** 허가, 허락
  [pərmít]   – **permit her to smoke** 그녀가 담배 피는 것을 허락하다

- **submit** : 밑으로(sub=under) 건네다(mit) ▷ **제출하다**
  [səbmít]   – **submit a report** 보고서를 제출하다

- **emit** : 밖으로(e=ex) 보내다(mit) ▷ **배출하다**
  [emít]   *cf.* **emission** 배출

---

1. She didn't __________ that she made a mistake.
그녀는 자기가 실수했다는 것을 인정하지 않았다.

2. She was sent to prison for __________ting murder.
그녀는 살인을 저지른 죄로 투옥되었다.

3. He was __________ted from the list of members.
그는 회원명부에서 빠졌다.

4. The computer doesn't ______________ you to enter without the password. 그 컴퓨터는 당신이 암호 없이 접근하는 것을 허락하지 않는다.

5. You must __________ your application by Friday.
당신은 금요일까지 원서를 제출해야 한다.

6. He found his room too __________. 그는 방이 너무 어질러진 것을 알았다.

7. You will be __________ed from your post. 당신은 직위에서 해직될 것이다.

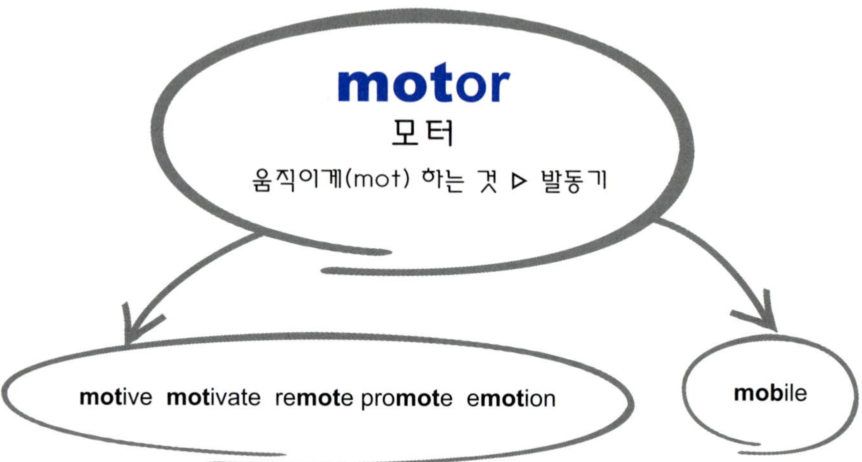

➲ **mot** : '움직이다'의 뜻. move로 변형되어 mob라는 형태를 띄게 됩니다.

- **mot**ive : 마음을 움직이게 하는(mot) ▷ **동기**
  [móutiv]
  – **the motive behind the killing** 살인의 숨은 동기

- **mot**ivate : 마음을 움직이게 하다(mot) ▷ **동기를 유발하다**
  [móutəvèit]
  – **motivate the employee to work harder**
  직원들이 더 열심히 일하도록 동기부여하다
  cf. **motivation** 동기 유발

- **remote** : 있던 자리에서 다시(re) 이동된(mot) ▷ **멀리 떨어진, 외진**
  [rimóut]
  – **a remote village** 외딴 마을

- **pro**mote : 앞으로(pro) 움직이게 하다(mot) ▷ 전진시키다
  [prəmóut]
  ▷ 1. **촉진하다**   2. **승진시키다**
  cf. **promotion** 승진, 촉진
  – **a sales promotion** 판매 촉진

- **emot**ion : 속에 있던 것이 밖으로(e=ex) 움직여(mot) 나오는 것 ▷ **감정**
  [imóuʃən]
  cf. **emotional** 감정적인
  – **emotional upsets** 감정적 동요

- **mob**ile : 움직일(mob) 수 있는 ▷ **이동성을 가진**
  [móubail]
  – **mobile phone** 휴대폰

1. They traveled three hours to get to a ___________ island.
그들은 외딴 섬에 가기 위해 3시간을 여행했다.

2. The advertising _______________d travelers to choose an island vacation. 그 광고는 관광객들이 섬에서의 휴가를 선택하도록 동기유발시켰다.

*advertise 광고하다

3. You should question their ___________s in giving you the money.
너는 너에게 돈을 준 그들의 동기를 의심해 보아야 한다.

4. Tanning was ___________d by doctors as a healthful activity.
일광욕은 건강한 활동으로 의사들에 의해 장려되었다.

*tan 햇볕에 태우다

5. She lost control of her ___________s at the news.
그녀는 그 소식을 듣고 감정을 다스릴 수가 없었다.

6. He was very happy about his ___________.
그는 승진해서 굉장히 기뻤다.

7. Reading books is the best way to ensure a child's _______________ and intellectual development.
독서는 아이의 정서적·지능적 발달 보증하는 가장 좋은 방법이다.

어원실록 | **회사(firm)는 자고로 튼튼해야(firm)한다!**

라틴어에서 firmus는 '확고한'이란 뜻을 가집니다. 이것이 이탈리아에서는 '서명으로 확실히 해두다'란 의미가 되고 결국엔 '서명하다'로 압축되지요. 계약서에 서명하는 사람은 업체를 책임지는 사람이니, 이 뜻이 확대되면서 영어에서 '회사'라는 뜻까지 이르게 된 것입니다. 독일어로 business를 뜻하는 말로 firma가 있는데 이 단어가 18세기에 영어로 유입되었다고 합니다. 결과적으로 firm이란 단어는 현재 '단단한, 확고한, 회사' 등의 뜻을 가지게 되었지요.

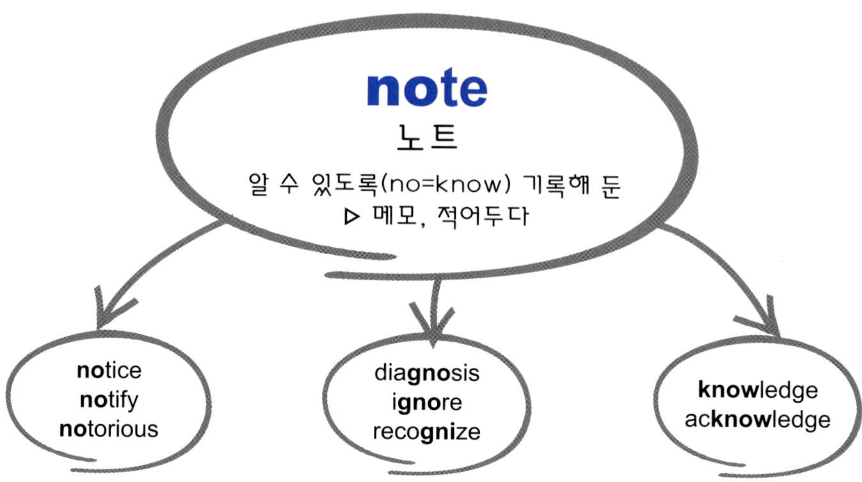

◑ **no** : 어근 no에는 '알다'라는 의미가 있습니다. 우리가 알고 있는 동사 know 역시 어근 no에서 gno, kno로 발전된 단어입니다.

• **no**tice
[nóutis]
: 알게(no=kno) 하는 것 ▷ **공지; 알아차리다, 통지하다**
– a notice saying 'No Swimming' '수영금지'라는 공고
cf. noticeable 눈에 띄는, 이목을 끄는

• **no**tify
[nóutəfái]
: 다른 사람이 알게(no=know)하다 ▷ **알리다**
– **notify the police** 경찰에 알리다
cf. notification 고지, 공고

• **no**torious
[noutɔ́:riəs]
: (나쁜 명성으로) 잘 알려진(no=know) ▷ **악명 높은**
– **a notorious criminal** 악명 높은 범죄자
cf. noble 뭔가 아는(no) 사람들 ▷ **귀족**

• dia**gno**sis
[dàiəgnóusis]
: 전체적으로(dia=across) 알아보는(gno=know) ▷ **진단**
– **an initial diagnosis** 초기 진단
cf. diagnose 진단하다

• i**gno**re
[ignɔ́:r]
: 알아보지(gno) 못하다(i=not) ▷ **무시하다** *cf.* ignorant 무식한
– **ignore his remarks** 그의 발언을 무시하다

- **reco**g**nize** : 다시(re) ~을(co=with) 알아보다(gni=gno)
  [rékəgnàiz] ▷ 1. **알아차리다** 2. **인정하다**
  - **recognize the value of wild plants**
    야생 식물의 가치를 알아차리다
  - **recognize his potential** 그의 잠재력을 인정하다

- **know**ledge : 아는(know) 것 ▷ **지식**
  [nálidʒ] – **background knowledge** 배경 지식
- ac**know**ledge : 알고 있음(knowledge)을 ▷ **인정하다, 받아들이다**
  [əknálidʒ] – **She acknowledged that she was wrong.**
    그녀는 자신이 잘못했다고 인정했다.

1. A little ___________ is a dangerous thing.
얄팍한 지식은 위험한 것이다. → 〈속담〉 선무당이 사람 잡는다.

2. He never ___________s that he has made mistakes.
그는 자신이 실수한 것을 인정하는 법이 없다.

3. His ___________ of the disease in its early stage was exactly right.
초기 단계의 그 병에 대한 그의 진단은 정확히 옳았다.

4. He ___________d her pleas for help and kept on walking.
그는 도와 달라는 그녀의 청을 무시하고 계속해서 걸어갔다.   *plea 청원, 탄원

5. He hadn't seen his mother for 30 years, but he ___________d her immediately.
그는 30년 동안 어머니를 못 보았지만, 어머니를 즉시 알아보았다.

6. We put the ___________ up on the board about scholarships.
우리는 장학금 제도에 대해 게시판에 공고를 붙였다.   *scholarship 장학금 제도

7. He didn't ___________ the police that the car had been stolen.
그는 차가 도난당했다는 것을 경찰에게 알리지 않았다.

8. The movie star is ___________ for his wild living.
그 영화배우는 방탕한 생활로 악명이 높다.

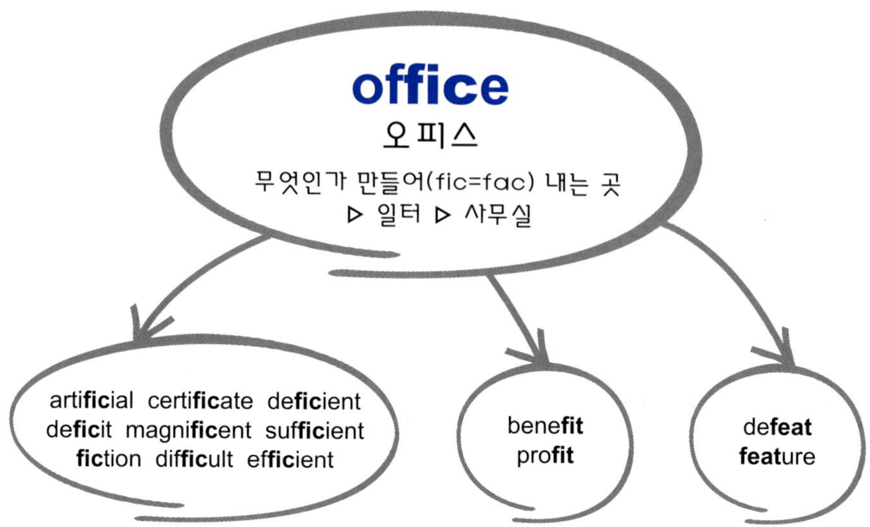

◖ fic : fic은 '만들다'라는 의미를 갖는 어근입니다. 여기서는 fic을 중심으로 fit, feat으로 어근의 모양이 변하는 단어들을 살펴보겠습니다.

- **artificial**
  [à:rtəfíʃəl]
  : 기술(art)적으로 만든(fic=fac) ▷ **인공의**
  – **artificial lake** 인공 호수

- **certificate**
  [sərtífəkit]
  : 확실하게(certi=certain) 만들어주는(fic) 것 ▷ **증명서**
  – **health certificate** 건강 진단서

- **deficient**
  [difíʃənt]
  : 다 만들지(fic=fac) 못한(de=not) ▷ **부족한**
  – **deficient in vitamins** 비타민이 부족한

- **deficit**
  [défəsit]
  : 부족한(deficient) 상태 ▷ **적자**
  – **trade deficits** 무역 적자

- **magnificent**
  [mægnífəsənt]
  : 크게(magn ← magnus) 만든(fic=fac) ▷ **웅장한**
  – **a magnificent church** 웅장한 교회
  cf. **magnify** 확대하다

- **sufficient**
  [səfíʃənt]
  : 만들어(fic=fac) 가득(suf=super) 채운 ▷ **충분한**
  ↔ **insufficient** 불충분한

- **fic**tion : 만들어 낸(fict=fac) 이야기 ▷ **소설, 허구**
  [fíkʃən] – **science fiction** (공상) 과학 소설(SF)

- **diffic**ult : 만들기(fic) 쉽지 않은(di=de=not) ▷ **어려운**
  [dífikʌlt] *cf.* **difficulty** 어려움

- **effic**ient : 좋은 결과를 만들어(fic=fac) 내는 ▷ **효율적인** *cf.* **inefficient** 비효율적인
  [ifíʃənt] – **energy efficiency** 에너지 효율

- **benefit** : 좋게(ben ➠ bon 붙어로 '좋다'는 뜻) 만들다(fit=fic=fac) ▷ **이로움, 유익함**
  [bénəfit] – **the benefits of modern science** 현대 과학의 혜택들
  cf. **beneficial** 유익한
  – **beneficial to one's health** 건강에 유익한

- **profit** : 만들어(fit=fac) 앞으로(pro=forward) 내놓은 것 ▷ **이익**
  [práfit] *cf.* **profitable** 이익이 되는

- **defeat** : 다 만들지(feat=fit=fac) 못하게(de=not) ▷ 좌절시키다 ▷ **패배시키다**
  [difít] – **defeat his rival** 그의 라이벌을 물리치다

- **feat**ure : 만들어진(feat=fic=fac) 것 ▷ 1. **용모** 2. **특징**
  [fíːtʃər] – **the most important feature** 가장 중요한 특징

---

1. Most sea plants will not grow in __________ sea water.
대부분의 해초는 인공 해수에서는 자라지 못할 것이다.

2. One or two glasses of wine a day are _________ to one's health.
하루에 와인 한두 잔은 건강에 유익하다.

3. The doctor proved not to have a medical _________.
그 의사는 의사 자격증이 없다고 판명이 났다.

4. A diet _________ in vitamin A may cause night blindness.
비타민 A가 부족한 식단은 야맹증을 야기할 수 있다.   *night blindness 야맹증

5. The country is running a trade _________ of $80 billion.
그 나라는 800억 달러의 무역 적자를 겪고 있다.

6. The Taj Mahal is a ___________ building.   타지마할은 장대한 건물이다.

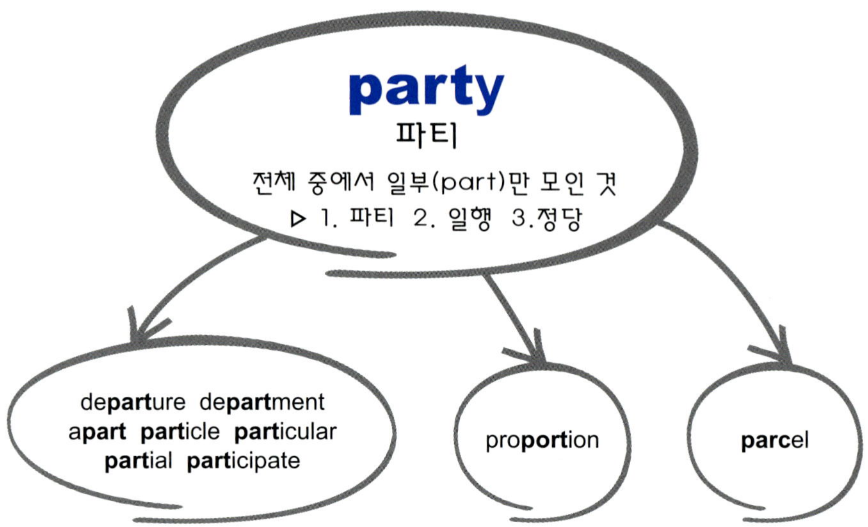

❍ **part** : part는 영어 단어로 '일부, 어느 한 쪽'이라는 뜻이죠. 어근으로서도 같은 뜻을 갖습니다. port로 모양이 변하기도 합니다.

- **de**part**ure**
  [dipá:rtʃər]
  : 부분(part)이 되어 떨어져(de=away) 나가다 ▷ 떠나다 ▷ **출발, 이탈**
  – **departure from the rules** 규칙으로부터의 이탈
  cf. **depart** 출발하다

- **de**part**ment**
  [dipá:rtmənt]
  : 여러 부분(part)으로 떨어져(de=away) 있는 것 ▷ 1. (회사의) **부서**
  2. (대학의) **학과**
  – **Sales Department** 영업부
  – **department store** 백화점
  ◉ 따로 떨어진 매장들이 함께 모여 있는 가게

- **a**part
  [əpá:rt]
  : 부분(part)으로 나눠지는 ▷ **떨어져서**
  – **live apart** 따로 떨어져 살다
  – **fall apart** 떨어져 산산조각이 나다

- **part**icle
  [pá:rtikl]
  : 아주 작은 부분(part) ▷ **입자**
  – **dust particles** 먼지 입자

- **part**icular
  [pərtíkjulər]
  : 부분(part)적인 ▷ **개별적인, 특별한**
  – **in particular** 특히

- **part**ial : 부분(part)만 보는 ▷ **편파적인, 한쪽에 치우친**
  [pɑ́ːrʃəl]   *cf.* **impartial** 치우치지 않은

- **part**icipate : 한 부분(part)을 차지하다(cip=take) ▷ **참가하다**
  [pɑːrtísəpèit]   – **participate in the meeting** 회의에 참가하다
               cf. **participant** 참가자

- **pro**port**ion** : 전체에 대한(pro=toward) 부분의(port=part) ▷ **비율**
  [prəpɔ́ːrʃən]   – **in proportion to** ~에 비례해서

- **par**cel : 부분 별로(parce=part) 나눠 싼 것 ▷ **소포, 짐 꾸러미**
  [pɑ́ːrsəl]   – **a food parcel** 음식 꾸러미

---

1. The train for Seoul __________s from Platform 2 at 6:00 p.m.
오후 6시에 2번 탑승구에서 서울행 기차가 출발한다.

2. She works for a company in the Marketing __________.
그녀는 회사의 마케팅 부서에서 근무한다.

3. __________s of dust covered the road.
먼지 입자들이 도로를 뒤덮었다.

4. Street crime needs to be given __________ attention.
거리 범죄는 특별한 관심을 기울일 필요가 있다.

5. The judge of the contest was __________ to his daughter.
그 대회의 심사위원은 그의 딸에게 편파적이었다.

6. The __________ of smokers decreases with age.
흡연자들의 비율은 연령에 따라 감소한다.

7. The __________ was wrapped in pink paper.
그 소포는 분홍색 종이로 포장되었다.

8. She didn't __________ in the sales campaign.
그녀는 판매 촉진 운동에 참가하지 않았다.

⊙ **pass** : 버스나 지하철을 탈 때 교통 패스 카드를 이용하죠. pass는 '지나가다'라는 뜻을 가진 어근입니다.

- **com**pass : 모르는 땅을 지나갈(pass) 때 꼭 필요한 것 ▷ **나침반**
  [kʌ́mpəs]   – **a map and compass** 지도와 나침반

- **pass**age : 지나가는(pass) ▷ **통로**
  [pǽsidʒ]   – **a rite of passage** 통과의례

- **pass**enger : 차를 타고 지나가는(pass) 사람 ▷ **승객**
  [pǽsəndʒər]   – **train passengers** 기차 승객

- **pass**port : 항구(port)를 지나갈(pass) 수 있는 표시 ▷ **여권, 통행권**
  [pǽspɔ̀ːrt]   – **a passport photo** 여권 사진

- **pass**er-by : 지나가는(pass) 사람, 통행인   *cf.* 〈복수형〉 **passers-by**
  [pǽsərbái]   – **arrest a passer-by** 행인을 체포하다

- by**pass** : 옆으로(by) 지나가는(pass) ▷ **우회로**
  [báipæ̀s]   – **the eastern bypass around the city** 도시 주변의 동쪽 우회로

- sur**pass** : ~보다 위를(sur=over) 지나가다(pass) ▷ **능가하다**
  [sərpǽs]   – **surpass the world record** 세계기록을 넘어서다

- **past** : 지나간 ▷ 1. **과거**   2. **~을 지나**
  [pǽst]   – **It's a quarter past nine.** 9시에서 15분이 지났다. → 9시 15분이다.

1. They arrived at the port without ___________s.

그들은 여권 없이 항구에 도착했다.

2. She walked through the narrow ___________ to the farm.

그녀는 좁은 통로를 지나 농장으로 걸어갔다.

3. More than two hundred ___________s boarded the plane.

200명 이상의 승객들이 그 비행기에 탑승했다.

4. Sailors use a ___________ to know the direction.

선원들은 방향을 알기 위해 나침반을 사용한다.

5. Police asked ___________ if they saw the railroad accident.

경찰이 행인들에게 그 철도 사고를 보았는지 물었다.

6. The western ___________ around the town helps to avoid going through its center.

마을 주변의 서쪽 우회로는 마을 중심부를 관통하는 것을 피하게 해준다.

7. She ___________ed the world record.

그녀는 세계기록을 넘어섰다.

8. Let the ___________ be ___________.

과거는 과거대로 내버려 둬라. → 과거는 잊어라.

어원실록 | **건배(toast) 하는데 토스트(toast)는 왜 없을까?**

toast의 어원은 중세 영어의 동사 tosten에서 찾을 수 있습니다. tosten은 '굽다'라는 뜻으로서 이 당시엔 술맛을 좋게 하려고 '구운 빵조각'(toast)을 술에 타서 먹는 일이 많았습니다. 아울러 술을 마실 때 흠모하는 여성의 이름을 말하면서 건배를 하곤 했지요. 이런 관습이 점차 확대되어 나중엔 모든 사람들을 위한 건배의 형식을 띠게 되고 그 때 'Toast!'하고 외치며 잔을 높이 드는 행위가 현재까지 계속되고 있는 것입니다.

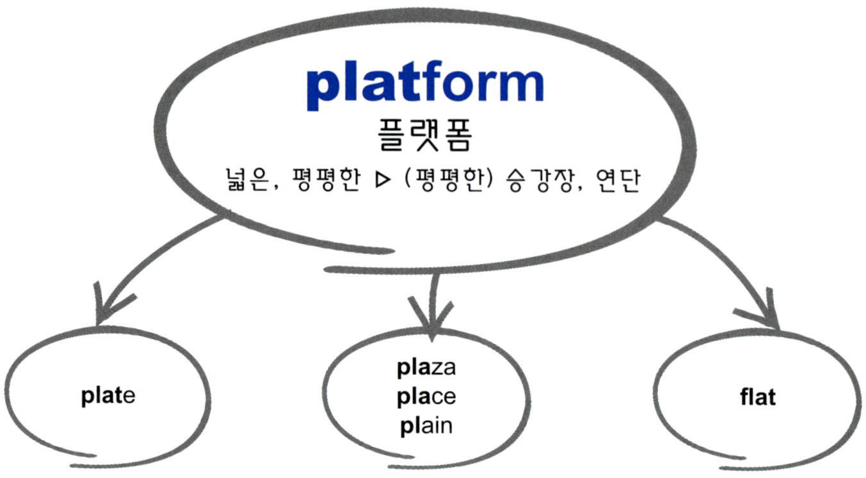

◐ **pla** : pla는 두 입술이 '넓게' 붙은 상태에서 퍼지며 나는 소리이죠. 뜻도 바로 '넓고 평평한'이라는 뜻입니다. 쉽게 기억할 수 있겠죠?

- **pla**te
  [pleit]

  : 평평하게(plat=flat) 생긴 ▷ **접시**
  – **paper plates** 종이 접시

- **pla**za
  [plá:zə]

  : 넓은(pla=flat) ▷ (장소가 넓은) **쇼핑센터**
  – **a downtown shopping plaza** 시내 쇼핑 센터

- **pla**ce
  [pleis]

  : 넓게 펴진(pla=fla) 곳 ▷ **장소, (~에) 두다**
  cf. **replace** 대신하다
  – **replace meals with snacks** 식사를 간식으로 대신하다

- **pla**in
  [plein]

  : 평평한 ▷ 1. **평야** 2. **단순한** 3. **평이한, 쉬운**
  – **the vast plains in Africa** 아프리카의 광활한 평원들
  – **a plain T-shirt** 무늬가 없는 평범한 티셔츠
  – **write in plain English** 쉬운 영어로 쓰다
  ⠶ 얼굴이 평이하게 생겼다고 해서 '예쁘지 않은'이란 의미로도 쓰임.

- **flat**
  [flæt]

  : **평평한, 납작한**
  – **go flat** 타이어가 펑크 나다

1. Most boomerangs need to be ___________ to perform well.

대부분의 부메랑은 잘 작동하기 위해서 평평한 모양이어야 한다.

2. The women brought dishes and ___________s into the kitchen.

여자들이 큰 접시와 평평한 접시를 부엌으로 가져왔다.

3. The accident occurred in the main ___________ in front of City Hall.

그 사고는 시청 앞 중심 광장에서 일어났다.

4. Cyber schools will ___________ traditional schools some day.

언젠가는 사이버 학교가 전통적 학교를 대신할 것이다.

5. Many ___________s in the U.S. are used for cotton plantations.

미국의 많은 평원들은 목화 농장으로 이용된다.   *plantation 농장

6. Please ___________ the knife to the right of the plate.

나이프를 접시 오른쪽에 놔주세요.

7. This book is easy to read, as it is written in ___________ French.

이 책은 쉬운 프랑스어로 쓰였기 때문에 읽기 쉽다.

 **어원실록** | **잘생긴(handsome) 얼굴은 신이 손(hand)댄 것?**

handsome이라는 단어를 보는 순간 누구나 한번쯤은 hand와의 관련성을 궁금해 해 본 적이 있을 것입니다. 하지만 '잘생긴'과 '손'의 연관성을 찾기란 쉽지 않은데요. handsome이 '잘생긴'이라는 뜻을 갖기 이전에 '솜씨가 좋은'이라는 뜻이었다고 한다면 쉽게 연관성이 느껴지겠죠? handsome이 '용모가 준수한, 잘생긴'의 뜻으로 쓰인 것은 16세기 이후였습니다. 그 전에는 '솜씨 있는'의 뜻이다가 손으로 솜씨 있게 만든 작품은 아름답기 때문에 사람의 아름다운 용모를 나타내는 데도 handsome이 쓰이게 된 것입니다.

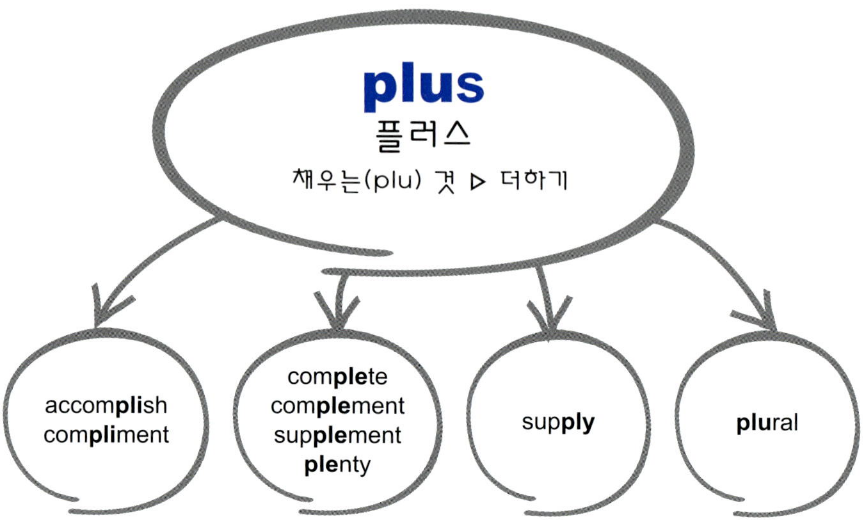

○ **plu** : 우리가 잘 아는 full, fill 등의 단어와도 사촌 간으로, '가득 찬, 채우다'의 뜻에서 '더하다'로 의미가 확장된 것입니다.

- **accomplish** : ~쪽으로(a=to) 가득(com=강조) 채우다(pli) ▷ **완성하다, 성취하다**
  [əkámpliʃ]   – **accomplish the task** 업무를 완수하다

- **compliment** : 상대방 마음을 충족시키는(pli) 말 ▷ **칭찬; 칭찬하다**
  [kámpləmənt]   – **blush at the compliment** 칭찬에 얼굴을 붉히다

- **complete** : 가득(com=강조) 채우다(ple) ▷ **완료하다; 완전한**
  [kəmplí:t]   – **complete the mission** 임무를 완수하다
     cf. completion 완결   completely 완전히

- **complement** : 가득(com) 채우기 위해(ple) ▷ **보충하다; 보충**
  [kámpləmənt]   – **complement each other** 서로를 보완해주다

- **supplement** : 밑에서(su) 채워주는 것 ▷ **보충; 보충하다**
  [sʌpləmənt]   – **vitamin supplements** 비타민 보충제

- **plenty** : 가득 찬 ▷ **많음, 대량; 충분한**   *cf.* plentiful 많은, 풍부한
  [plénti]   – **plenty of money** 많은 돈

• **supply** : 밑에서(su=sub=under)부터 채워주다(ply) ▷ **공급; 공급하다**
[səplái] – **supply A with B = supply B for A** A에게 B를 공급하다
　　　　　 – **supply and demand** 공급과 수요

• **plural** : 더해서 ▷ **두 개 이상의, 복수의** ↔ **singular** 단수의
[plúərəl] – **a plural number** 복수

1. She ___________ed the task for herself.
그녀가 혼자 힘으로 그 일을 완수했다.

2. The great castle took over twenty years to ___________.
그 큰 성은 완성하는 데 20년 이상이 걸렸다.

3. Each player should ___________ each other.
각 선수들은 서로를 보완해주어야 한다.

4. He ___________ed her on her good English.
그는 그녀의 훌륭한 영어 실력을 칭찬했다.

5. Libraries ___________ students with a lot of books.
→Libraries ___________ a lot of books for students.
도서관은 학생들에게 많은 책을 공급한다.

6. He ___________s his income by doing a part-time job.
그는 아르바이트를 해서 수입을 보충한다.

7. We prepared ___________ of food for the party last night.
우리는 어젯밤 파티를 위해 많은 음식을 준비했다.

8. Both 'cattle' and 'children' are ___________ nouns.
cattle과 children은 모두 복수 명사이다.

9. I ___________ forgot about his birthday party.
나는 그의 생일파티에 관한 것을 완전히 잊고 있었다.

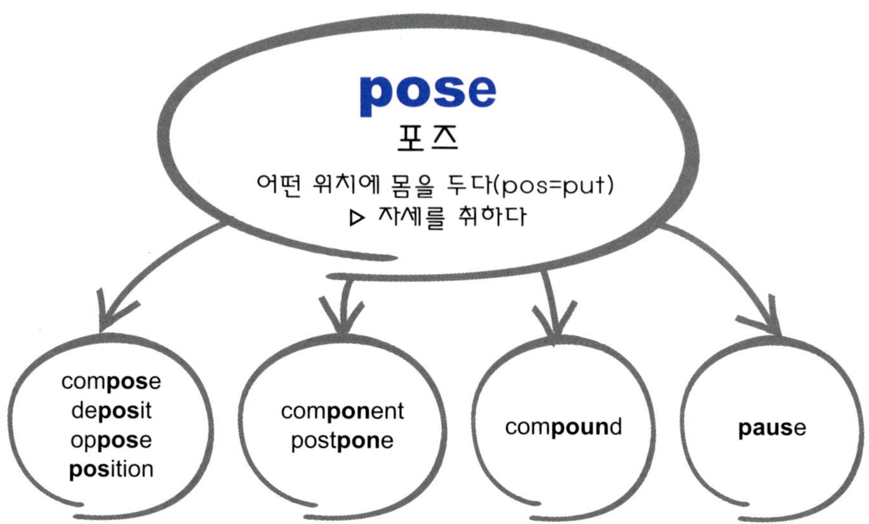

○ pos : 영어의 put과 같은 의미로 '~을 두다'의 뜻을 가지는 어근입니다. pon, poun으로 형태가 변하기도 합니다.

- **compose**
  [kəmpóuz]
  : 안에 함께(com=together) 두다(pos=put) ▷ **구성하다, 작곡하다**
  – **compose music** 음악을 작곡하다
  cf. composition 작곡, 작문　composer 작곡가

- **deposit**
  [dipázit]
  : 돈을 쓰지 않고 맡겨(de=down) 두다(pos=put) ▷ **예금하다; 예금**
  – **deposit money in the bank** 돈을 은행에 예금하다

- **oppose**
  [əpóuz]
  : ~에 맞서서(op=against) 의견을 내놓다(pos=put) ▷ **반대하다**
  – **oppose the death penalty** 사형제도에 반대하다
  cf. opposition 반대　opposite 반대편의
  opponent 반대편의(opposite) 사람 ▷ 적수

- **position**
  [pəzíʃən]
  : 물건을 둔(pos=put) 곳 ▷ **위치, 자세, 지위**
  – **a position in the company** 회사에서의 지위

- **component**
  [kəmpóunənt]
  : 안에 함께(com) 두는(pon=put) 것들 ▷ **성분, 구성 요소; 구성하는**
  – **the components of a machine** 기계의 부속품

- **postpone** : 원래 있던 자리에서 뒤로(post=after) 밀쳐 두다(pon=put)
  [poustpóun] ▷ **미루다, 연기하다**
  – **postpone buying a new car** 새 차 구입을 미루다

- **compound** : 함께(com) 넣어두다(poun=pon=put) ▷ **혼합하다; 혼합물; 복합의**
  [kάmpaund] – **chemical compound** 화학 혼합물

- **pause** : 어떤 상태로 가만히 두다(paus=pos=put) ▷ **정지, 중단; 중단하다**
  [pɔːz] – **talk without pause** 쉬지 않고 이야기하다

1. The committee is __________d of artists.

그 위원회는 예술가들로 구성되어 있다.

2. Fresh vegetables are an important __________ of a healthy diet.

신선한 야채는 건강한 식단의 중요한 요소이다.

3. A scientist created a new, plastic ______________ out of some materials.

한 과학자가 몇 가지 물질로부터 새로운 플라스틱 복합물을 만들어냈다.

4. He __________ed ₩20,000 in his account every week.

그는 매주 2만원을 그의 계좌에 예금했다.

5. He didn't __________ changing the law.

그는 법을 개정하는 데 반대하지 않았다.

6. The snow fell without __________.

눈이 쉬지 않고 내렸다.

7. He got himself into a comfortable __________.

그는 편안한 자세를 취했다.

8. We __________d our holiday until next year.

우리는 휴가를 내년까지 연기했다.

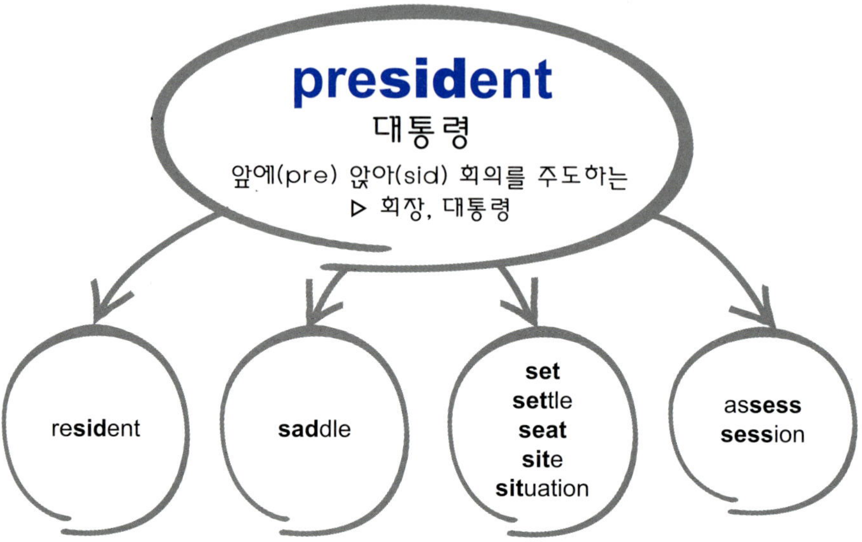

○ **sid** : 영어의 sit, 즉 '앉다'라는 의미를 가지고 있습니다.

• **resident** : 다시(re=again) 그 자리에 눌러 앉는(sid) 사람 ▷ **주민**
[rézidənt] – **American residents in Korea** 한국에 거주하는 미국인
cf. **residence** 주거, 거주

• **saddle** : 말 위에 앉기(sad=sit) 위한 ▷ **안장**
[sǽdl] – **saddle up the horse** 말에 안장을 얹다

• **set** : 앉히다 ▷ **놓다, 두다, 배치하다; 고정된**
[set] – **set a glass on the table** 테이블 위에 유리잔을 놓다

• **settle** : 1. 눌러 앉아(set=sit) ▷ **정착하다**
[sétl] 2. 불안한 것을 가라앉히다(set) ▷ 안정시키다 ▷ **해결하다**
 – **settle down** 정착하다
 cf. **settlement** 해결, 정착

• **seat** : 1. **좌석**(= sit) 2. **앉히다**
[síːt] – **Please, be seated.** 착석해 주십시오.

- **site** : 앉아(sit) 있는 곳 ▷ **장소, 위치, 유적지**
  [sait] – **the site of the crime** 범죄 현장
  – **historic sites** 역사 유적지

- **situation** : 어떤 장소(site)에서 일어나는 ▷ **상황**
  [sìtʃuéiʃn] – **a situational comedy series** 시트콤

- **assess** : 판사 옆에(a=to) 앉아(sess=sit) 벌금 액수를 계산하다
  [əsés] ▷ (재산 따위를) **평가하다**
  – **assess the value of the building** 건물의 가치를 평가하다

- **session** : 앉아서(sess=sit) 회의 하는 ▷ **개회, 회기**
  [séʃən] – **a session of Congress** 의회의 회기

1. She has announced that she will run for ___________.
그녀는 대통령에 출마할 것이라고 공표했다.

2. This Web site is intended for use only by ___________s of Korea.
이 웹사이트는 한국의 거주민들만 사용할 수 있도록 의도된 것이다.

3. She swung herself into the ___________ and rode off.
그녀는 안장에 오른 후 말을 타고 가버렸다.

4. Her family had come to Korea and ___________d down in Busan.
그녀의 가족은 한국에 와서 부산에 정착했다.

5. The company hasn't yet chosen the ___________ for the new head office. 회사는 아직 새 본사 사무실의 부지를 선정하지 못했다.

6. He is in a difficult ___________ now.
그는 현재 어려운 상황에 처해 있다.

7. The insurance company will ___________ the typhoon damage.
보험회사가 태풍 피해 상황을 평가할 것이다. *insurance company 보험회사

8. Congress is in ___________ until the summer.
의회는 여름까지 회기 중이다. *congress 의회, 회의

pressure im**press**ive ex**press** de**press**ion op**press** sup**press**

○ **press** : 이 어근을 가지고 있는 단어들은 하나같이 '누르는, 억누르는'의 뜻을 가지고 있습니다.

- **press**ure
  [préʃər]
  : 아래 위로 누르는 ▷ **압력, 압박**
  – **high blood pressure** 고혈압

- im**press**ive
  [imprésiv]
  : 머릿속에(im=in) 꾹 눌러놓은(press) ▷ **인상적인**
  cf. **impression** 인상   **impress** 감명을 주다
  – **first impression** 첫인상

- ex**press**
  [iksprés]
  : 1. 마음속의 것을 눌러서(press) 밖으로(ex=out) 나오게 하다 ▷ **표현하다**
  – **express one's feeling** ~의 감정을 표현하다
  cf. **expression** 표현
  2. 밖으로 힘껏 눌러서 ▷ 빠른 ▷ **고속의**
  – **an express bus** 고속버스

- de**press**ion
  [dipréʃən]
  : 마음을 아래로(de=down) 짓누르다(press) ▷ **우울, 침체**
  – **an economic depression** 경제적 침체
  cf. **depress** 우울하게 만들다   **depressed** 우울한

- op**press**
  [əprés]
  : 위에서(op=over) 내리 누르다(press) ▷ **억압하다**
  cf. **oppression** 억압, 압박
  – **a feeling of oppression** 압박감

1. Our workloads put much ___________ upon us.

우리의 업무량은 우리에게 많은 압박을 준다.

2. I've been a little bit __________ lately.

나는 최근에 좀 우울하다.

3. We have been __________ed by the dictator for a long time.

우리는 오랫동안 독재자에게 억압받았다.

4. The police __________ of the riots was successful.

경찰의 폭동 진압은 성공적이었다.

5. You should learn how to __________ yourself.

너는 네 자신을 표현하는 법을 배워야 한다.

6. What was your first __________ of me?

나에 대한 당신의 첫인상은 어땠나요?

어원실록 **비뚤어진 열정(zeal)은 질투(jealous)를 낳는다!**

단어의 발음이나 철자를 고려해볼 때 zeal과 jealous 이 두 단어가 매우 닮았다는 것은 분명합니다. 원래 그리스어 zeos는 '질투, 열망'을 의미하는 단어였습니다. 이 단어가 라틴어에서 zelus라는 형태로 쓰이다가 jealous와 zeal 두 가지로 분화된 것입니다. 고대인들도 열정도 지나치면 집착이 되고 집착은 시기와 질투를 부른다고 생각했던 모양입니다.

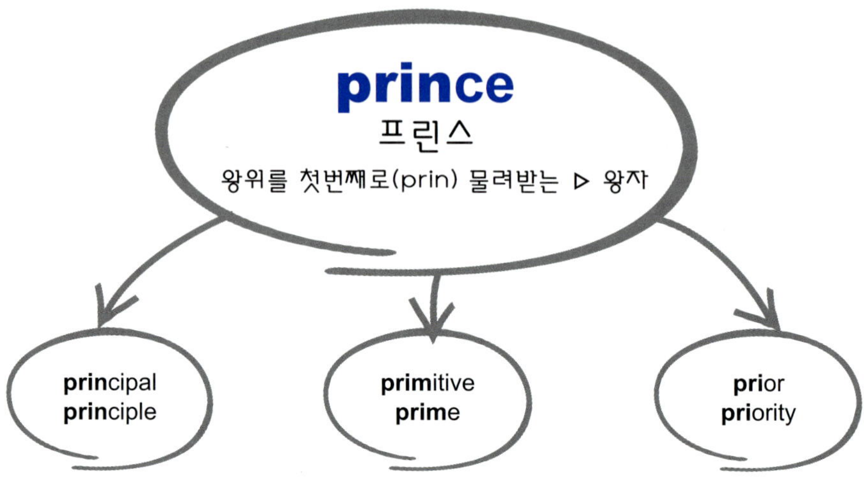

↻ **prin** : prin은 '첫번째, 첫번째의'라는 뜻을 가진 어근입니다. prim, pri로 형태가 바뀌면서 많은 단어에 쓰이고 있습니다.

- **prin**cipal : 1. 학교에서 가장 첫째(prin)가는 자리를 잡고(cip=take) 있는 사람 ▷ **교장**
  [prínsəpl]　　　　2. 첫째가는 ▷ **주요한**
  　　　　　　　　　– **Iraq's principal export** 이라크의 주요한 수출품

- **prin**ciple : 첫 번째(prin) 위치를 잡고 있는(cip) ▷ **원리, 원칙**
  [prínsəpl]　– **moral principles** 도덕적 원칙들

- **prim**itive : 제일 첫번째로(prim) 살았던 ▷ **원시의**
  [prímətiv]　– **primitive times** 원시 시대

- **prim**e : 첫째가는 ▷ **가장 중요한**　*cf.* primary 주된, 초기의
  [praim]　– **a prime target** 주요한 목표

- **pri**or : 무엇보다 먼저(pri=prin) ▷ **이전의**
  [práiər]　– **prior to his death** 그의 사망 이전에

- **pri**ority : 먼저(pri) 처리해야 할 ▷ (일 따위의) **우선순위**
  [praió(:)rəti]　– **a list of priorities** 우선순위 목록

1. New roads will link the ___________ cities in this area.

새 도로들이 이 지역의 주요 도시들을 연결할 것이다.

2. The ___________ behind it is very simple.

그것 뒤에 숨어 있는 원리는 아주 간단하다.

3. They built a ___________ house to sleep in.

그들은 잠을 잘 수 있는 원시적인 집을 세웠다.

4. Winning is not the ___________ objective in the Olympic Games.

올림픽 경기에서는 이기는 것이 가장 중요한 목표는 아니다.

5. Passing the test is her first ___________.

시험에 합격하는 것이 그녀가 가장 우선시하는 것이다.

6. My English is still at a ___________ level.

내 영어 실력은 아직도 초급 레벨이다.

7. ___________ to graduating, I'd like to travel all over the country.

졸업하기 전에 나는 나라 이곳저곳을 여행하고 싶다.

어원실록 | **돌아(turn)다니는 게 여행(tour)이지!**

우리가 잘 알고 있는 단어 turn과 tour를 살펴보면 어딘가 많이 닮아있다는 생각이 들지 않나요? 이 두 단어는 동일한 어원에서 파생된 단어들입니다. 원래 tour는 짧은 거리의 왕복 여행이 아니라 유럽 대륙 따위를 한 바퀴 도는 '일주 여행'의 의미로 쓰였습니다. 한 예로 영국의 상류층 자녀들은 프랑스 등지에서 고등교육 과정을 마친 후 유럽을 한 바퀴 도는 경우가 많았는데, 이것을 당시에 grand tour라고 했답니다. 단순한 여행이 아니라 거대한 세상을 돌아(turn)보며 식견을 넓히는 또 하나의 교육과정이었던 것이죠.

○ priv : priv, prop는 모두 '개인의, 자신만의'라는 뜻을 가진 어근입니다.

- **priv**ate : 개인의 ▷ **사적인** ↔ **public** 공공의, 대중의
  [práivit]
  - **in private** 은밀히
  - **private school** 사립학교

- **priv**ilege : 개인이(priv) 가지는 ▷ **특권**
  [prívəlidʒ]
  - **the privileges of club membership** 클럽 회원의 특권

- de**prive** : 개인의(priv) 소유에서 떼어내다(de=away) ▷ **박탈하다**
  [dipráiv]
  - **deprive him of everything** 그에게서 모든 것을 빼앗다
  - **be deprived of** ~을 빼앗기다

- **prop**er : 개인(priv)에게 맞춘 ▷ **적당한, 알맞은**
  [prápər]
  cf. **properly** 적당히, 적절하게   **improper** 적절하지 않은
  - **improper conduct** 부적절한 처신

- **prop**erty : 자신(prop)에게 속하는 ▷ **재산, 소유권**
  [prápərti]
  - **protection of life and property** 생명과 재산의 보호
  - **literary property** 저작권

1. Some advice has to be given in ___________.
어떤 종류의 충고는 다른 사람 몰래 주어져야 한다.

2. Education should not be a ___________ but a right.
교육은 특권이 아니라 권리여야 한다.

3. They ___________d her of her basic rights.
그들은 그녀에게서 기본적인 권리를 빼앗았다.

4. These buildings are government ___________.
이 건물들은 정부의 소유이다.

5. Jeans are not ___________ for a formal party.
청바지는 격식 있는 파티에 적절하지 않다.

6. ___________ use of the drug can be fatal.
부적절한 약물 사용은 치명적일 수 있다.

7. My son goes to a ___________ school.
우리 아들은 공립학교에 다닌다.

 **어원실록**

잡지(magazine)와 탄창(magazine)의 공통점은?

magazine이라는 단어가 처음 쓰였을 당시의 뜻은 '창고'였습니다. 문헌에 의하면 1639년 magazine이란 제목으로 한 책이 출간되었는데 이 때 저자는 magazine 이란 표현을 '지식을 저장하는 창고'의 의미로 사용했다고 하는군요. 이후로 여러 정보를 담는 책자들을 가리켜 자연스럽게 magazine이라 부르게 되었다고 합니다. 또 magazine은 18세기부터 '총알을 담는 창고'의 의미로도 쓰여 '탄창'을 뜻하게 되었습니다.

program
프로그램

공연에 앞서(pro) 미리 쓴(gram) 인쇄물

grammar
dia**gram**
tele**gram**

bio**graph**y autobio**graph**y auto**graph**
photo**graph** geo**graph**y

○ **gram** : '쓰다'라는 뜻. gram, graph라는 어근을 가진 단어들은 모두 글로 '쓰인, 기록된'이라는 의미를 가지고 있습니다.

- **gram**mar
  [grǽmər]
  : 글을 쓰는(gram=write) 규칙 ▷ **문법**
  – **English grammar** 영문법

- dia**gram**
  [dáiəgræm]
  : 한눈에 꿰뚫어(dia=through) 볼 수 있도록 그린(gram) ▷ **도표**
  – **flow diagram** 작업공정도(= flow chart)

- tele**gram**
  [téləgræm]
  : 멀리서(tele) 써서(gram) 보낸 ▷ **전보**
  – **a telegram of congratulations** 축하 전보

- bio**graph**y
  [baiɑ̀grəfi]
  : 삶(bio=life)을 글로 쓴(graph) ▷ **전기**
  – **a biography of Yi Sun-sin** 이순신 전기

- autobio**graph**y
  [ɔ̀:təbaiɑ́grəfi]
  : 자신의(auto=self) 삶을 쓴 ▷ **자서전**
  – the *Autobiography of Benjamin Franklin*
  〈벤자민 플랭클린의 자서전〉

- auto**graph**
  [ɔ́:təgræf]
  : 자기만이(auto=self) 쓰는 것(graph) ▷ **서명, 자필**
  – **Can I have your autograph?**
  싸인 좀 해 주시겠어요?

- **photo graph** : 사물에서 반사된 빛(photo=light)으로 그려진 ▷ **사진**
  [fóutəgræf] – **take a photograph of a child** 아이의 사진을 찍다

- **geo graph y** : 땅(geo=earth)을 그려낸 ▷ **지리학**
  [dʒiːágrəfi] – **a geography lesson** 지리학 수업

1. The book covers all the points of English ___________.

그 책은 영문법의 모든 요점을 다루고 있다.

2. The engineer drew a ___________ of the wiring system.

기술자가 배선 시스템의 도면을 그렸다.

3. The soldier walked over and handed the officer a ___________.

병사가 걸어오더니 장교에게 전보를 건넸다.

4. He wrote a ___________ of George Washington.

그는 조지 워싱턴의 전기를 썼다.

5. Her life story is written in a three-volume ___________.

그녀의 삶의 이야기는 3권의 자서전에 쓰여 있다.

6. My brother got Michael Jackson's ___________ in 1990.

내 동생은 1990년에 마이클 잭슨의 싸인을 받았다.

7. The actor was spotted videotaping and taking ___________s.

그 배우가 비디오 촬영하고 사진 찍는 것이 목격되었다.　　　　*spot 지점; 포착하다

8. We will learn about the ___________ of Korea.

우리는 한국의 지리에 대해서 배울 것이다.

어원실록　게이(gay)는 즐거운(gay) 사람들인가?

게이라고 하면 우리나라에선 좀 터부(taboo)시 되는 단어에 속하죠. 외국에 비해선 게이에 대한 관용(tolerance)과 이해가 부족한 편입니다. gay의 어원은 14세기 프랑스의 gai라는 단어로, '즐거운'이란 의미를 가지고 있었습니다. 하지만 즐거움도 지나치면 방탕으로 흐르는 법! 결국 부정적인 의미인 '방탕한'으로 사람들의 입에 오르내리면서 '부랑자들'을 일컫는 명칭으로 쓰이게 됩니다. 이들 부랑자 집단은 남자 동성들끼리 성적인 접촉을 하는 경우도 많아서 결국 gay가 동성연애자 즉, '게이'를 뜻하게 된 것이랍니다.

○ que : que는 '묻다, 구하다'라는 뜻. '질문'이라는 뜻의 question의 어근이 바로 이 que입니다. qui로 모양이 변하기도 합니다.

•quest : 묻는 것 ▷ **탐색, 탐구**
[kwest]   – **quest for truth** 진리 탐구

•conquest : 구해서(que) 완전히(con) 손에 넣다 ▷ **정복**
[káŋkwest]   – **the Spanish conquests in South America** 스페인의 남미 정복
    cf. **conquer** 정복하다

•request : 다시(re) 구하다(que) ▷ **요구; 요구하다, 요청하다**
[rikwést]   – **requests for more information** 보다 많은 정보의 요청

•acquire : 무엇인가를 구하고자(qui=que) ~쪽으로 손을 뻗다 ▷ **획득하다**
[əkwáiər]   – **acquire the necessary skills** 필요한 기술을 습득하다

•require : 재차(re) 구하다(qui=que) ▷ **요구하다, 필요로 하다**
[rikwáiər]   – **require further information** 더 많은 정보를 요구하다[필요로 하다]

•inquire : 사건 안으로(in) 탐구해(qui=que) 들어가다 ▷ **조사하다, 묻다**
[inkwáiər]   – **inquire about the price of a ticket** 티켓의 가격을 묻다[알아보다]
    cf. **inquiry** 조사

1. Alexander the Great was just 21 years old when he set out on his
___________ of Persia.

페르시아 정복에 출정했을 때 알렉산더 대왕은 겨우 21세였다.

2. We may ___________ your name and address to send you the
products you ordered.

주문하신 상품을 보내드리기 위해서 귀하의 이름과 주소를 요청할 수도 있습니다.

3. Over time, she _________d much wealth.

서서히 그녀는 많은 부를 획득했다.　　　　　　　　*over time 시간을 두고, 서서히

4. Friendship _________s action from each person.

우정은 서로에게서 행동을 필요로 한다.

5. If you have any questions, you can __________ at the help desk.

질문이 있으면 안내 데스크에서 물어보세요.

6. The __________ for happiness is guaranteed by law.

행복의 추구는 법에 의해 보장받는다.

어원실록

Q: 달마가 동방(orient)으로 간 까닭은?
A: 오리엔테이션(orientation) 하러.

대학에 들어가면 흔히들 신입생 orientation을 갑니다. 이 단어의 뜻은 신입생들
이 잘 적응하도록 방향을 잡아준다는 것입니다. 한편 '동방, 동양'을 뜻하는 영어 단어
orient도 알고 계시죠? 해는 동쪽, 즉 orient에서 뜨는데 우리는 해가 뜨는 방향을 보
고 동쪽을 기준으로 방향을 알 수가 있죠. 그래서 '방향이나 기준을 잡아주다'라는 부가
적인 의미가 파생되고 orientation이라는 단어가 만들어져 '(신입생이나 신입사원 따
위의) 적응 지도'라는 의미를 갖게 된 것입니다.

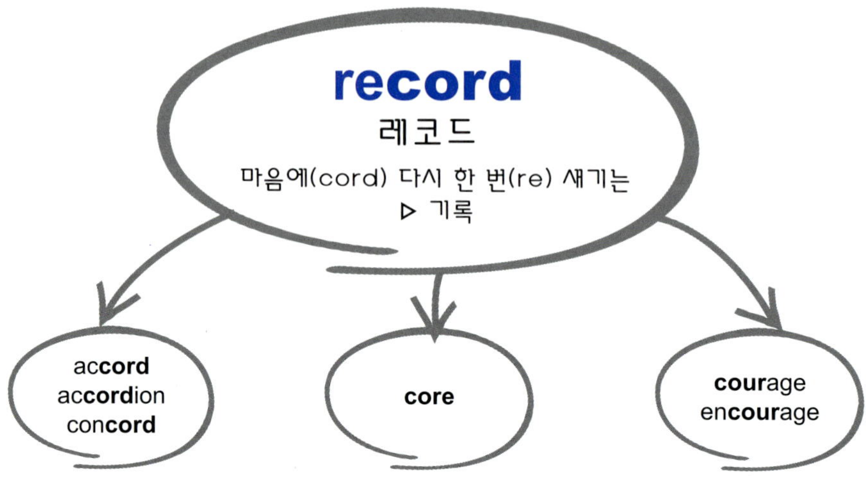

◐ **cord** : heart, 즉 '심장, 마음'이란 뜻입니다. c(ㅋ)와 h(ㅎ)는 발음 위치가 동일하기 때문에 영어의 heart가 라틴어에선 cord인 것입니다.

- **accord**
  [əkɔ́ːrd]
  : ~쪽으로(ac=to) 마음이(cord) 함께 가다 ▷ **일치하다; 일치**
  cf. **according to** ~에 따르면   **accordingly** 따라서, 그러므로
  – **according to historical records** 역사적 기록에 따르면

- **accordion**
  [əkɔ́ːrdiən]
  : 일치(accord), 조화 ▷ 음의 조화를 내는 악기 ▷ **아코디언**
  – **play the accordion** 아코디언을 연주하다

- **concord**
  [kɑ́ŋkɔːrd]
  : 마음이(cord) 함께(con) 하는 ▷ **일치, 조화**
  – **live in concord with one's neighbor** 이웃과 조화롭게 살아가다
  ◉》 콩코드(Concord) 여객기: 프랑스와 영국이 '마음을 서로 합쳐' 만든 것이기 때문에 붙여진 이름.

- **core**
  [kɔːr]
  : 심장(core=cord)처럼 중심에 있는 ▷ **핵심; 핵심의;** (과일의) **심**
  – **core subjects** 핵심 과목

- **courage**
  [kə́ːridʒ]
  : 심장(cour=cord)에서 나오는 ▷ **용기**
  – **show great courage** 위대한 용기를 보여주다
  cf. **courageous** [kəréidʒəs] 용기 있는, 용감한

1. The plan is completely in ___________ with our policy.

그 계획은 우리의 정책과 완전히 일치한다.

2. She did not have the __________ to apologize for her actions.

그녀에게는 자신의 행동을 사과할 용기가 없었다.

3. My teacher ___________d us to solve our own problems.

선생님은 우리가 우리의 문제를 해결하도록 격려하셨다.

4. We usually eat the apple and throw away the __________.

우리는 보통 사과를 먹고 속의 씨는 버린다.

5. The result will go on your medical __________s.

그 결과는 당신의 의료 기록에 남을 것이다.

6. It was __________ of her to compete with male players.

그녀가 남자 선수들과 경쟁하는 것은 매우 용기 있는 일이었다.　　　*compete 경쟁하다

7. She lives in __________ with her neighbor.

그녀는 이웃과 조화롭게 산다.

어원실록

여행(travel)도 일(travail)이다!

travel의 tra는 셋을 의미하는 tri와 같은 것으로, 옛날에 사람들을 고문할 때 쓰던 세 개의 막대로 이루어진 고문 기구가 그 어원인 것으로 알려져 있습니다. 고문은 곧 '고통'을 수반하므로 프랑스어에서 travail이 '일'을 뜻하게 된 사연은 쉽게 짐작이 가지요? 일하는 것도 어찌 보면 고생이라고 할 수 있으니까요. 이 단어는 영어에 그대로 차용되었지만 '일'이 아닌 원래의 뜻인 '고생, 고통'을 의미합니다. 중세 수도승들의 순례길은 '고행길'이었기 때문에 travail라는 단어가 쓰였는데 이후 '고통스런 여행'이라는 의미가 단순한 '여행'으로 굳어진 것입니다.

reporter
리포터

사건을 보고 들은 후 다시(re) 전해주는
(port) 사람 ▷ 기자

porter **port**able im**port** ex**port** im**port**ant
op**port**unity sup**port** trans**port**

○ **port** : '나르다'라는 뜻의 어근입니다. port 자체로 '항구'라는 뜻을 가지기도 하죠.
배가 물건을 실어 나르는(port) 곳이기 때문입니다.

- **port**er : 나르는(port) 사람 ▷ **짐꾼**
  [pɔ́:rtər]
  – **the hotel porter** 호텔의 짐꾼[벨보이]

- **port**able : 나를(port) 수 있는 ▷ **휴대할 수 있는**
  [pɔ́:rtəbl]
  – **a portable TV** 휴대용 텔레비전

- im**port** : 항구(port) 안으로(in) 들여오다 ▷ **수입하다; 수입**[ímpɔ́:rt]
  [impɔ́:rt]
  – **imported goods** 수입품

- ex**port** : 항구(port) 밖으로(ex=out) 나가다 ▷ **수출하다, 수출**[ékspo:rt]
  [ikspɔ́:rt]
  – **the number of cars exported to the USA**
    미국으로 수출되는 자동차의 수

- im**port**ant : 항구(port) 안으로(in) 들여오는 ▷ (수입할 정도로) **중요한**
  [impɔ́:rtənt]
  – **an important year in history** 역사상 중요한 해

- op**port**unity : 때마침 항구(port) 쪽으로(o=a=to) 바람이 부는 것 ▷ **기회**
  [àpərtjú:nəti]
  – **an equal opportunity** 동등한 기회

- sup**port** : 밑에서(su=sub) 떠받쳐 나르는(port) 것 ▷ **지원, 부양**
  [səpɔ́:rt]
  – **support a family** 가족을 부양하다
  – **in support of** ~을 지지하여, 찬성하여

• **transport** : ~을 가로질러(trans=across) 짐을 나르다(port) ▷ **운송하다**
[trænspɔ́ːrt]　– **transport passengers** 승객들을 운송하다
　　　　　　　cf. **transportation** 수송

1. The country __________s wheat and rice.
그 나라는 밀과 쌀을 수출한다.

2. Every year computers become smaller and more __________.
매년 컴퓨터는 더 작고, 더 휴대하기 쉽게 변한다.

3. Korea __________ed a large number of cars from Japan.
한국은 많은 수의 차량을 일본에서 수입했다.

4. The hotel __________ opened the door and then called a taxi for
me.　호텔의 짐꾼은 문을 열고 날 위해 택시를 불러 주었다.

5. Music used to be an __________ part of my life.
음악은 내 인생의 중요한 부분이었다.

6. Buses __________ many people throughout the city.
버스는 많은 사람들을 도시 곳곳으로 운송한다.

7. She had to work two jobs to __________ her family.
그녀는 가족을 부양하기 위해 두 개의 일을 해야 했다.

8. He was never given the __________ to go to college.
그는 결코 대학에 갈 기회를 얻지 못했다.

어원실록

일손이 모자란다고 애들(kid)을 납치(kidnap)해?

중세 영어에서 kid라는 단어는 원래 '동물의 새끼'를 가리키던 말이었습니다. 그런데 이후에 사람의 '새끼(?)'인 아이들까지 일컫는 단어가 됩니다. 18세기 미국의 개척 시대는 한창 노동력이 모자라던 시기였습니다. 그래서 어린애들(kid)까지 납치해가며 부족한 노동력을 메우곤 했는데 그런 일을 상습적으로 일삼던 사람들을 kidnapper라고 부르기 시작했고 kidnap은 '납치하다'라는 동사로 쓰이게 되었습니다. 여기서 nap은 원래 '잡아채다'라는 뜻을 가진 nab의 방언입니다.

reservation
예약
남겨두고 지키게(serv) 하는 것

conserve conservative preserve reserve observe

❑ **serv** : 어근 serv는 save의 변형입니다. 따라서 '구하다, 지키다, 저축하다'의 뜻을 가집니다.

- **con**serve
  [kənsə́:rv]
  : 완전히(con=강조) 지켜주다(serv) ▷ **보존하다**
  – **conserve the wild plants** 야생 식물을 보호하다
  cf. conservation 보존, 유지

- **con**serv**ative**
  [kənsə́:rvətiv]
  과거의 것을 지키려는(serv) ▷ **보수적인**
  – **conservative views** 보수적인 시각

- pre**serve**
  [prizə́:rv]
  : 위험해지기 전에 미리(pre=before) 안전하게 지키다(serv) ▷ **보호하다**
  – **preserve historic buildings** 역사적 건물들을 보존하다

- re**serve**
  [rizə́:rv]
  : 뒤에 남겨두고(re) 지키다(serv) ▷ **비축하다, 예약하다**
  – **reserve money for a rainy day**
    어려울 때를 대비하여 돈을 모아두다
  – **reserve a table for three people** 3인석의 테이블 예약을 하다

- ob**serve**
  [əbzə́:rv]
  : 1. ～에 대해(ob=over) 잘 지키다(serv) ▷ (법, 규칙 따위를) **준수하다**
    – **observe the law** 법을 준수하다
  2. ～을 지켜(serv)보다 ▷ **관찰하다**
    – **observe stars** 별을 관찰하다
  cf. observatory 관측소   observation 관측

1. He __________s his health by exercising.

그는 운동을 함으로써 건강을 보호한다.

2. Older people tend to be quite __________.

나이든 사람들은 상당히 보수적인 경향이 있다.

3. This deep sleep allows bears to ___________ energy and survive the winter with no food.

이 깊은 잠은 곰들이 에너지를 보존하고 음식 없이 겨울을 살아남을 수 있도록 해준다.

4. These seats are ___________d for the elderly and women with babies. 이 자리들은 노약자와 임산부를 위해 지정되어 있습니다.

5. We __________ the universe with telescopes.

우리는 망원경으로 우주를 관측한다.

6. He is working for wildlife __________.

그는 야생 동물 보호를 위해 일하고 있다.

7. You must __________ traffic rules.

당신은 교통 법규를 준수해야 합니다.

어원실록 프로필(profile)은 옆모습(profile)만 보여주는 걸로 땡?

profile의 어원을 배우기 전에 먼저 알아둬야 할 것은 우리가 흔히 말하듯이 '프로필'이라고만 하면 native speaker들은 알아듣기 힘들다는 것입니다. '프로파(f)일'이라고 발음해야 합니다. profile에 들어 있는 어근 fil은 전구에 들어 있는 filament(필라멘트)의 fil과 같습니다. 필라멘트는 실처럼 가늘게 생겼죠? profile 역시 '실처럼 가늘게 선(fil)으로 튀어나온 앞부분(pro)을 그리다'라고 어원을 풀어볼 수 있습니다. 그래서 profile은 '옆모습'을 뜻하게 되었고, 옆모습을 보면 대충 누구인지 알아볼 수 있으니 '인물 소개'라는 뜻도 갖게 된 것입니다.

○ **cis** : '자르다'라는 뜻으로 cid로 모양이 바뀌기도 합니다.

- **con**cise : 군더더기 없이 완전히(con) 자른(cis) ▷ **간결한**
  [kənsáis]　　– **a concise summary** 간결한 요약

- pre**cis**e : 앞을(pre=before) 잘라낸 ▷ **정확한**
  [prisáis]　　– **precise location** 정확한 위치
  　　　　　　cf. **precisely** 정밀하게, 꼼꼼하게

- sui**cide** : 스스로(sui=self) 목숨을 끊는(cise=cis) ▷ **자살**
  [súːəsàid]　　– **a suicide bomber** 자살 폭파범
  　　　　　　– **commit suicide** 자살하다

- pesti**cide** : 해충(pest)을 죽이는(cid=cis) ▷ **살충제**(= insecticide)
  [péstəsàid]　　– **crops grown without the use of pesticides**
  　　　　　　농약 사용 없이 재배된 작물

- de**cide** : 칼로 내리쳐(de=down) 자르다(cid=cise) ▷ **결심하다, 결정하다**
  [disáid]　　*cf.* **decision** 결심, 결정　　**decisive** 결정적인
  　　　　　　– **make a decision** 결정을 하다
  　　　　　　– **a decisive role** 결정적인 역할

1. You should make your answers clear and ______________ without unnecessary words.
   당신은 불필요한 말 없이 명료하고 간결하게 대답해야 한다.

2. ____________ car bombings in Baghdad have killed a lot of civilians.
   바그다드에서의 차량 자살 폭탄공격이 많은 시민들을 죽였다.

3. The ____________s farmers use can damage people's health.
   농부들이 사용하는 살충제가 사람들의 건강에 해를 끼칠 수도 있다.

4. The ____________ cause of the disease is unknown, and there is no cure.   그 질병의 정확한 원인은 알려져 있지 않고 치료법도 없다.

5. Everyone makes ____________s every day.
   모든 사람들은 매일매일 결정을 한다.

6. I can't ____________ whether or not to buy it.
   나는 그것을 사야 할지 말아야 할지 결정을 못하겠다.

어원실록

Q: 새벽과 아침 둘(two) 사이에서 빛(light)나는 것은?
A: 여명(twilight)!

twilight을 분석할 때 '빛(light)이 두 개(twi)'라는 의미로 보지 말고 여기서 twi는 between의 twe처럼 '두 개의 대상 사이'라는 의미로 보는 게 더 정확합니다. 그러면 twilight은 두 대상 사이에(twi) 존재하는 빛(light)이 되겠지요? 따라서 새벽과 아침 사이에 존재하는 빛인 새벽 '어스름'과 낮과 저녁 사이에 존재하는 '황혼'을 모두 영어로 twilight이라고 표현하게 되었습니다.

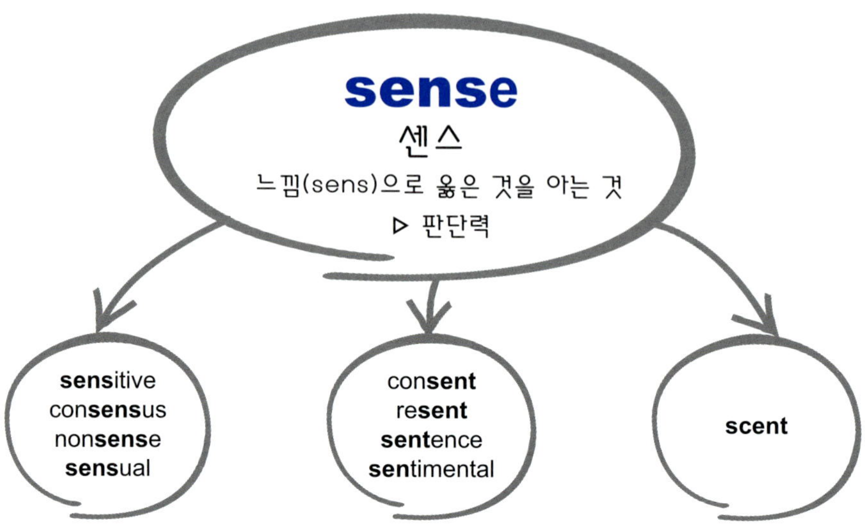

❍ sense는 '감각'이라는 본뜻이 확대되어 '분별력'이라는 뜻도 가집니다. sens를 어근으로 가진 단어들에는 '감각, 분별력'이라는 의미를 공통적으로 찾아볼 수 있습니다.

- **sensi**tive   : 감각적인 ▷ **예민한, 민감한**
  [sénsətiv]   – **sensitive skin** 민감한 피부

- **consens**us : 함께(con) 느끼는(sens) ▷ **공감대**
  [kənsénsəs]   – **reach a consensus** 공감대에 이르다

- **nonsens**e   : 분별력(sense) 없이(none) 하는 말 ▷ **말이 안 되는 것**
  [nánsens]

- **sens**ual   : 감각(sense)을 자극하는 ▷ **관능적인**
  [sénʃuəl]   – **sensual lips** 관능적인 입술

- **consent**   : 같이(con) 느끼다(sent=sense) ▷ **동의하다**
  [kənsént]   – **consent to his daughter's marriage** 그의 딸의 결혼에 동의하다

- re**sent**   : **분개하다** ◁ 여기서 re는 again의 뜻이 아닌 '강조' 용법
  [rizént]   – **resent the unkind words** 불친절한 말에 분개하다
  cf. **resentful** 분개하는

- **sentence** : 1. 느끼는 것(sent) ▷ 생각 ▷ 생각을 표현하는 단위 ▷ **문장**
  [séntəns]　　2. 문장으로 ▷ **선고를 내리다**
  　　　　　　　– **be sentenced to death** 사형 선고를 받다

- **sent**imental : 감각(sense)을 자극하는 ▷ **감정적인, 감상적인**
  [sèntiméntl]　– **sentimental music** 감성적인 음악

- **scent** : 가장 예민하게 느끼는(scent=sense) ▷ **냄새, 향기**
  [sent]　　– **the scent of flowers and pines** 꽃과 소나무의 향기

---

1. Cats have very light-__________ eyes.
고양이는 빛에 매우 민감한 눈을 가지고 있다.

2. Let's take a vote to reach a __________ on this matter.
이 문제에 대해 의견의 일치에 도달하기 위해서 투표를 하자.

3. He will not __________ to his daughter's marriage.
그는 딸의 결혼에 동의하지 않을 것이다.

4. He __________s being treated like a fool.
그는 바보 취급당하는 것을 불쾌해 한다.

5. He was __________d to five years in jail.
그는 징역 5년형을 선고받았다.

6. The novel is so __________!
그 소설은 정말 감상적이구나!

7. The hound lost the __________ of the wild boar near the river.
사냥개는 강 근처에서 멧돼지 냄새를 놓쳤다.　　　　*wild boar 멧돼지

8. __________ pleasure passes in the twinkling of an eye.
관능적 쾌락은 눈 깜빡할 사이에 사라진다.

9. You should end each __________ with a period.
너는 각각의 문장을 마침표를 찍고 끝내야 한다.

❍ **sim** : sim과 sem은 모두 same, 즉 '같다'라는 뜻의 어근입니다.

- **sim**ilar
  [símələr]
  : **비슷한**
  – **similar figures** 닮은 모양
  cf. **similarity** 유사성

- **sim**ultaneous
  [sàiməltéiniəs]
  : 같은(sim=same) 시간에 일어나는 ▷ **동시의**
  – **a simultaneous broadcast on TV and radio**
  텔레비전과 라디오 동시 방송

- **sim**ulate
  [símjəlèit]
  : ~와 같은(sim=same) 모습을 하다 ▷ **흉내내다, ~인 체하다**
  – **simulate real-life situations** 실제 상황을 재현하다
  cf. **simulation** 실제와 같은 상태에서 하는 ▷ 모의실험

- as**sem**ble
  [əsémbəl]
  : ~을 따라(a=to) 비슷하게(sem=same) 되다 ▷ 하나가 되다
  ▷ **모으다, 조립하다, 집합하다**
  – **assemble parts** 부품을 조립하다
  cf. **assembly** 집회, 회합, 의회

- re**sem**ble
  [rizémbəl]
  : 부모를 따라 다시(re) 비슷하게(sem=same) 되다 ▷ **닮다**
  – **resemble his brother** 형과 닮다
  cf. **resemblance** 닮음

1. She wears a white dress ___________ to yours.

그녀는 당신 것과 유사한 흰색 드레스를 입고 있다.

2. The shelves are easy to ___________.

그 선반은 조립하기 쉽다.

3. He doesn't ___________ his brother at all.

그는 전혀 형과 닮지 않았다.

4. Two hotels were rocked by ___________ bomb blasts.

두 호텔은 동시에 발생한 폭탄 폭발로 심하게 흔들렸다.

5. Pilots learn to fly airplanes through computer ___________.

조종사들은 컴퓨터 모의실험을 통해 비행기 조종을 배운다.

6. We have ___________ tastes in music.

우리는 음악적 취향이 비슷하다.

7. The city ___________ was held in City Hall.

시의회가 시청에서 열렸다.

 **어원실록**

배를 다시 채워주는(restore) 그대 이름은 레스토랑(restaurant)!

1765년 파리의 한 restaurant 간판엔 다음과 같은 글귀가 적혀 있었습니다. "I shall restore you!" 우리말로 옮기자면 '당신의 주린 배를 채워 주리라' 정도로 해석할 수 있겠는데, restore와 restaurant의 어근이 동일하다는 걸 알고 식당 주인이 재치 있게 표현한 것이 돋보이죠. 현재 우리나라에서 고급 음식점으로 둔갑해버린 이 restaurant이라는 단어는 19세기 영국에서는 그냥 '대중 식당'의 의미로 쓰였습니다.

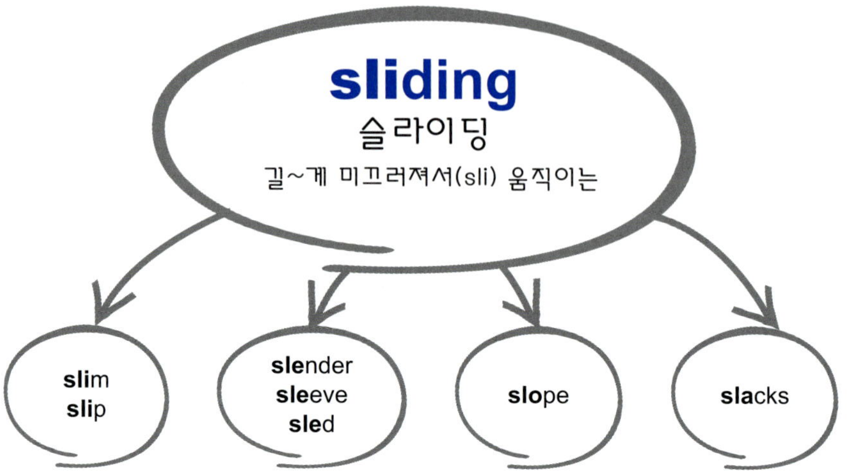

slid : sliding이라는 단어를 통해 '길게 미끄러지는' 어감을 느낄 수 있습니다.

- **slim**
  [slim]
  : 몸이 가늘고 긴(sli) ▷ **날씬한, 적은**
  – **a slim figure** 날씬한 몸매

- **slip**
  [slip]
  : **벌렁 미끄러지다**(sli)
  – **slip on the wet road** 젖은 길 위에서 미끄러지다
  cf. **slippery** 미끄러운
  – **a slippery floor** 미끄러운 마루

- **slender**
  [sléndər]
  : 몸이 길고 미끈한(sle) ▷ **몸이 호리호리한**
  – **her slender waist** 그녀의 날씬한 허리
  – **a slender figure** 호리호리한 몸매

- **sleeve**
  [sli:v]
  : 길게 늘어진(sle) ▷ **소매**
  – **a long-sleeved blouse** 긴 소매의 블라우스

- **sled**
  [sled]
  : 길게 미끄러져(sle) 나가는 ▷ **썰매**(= sledge, sleigh)
  – **drag a sled** 썰매를 끌고가다

- **slope**
  [sloup]
  : 길게 미끄러지는(slo) ▷ **경사면**
  – **the slopes of the mountain** 산의 경사면

1. The chances are ____________ that he will succeed.
그가 성공할 가능성은 적다.

2. He put his hands around her ____________ waist.
그는 그녀의 날씬한 허리를 손으로 감쌌다.

3. At the end of the garden, there is a steep ____________ of 45 degrees.　정원에 끝부분에는 45도의 가파른 경사면이 있다.

4. Roll up your ____________s, or you'll get them dirty.
소매를 말아 올려라. 그렇지 않으면 소매가 더러워 질 것이다.

5. Ben, in ____________, shirt, and tie, sits in a chair.
벤은 헐렁한 바지, 셔츠와 넥타이를 입고 의자에 앉아 있다.

6. I saw dogs pull a ____________ in Alaska.
나는 알래스카에서 개들이 썰매를 끄는 것을 보았다.

7. Be careful that you don't ____________ on the ice.
얼음 위에서 미끄러지지 않도록 조심해라.

 **어원실록**

루비(ruby)색 루즈(rouge)를 쓰시나요?

고대 로마 사람들은 빨간색을 ruber라고 표기했습니다. 이 말이 프랑스에 들어오면서 b가 g로 바뀌어 rouge가 탄생했고 18세기 중엽 영어에 도입되면서 옛날 우리 조상들이 연지곤지 찍듯이 뺨이나 입술에 바르던 붉은색 화장용품을 가리키게 된 것입니다. 현재도 그렇지만 프랑스는 패션, 미용 분야에서 두각을 나타냈었기 때문에 왠지 프랑스어를 쓰면 좀 더 고상해 보인다는 상류층의 의식과 결합하여 단어 rouge가 영국에 직수입(?)된 셈입니다. 영어의 red도 사실은 라틴어 ruber에서 왔고 우리가 알고 있는 ruby도 그 색깔을 생각한다면 왜 ruby인지 짐작할 수 있겠죠?

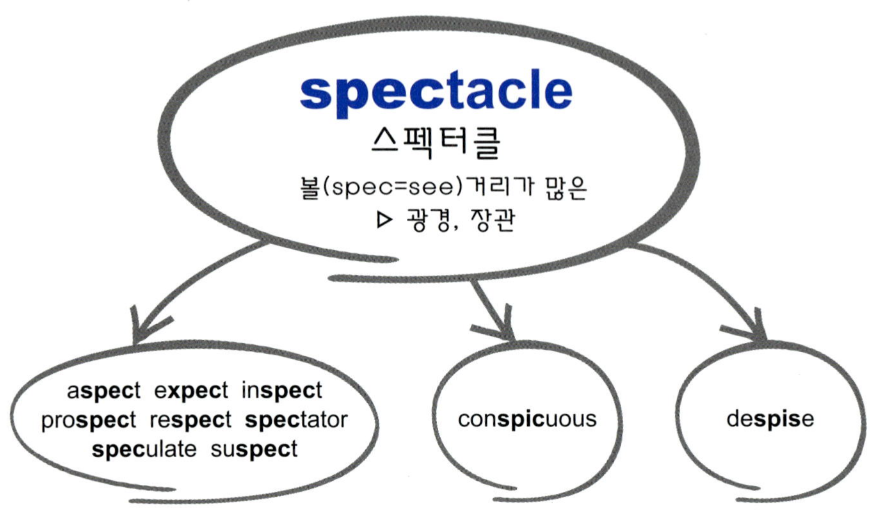

○ spec : '보다, 보이다'의 뜻을 가진 어근입니다.

- **aspect** : ~쪽으로(a=to) 보이는(spec) 부분 ▷ **측면, 국면**
  [æspekt]   – **one aspect of city life** 도시 생활의 한 단면

- **expect** : 밖을(ex=out) 보며(xpec=spec) ▷ 누가 오기를 기다리다
  [ikspékt]   ▷ 1. **기대하다**   2. **예상하다**   *cf.* **expectation** 예상, 기대

- **inspect** : 안쪽을(in) 들여다 보다(spec) ▷ **조사하다**   *cf.* **inspection** 조사
  [inspékt]   – **inspect the goods** 물품을 검사하다

- **prospect** : 앞을(pro=forward) 내다보는(spec) ▷ **전망, 가망성**
  [práspekt]   – **a long-term prospect** 장기적인 전망

- **respect** : 다시 한 번(re=again) 쳐다 보다(spec) ▷ ~에 끌리다
  [rispékt]   ▷ 1. **존경하다; 존경심**   2. **측면**
     – **show respect for him** 그에 대한 존경심을 보이다
     cf. **respective** 각각의   ◑▶ 볼 때마다 새로운 면이 보인다는 의미에서.

- **spectator** : 보는(spec) 사람 ▷ **관중**
  [spékteitər]   – **30,000 cheering spectators** 3만 명의 응원 관중

- **speculate** : ~을 주의 깊게 보다(spec) ▷ 관찰하다 ▷ **사색하다**   *cf.* **speculation** 사색
  [spékjəlèit]   – **speculation about her future** 미래에 대한 사색

- **su**spec**t** : 마음속으로(sus=sub=under) 범인을 그려보다(spec)
  [səspékt]   ▷ 1. **의심하다**   2. **용의자**
  – **suspect his motive** 그의 동기를 의심하다
  cf. **suspicious** 의심스러운

- **con**spic**uous** : 완전히(con=강조) 눈에 보이는(spic=spec) ▷ **눈에 띄는**
  [kənspíkjuəs]   – **a conspicuous mark** 눈에 띄는 표시

- **de**spis**e** : 눈을 아래로 깔고(de=down) 내려다보다(spis=spec)
  [dispáiz]   ▷ **깔보다, 무시하다**
  – **despise the poor** 가난한 사람들을 멸시하다

1. Her red hair was ___________ at school.
그녀의 빨간 머리는 학교에서 눈에 띄었다.

2. A fool ___________s good counsel, but a wise man takes it to heart.
바보는 좋은 조언을 무시하지만 현명한 자는 마음으로 받아들인다.

3. She ___________ed the car for scratches.
그녀는 긁힌 자국이 없는지 차를 조사했다.

4. The ___________ of becoming a mother filled her with joy.
어머니가 된다는 기대가 그녀를 기쁨으로 가득 채웠다.

5. Teachers and students should show ___________ for each other.
교사와 학생은 서로에 대해 존중하는 마음을 보여야 한다.

6. The final was in Seoul in front of 20,000 ___________s.
결승전은 2만 관중 앞에서 서울에서 열렸다.

7. They are specialists in their ___________ fields.
그들은 각각의 분야에서 전문가들이다.

8. Do you have a list of likely ___________s?
(범죄) 가능성 있는 용의자 명단 가지고 있어?

9. I want to work in a field with a good ___________.
나는 전망이 좋은 분야에서 일하고 싶다.

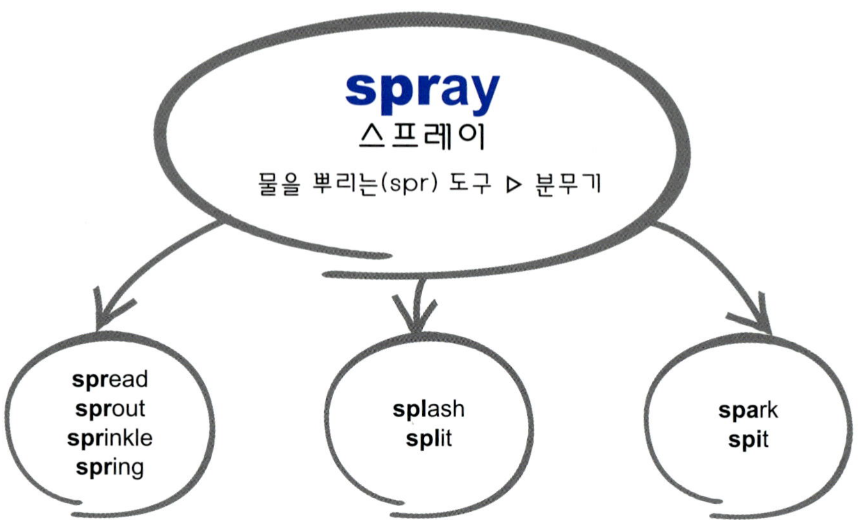

○ spr : 액체 같은 것이 '퍼지는, 펼쳐지는' 뉘앙스를 가진 어근입니다. spl, spa도 마찬가지입니다.

- **spr**ead : 퍼지게 하다 ▷ **펴다**
  [spred]
  – **spread a cloth on a table** 테이블 위에 천을 펴다

- **spr**out : **싹이 트다; 새싹**
  [spraut]
  – **new leaves sprouting from the trees** 나무에서 싹트는 새 잎들

- **spr**inkle : (물 따위를) **흩뿌리다**
  [spríŋkəl]
  – **sprinkle sugar over the strawberries** 딸기 위에 설탕을 뿌리다

- **spr**ing : **샘물** ◀》 땅속에서 솟아 퍼져나가는 물이니까.
  [spriŋ]
  – **a hot spring** 온천

- **spl**ash : **물을 튀기다**
  [splæʃ]
  – **Stop splashing me!** 나한테 물 튀기지마!

- **spl**it : **쪼개다** ◀》 쪼개지는 것도 옆으로 퍼지는 것으로 볼 수 있으므로.
  [split]
  – **split a log in half** 통나무를 반으로 쪼개다
  – **split the bill** 계산서를 나누다 ▷ 계산을 나눠서 하다

1. She drank from a ____________ in the mountain.

그녀는 산의 샘에서 물을 마셨다.

2. It took about two days for the seeds to __________.

그 씨앗이 싹이 트는데 약 이틀이 걸렸다.

3. She __________d salt on a dish.

그녀는 요리에 소금을 뿌렸다.

4. The eagle ____________ its wings.

독수리가 날개를 펼쳤다.

5. The kids ____________ed in the pool.

아이들이 수영장에서 물장구를 쳤다.

6. He suggested that we ____________ the bill.

그가 계산서 금액을 나눠서 내자고 제안했다.

7. A ____________ from the machine set fire to the newspapers.

기계에서 튄 불꽃이 신문에 불을 붙였다.   *set fire to ~에 불을 지르다

8. The spy finally ____________ out the truth.

그 첩자는 마침내 진실을 털어놓았다.

어원실록 스크린쿼터(quota) 분쟁은 번호 매기기(quote)?

스크린쿼터란 국내 영화의 '의무 상영 일수'를 나타냅니다. 여기서 quota는 한 마디로 '할당량'을 말하는데, 그럼 이 단어가 '인용하다'라는 뜻을 가진 quote와 무슨 관계가 있을까요? 앞서 말한 대로 quota는 '할당량' 즉, '수치, 숫자'라는 기본 의미를 내포하고 있습니다. 그런데 지금도 그렇지만 예전에는 어떤 책의 내용을 인용할 때 그 책의 chapter '번호'나 페이지 '숫자'를 꼭 표시했기 때문에 quote와 quota는 사촌지간이 된 것입니다.

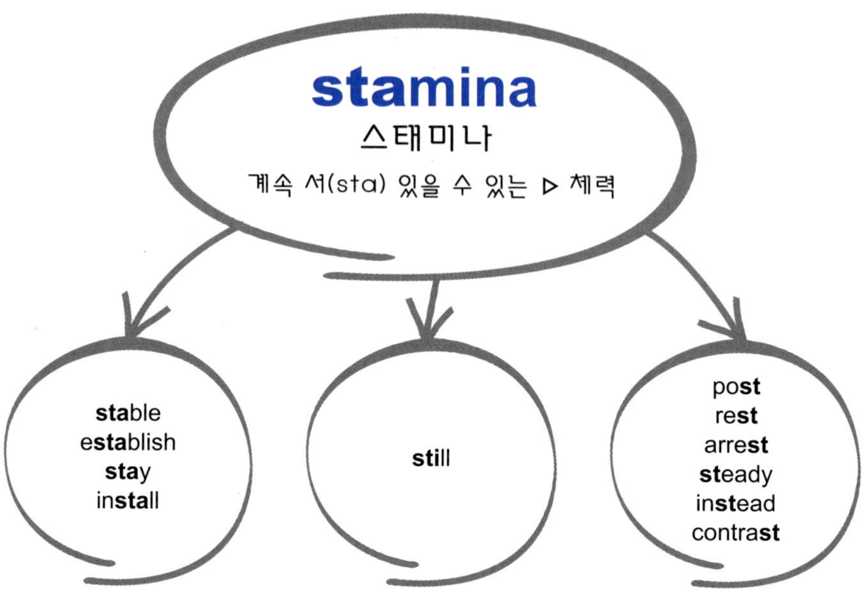

○ **sta** : 영어 단어로도 '서다'라는 뜻을 갖고 있는 **stand**가 역시 같은 뜻의 어근으로 쓰이는 경우가 있습니다. (p. 142 참조) 여기에서는 sta, sti, st만으로도 '서다'의 뜻을 갖는 단어들을 공부해 보겠습니다.

- **sta**ble
  [stéibl]
  : 두 다리로 꼿꼿이 선(sta) ▷ **안정된**
  – **a stable job** 안정된 직업

- e**sta**blish
  [istǽbliʃ]
  : 안정된 상태로(stable) 만들다 ▷ **확립하다, 세우다**
  – **establish herself as a writer** 작가로서 입신하다
  cf. establishment 설립
  – **the establishment of a new college** 새로운 대학의 설립

- **sta**y
  [stei]
  : 계속 서 있다(sta) ▷ **머무르다**
  – **stay home** 집에 머무르다

- in**sta**ll
  [instɔ́:l]
  : 안에(in) 들여다 세우다(sta) ▷ **설치하다**
  – **install a new program** 새 프로그램을 설치하다
  cf. installation 설치

- **still** : 그 자리에 계속 서 있는 ▷ 1. **여전히** 2. **움직이지 않는, 고요한**
  [stil] – **stand still** 가만히 서 있다

- **post** : 앞에(po=forth) 서 있는 것(st=stand) ▷ 1. **기둥** 2. **직책**
  [poust] – **take up a post** 직책을 떠맡다

- **rest** : 뒤에(re=back) 서 있다(st) ▷ **나머지** ◄ 휴식을 뜻하는 rest는 어원이 다름.
  [rest] – **among the rest** 그 중에서도, 특히

- **arrest** : 다가가(a=to) 뒤로 당겨(re=back) 세우다(st) ▷ **체포하다**
  [ərést] – **arrest him for drunken driving** 그를 음주운전으로 체포하다

- **steady** : 한 곳에 머무르는 ▷ **지속적인, 꾸준한**
  [stédi] – **a steady seller** 꾸준히 팔리는 상품

- **instead** : 어떤 사람 자리에(in) 들어가 서 있는(st) ▷ **대신에**
  [instéd] – **instead of** ~대신에

- **contrast** : 맞서(contra=against) 서 있는(st) ▷ **대조, 대비**
  [kántræst] – **in contrast** 대조적으로, 반대로

1. You need __________ to run a marathon.
   당신은 마라톤을 하기 위해서 체력이 필요하다.

2. The photograph shows good ____________ between the blue sky and white hills. 그 사진은 파란 하늘과 하얀 언덕의 좋은 대조를 보여준다.

3. The policeman __________ed the thief. 경찰이 도둑을 체포했다.

4. Prices have remained __________ for a few months.
   물가가 몇 달 째 안정된 상태이다.

5. The law was __________ed in 1922. 그 법률은 1922년에 확립되었다.

6. Slow and __________ wins the race. 〈속담〉 느려도 꾸준하면 경주에서 이긴다.

7. There's no black tea. Would you like a cup of green tea ________?
   홍차는 없습니다. 그 대신 녹차 드실래요?   *black tea 홍차

8. May I help you __________ the software?
   내가 소프트웨어 설치하는 거 도와줄까?

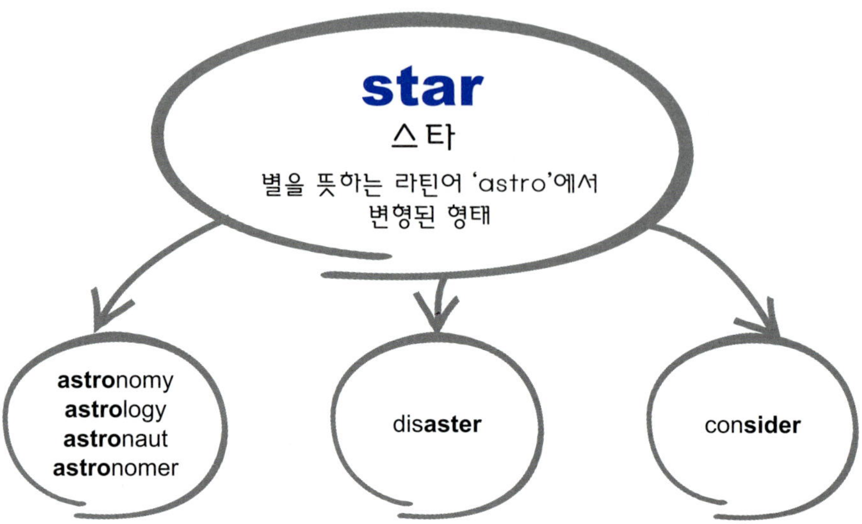

astro : astro는 '별'과 관련 있는 많은 단어에서 찾아볼 수 있는 어근입니다. '별'이라는 뜻으로, astro에서 'a'가 떨어져나간 형태가 star가 되었습니다.

- **astro**nomy : 별(astro)을 연구하는 ▷ **천문학**
  [əstránəmi] *cf.* astronomical 천문학적인
  – **an astronomical cost** 천문학적인 비용

- **astro**logy : 별(astro)을 보고 점치는 ▷ **점성술**
  [əstrálədʒi] – **believe in astrology** 점성술을 믿다

- **astro**naut : 별(astro)이 있는 우주를 돌아다니는 ▷ **우주 비행사**
  [ǽstrənɔ̀ːt] – **a U.S. space shuttle astronaut** 미 우주왕복선 비행사

- **astro**nomer : 별에 이름(nom)을 붙이는 사람 ▷ **천문학자**
  [əstránəmər] – **The astronomer studied the brightness of stars.**
  그 천문학자는 별들의 밝기를 연구했다.

- **disaster** : 별똥별(aster=astro)이 지구에 떨어지는(dis=down) 것 ▷ **재난**
  [dizǽstər] – **a natural disaster** 자연 재해
  cf. disastrous 비참한, 피해가 막심한

1. Some ___________s believe that a black hole exists in the center of our galaxy.

몇몇 천문학자들은 블랙홀이 우리 은하계 중심에 존재한다고 믿는다.

2. Ptolemy wrote a work on ___________.

프톨레마이오스는 점성술에 관한 저서를 썼다.   *Ptolemy 프톨레마이오스

3. The ___________s trained for years in how to work in space.

우주비행사들은 우주에서 활동하는 법에 대해 수년간 훈련을 했다.

4. He took a course in ___________ in college.

그는 대학에서 천문학 과정을 이수했다.

5. Thousands of people died in the ___________.

수천 명의 사람들이 그 재난으로 목숨을 잃었다.

6. You must carefully ___________ what to do first.

너는 무엇을 가장 먼저 해야 할지 주의 깊게 고려해야 한다.

 **어원실록**

로봇(robot) 아르바이트(arbeit) 구함.

속칭 '알바'라고 하는 아르바이트. 독일어로 '일'을 뜻하는 arbeit라는 단어가 우리나라에 도입되면서 본래의 의미와는 좀 멀어진 part-time job을 뜻하게 되었죠. 자, 그럼 이 단어에서 앞의 a를 한 번 떼어내 볼까요? 그러면 rbeit가 남고 '르바이트'로 발음되는데, '르바트' ▷ '르밭' ▷ '로봇'으로 연결됩니다. 이렇게 해서 '일'을 뜻하는 독일어 arbeit가 '강제 노동'을 의미하는 체코어 'robota'와 사촌지간임을 알 수 있습니다. robot은 1920년에 한 체코 작가가 그의 연극에서 '육체 노동을 위해 고안된 기계'라는 의미로 만들어 쓰면서 영어의 무대에 공식 데뷔(debut)하게 됩니다.

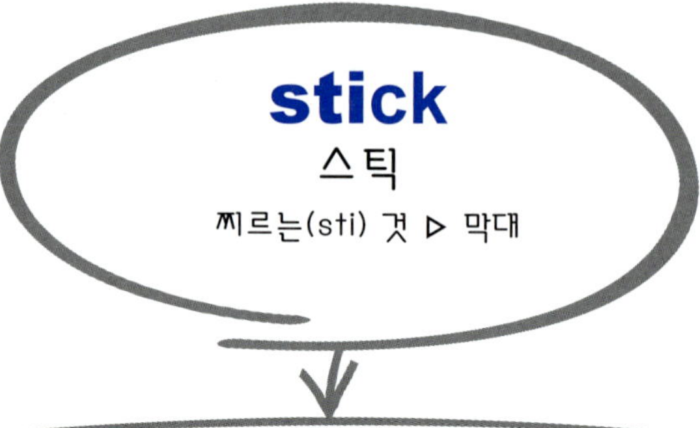

○ **sti** : '막대'라는 뜻의 단어 stick은 '찌르다'라는 뜻도 함께 가지고 있습니다. sti는 뭔가 뾰족하게 나와 '찌르는' 뉘앙스를 가진 어근입니다.

- **sti**mulate
  [stímjəlèit]
  : 신경을 찌르다(sti) ▷ **자극하다**
  – **stimulate their interest** 그들의 흥미를 자극하다
  cf. **stimulation** 자극, 고무

- **dis**tinct
  [distíŋkt]
  : 떨어져(di=apart) 삐죽 나온(stinc) ▷ **구분되는, 뚜렷한**
  – **remember everything distinctly** 모든 것을 뚜렷하게 기억하다
  cf. **distinction** 구별, 구분

- **dis**tinguish
  [distíŋgwiʃ]
  : **구분하다** ⋑ distinct의 동사형
  – **distinguish between right and wrong**
  옳고 그른 것을 구분하다

- **in**stinct
  [ínstiŋkt]
  : 안에서(in) 찔러 대는 것 ▷ **본능**
  – **basic instinct** 원초적 본능

- **ex**tinguish
  [ikstíŋgwiʃ]
  : 물로 불을 끝까지(ex=out) 쏘다(xti) ▷ **불을 끄다**
  – **a fire extinguisher** 소화기

- **ex**tinct
  [ikstíŋkt]
  : 불이 꺼진 ▷ **멸종한**
  – **the extinction of the dinosaurs** 공룡의 멸종

• **stitch** : 뽀족한 바늘로 찌르는(sti) 것 ▷ **바느질; 바느질하다**
[stitʃ]　　　– **A stitch in time saves nine.**
　　　　　　〈속담〉 제때의 한 바늘이 나중의 아홉 바늘의 수고를 덜어준다.

• **stingy** : 찌르는 듯한 ▷ 날카로운 ▷ **인정 없는, 인색한**
[stíndʒi]　　　– **Don't be so stingy with money.** 돈 너무 아끼지 마라.

• **stink** : 코를 찌르듯 ▷ **냄새가 나다, 악취가 나다**
[stíŋk]　　　– **The wine stinks.** 그 와인은 냄새가 난다.

• **sting** : (날카로운 것으로) 찌르다 ▷ (침을) **쏘다**
[stiŋ]　　　*cf.* **sting-stung-stung**

---

1. The president cut taxes in order to __________ the economy.
대통령은 경제를 자극하기 위해서 세금을 깎았다.

2. The two types of birds can be __________ed from each other.
그 두 종류의 새는 서로 뚜렷이 구분된다.

3. Birds fly south each winter by __________.
새들은 본능적으로 겨울마다 남쪽으로 날아간다.

4. The snake is in danger of becoming __________ in our country.
그 뱀은 우리나라에서 멸종될 위험에 처해 있다.

5. She __________ed a pocket onto the trousers.
그녀는 바지에 주머니를 바느질해 붙였다.

6. He is __________ about donating money.　그는 기부에 인색하다.

7. He kind of __________s of garlic.　그에게서 마늘 냄새가 약간 난다.
　　　　　　　　　　　　　　　　　　　***kind of** 약간, 다소

8. He was __________ by a bee last summer.　작년 여름에 그는 벌한테 쏘였다.

9. The firefighters managed to __________ the flames.
소방관들이 가까스로 불길을 진화할 수 있었다.　　***managed to** 가까스로 ~하다

straight
스 트 레 이 트

길게 쭉 뻗어서(str) ▷ 곧은

straight straw stray streak stream street stretch
stride string strip stripe stroll

○ **str** : str은 '길고 곧게 쭉 뻗은 것'의 느낌을 갖는 어근입니다.

- **strait**
  [streit]
  : 길게 뻗은(str) 바다 ▷ **해협**
  – **the Korea Straits** 대한 해협

- **straw**
  [strɔː]
  : 곧고(straight) 길게 생긴 것 ▷ **짚, 빨대**
  – **a straw mat** 멍석

- **stray**
  [strei]
  : 길게 뻗은(str) 길을 이리저리 헤매다 ▷ **길을 잃다; 길을 잃은**
  – **a stray sheep** 길 잃은 양

- **streak**
  [striːk]
  : 길게 뻗어있는(str) 것 ▷ **줄, 줄무늬**
  cf. **streaked** 줄무늬가 있는
  – **a necktie streaked with blue** 푸른 줄무늬 넥타이

- **stream**
  [striːm]
  : 길게 뻗어(str) 흘러가는 것 ▷ **시냇물, 흐름, 흐름의 방향**
  – **an endless stream of cars** 끝없는 자동차 행렬

- **street**
  [striːt]
  : 길게 뻗은(str) 것 ▷ **길, 도로**
  – **walk along the street** 거리를 따라 걷다

- **stretch**
  [stretʃ]
  : 웅크린 몸을 뻗다(str) ▷ (몸을) **쭉 펴다**
  – **stretch his legs** 다리를 쭉 뻗다

- **stride** : 다리를 길게 뻗어(str) 성큼 걷는 것 ▷ **큰 걸음; 큰 걸음으로 걷다**
  [straid]   – **the length of one's stride** ~의 걸음 폭
     – **stride a street** 거리를 활보하다

- **string** : 길게 뻗어 있는(str) 것 ▷ **줄**
  [strín]   – **pull the strings** 줄을 당기다

- **strip** : 과일의 껍질을 길게(str) 깎다 ▷ **벗기다**
  [strip]   – **strip paper from the wall** 벽지를 벗기다

- **stripe** : 길게 뻗은(str) 모양 ▷ **줄무늬**
  [straip]   – **a tie with gray stripes** 회색 줄무늬 넥타이

- **stroll** : 길게 뻗은(str) 길을 따라 가다 ▷ **거닐다; 산책**
  [stroul]   – **stroll along the beach** 바닷가를 산책하다

---

1. The carpenter __________ed the tree of its bark.
목수가 나무의 껍질을 벗겼다.   *__bark__ 나무껍질

2. Because of the storm, the ship __________ed off course.
그 배는 폭풍으로 항로를 벗어났다.

3. The zebra is a wild African horse with black and white __________s.
얼룩말은 흰색과 검은색 줄무늬가 있는 아프리카의 야생마이다.

4. They had a picnic near a __________.
그들은 시냇가에서 소풍을 했다.

5. The gentleman's __________ was smooth and graceful.
그 신사의 큰 발걸음은 부드럽고 우아했다.

6. The balloon was tied to a long __________.
풍선이 긴 줄에 매여 있었다.

7. There is a red __________ running from the right to the left in the flag. 그 깃발에는 오른쪽에서 왼쪽으로 지나는 빨간 줄무늬가 있다.

8. We can enjoy a __________ in the sunshine if you want.
당신이 원한다면, 우리는 햇살 속에서의 산책을 즐길 수 있다.

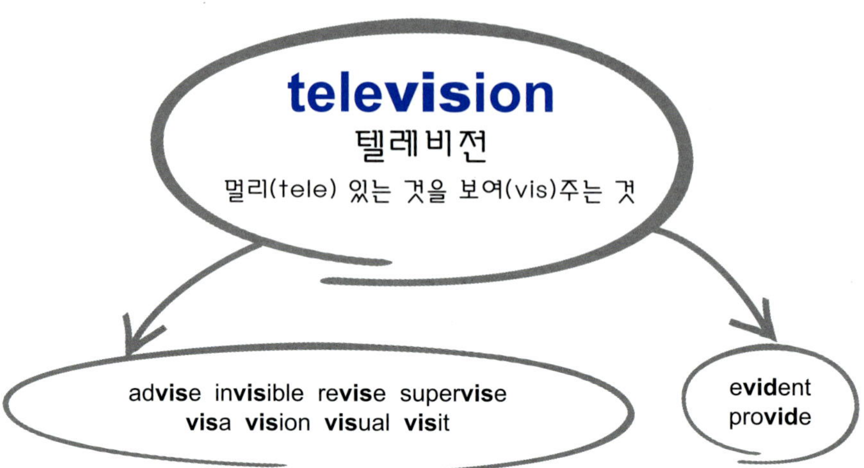

○ **vis** : vis는 '보다, 보이다'의 의미입니다. vid로 모양이 변하기도 합니다.

- **advise**
  [ædváiz]
  : 곁에서(ad=to) 봐주다, 살펴주다(vis) ▷ **충고하다**
  – **advise her to study hard** 그녀에게 열심히 공부하라고 충고하다
  cf. **advice** 충고

- **invisible**
  [invízəbəl]
  : 안(in=not) 보이는(vis) ▷ **보이지 않는** ↔ **visible** 눈에 보이는
  – **invisible to the naked eye** 맨눈에는 보이지 않는
  – **invisible man** 투명 인간

- **revise**
  [riváiz]
  : 쓴 것을 다시(re) 보다(vis) ▷ **고치다, 개정하다**
  – **a revised edition** 개정판(=revision)

- **supervise**
  [súːpərvàiz]
  : 위에서(super=over) 내려다보다(vis) ▷ **감독하다**
  – **supervise building work** 건설 작업을 감독하다
  cf. **supervisor** 감독관

- **visa**
  [víːzə]
  : 신분을 보여주는(vis) 문서 ▷ **비자**(입국사증)
  – **apply for a visa to the United States** 미국 비자를 신청하다

- **vision**
  [víʒən]
  : 앞을 내다보는 것(vis) ▷ **전망, 시력, 통찰력**
  – **a leader of vision** 비전을 가진 리더

- **vis**ual : 시각적인, 시각의
  [víʒuəl] – **the visual organ** 시각 기관

- **vis**it : 얼굴 보러(vis) 가다(it=go) ▷ **방문하다**
  [vízit] *cf.* **exit** 밖으로(ex) 가는(it=go) ▷ 출구

- **e**vid**ent** : 밖으로(e=ex) 드러나 보이는(vid=vis) ▷ **명백한**
  [évidənt] – **an evident mistake** 명백한 실수
  cf. **evidence** 증거

- **pro**vi**de** : 앞(pro)을 내다보고(vid=vis) ▷ 준비해서 ▷ **공급하다**
  [prəváid] – **provide information** 정보를 제공하다
  – **provide A with B** A에게 B를 제공하다

1. It has become ___________ that he is guilty.
그가 유죄라는 것이 명백해졌다.

2. The fighter aircraft is designed to be ___________ to radar.
그 전투기는 레이더에 보이지 않게 고안되었다.　　　　*fighter aircraft 전투기

3. This book __________s useful information about cancer.
이 책은 암에 대한 유용한 정보를 제공한다.

4. The publisher got him to ___________ his manuscript three times.
출판업자는 그가 그의 초안을 세 번 교정하도록 시켰다.

5. He __________d the children playing near the river.
그는 강가에서 놀고 있는 아이들을 감독했다.

6. The police have found no ___________ of the murder.
경찰은 그 살인 사건의 아무런 증거도 찾지 못했다.

7. The photographs are a ___________ record of their travels.
사진은 그들의 여행에 대한 시각적인 기록이다.

8. She ___________d me to exercise every morning.
그녀는 나에게 매일 아침 운동을 하라고 충고했다.

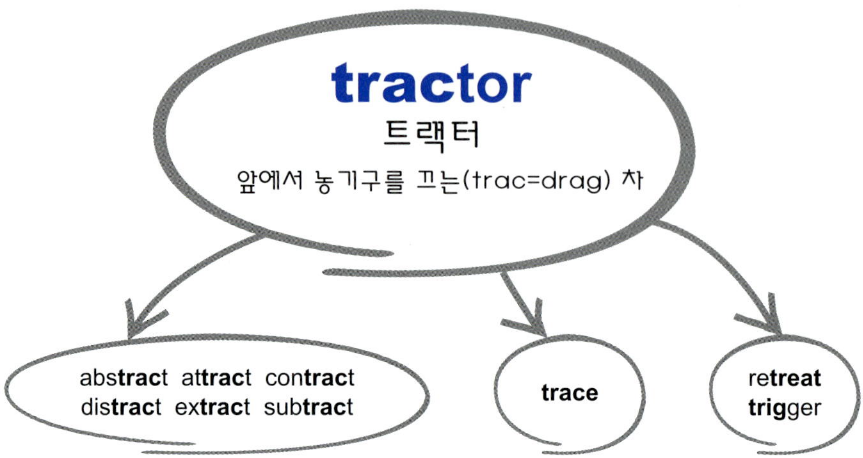

○ **trac** : trac은 '끌다'의 의미. 이 trac이라는 어근이 발전이 되어 drag가 되었습니다. 말 그대로 '끌다, 끌어당기다'의 의미이죠.

- **abstract** : 구체적인 것으로부터(abs=from) 끌어낸(trac=drag) ▷ **추상적인**
  [æbstrǽkt] – **an abstract idea** 추상적인 관념

- **attract** : ~쪽으로(a=to) 마음을 끌어당기다(trac=drag) ▷ **끌다, 유혹하다**
  [ətrǽkt] – **attract thousands of visitors** 수천 명의 방문객을 끌다
  cf. **attractive** 매력적인
  – **an attractive woman** 매혹적인 여성

- **contract** : 서로(con=together) 자기한테 유리하게 당기는(trac) ▷ **계약; 계약하다**
  [kántrækt] – **a contract worker** 계약직 근로자

- **distract** : 마음을 다른 데로(dis=away) 끌다(trac=drag) ▷ (마음을) **어지럽히다**
  [distrǽkt] – **distract one's attention** ~의 주의를 흐트러뜨리다
  cf. **distracted** 마음이 산란한

- **extract** : 밖으로(ex=out) 끌어내다(trac=drag) ▷ **뽑아내다, 추출하다**
  [ikstrǽkt] – **extract oils from plants** 식물에서 기름을 추출하다

- **subtract** : 밑에서(sub=under) 끌어당기다(trac=drag) ▷ **빼다**
  [səbtrǽkt] – **subtract 15 from 20** 20에서 15를 빼다
  cf. **subtraction** 빼기 ↔ **addition** 더하기

• **trace**　: 끌고(trac=drag) 지나간 자리 ▷ **발자국, 자취**
[treis]　　– **trace back to its origin** 근원을 더듬어 올라가다

• **retreat**　: 군대를 뒤로(re=back) 끌고 가다(treat=trac=drag) ▷ **후퇴; 후퇴하다**
[ri:trí:t]　　– **retreat down the mountain** 산 아래로 후퇴하다

• **trigger**　: 손가락으로 당기는(trig=drag) 것 ▷ **방아쇠; 유발하다**
[trígər]　　– **pull the trigger** 방아쇠를 당기다

1. We'll take legal action against you if you break the ___________.
당신이 계약을 깬다면, 우리는 당신을 상대로 법적 조치를 취할 것이다.
*take legal action 법적 조치를 취하다

2. Its endless sandy beaches ___________ many foreign tourists.
끝없는 모래 해변들이 많은 관광객들은 끌어들인다.

3. Beauty and goodness are ___________ concepts.
미와 선은 추상적인 개념이다.

4. Noise from the street _________ed him, so he couldn't concentrate.
길에서 나는 소음이 그를 산만하게 만들어서 집중할 수가 없었다.

5. The man ___________ed a promise of support from his boss.
그 남자는 사장으로부터 지원 약속을 이끌어냈다.

6. We attacked the ___________ing enemy.　우리는 후퇴하는 적을 공격했다.

7. A peach can ___________ an allergic reaction.
복숭아는 알레르기 반응을 유발할 수 있다.

8. Three ___________ed from ten equals seven.
10에서 3을 빼면 7이 된다.

9. She is the most ___________ woman I have ever seen.
그녀는 내가 본 중에 가장 매력적인 여성이다.

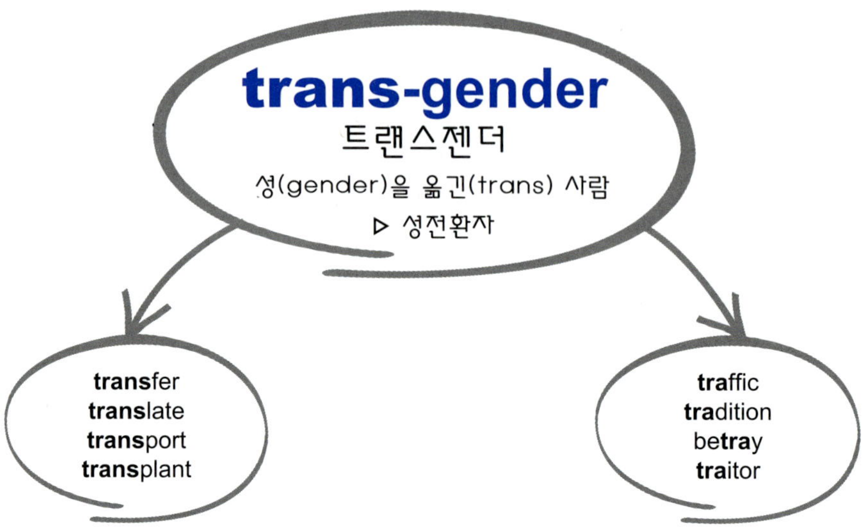

⊃ trans : '옮기다, 옮긴'의 뜻입니다. tra로 형태가 짧아져도 뜻은 같습니다.

- **trans**fer : 바꿔(trans) 나르다(fer=carry) ▷ **옮기다, 갈아타다; 이동, 갈아타기**
  [trænsfə́ːr] – **transfer from a bus to a subway** 버스에서 지하철로 갈아타다

- **trans**late : 다른 나라말로 바꿔(trans) ▷ **번역하다**
  [trænsléit] – **translate the book into English** 그 책을 영어로 번역하다
  cf. **translator** 번역가   **translation** 번역

- **trans**port : 장소를 옮겨(trans) 나르다(port=carry) ▷ **운송하다; 수송**
  [trænspɔ́ːrt] – **public transport** 대중 운송(수단)
  cf. **transportation** 운송
  – **the railroad transportation** 철도 수송

- **trans**plant : 옮겨(trans) 심다(plant) ▷ (장기 따위를) **이식하다**
  [trænsplǽnt] – **transplant his heart into a patient** 그의 심장을 환자에게 이식하다

- **tra**ffic : 서로 왕래하며(tra=trans) 분주히 일하다(fic=make) ▷ 장사, 매매 ▷ **교통**
  [trǽfik] – **traffic jam** 교통 체증

- **tradition** : 이전 세대로부터 건너(tra) 전해진 것 ▷ **전통**
  [trədíʃən]   *cf.* **traditional** 전통적인
                  – **a traditional Korean dish** 전통 한국 요리

- **betray** : 적에게 기밀 따위를 건네(tra) 주다 ▷ **배반하다**
  [bitréi]   – **betray his friends** 그의 친구들을 배신하다
                cf. **betrayal** 배신   **betrayer** 배신자

- **traitor** : **배반자** ⏵ betray의 tray를 파생시킨 단어.
  [tréitər]   – **a traitor to the nation** 매국노

1. Buses __________ many people throughout the area.
버스는 많은 사람들을 그 지역 곳곳으로 운송한다.

2. Ten people were injured in a __________ accident.
교통 사고로 열 명이 부상을 당했다.

3. She has been __________red to another department.
그녀는 다른 부서로 옮겨졌다.

4. The doctor __________ed a monkey's kidney into a patient.
그 의사는 원숭이의 신장을 환자에게 이식했다.   *kidney 신장, 콩팥

5. A __________ sold top secrets to another country.
한 반역자가 일급비밀을 다른 나라에 팔았다.

6. On the Fourth of July, fireworks are an American __________.
7월 4일의 불꽃놀이는 미국의 전통이다.   *firework 불꽃놀이

7. She __________ed her country during the war.
그녀는 전쟁 중에 조국을 배신했다.

8. Vehicular __________ on the highway is heavy on weekends.
주말에는 고속도로의 자동차 교통량이 많다.

9. His books were __________d into 4 languages.
그의 책들은 4개국어로 번역되었다.

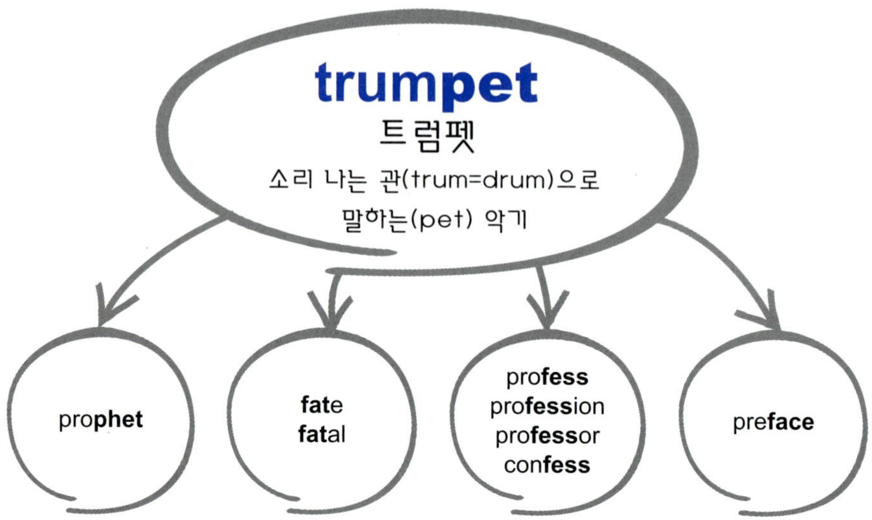

⊃ pet : '말하다'의 뜻을 가진 어근. phet, fat, fess 등 다양하게 변화하는 어근입니다.

- **prophet**
  [práfit]
  : 미리(pro=before) 이야기하는(phet=pet) 사람 ▷ **예언자**
  – **a racing prophet** (경마 따위에서) 경주 결과를 예상하는 사람
  cf. **prophecy** 예언

- **fate**
  [feit]
  : 신의 음성 ▷ 신의 말씀(fate=phet=pet) ▷ **운명**

- **fatal**
  [féitl]
  : 운명(fate)이 걸린 ▷ **치명적인**
  – **a fatal wound** 치명적인 부상

- **profess**
  [prəfés]
  : 다른 사람들 앞에서(pro=before) 말하다(fess=pet)
  ▷ **공언하다, 고백하다**
  – **profess oneself to V** ~하겠다고 공언하다

- **profession**
  [prəféʃən]
  : (성직자가 되겠다는) 공언, 서약 ▷ 성직자 ▷ 신으로부터 받은 소명 ▷ **직업**
  – **a success in one's profession** 직업에서의 성공
  cf. **professional** 직업적인, 전문적인 ↔ **amateur** 아마추어의

- **professor** : 학생들 앞에서(pro) 말하는(fess) 사람 ▷ **교수**
  [prəfésər]   – **a visiting professor** 초빙 교수

- **confess** : 앞에 성직자를 두고 함께(con) 말하다(fess=pet) ▷ **고백하다**
  [kənfés]   *cf. confession* 고백

- **preface** : 책의 맨 앞에서(pre=before) 말하는 것(face=pet) ▷ **서문**
  [préfis]   – **write a preface to a book** 책의 서문을 쓰다

1. The ___________ was fulfilled.
그 예언이 이루어졌다.

2. She ___________ed not to love her husband.
그녀는 남편을 사랑하지 않는다고 공언했다.

3. She left the nursing ___________ to set up her own business.
그녀는 개인 사업을 시작하기 위해 간호사 일을 그만두었다.

4. She was appointed ___________ of history at the age of 30.
그녀는 30세에 역사학 교수로 임명되었다.

5. According to the ___________, it took him 5 years to write the book. 서문에 따르면, 그가 그 책을 쓰는데 5년이 걸렸다.

6. He ___________ that he had broken the window.
그는 자기가 창문을 깼다고 자백했다.

7. Her ___________ is now in the hands of the jury.
그녀의 운명은 이제 배심원들의 손에 있다. *jury 배심원

8. I've found his ___________ weakness.
나는 그의 치명적 약점을 발견했다.

9. His behavior at work was completely ___________.
일에 있어서의 그의 행동은 완벽하게 프로의 모습이다.

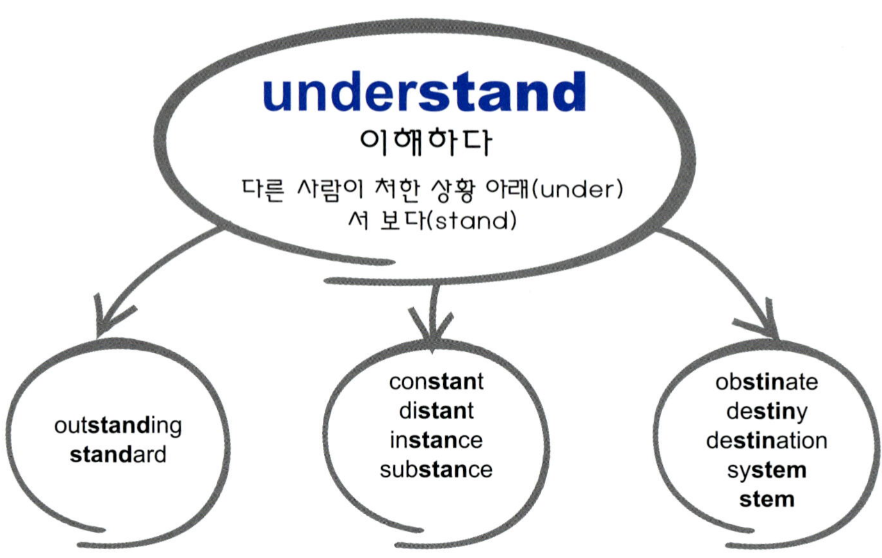

⭮ **stand** : 영어 그대로의 뜻으로도 '서다'의 의미죠? 쉽게 떠올릴 수 있을 것입니다.
stan, stin, stem으로 변형되었을 때의 단어들을 잘 알아 둡시다.

- **out**stand**ing** : 밖으로(out) 나와 서 있는(stand) ▷ 눈에 띄는 ▷ **뛰어난**
  [àutstǽndiŋ] – **an outstanding player** 뛰어난 선수

- **stand**ard : 지금 서 있는(stand) 곳 ▷ **기준, 표준**
  [stǽndərd] – **standard of living** 생활 수준

- con**stan**t : 한결같이(con) 서 있는(stant) ▷ **끊임없는, 지속적인**
  [kánstənt] – **constant pain** 지속적인 통증

- di**stan**t : 떨어져(di=away) 서 있는(stant) ▷ **먼** *cf.* distance 거리
  [dístənt] – **the distance between Seoul and Busan**
    서울과 부산 사이의 거리

- in**stan**ce : 범위 안에(in) 들어가 있는 것(stan) ▷ **예, 보기, 경우**
  [ínstəns] – **for instance** 예를 들어서

- sub**stan**ce : 물체의 표면 아래(sub=under) 들어 서 있는(stan) ▷ **물질**
  [sʌ́bstəns] – **a sticky substance** 끈적끈적한 물질

- **ob**stin**ate** : 물러서지 않고(ob=against) 서 있는(stin) ▷ **고집 센, 완고한, 끈질긴**
  [ábstənit]   – **an obstinate child** 고집 센 아이

- **de**stin**y** : 단단히(de=강조) 서 있는(stin) ▷ 고정된, 정해진 ▷ **운명**
  [déstəni]   *cf.* **destine** 운명 짓다
    – **be destined to V** ~할 운명이다

- **de**stin**ation** : 정해진 곳 ▷ **목적지**
  [dèstənéiʃən]   – **travel destinations** 여행 목적지

- **sy**stem : 같이(syn=same=together) 서 있는 것(stem=stand)
  [sístəm]   ▷ 여럿이 같이 있다 ▷ **조직, 체계**
    – **an educational system** 교육 제도

- **stem** : (식물에서) 서 있는(stem=stand) 부분 ▷ **줄기**
  [stem]   – **stem from** ~에서 유래하다

1. He received a scholarship for his __________ grades.
그는 뛰어난 성적으로 장학금을 받았다.

2. I couldn't sleep because of the __________ noise from next door.
옆집에서 들리는 끊임없는 소음 때문에 나는 잠을 잘 수가 없었다.

3. A near neighbor is better than a __________ cousin.
가까운 이웃이 먼 사촌보다 낫다.

4. Fights usually __________ from misunderstandings.
싸움은 보통 오해에서 비롯된다.

5. A special __________ protects the wood from the sun.
특수한 물질이 태양으로부터 나무를 보호해 준다.

6. This soap will remove any __________ stains.
이 비누는 어떤 찌든 얼룩도 제거할 것이다.   *stain 얼룩

7. She was __________d to be a great artist.
그녀는 위대한 예술가가 될 운명이었다.

8. They arrived at their __________ tired and hungry.
그들은 지치고 굶주린 상태로 목적지에 도착했다.

unicorn
유 니 콘
뿔(corn) 하나(uni) 달린 동물

union unit unique unite universe university

○ uni : uni는 '하나의'라는 뜻을 가진 어원입니다.

- **uni**on : 노동자들을 하나로(uni) 묶는 ▷ **조합, 연맹, 결합**
  [júːnjən]   – **a labor union** 노동 조합

- **uni**t : 한 개 ▷ 개별적인 것 ▷ **단위**
  [júːnit]   – **the unit of Korean currency** 한국의 화폐 단위

- **uni**que : 하나(uni)밖에 없는 ▷ 유일한 ▷ **독특한**
  [juːníːk]   – **a unique opportunity for young people**
       젊은이들을 위한 특별한 기회

- **uni**te : 하나(uni)로 만들다 ▷ **결합하다**
  [juːnáit]   – **United Nations** 국제 연합
       cf. **unification** 통일   **unify** 통일하다

- **uni**verse : 하나(uni)가 되어 돌아가는(vers=turn) ▷ **우주, 전 세계**
  [júːnəvə̀ːrs]   – **the origins of the universe** 우주의 기원
       cf. **universal** 우주적인 ▷ 보편적인
       – **universal truths** 보편적인 진리

- **uni**versity : 여러 단과 대학이 하나(uni)로 뭉쳐진 ▷ **종합 대학교**
  [jùːnəvə́ːrsəti]   – **a women's university** 여자대학교
       cf. **college** 단과 대학교

1. The kangaroo is ＿＿＿＿＿＿＿ to Australia.

캥거루는 호주 특유의 것이다[호주에만 있다].

2. A kilowatt is a ＿＿＿＿＿＿ of power usually used for electric power.

'킬로와트'는 주로 전력에 사용되는 힘의 단위이다.

3. He joined a trade ＿＿＿＿＿＿＿.

그는 노동 조합에 가입했다.

4. The ＿＿＿＿＿＿＿ of East and West Germany is a good model for us to follow. 동·서독의 통일은 우리가 따라야 할 좋은 모델이다.

5. Food, like clothing, is a subject of ＿＿＿＿＿＿ interest.

옷과 마찬가지로 음식도 보편적인 관심사이다.

6. The ＿＿＿＿＿＿ has cut admissions by 20 percent.

그 대학은 입학 정원을 20퍼센트 줄였다.

7. Nobody knows how the ＿＿＿＿＿＿ has evolved.

우주가 어떻게 진화했는지 누구도 모른다.

어원실록

소시지(sausage)는 소스(sauce)에 찍어 먹어야 제맛!

멕시코 전통 음식인 토티야 요리에 빠지지 않고 들어가는 매콤한 소스가 바로 살사 소스입니다. 그런데 여기서의 살사(salsa)는 소스 종류의 이름이 아니라 스페인어로 '소스' 그 자체를 가리킨다고 하는군요. 고대 로마에서는 모든 소스에 항상 소금이 들어갔기 때문에 소금을 뜻하는 라틴어 sal에서 유래된 것이 바로 salsa인 것입니다. 그런데 소스뿐만이 아니라 소시지를 만들 때도 보존과 맛을 위해 항상 소금을 넣었다고 합니다. 말 그대로 소금 양념 sauce가 들어간 sausage인 거죠. 이제 salsa, sauce, sausage 이 세 단어가 모두 한 가족이라는 거 이해하시겠죠?

uniform
유니폼
하나의(uni) 형태(form)로 만드는 것
▷ 제복

form perform inform formal reform conform formula

- **form** : 형태로 만들다 ▷ ～을 형성하다; 형태, 형식
  [fɔːrm]   – **form the dough into balls** 밀가루 반죽을 볼 모양으로 만들다

- **perform** : 형태(form)를 완전히(per=perfectly) 갖추도록
  [pərfɔ́ːrm]   ▷ (일을) **수행하다, 공연하다**
     – **perform an important role** 중요한 역할을 수행하다
     cf. **performance** 실행, 공연

- **inform** : ～에게(in=into) 어떤 대상에 대한 윤곽(form)을 잡아주다 ▷ **알리다**
  [infɔ́ːrm]   – **inform A of B** A에게 B를 알리다
     – **be informed of** ～을 통지받다

- **formal** : 형태를 갖춘 ▷ **형식적인, 공식적인** ↔ **informal** 비공식적인
  [fɔ́ːrməl]   – **make a formal apology** 공식적인 사과를 하다

- **reform** : 형태(form)를 다시(re=again) 만들다 ▷ **고치다, 개혁하다**
  [riːfɔ́ːrm]   – **reform the law** 법을 개정하다

- **conform** : 틀(form) 속에 함께(con=together) 맞추다 ▷ **～에 순응하다**
  [kənfɔ́ːrm]   – **conform to the custom** 관습에 순응하다

- **formula** : 유형(form)을 정리한 ▷ **공식, 정해진 방식**
  [fɔ́ːrmjələ]   – **chemical formula** 화학 공식

1. I wrote a ___________ letter of recommendation for him.

나는 그를 위해 공식적인 추천장을 써 주었다.   *recommendation 추천

2. Most students take great pride in wearing school ___________.

대부분의 학생들은 교복을 입는 것에 큰 자부심을 느낀다.

*take pride in ~에 자부심을 느끼다

3. The surgeon has ___________ed the operation on the patient.

그 의사는 환자에게 수술을 시행했다.   *operation 수술

4. He didn't ___________ his friends of his new cellphone number.

그는 친구들에게 새 휴대전화 번호를 알리지 않았다.

5. The man developed a rare ___________ of the disease.

그 남자는 희귀한 형태의 질병에 걸렸다.   *develop (병을) 발병시키다

6. He tried to ___________ the tax system and make it fairer.

그는 세금 제도를 개혁하고 보다 공정하게 만들려고 노력했다.

7. The student refused to ___________ to a dress code.

그 학생은 복장 규정에 따르기를 거부했다.   *dress code 복장 규정

8. He developed a mathematical ___________ measuring the distance between the two planets.

그는 그 두 행성 사이의 거리를 측정하는 수학 공식을 개발했다.   *planet 행성

어원실록　샐러드(salad)에 소금(salt)을 뿌려 먹는다고?

지금이야 각종 dressing으로 salad를 만들지만 원래는 야채에 salt, 즉 소금을 뿌려 먹던 것에서 유래한 것으로 이미 고대 로마 시대부터 그런 음식이 있었던 것으로 알려져 있습니다. 지금도 salt는 스페인어로 'sal', 이태리어로는 'sale'라고 하며 이들 모두 라틴어라는 공통점이 있지요. 한편 로마 시대에 군인들에게 지급하던 봉급에는 '소금'을 구입하는 비용이 포함되어 있었기 때문에 '봉급'을 뜻하는 영어 단어 salary안에 소금을 의미하는 'sal'이 들어가게 된 것입니다.

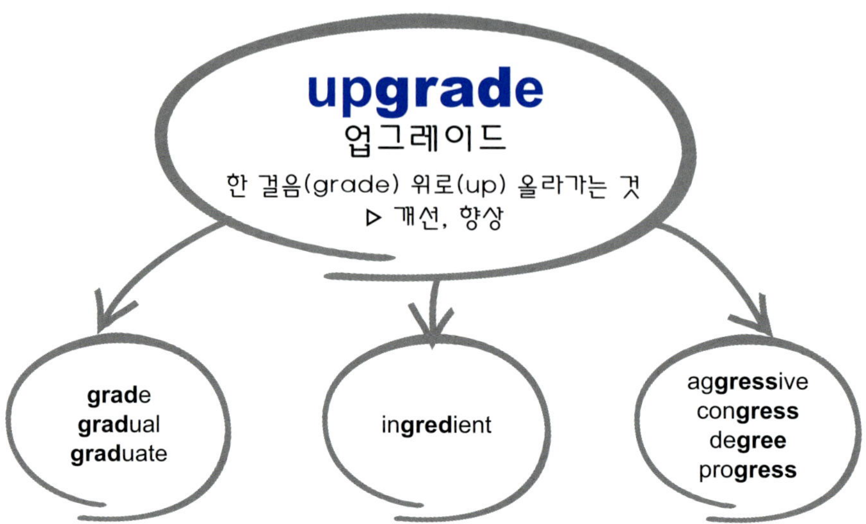

grad : '나아가다, 한 걸음'의 뜻을 갖는 어근입니다. 나아가서 '향상, 진보'의 의미로 연결되기도 합니다.

- **grade**
  [greid]
  : 앞으로 가다(grad) ▷ 실력이 나아지다 ▷ **단계, 등급, 성적**
  – **get good grades** 좋은 성적을 얻다

- **gradual**
  [grǽdʒuəl]
  : 앞으로 나아가는(grad) ▷ **점차적인, 단계적인**
  – **a gradual process of bone loss**
  점차적인 뼈 손실의 진행

- **graduate**
  [grǽdʒuèit]
  : 단계(grad)를 밟아 ▷ **졸업하다; 졸업생** [grǽdʒuit]
  – **an increase in the number of college graduates**
  대학 졸업생 수의 증가

- **ingredient**
  [ingrí:diənt]
  : 안에(in) 들어가는(gred) 것 ▷ **성분, 재료**
  – **natural ingredients** 천연 성분

- **aggressive**
  [əgrésiv]
  : ~쪽으로(a=to) 다가가는(gress=gred=go) ▷ **적극적인, 공격적인**
  – **an aggressive marketing campaign** 공격적인 판매 운동

• con**gress** : 함께(con) 모여(gress) 토의하는 ▷ **국회, 의회**
[káŋgris]　　　– **the Congress of the United States of America**
　　　　　　　미합중국 의회

• de**gree** : 아래로(de=down) 내려가는(gree=grad) 것 ▷ 계단 ▷ **정도, 학위**
[digrí:]　　　– **a bachelor's degree in literature** 문학 학사 학위
　　　　　　　– **a master's degree in engineering** 공학 석사 학위
　　　　　　　– **a doctor's degree in medical science** 의학 박사 학위

• pro**gress** : 앞으로(pro) 나아가다(gress) ▷ **진보; 전진하다**
[prágres]　　　– **make steady progress** 꾸준한 발전을 하다
　　　　　　　– **the progress of civilization** 문명의 진보

1. Jane never studies hard, but she always gets good __________s.
제인은 결코 열심히 공부하지 않지만, 항상 좋은 성적을 얻는다.

2. __________ hearing loss may occur after continuous exposure to 80 decibels or above.
80 데시벨 이상의 소리에 지속적으로 노출된 후에는 점차적인 청력 손실이 발생할 수 있다.
*exposure 노출

3. Both of them were __________s of the same university.
그들 둘은 같은 대학의 졸업생들이다.

4. That __________ dog always barks at strangers.
그 공격적인 개는 항상 낯선 사람들을 보고 짖는다.

5. A new peace law was approved by the __________.
새로운 평화 법안이 의회에 의해서 승인되었다.
*approve 승인하다

6. Our products contain only natural __________s.
우리의 제품은 천연 재료만을 함유한다.

7. She has a B.A. __________ in English literature from Washington College.　그녀는 워싱턴 대학 영문학의 문학사 학위를 가지고 있다.

8. He's worried about his son's lack of __________ in mathematics.
그는 아들의 수학 실력에 향상이 없는 것에 대해 걱정하고 있다.
*lack 부족

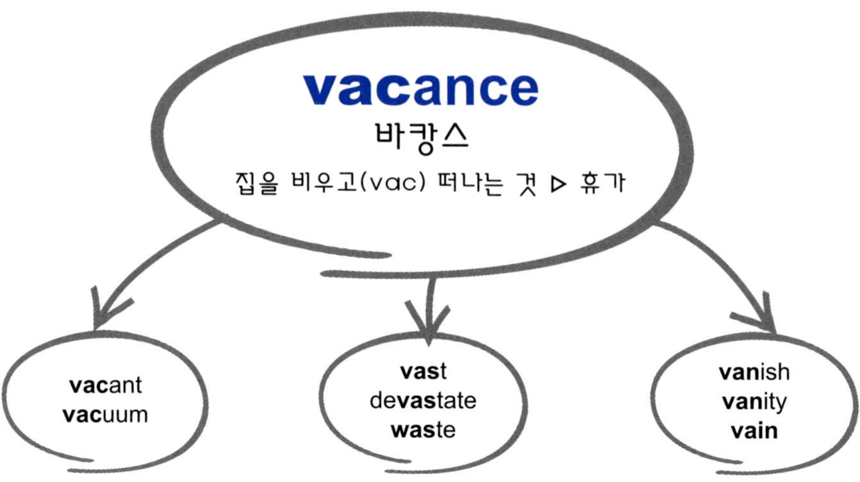

vac : '비우다, 텅 빈'의 의미를 갖고 있습니다. vas,van으로 형태가 변하기도 합니다. 여기서 vacance는 프랑스어입니다. 영어로 '휴가'는 vacation이죠.

- **vac**ant
  [véikənt]
  : **비어 있는** *cf.* vacancy 비어 있음, 공석
  – **a vacant seat** 빈 자리, 공석

- **vac**uum
  [vǽkjuəm]
  : 속이 빈(vac) ▷ **진공의; 진공**
  – **vacuum-packed foods** 진공 포장된 음식

- **vas**t
  [væst]
  : 텅 빈(vas=vac) 느낌을 줄 정도로 ▷ **광대한, 거대한**
  – **a vast amount of information** 막대한 양의 정보

- de**vas**tate
  [dévəstèit]
  : 완전히(de) 텅 비게(vast) 만들다 ▷ **황폐하게 만들다**
  – **the devastated city** 황폐화된 도시

- **was**te
  [weist]
  : 지갑이 텅 비도록(wast=vast) ▷ **낭비하다**
  - w와 v 발음은 서로 교체될 수 있다. 가령 영어 wine은 라틴어 계열인 프랑스어로 'vin' 이태리어로는 'vino'.
  – **waste time and money** 시간과 돈을 낭비하다

- **van**ish
  [vǽniʃ]
  : 자리를 비우다(van=vac) ▷ **사라지다**
  – **vanish without a trace** 흔적도 없이 사라지다

1. The post of chairman has been ___________ for about 2 months.
회장 자리가 약 두 달 동안 비어 있었다.

2. On hearing the news, her smile ___________ed.
그 소식을 듣자 이내 그녀의 미소가 사라졌다.

3. He has saved ___________ amounts of money.
그는 막대한 양의 돈을 모았다.

4. The fire ___________d a school in China, killing dozens of children.
그 화재는 중국에 있는 한 학교를 황폐화시키고 수십 명의 아이들을 죽게 했다.
dozens of 수 십 개의, 수 십 명의

5. The eagles ___________ed from sight and into the darkness.
독수리들이 시야에서 멀어져 어둠 속으로 사라졌다.

6. As time passed, her ___________ became unbearable.
시간이 지나면서 그녀의 허영심은 견딜 수 없을 정도가 되었다.

7. All the police's efforts to find the children were in ___________.
아이들을 찾으려는 경찰의 모든 노력은 헛된 것이었다.

8. Don't ___________ your time trying to explain it to her.
그녀에게 그것을 설명하려고 시간을 낭비하지 마라.

9. We should fill the ___________ in our committee as soon as possible.
우리는 가능한 빨리 위원회의 공석을 채워야 한다.

10. All our efforts were in ___________ when we lost the game.
우리가 경기에서 지자 우리의 노력은 모두 수포로 돌아갔다.

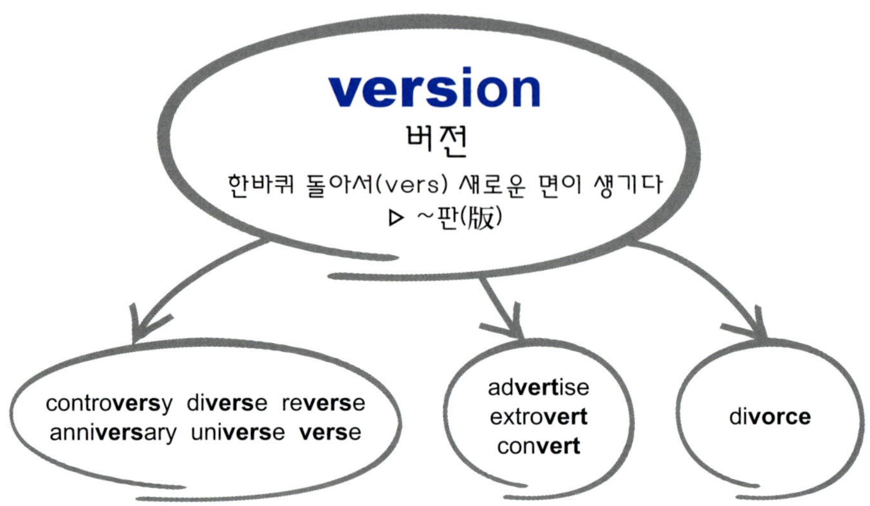

○ **vers** : vers, vorce, vert는 모두 영어로 turn, 즉 '돌다'라는 의미의 어근입니다. '돌다'라는 의미가 발전해 '바뀌다'란 뜻도 가지게 됩니다.

- **controversy** : 서로 맞서(contro=counter=against) 굴러가는(vers) ▷ 충돌하는
  [kántrəvə̀:rsi] ▷ **논란, 논쟁**
  – **a heated controversy** 열띤 논쟁

- **diverse** : ~로부터(di=de=from) 바뀌다(turn) ▷ 변화한 ▷ **다양한**
  [divə́:rs] – **people from diverse cultures** 다양한 문화권에서 온 사람들
  cf. **diversity** 다양성

- **reverse** : 다시(re) 돌리다(vers) ▷ **되감다, 번복하다**
  [rivə́:rs] – **reverse the decision** 결정을 번복하다

- **anniversary** : 해마다(anni=annual) 돌아오는(vers) ▷ **기념일**
  [æ̀nəvə́:rsəri] – **their 30th wedding anniversary** 그들의 결혼 30주년 기념일

- **universe** : 하나가 되어(uni=one) 돌아가는(vers) ▷ **우주**
  [jú:nəvə̀:rs]

- **verse** : **시, 운문** ◉ 원래 시는 운율을 따라 돌고 도는(vers) 것이므로.
  [və:rs] ↔ **prose** 산문
  – **free verse** 자유시

- **advertise** : ~쪽으로(ad=to) 주의를 돌리게(vert=vers) 만들다 ▷ **광고하다**
  [ǽdvərtàiz] – **advertise the fridge** 냉장고를 광고하다
  cf. advertisement 광고 ⟩ 줄여서 ad.라고도 함.

- **extrovert** : 밖으로(extro=out) 향하는(vert) ▷ (성격이) **외향적인 사람**
  [ékstrouvə̀:rt] ↔ **introvert** 내성적인 사람
  – **an extroverted personality** 외향적인 성격

- **convert** : 완전히(con=강조) 돌아서다(vert) ▷ **전환하다** ⟩ '개종한 사람'이란 뜻도 있음.
  [kənvə́:rt] – **a Christian convert** 기독교 개종자
  cf. convertible 바꿀 수 있는
  – **a convertible sofa** (침대로) 바꿀 수 있는 소파

- **divorce** : 따로 떨어져(di=from, away) 등을 돌리다(vors=vers) ▷ **이혼하다; 이혼**
  [divɔ́:rs] – **divorce rate** 이혼율

1. They ___________d the car in the newspaper.
그들은 신문에 자동차를 광고했다.

2. There is a heated ___________ over the use of drugs.
약물 사용에 대한 뜨거운 논쟁이 있다.

3. The United States consists of people from ___________ cultures.
미국은 다양한 문화권의 사람들로 이루어져 있다.

4. She was ___________d from her husband. 그녀는 남편에게 이혼당했다.

5. The young couple celebrated their wedding ___________ at an expensive restaurant.
그 젊은 부부는 값비싼 식당에서 그들의 결혼기념일을 축하했다.

6. Shakespeare wrote mostly in ___________.
셰익스피어는 (그의 작품을) 대개 운문으로 썼다.

7. He made a lot of friends and became an ___________.
그는 많은 친구들을 사귀었고 외향적인 사람이 되었다.

8. I ___________ed my dollars into Euros.
나는 달러화를 유로화로 바꿨다.

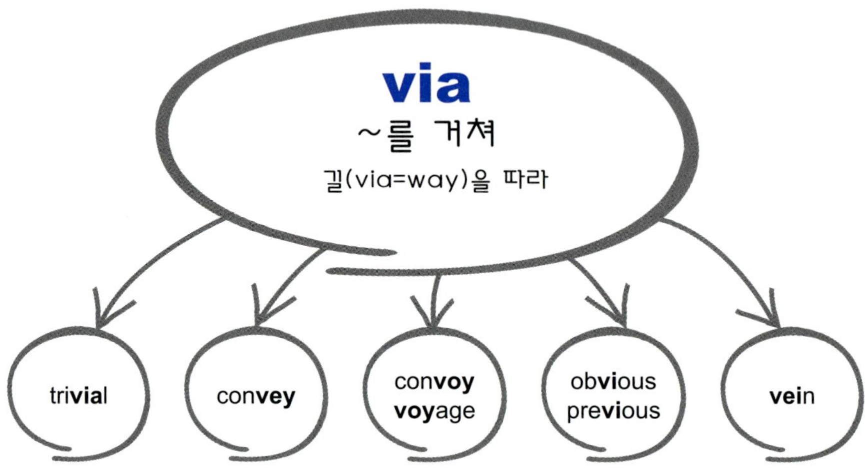

➲ **via** : wine이 라틴어의 후손인 이탈리아어로 'vino'라고 표기되는 것에서 짐작할 수 있듯이 way는 라틴어 철자 via로 표기됩니다. via, vey, voy, vi, vei는 모두 '길'이라는 뜻을 가진 어근입니다.

- **trivial**
  [trívial]
  : 길이(via)이 셋(tri)으로 나뉘는 ▷ 작은 갈래 길 ▷ **사소한, 하찮은**
  – **a trivial matter** 사소한 문제

- **convey**
  [kənvéi]
  : 함께(con) 길을(vey=way) 따라 ▷ **나르다, 운반하다**
  – **convey the meaning** 의미를 전달하다

- **convoy**
  [kánvɔi]
  : 길을(voy) 따라 함께(con) 가다 ▷ **호송; 호위하다**

- **voyage**
  [vɔ́iidʒ]
  : 길(voy)을 따라 떠나는 ▷ **긴 여행, 항해** ◀ 특히 배로 떠나는 긴 여행을 말한다.
  – **an around-the-world voyage** 세계 여행

- **obvious**
  [ábviəs]
  : 길(via=vey=way) 위에 툭 튀어나와(ob=against) ▷ **분명한, 명백한**
  – **for some obvious reasons** 몇가지 분명한 이유 때문에
  cf. **obviously** 명백하게

- **previous** : 길(via)을 떠나기 전(pre=before) ▷ **~전의**
  [príːviəs] – **the previous year** 전년도, 전 해

- **vei**n : 피가 지나는 길(vei) ▷ **혈관, 정맥**
  [vein] – **a vein in his arm** 그의 팔에 있는 혈관

1. Would you ___________ a message to Ms. Kim for me?

김 여사님께 메시지 좀 전해 주시겠어요?

2. It's ___________ that he doesn't like you.

그가 너를 싫어한다는 것은 분명하다.

3. ___________ experience is required for the job.

그 일에는 이전의 경험(경력)이 요구된다.

4. Why do you get so upset over such a ___________ matter?

당신은 왜 그렇게 사소한 문제에 대해서 흥분하세요?

5. The ___________ of seven vehicles halted.

일곱 대의 차량으로 이루어진 호송대가 멈춰 섰다.

6. The ship sank on its maiden ___________.

그 배는 최초의 항해 시에 침몰했다.   *maiden 처녀의, 처음의

7. Blood flows through tubes called ___________s and arteries.

혈액은 정맥과 동맥이라 불리는 관을 통해 흐른다.   *artery 동맥

어원실록   **스팸(spam)메일엔 스팸(Spam)이 없다!**

붕어빵엔 붕어가 없지만 스팸메일은 햄의 브랜드인 Spam과 깊은 관련이 있습니다. 제2차 세계대전 때 한 육류 가공회사에서 이름을 공모해서 Spam이라는 통조림 햄을 제조해 군인들에게 공급했는데, 처음에는 제법 인기가 좋았다고 합니다. 하지만 돼지고기 중 값어치가 떨어지는 부위를 섞어서 만들었기 때문에 나중엔 '싸구려 햄'으로 인식되기 시작합니다. 결국 그 이미지를 극복하지 못하고 급기야는 '쓰레기 같은 메일'을 지칭하는 용어 후보 1순위로 추천(?)되어 Spam mail이라는 신조어가 탄생하게 되었습니다.

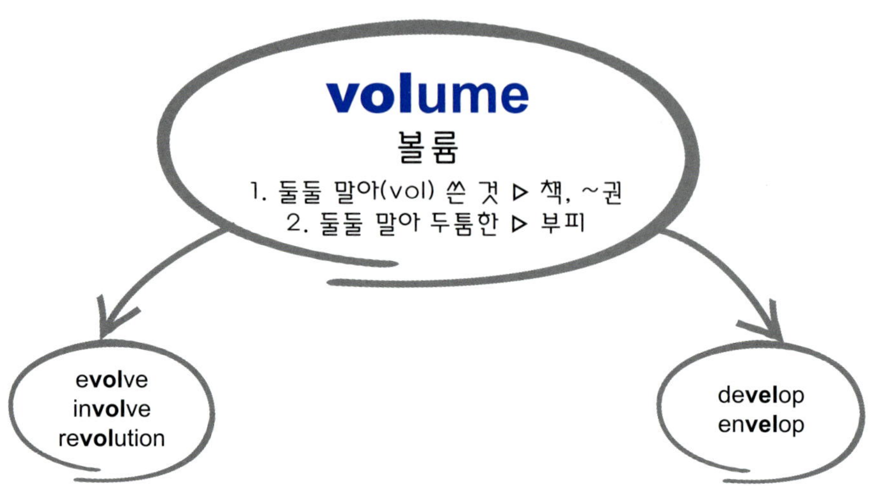

○ vol : vol과 vel은 '둘둘 말다, 굴리다'의 뜻을 가진 어근입니다. 영어의 roll에 해당하죠. volume이 '책'을 뜻하는 단어가 된 것은 옛날에 양가죽 따위에 글을 써서 둘둘 말아 보관했던 것에서 기인합니다.

- **evolve** : 밖으로(e=ex) 굴러 나가면서 ▷ **전개하다, 진화하다**
  [iválv] *cf.* **evolution** 진화
  – **the theory of evolution** 진화론

- **involve** : 안으로(in) 싸서 말다 ▷ **포함시키다, 연관시키다**
  [inválv] – **be involved in** ~에 연루되다

- **revolution** : 세상을 다시(re) 굴려(vol) 뒤집는 것 ▷ **대변혁, 혁명**
  [rèvəlú:ʃən] **the Industrial Revolution** 산업 혁명
  cf. **revolve** 회전하다

- **develop** : 둘둘 말지(vel=vol) 않고(de=not) ▷ 펼치다 ▷ **발전시키다, 개발하다**
  [divéləp] *cf.* **development** 발전 **developed** 발전한
  – **economic development** 경제 발전
  – **a developed country** 선진국

- **envelope** : 안으로(en=in) 말아서(vel) 싸는 ▷ **봉투**
  [énvəlòup] – **an airmail envelope** 항공우편 봉투

1. The earth __________s round the sun.
   지구는 태양 주위를 회전한다.

2. They didn't want to be __________d in any trouble.
   그들은 어떤 분쟁에도 휘말리기를 원치 않았다.

3. Scientists want to learn how life has ____________d throughout earth's history.
   과학자들은 생명체가 지구 역사를 통해 어떻게 진화해 왔는지를 알고 싶어 한다.

4. They __________ed a program to stop teenage smoking.
   그들은 10대의 흡연을 막을 수 있는 프로그램을 개발했다.

5. She opened the _________ and drew out the contents.
   그녀는 봉투를 열어 내용물을 끄집어냈다.

6. The French _________ brought the ruin of monarchy.
   프랑스 대혁명은 군주제의 몰락을 가져왔다.   *monarchy 군주제

 **어원실록** | **이론(theory)은 극장(theater)에서 나오는가?**

그리스어로 thea는 view, see의 뜻입니다. 따라서 theater는 무엇인가를 보는 장소, 즉 '극장'이라는 뜻이 되는 것이죠. 그럼 theory는 어떻게 '이론'의 뜻을 가지게 되었을까요? 이 과정을 이해하려면 영어 동사 see의 의미 용법을 잘 살펴볼 필요가 있습니다. I see.라고 하면 '나는 본다'라는 '감각' 작용이 아닌 '알겠다', '이해한다'라는 '인식' 작용을 나타내지요? 대상에 대한 인식을 논리적으로 정리한 것이 바로 '이론'이지요. 결국 아무리 거창하고 난해한 이론이라도 기본적으로 '보는' 것에서 출발한다는 걸 알 수 있습니다.

우선순위 어원 110

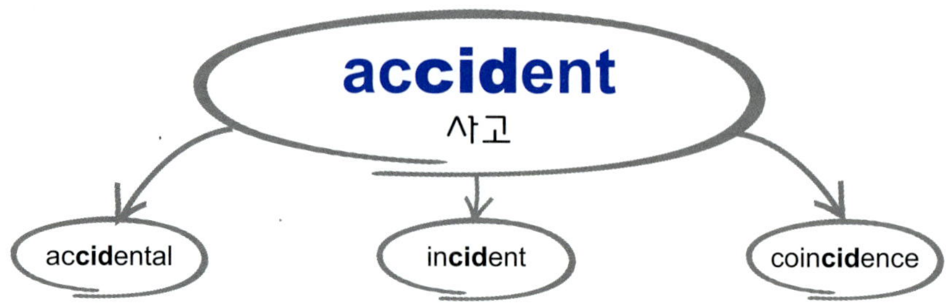

cid : '사고'라는 뜻의 어근입니다.

- **accidental** : 사고처럼 ▷ **우연한**
  [æksidéntl]
  – **an accidental discovery** 우연한 발견
  cf. **accidentally** 우연히, 뜻하지 않게

- **incident** : **사건, 사고** ◂ accident와 동족어.
  [ínsədənt]
  – **a shooting incident** 총격 사건

- **coincidence** : 동시에(co=together) 사건(incident)이 터지는 것 ▷ **우연**
  [kouínsədəns]
  – **What a coincidence!** 이런 우연의 일치가!

1. Many soldiers are killed by ___________ fire every year.
   매년 많은 병사들이 우발적 발포로 사망한다.

2. Don't assume that a drowning ___________ can't happen to your family. 당신의 가족에게는 익사 사고가 발생하지 않을 것이라고 단정하지 마라.

3. It was quite a ___________ that my sister was on the same train.
   여동생이 같은 열차에 타고 있었던 것은 우연의 일치였다.

4. I'm so sorry, but I ___________ deleted your e-mail.
   정말 죄송합니다. 그만 우연히 당신이 보낸 이메일을 삭제했습니다.

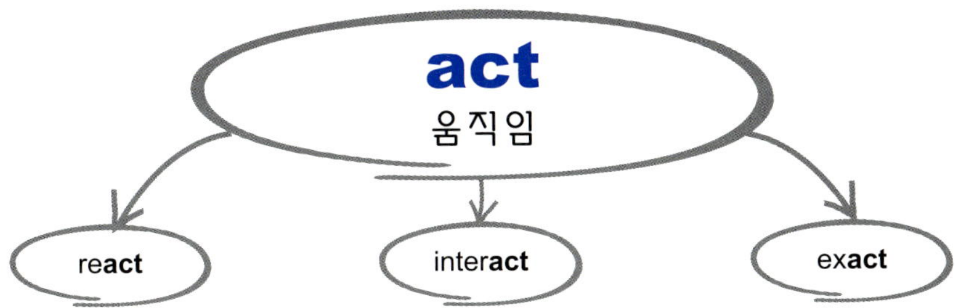

◐ **act** : act는 글자 그대로 '움직이다, 작용하다'의 뜻을 가진 어근입니다.

- **act**ive — : 움직이는 ▷ **적극적인, 활동적인**
  [ǽktiv]
  – **take an active part in the campaign**
  캠페인에 적극적으로 참여하다

- re**act** — : 다시(re) 작용하다(act) ▷ **반응하다**
  [riːǽkt]
  cf. **reaction** 반응
  – **watch people's reactions** 사람들의 반응을 살펴보다

- inter**act** — : 서로(inter=between) 작용하다(act) ▷ **상호 작용하다**
  [ìntərǽkt]
  – **interact with each child** 각각의 아이들과 상호 작용하다
  cf. **interaction** 상호 작용

- ex**act** — : 어떤 일을 끝까지(ex=out) 하는(act) ▷ **꼼꼼한, 정확한**
  [igzǽkt]
  – **the exact time the incident happened** 사건이 발생한 정확한 시간
  cf. **exactly** 정확히

1. Oxygen and iron __________ together to form rust.
산소와 철이 함께 반응해서 녹을 만든다.

2. The couple __________ed wordlessly with their eyes.
그 연인들은 눈으로 말없이 교감했다.

3. He gave me the __________ cost.
그는 나에게 정확한 비용을 주었다.

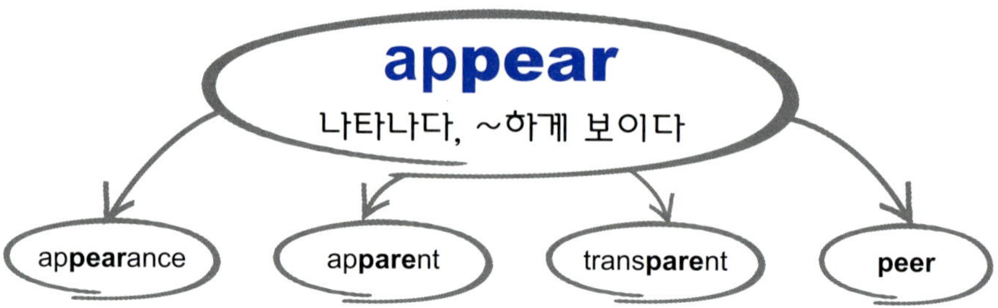

○ **pear** : pear는 '보다, 보이다'라는 뜻의 어근. appear는 '보이다'라는 뜻에서 '나타나다, ~하게 보이다'라는 뜻을 가지죠. 반대어는 disappear, '사라지다'.

- **appearance** : 겉으로 보이는(pear) 것 ▷ **외모, 출현**
  [əpíərəns]   – **judge by appearance** 겉모습으로 사람을 판단하다

- **apparent** : 잘 보이는(pare=pear) ▷ **뚜렷한, 명백한**
  [əpǽrənt]   – **an apparent change in her looks** 그녀의 표정의 뚜렷한 변화

- **transparent** : 건너편이(trans=through) 보이는(pare) ▷ **투명한**
  [trænspέərənt]   – **a transparent plastic box** 투명한 플라스틱 상자

- **peer** : 자세히 보다(peer=pear) ▷ **응시하다**
  [piər]   – **peer at his watch** 그의 시계를 보다

1. Many animals may ___________ from the earth before long.
머지않아 많은 동물들이 지구에서 사라질 수도 있다.   *before long 머지않아, 곧

2. The movie star has such a beautiful ___________.
그 영화배우는 아름다운 외모를 가지고 있다.

3. For no ___________ reason, the bus stopped suddenly.
뚜렷한 이유도 없이 버스가 갑자기 멈춰 섰다.

4. Public companies should be run ___________ly.
공기업들은 투명하게 운영되어야 한다.

5. He ___________ed through the window. 그는 창밖을 응시했다.

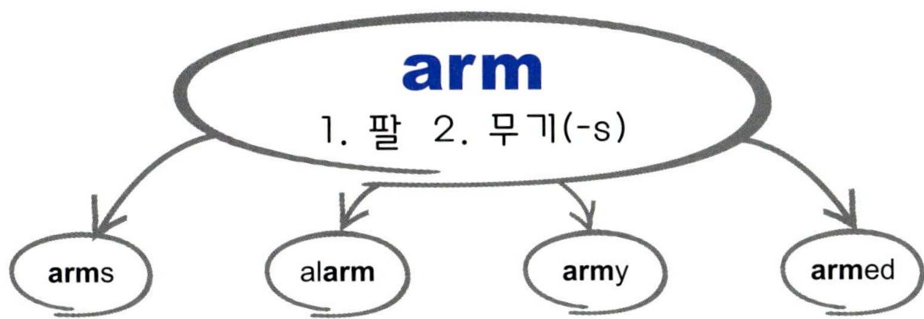

○ **arm** : 원래는 '팔'이라는 뜻을 가진 단어. 하지만 복수로는 '무기'라는 뜻을 갖습니다. 무기는 항상 팔로 들어야 하니까요.

- **arm**s : **무기**
  [ɑːrmz]   – **a nuclear arms race** 핵무기 경쟁

- **al**arm : 모두(al=all) 무기(arm)를 집으라는 ▷ **경보; 경보를 울리다, 놀라게 하다**
  [əlɑ́ːrm]   – **burglar alarm** 도난 경보기

- **arm**y : 무기(arms)를 가지고 싸우는 ▷ **군대**(특히 육군)
  [ɑ́ːrmi]   – **an army officer** 군대의 장교
  cf. **army** 육군   **navy** 해군   **air force** 공군

- **arm**ed : 무기를 갖춘 ▷ **무장한**
  [ɑːrmd]   – **an armed struggle** 무장 투쟁
  – **a heavily armed soldier** 중무장한 군인

1. Though the fire ___________ went off, he didn't leave the building.
화재 경보가 울렸지만, 그는 건물을 떠나지 않았다.   ***go off** 울리다, 폭발하다

2. His son has been in the ___________ for about 3 years.
그의 아들은 약 3년간 군대에 있었다.

3. He was surrounded by ___________ men with covered faces.
그는 얼굴을 가리고 무장한 사람들에게 에워싸였다.

4. The population has been increasing at an ___________ing rate.
인구가 놀라운 비율로 증가해왔다.

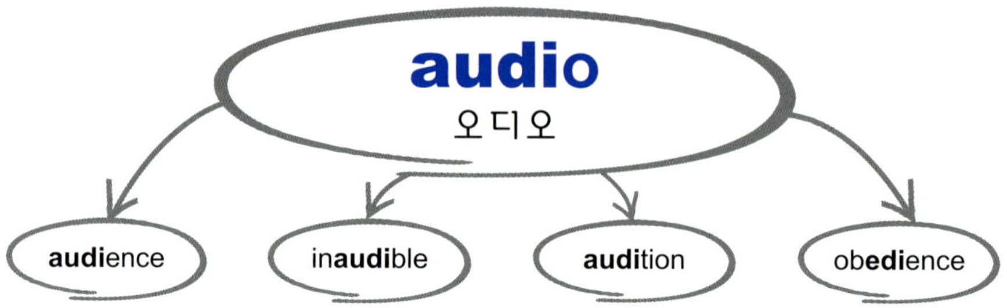

○ **audi** : audio는 '음의 송수신, 음성의'라는 뜻의 단어입니다. 어근인 **audi**가 바로 '듣다'의 뜻입니다.

- **audi**ence : 듣는(audi) 사람들 ▷ **청중**
  [ɔ́:diəns] – **the clapping audience** 박수치는 청중들

- in**audi**ble : 들리지(audi) 않는(in=not) ▷ **알아들을 수 없는** ↔ **audible** 들리는
  [inɔ́:dəbəl] – **speak in an almost inaudible whisper**
    거의 들리지 않는 귓속말로 말하다

- **audi**tion : 노래를 들어(audi) 보는 자리 ▷ **오디션**
  [ɔːdíʃən] – **have an audition for drama school** 연기 학교 입학 오디션을 받다

- ob**edi**ence : ~쪽에(ob=to) 귀 기울이다(edi=audi) ▷ **순종, 복종**
  [oubí:diəns] – **blind obedience** 맹목적인 복종 = 맹종(盲從)
    cf. **obedient** 순종하는   **obey** 복종하다
    – **obey the rules** 규칙에 잘 따르다

1. An ____________ of 20,000 watched the wedding.
2만 명의 관중이 그 결혼식을 보았다.

2. Her voice was almost ____________ at the back of the hall.
그녀의 목소리는 건물 뒤에서는 거의 들리지 않았다.

3. She is always ____________ of her teacher's expectations.
그녀는 늘 선생님의 기대에 순종한다.

○ **auth** : author는 만들어내는(auth) 사람, 즉 '작가, 저자'라는 뜻입니다.

• **auth**ority : 작가(author)가 가지는 ▷ **권위, 권한, 권위자**
  [əθɔ́:riti]   – **have the authority to search** 수색할 수 있는 권한을 가지다
     cf. **authorities** 당국, 관계자
     – **the authorities concerned** 관계 당국

• **auth**orize : 저자(author)로 만들어 주다(ize) ▷ **권한을 주다, 허락하다**
  [ɔ́:θəràiz]   – **authorize him to act for me** 나를 대신할 수 있는 권한을 부여하다
     cf. **authorization** 권한 부여

• **auth**entic : 직접 만든(auth) ▷ **진짜의**
  [ɔːθéntik]   – **authentic Italian food** 정통 이탈리아 음식

1. Mr. Shim is the greatest __________ on English grammar.
   심 선생님은 영문법에 관한 한 최고의 권위자이다.

2. Britain ____________d the technique to produce stem cells for
   research.   영국은 연구를 위한 줄기세포 생산 기술을 승인했다.   *stem cell 줄기세포

3. I don't know if the paintings are __________.
   그 그림들이 진짜인지 모르겠다.

4. I usually stay home and read my favorite __________s' books on
   weekends.   나는 주말에 보통 집에 있으면서 좋아하는 작가들의 책을 읽는다.

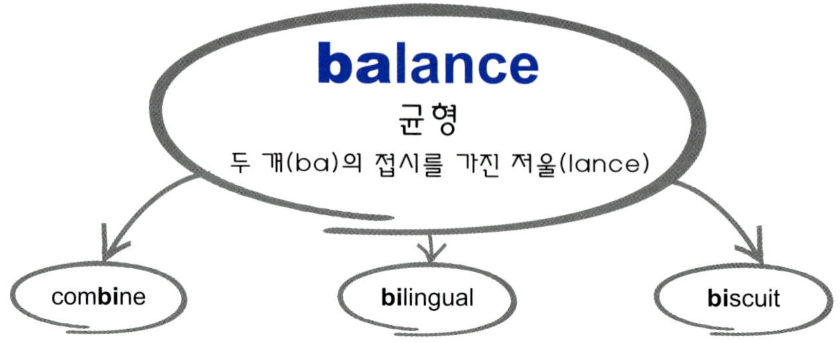

○ **bi** : bi는 '두 개의'라는 뜻을 가진 어근입니다. balance는 두 개의(bi=ba) 접시를 가진 저울(lance)이므로 '균형'이라는 의미가 됩니다.

- **combine** : 둘이(bi=two) 함께(com=together) ▷ **결합시키다**
  [kəmbáin]
  – **combine a telephone and fax machine**
    전화기와 팩스를 결합시키다
  cf. **combination** 결합

- **bilingual** : 두 가지(bi) 언어(lingua=language)를 구사하는 사람 ▷ **2개 국어를 하는**
  [bailíŋgwəl]
  – **a bilingual dictionary** 2개 국어 사전
  cf. **trilingual** 3개 국어의

- **biscuit** : 두 번(bi) 구운(cuit=cook) ▷ **비스켓**
  [bískit]

1. Hydrogen and oxygen __________ to form water.
   수소와 산소는 결합하여 물을 형성한다.

2. Let an experienced, __________ professional be your guide.
   숙련된 2개 국어 구사자를 당신의 안내자가 되게 하라.

3. She lost her __________ and fell down.
   그녀는 균형을 잃고 넘어졌다.

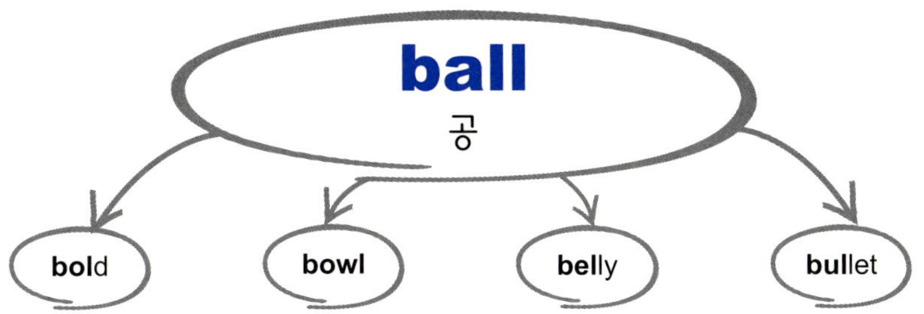

○ bal : 우리가 알고 있는 ball은 '공'이라는 뜻의 어근으로도 쓰입니다. bol, bel, bul 등으로 다양하게 형태가 변합니다.

- **bol**d : 간이 공처럼(ball) 부푼 ▷ **대담한**
  [bould]   – **a bold decision** 과감한 결정

- **bowl** : 공(ball)처럼 둥근 ▷ **공기, 사발**
  [boul]   – **a bowl of rice** 밥 한 그릇

- **bel**ly : 공(ball)처럼 부풀어 오르는 부분 ▷ **배**
  [béli]   – **belly button** 배꼽

- **bul**let : 공처럼 생긴 ▷ **총알**
  [búlit]   – **bullet proof glass** 방탄 유리

1. When Jane's ______________ began to swell, I noticed she was pregnant. 제인의 배가 부풀기 시작했을 때, 나는 그녀가 임신한 것을 알았다.

2. Mix both mixtures together in one large __________.
두 혼합물을 큰 사발에 담아 함께 섞어라.   *mixture 혼합(물)

3. He put the __________ plan into practice.
그는 그 대담한 계획을 실행에 옮겼다.   *put into practice 실천에 옮기다

4. A __________ hit the deer in the leg.
탄알이 사슴의 다리에 맞았다.

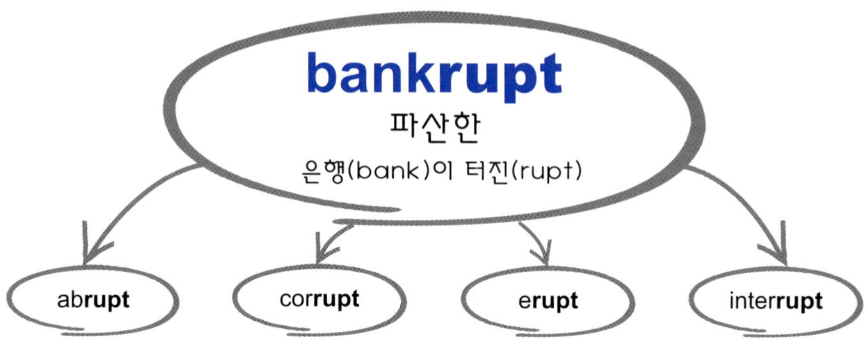

rupt : '터지다'라는 뜻의 어근. bankrupt는 은행(bank)이 터져버린(rupt) 것이므로 '파산한'이라는 뜻이 됩니다. '파산하다'는 go bankrupt.

- **abrupt** : 갑자기 터져 나오는(rupt=break) ▷ **갑작스런**
  [əbrʌ́pt] – **an abrupt death** 돌연사

- **corrupt** : 완전히(co=강조) 곪아 터진(rupt=break) ▷ **부정한, 부패한**
  [kərʌ́pt] – **a corrupt politician** 부패한 정치인

- **erupt** : 밖으로(e=ex) 터지다(rupt=break) ▷ **분출하다** *cf.* eruption 분출
  [irʌ́pt] – **The volcano could erupt.** 그 화산은 폭발할 수도 있다.

- **interrupt** : 두 사람 사이를(inter) 갈라놓다(rupt=break) ▷ **끼어들다, 방해하다**
  [ìntərʌ́pt] – **Sorry to interrupt, but...** 방해해서 죄송합니다만〜

1. The company went __________, and work ceased in 1987.
   그 회사는 파산했고 1987년에 업무가 중단됐다.

2. A car crash in 1950 brought an __________ end to his career.
   1950년의 자동차 충돌 사고가 그의 경력에 갑작스런 종말을 가져왔다.

3. Some officials are likely to become __________ by taking bribes.
   일부 공무원들은 뇌물을 받고 부패할 가능성이 있다.

4. The bomb __________ed 60 meters away.
   폭탄이 60미터 거리에서 폭발했다.

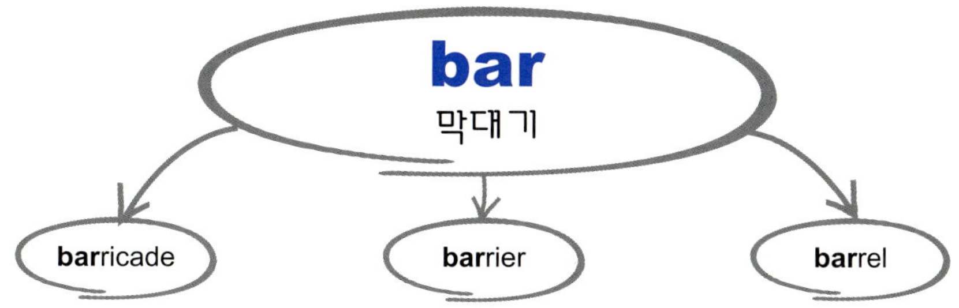

○ **bar** : 영어 단어 bar에는 '막대기'라는 뜻 외에 '술집, 법정'이라는 뜻이 있는데 이것은 모두 어근 'bar=막대기'에서 생겨난 것입니다. 예전에 술집에서 손님과 바텐더(bartender)의 경계를 구분하기 위해 막대를 가로로 눕혔기 때문에 bar가 '술집'을 나타내게 되었고 판사와 피고 사이도 막대로 구분했기 때문에 '법정'의 뜻이 생겼습니다.

cf. **behind the bars** 막대기처럼 생긴 쇠창살 뒤에 있는 ▷ 감옥에 갇힌

- **bar**ricade : 막대기(bar)를 눕혀 놓은 것 ▷ **장애물, 바리케이드**
  [bǽrəkèid] – **put up barricades** 바리케이드를 쌓아올리다

- **bar**rier : 가로막은 막대기(bar) ▷ **장벽**
  [bǽriər] – **language barrier** 언어 장벽

- **bar**rel : 긴 막대를(bar) 이어서 둥글게 만든 ▷ (포도주 등을 보관하는) **불룩한 통**
  [bǽrəl] – **a barrel of wine** 포도주 한 통

1. She didn't stop at the police ___________.
그녀는 경찰 바리케이드 앞에서 멈추지 않았다.

2. Israel constructed a ___________ near its border.
이스라엘은 국경 근처에 장벽을 세웠다.

3. They drank two ___________s of beer last night.
그들은 어젯밤 맥주 두 통을 마셨다.

4. He wrote a great novel while behind the ___________s.
그는 옥중에 있는 동안 위대한 소설을 써냈다.

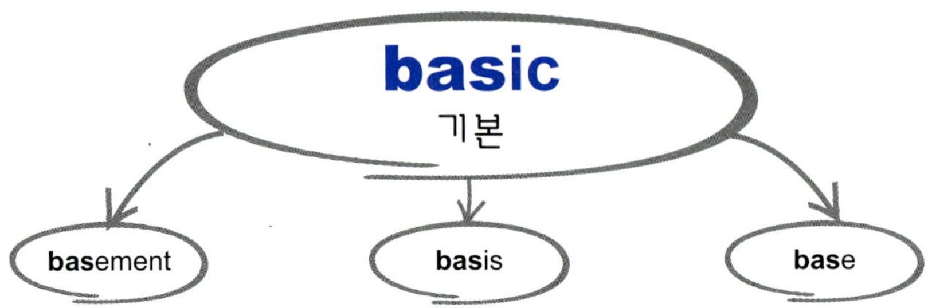

○ **bas** : '기본'을 뜻하는 어근. 우리가 흔히 basic을 '베이직'으로 발음하는데 '베이식'이 맞습니다. basically는 '기본적으로'라는 뜻. basic human rights는 '인간의 기본권'.

• **bas**ement : **지하** ⋙ '집의 기초, 밑 부분'이라는 뜻에서.
[béismənt] *cf.* **cellar** 술이나 잼을 보관하는 지하실

• **bas**is : **기초, 근거**
[béisis] – **on the basis of** ～을 기초로 하여

• **bas**e : 1. **기초, 기지** ⋙ 군사 활동의 기초가 되는 곳이란 뜻에서.
[beis] 2. **～에 근거를 두다**
  – **be based on** ～에 근거하다
  – **be based on a true story** 실화에 토대를 두다

---

1. He bought an old building and built a garage in the ____________.
그는 낡은 건물을 구입해서 지하에 차고를 만들었다.

2. Matches are scheduled on the ____________ of age-groups and weight. 시합들은 연령대와 몸무게를 기초로 하여 계획되었다.

3. Her decision to marry him was ____________d on love, not money.
그녀가 그와 결혼하기로 결심한 것은 돈이 아니라 사랑에 토대를 둔 것이었다.

4. The two solutions are ____________ very similar.
그 두 가지 해법은 기본적으로 매우 유사하다.

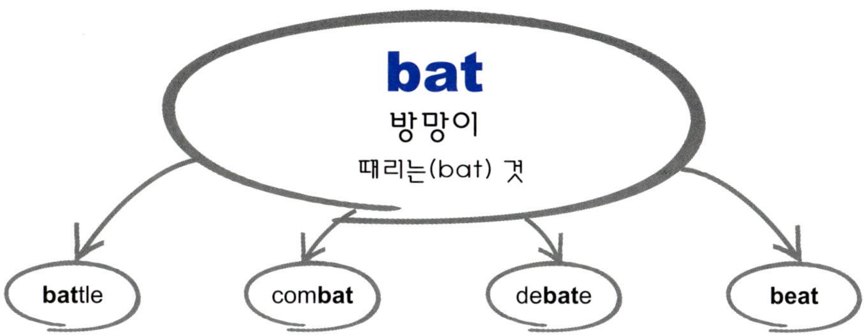

○ **bat** : bat은 '야구방망이'라는 뜻입니다. 어근으로서는 '때리다'라는 뜻으로 두루
사용됩니다.

- **bat**tle : 서로 때리는 ▷ **전투**
  [bǽtl]   – **battlefield** 전쟁터

- com**bat** : 서로(com=together) 때리는(bat) ▷ **전투**
  [kámbæt]   – **hand-to-hand combat** 백병전

- de**bate** : 철저하게(de) 상대방의 주장을 때리다(bat) ▷ **논쟁하다**
  [dibéit]   – **public debate on the issue** 그 문제에 관한 공개적 토론

- **beat** : 때리다, 치다 (beat=bat) ▷ **패배시키다, 두들겨패다**
  [bi:t]   – **He beat me at chess.** 그가 체스에서 날 이겼다.

1. Her only son was killed on the __________ field.
그녀의 외아들은 전쟁터에서 죽었다.

2. The gangsters __________ him unconscious.
깡패들이 그를 때려 의식을 잃게 했다.

3. He survived the fierce __________. 그는 그 치열한 전투에서 살아남았다.

4. The resolution passed without __________ at the meeting.
그 결의안은 회의에서 토론 없이 통과되었다.   *resolution 결의

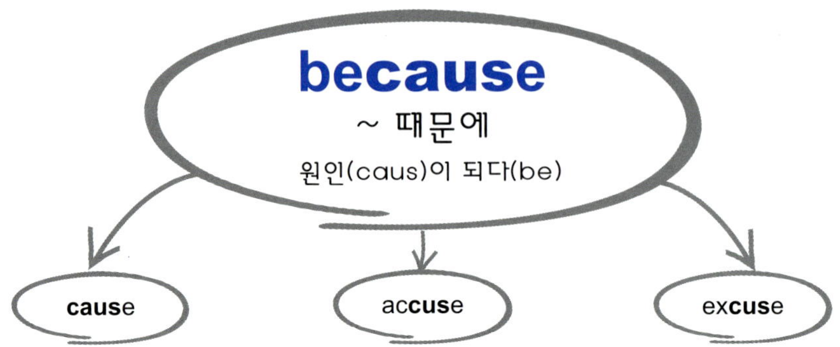

○ **caus** : '원인'이라는 뜻을 가진 어근. because는 '원인(cause)이 되다(be)'라는 의미이니까 '~ 때문에'가 됩니다.

- **cause** : 1. (사고 등을) **일으키다**
  [kɔːz]   – **cause serious problems** 심각한 문제를 일으키다

  2. **원인, 대의명분**
    – **causes of traffic accidents** 교통사고의 원인들

- **accuse** : 원인(cus=cause)을 ~에게(ac=to) 돌리다 ▷ **~을 고소하다, 비난하다**
  [əkjúːz]   – **accuse him of sexual harassment** 그를 성희롱 혐의로 고소하다

- **excuse** : 1. 원인(cus)에 대한 책임에서 벗어나게 하다(ex=out) ▷ **용서하다**
  [ikskjúːz]   – **Please excuse my leaving earlier.** 먼저 실례하겠습니다.

  2. 용서를 받기 위한 ▷ **변명, 핑계**
    – **make an excuse** 핑계 대다

1. Bed-wetting may ___________ problems with a child's self-image.
야뇨증은 아이의 자아상에 문제를 야기할 수 있다.   *bed-wetting 야뇨증

2. He has been ___________d of theft.
그는 절도 행위로 고소당했다.

3. I can't ___________ that sort of crime.
나는 그런 종류의 범죄는 용서할 수 없다.

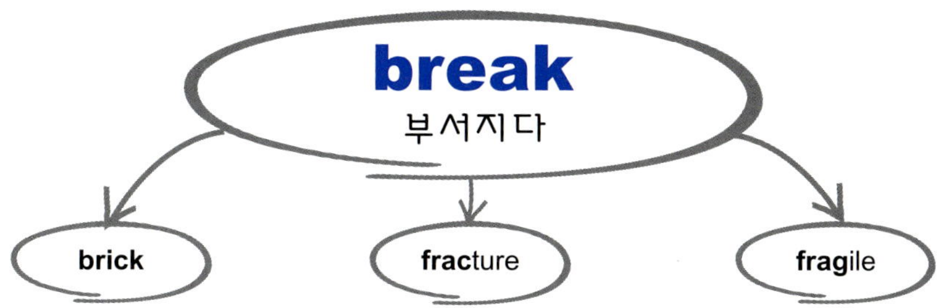

○ **break** : '깨지다, 부서지다'의 의미를 가진 어근. frac, frag 등으로 형태가 바뀌기도 합니다. 어떤 일의 중간에 흐름을 깬다는 의미로 '휴식'의 뜻도 있지요.

- **brick** : **벽돌** ⋙ 벽돌은 깨지는 성질이 있으므로.
  [brik]   – **a dark brick building** 검은 벽돌 건물

- **frac**ture : 뼈가 깨진(frac=break) ▷ **골절** ⋙ b와 f음이 유사하기 때문에 변형됨.
  [fræktʃər]   – **a fracture of the leg** 다리 골절

- **frag**ile : 깨질 듯(frag=break) ▷ **연약한**
  [frǽdʒəl]   – **fragile glass** 깨지기 쉬운 유리

- **break**fast : 단식(fast)을 깨는(break) 식사 ▷ **아침식사**
  [brékfəst]   ⋙ 저녁 이후로 장시간 먹지 않으므로.

1. Be careful with the ___________ cups.
깨지기 쉬운 컵들을 주의하세요.

2. He has a severe thumb ___________ and burns on the bottoms of his feet. 그는 심각한 엄지손가락 골절과 발바닥 화상이 있다.

3. The chimney was made of red ___________s.
굴뚝은 적벽돌로 만들어졌다.

4. We worked through the night without a ___________.
우리는 밤새 쉬지 않고 일했다.

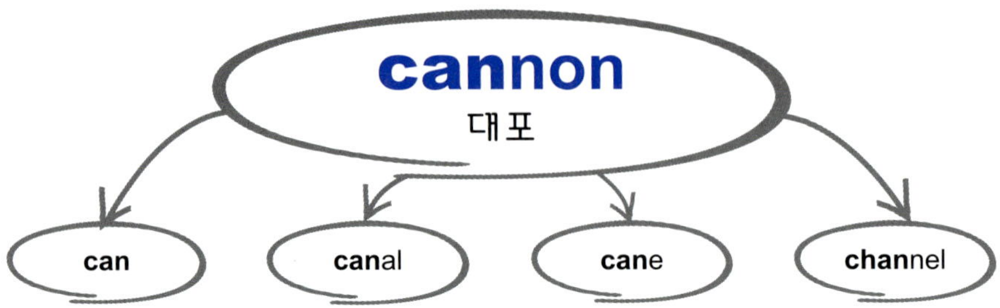

○ **can** : 대포는 파이프 모양처럼 생겼죠? can은 속이 빈 관 모양의 것을 의미하는 어근입니다. chan으로 모양이 변하기도 합니다.

- **can** : 길쭉한 관 모양의 ▷ **캔, 깡통**
  [kæn]   – **canned drinks** 캔 음료

- **canal** : 좁고 긴 관처럼 생긴 ▷ **운하**
  [kənǽl]   – **the Panama Canal** 파나마 운하

- **cane** : 파이프처럼 생긴 ▷ **지팡이**
  [kein]   – **sugar cane** 사탕수수

- **channel** : 1. 두 육지 사이에 길게 형성된 ▷ **해협, 수로**
  [tʃǽnl]   – **the English Channel** 영국 해협

  2. 수로 ▷ 왕래하는 수단 ▷ 정보를 주고받는 ▷ **TV 채널**
  – **change[switch] channels** 채널을 돌리다

1. The Suez __________ provides an important shipping link between the Mediterranean and Red Seas.

수에즈 운하는 지중해와 홍해 사이에 중요한 수송 연결로를 제공한다.

*the Mediterranean (Sea) 지중해

2. All the boats had to pass through the narrow __________.

모든 배가 그 좁은 수로를 통해 지나가야 했다.

3. He was not able to walk without a __________.

그는 지팡이 없이 걸을 수가 없었다.

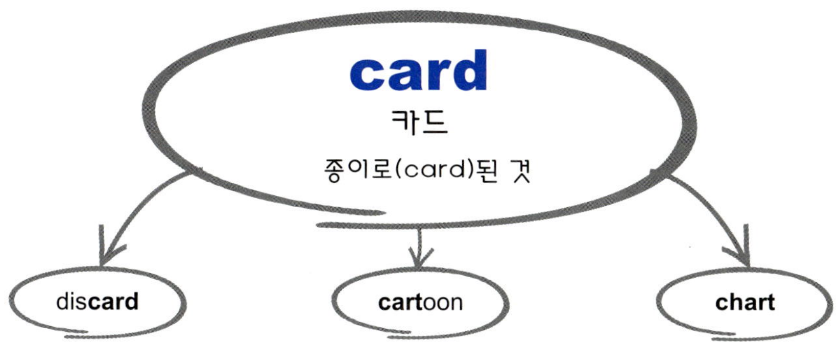

❍ **card** : card는 카드, 즉 종이 조각을 말합니다. 어근 card는 '종이'라는 뜻입니다.

- **discard** : 안 좋은 카드(card) 패를 멀리(dis=away) 던지다 ▷ **버리다**
  [diská:rd]   – **discard worn-out trousers** 닳아빠진 바지를 버리다

- **cartoon** : 종이(cart=card) 위에 그린 ▷ **만화**
  [ka:rtú:n]   – **the best-loved cartoon characters** 가장 사랑받는 만화 캐릭터

- **chart** : 종이(chart=card) 위에 그린 도표
  [tʃa:rt]   – **As the chart shows,...** 차트(도표)에 나와 있듯이~

- **charter** : 종이(chart=card) 위에 기록된 ▷ **헌장, 선언서**
  [tʃá:rtər]

---

1. He had to draw his __________s with only a pen and ink.
그는 단지 펜과 잉크만으로 만화를 그려야 했다.

2. The song climbed to number 4 on the Swedish single sales ______
last week.   그 노래는 지난주 스웨덴 싱글 판매 순위표에서 4위까지 올랐다.

3. The items are meant to be used once and then __________ed.
그 물품들은 한번 사용한 다음에는 버리도록 의도된 것이다.

4. Basic human rights are written into the UN __________.
기본적인 인권들은 유엔 헌장에 쓰여 있다.

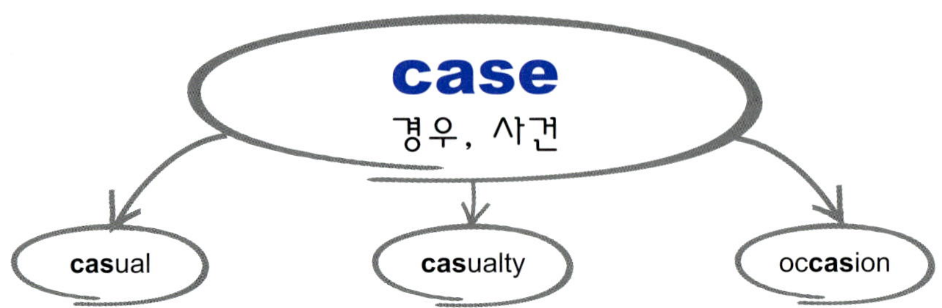

○ **case** : case는 '경우, 사건'이라는 뜻의 어근입니다. a murder case라고 하면 '살인 사건'이라는 뜻이 되죠.

⟜ case가 '용기, 통'이라는 뜻일 때는 '잡다'라는 뜻의 어근 cap이 변형된 것

- **cas**ual   : 경우(case)에 따라 ▷ 그때그때 닥치는 ▷ **우연한, 임시방편의**
  [kǽʒuəl]   – **casual clothes** ▷ 갖춰 입지 않고 되는 대로 입는 옷 ▷ 평상복

- **cas**ualty   : 사고(case), 사건 ▷ 사고당한 사람 ▷ **사상자**
  [kǽʒuəlti]   – **total casualties** 총 사상자 수

- oc**cas**ion   : **경우, 특별한 일, 행사**
  [əkéiʒən]   – **an annual occasion** 해마다 있는 행사
  cf. occasional 이따금씩 일어나는   occasionally 때때로
  – **occasional showers** 이따금씩 내리는 소나기

1. The disease can be spread by __________ contact.
그 질병은 우연한 접촉에 의해서 쉽게 전파될 수 있다.

2. The driver of the car was not the only __________.
그 차의 운전자가 유일한 사상자는 아니었다.

3. She made ______________ visits to Paris.
그녀는 이따금씩 파리를 방문했다.

4. In this __________, we can't expect any compensation.
이 경우에는 아무런 보상금도 기대할 수 없다.

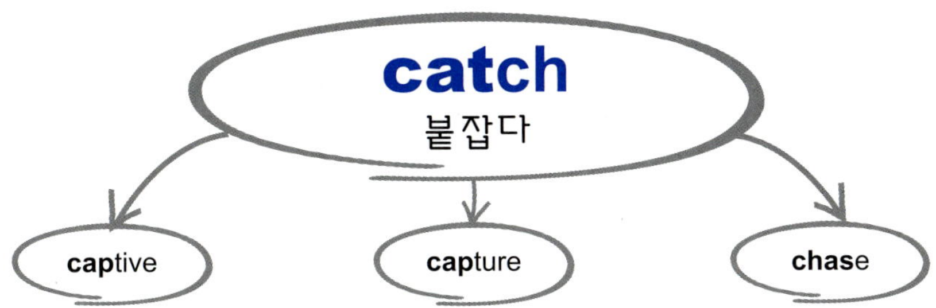

○ **cat** : cat은 '잡다'라는 뜻의 어근입니다. cap이나 chas와 같은 뜻이죠. 앞서 배운 intercept(가로채다)의 cept와 같은 녀석입니다.

- **cap**tive : 붙잡힌(cap=catch) 사람 ▷ **포로; 포로의**
  [kǽptiv]

- **cap**ture : 사람을 잡다(cap=catch) ▷ **붙잡다, 체포하다; 포획**
  [kǽptʃər]   – **capture a pickpocket** 소매치기를 붙잡다

- **chas**e : 붙잡으려고(chas=catch=cap) 달려가다 ▷ **쫓아가다; 추격**
  [tʃeis]   – **chase after the thief** 도둑을 뒤쫓다

- pur**chas**e : 앞으로(pur=for) 손을 내밀어 붙잡다(chas) ▷ 손에 넣다 ▷ **구매하다**
  [pə́ːrtʃəs]

1. We put an enemy ___________ in prison.
우리는 적 포로를 감옥에 집어넣었다.

2. The spy was ___________d in London.
그 첩자는 런던에서 잡혔다.

3. I couldn't ___________ after them; they were running too fast.
나는 그들을 뒤쫓을 수가 없었다. 그들은 너무 빨리 달리고 있었다.

4. Keep your receipt as proof of ___________.
구매의 증거로 영수증을 보관해 두어라.

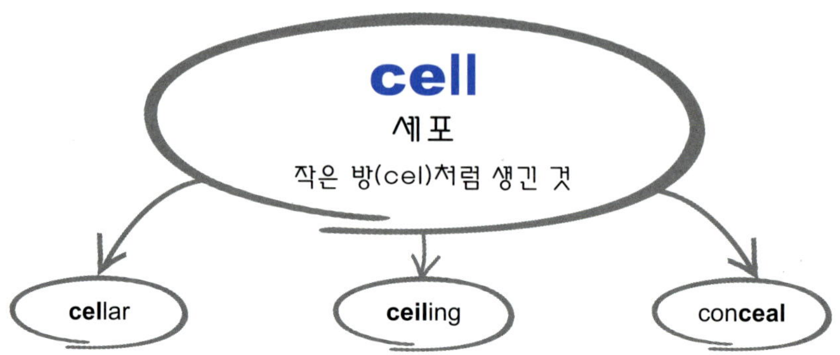

cel : 어근 cel은 '작은 방'이라는 뜻의 어근입니다. cell이 단어일 때는 '작은 방' 이외에 '세포'라는 뜻이 있는데 이것은 세포의 모양이 작은 방처럼 생긴 것에서 비롯됐습니다.

- **cel**lar : 지하의 작은 방 ▷ **지하실**
  [sélər] – **keep canned food in the cellar** 통조림 음식을 지하에 보관하다

- **ceil**ing : 방(ceil=cell)의 네모난 ▷ **천장**
  [síːliŋ] – **a room with a high ceiling** 천장이 높은 방

- con**ceal** : 함께(con) 작은 방에(ceal=cell) 넣어두다 ▷ **숨기다**
  [kənsíːl] – **conceal a pistol under the coat** 코트 안에 권총을 숨기다

1. An oil lamp blackens the ___________s.
석유 램프는 천장을 검게 만든다.

2. They kept some old furniture in the ___________ of their house.
그들은 오래된 가구들을 집 지하 창고에 보관했다.

3. Her letter was ___________ed under a bedcover.
그녀의 편지는 침대 커버 밑에 숨겨졌다.

4. We learned about a vegetable ___________ in today's biology class.
우리는 오늘 생물 시간에 식물 세포에 관해 배웠다.

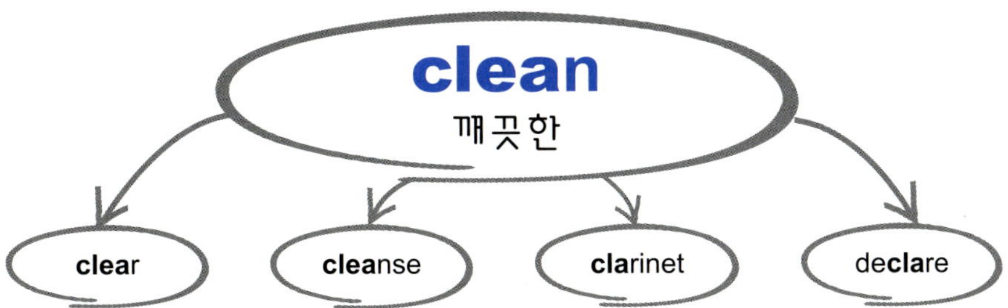

○ **clea** : '깨끗한'이라는 뜻. clea를 어근으로 하는 clean은 '깨끗한, 깨끗이 하다' 의 뜻이죠.

- **clea**r
  [kliər]
  : 1. 맑은, 깨끗한 2. 깨끗이 청소하다
  – **clear the road of snow** 도로의 눈을 치우다

- **clea**nse
  [klenz]
  : 깨끗이 ▷ 닦다
  – **cleanse the wound** 상처를 깨끗이 하다

- **clar**inet
  [klæ̀rənét]
  : 맑은(clar=clear) 소리가 나는 악기 ▷ 클라리넷
  – **play the clarinet** 클라리넷을 불다

- de**clar**e
  [diklέər]
  : 깨끗하게(clar=clear)하다 ▷ 분명하게 하다, 선언하다 ◈ de는 강조의 의미.
  – **Germany declared war on France.**
  독일은 프랑스에 전쟁을 선포했다.

  cf. **declaration** 선언, 발표

1. John helped his father __________ the garden of snow.
   존은 아버지가 정원의 눈을 치우는 걸 도와드렸다.

2. The company __________d itself bankrupt. 그 회사는 파산했음을 선언했다.

3. I put some alcohol on the wound to __________ the area.
   나는 상처 부위를 깨끗이 하기 위해 알코올을 발랐다.

4. The __________ sky made me feel refreshed.
   맑게 갠 하늘이 마음을 상쾌하게 만들었다.

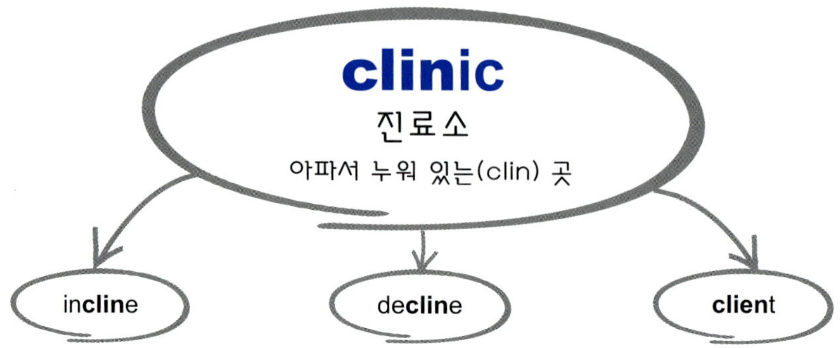

◐ **clin** : clinic은 '기대다'라는 뜻의 어근 clin에서 '눕다' ▷ '아파서 누워 있는 곳'
이기 때문에 '진료소'라는 뜻입니다.

- **incline**　　: 마음이 ~안으로(in) 기대어 지다(clin) ▷ (마음이) **~쪽으로 기울다**
  [inkláin]　　 – **He is inclined toward my view.** 그는 내 의견 쪽으로 기울어졌다.

- **decline**　　: 1. 아래로(de) 기울다(clin) ▷ **감소하다**
  [dikláin]　　　 – **declining birthrate** 감소하는 출산율

　　　　　　　　2. 마음이 기울지 않아(de) ▷ **거절하다**

　　　　　　　　 – **decline an offer** 제안을 거절하다

- **client**　　 : 필요한 것이 있어 다른 사람에게 기대는(clien) ▷ **고객**
  [kláiənt]　　 – **a lawyer with many famous clients**
　　　　　　　　유명한 고객을 많이 보유한 변호사

1. The audience ___________d forward to hear the speaker better.
청중들은 그 연사의 말을 더 잘 들으려고 앞으로 몸을 기울였다.

2. He has been a valued ___________ of our bank for many years.
그는 오랫동안 우리 은행의 귀한 고객이었다.

3. The singer ___________d to be interviewed for the article.
그 가수는 기사용 인터뷰를 거절했다.

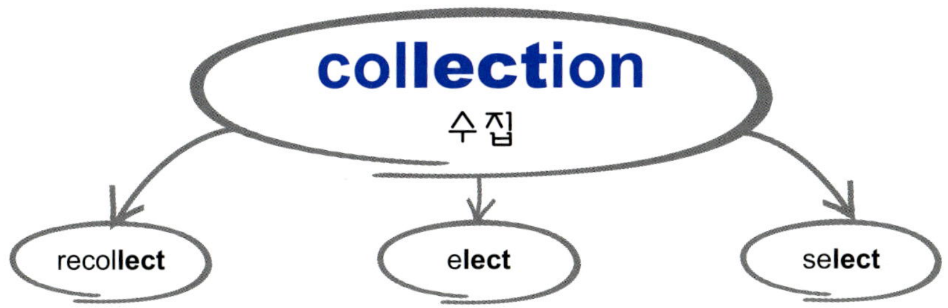

○ **lect** : 흔히 쓰는 표현인 '우표를 수집하다'는 collect stamps라고 표현하죠. 어근 lect는 '골라서 모으다'란 뜻입니다.

- **recollect** : 과거의 일을 다시(re) 모으다(collect) ▷ **회상하다**
  [rèkəlékt]　　– **recollect what she said** 그녀가 한 말을 기억하다
  　　　　　　　　cf. **recollection** 회상

- **elect** : 여러 사람들 중 한 명을 밖으로(e=ex=out) 골라내다(lect) ▷ **선출하다**
  [ilékt]　　*cf.* **election** 선거

- **select** : 따로 떼어내(se=separate) 골라내다(lect) ▷ **선택하다**
  [silékt]　　*cf.* **selection** 선발, 추려내기
  　　　　　　– **the selection of food for situations** 상황에 맞는 음식의 선택

1. In the old days, if you ___________, we used to play in this field.
예전에, 너도 회상해 보면, 우린 이 들판에서 놀곤 했지.

2. The president is _____________ed to a five-year term of office in Korea.　한국에서는 5년 임기로 대통령이 선출된다.

*a term of office[service] 임기

3. A mouse helps to _____________ different options from computer menus.　마우스는 컴퓨터 메뉴에서 다양한 옵션을 선택하는 것을 도와준다.

4. Kate was depressed, as she didn't win the ___________.
케이트는 선거에서 당선되지 못해서 우울했다.

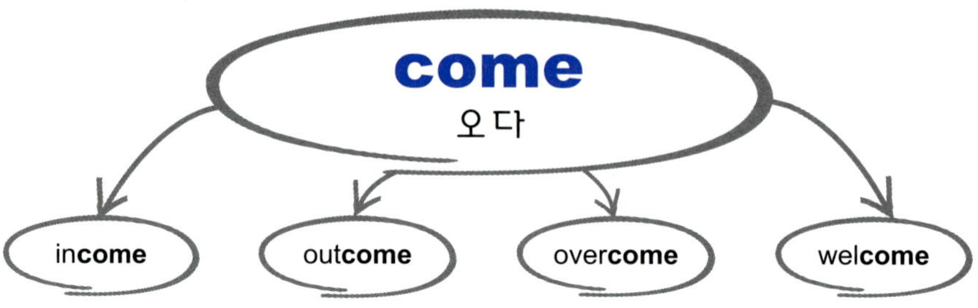

❍ **come** : come은 말 그대로 '오다'의 뜻입니다.

- **income** : 안으로(in) 들어오는(come) ▷ **수입**
  [ínkʌm]
    – **income tax** 소득세
    – **a middle-income family** 중류층 가정
    – **a dual-income family** 맞벌이 가정

- **outcome** : 밖으로(out) 나오는(come) ▷ **결과**
  [áutkʌm]
    – **the outcome of the meeting** 회의의 결과

- **overcome** : 고비를 넘어(over) 가다(come) ▷ **극복하다, 이기다**
  [òuvərkʌ́m]
    – **overcome difficulties** 역경을 이겨내다

- **welcome** : 잘(well) 오셨소(come) ▷ **환영; 환영하는; 환영하다**
  [wélkəm]
    – **a welcome guest** 환영받는 손님

1. Many single-__________ families cannot afford the expense.
수입원이 하나인 많은 가정들은 그 비용을 감당할 수 없다.　　　***afford** ~할 여유가 있다

2. The more prepared you are, the more successful the __________ is.
당신이 더 많이 준비되어 있을수록 그 결과는 더 성공적이다.
　　　***the＋비교급** ~, **the＋비교급**... 더 ~할수록 그만큼 더 …하다

3. He could __________ injury to win the gold medal.
그는 부상을 극복하고 금메달을 획득할 수 있었다.

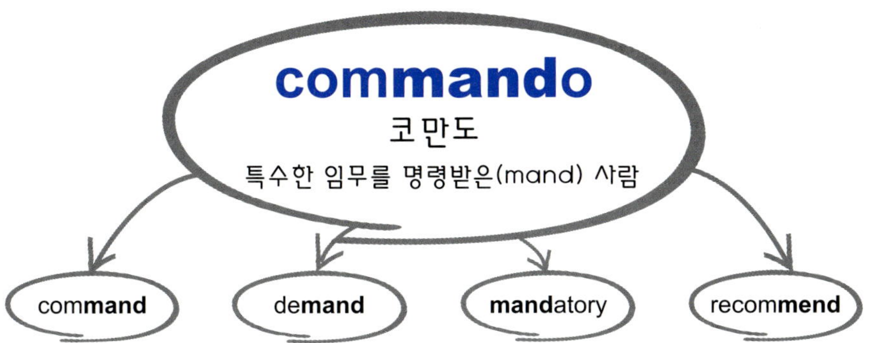

⟳ **mand** : commando는 상부로부터 특수한 임무 수행의 '명령(mand)'을 받은 특공대원을 말합니다. mand가 바로 '명령하다'라는 뜻이죠.

- **com**mand
  [kəmǽnd]
  : **명령; 명령하다**(mand) *cf.* **commander** 사령관
  – **He commanded his men to shoot.**
  그는 부하들에게 발포하라고 명령했다.

- **de**mand
  [dimǽnd]
  : 강력하게(de=강조) 명령하다(mand) ▷ **요구하다; 요구**
  – **demand a refund** 환불을 요구하다

- **mand**atory
  [mǽndətɔ̀:ri]
  : 명령(mand)에 의한 ▷ **의무적인**
  – **a mandatory drug test** 의무적인 약물 검사

- **recom**mend
  [rèkəmǽnd]
  : 강하게(re=강조) ~하도록 다그치다(mend) ▷ **추천하다**
  cf. **recommendation** 추천

1. The soldier didn't obey the __________s of his commander.
그 병사는 사령관의 명령에 복종하지 않았다.

2. She __________ed that he make up for the loss.
그녀는 그가 그 손실을 보상해야 한다고 요구했다.   *make up for 보상하다

3. My teacher wrote a letter of ______________ for me.
선생님께서 내게 추천서 한 장을 써주셨다.

4. It is __________ for men to do military service in Korea.
한국에서 남자가 군복무를 하는 것은 의무적인 것이다.

Unit 25 : commun _ 공통의 > common

commun : '공통의'라는 뜻의 어근입니다. community는 여러 사람이 공동으로 사용하는 '공동체'라는 뜻이죠.

- **commun**ism [kámjənìzəm] : 함께 생산해 공동으로(commun) 나누는 사회 체제 ▷ **공산주의**
  cf. **communist** 공산주의자
- **commun**icate [kəmjúːnəkèit] : 공통의(commun)의 소재를 가지고 ▷ **의사소통하다**
  – **communicate with each other** 서로 의사소통을 하다
  cf. **communication** 의사소통
- **common** [kámən] : **공통의, 보통의**(common=commun)
  – **a common interest** 공통의 관심사
- **common**place [kámənplèis] : **평범한, 진부한; 흔한 것**
  – **Home computers became commonplace.**
  가정용 컴퓨터가 흔해졌다.

1. Night blindness is more ______________ than you might think.
   야맹증은 당신이 생각하는 것보다 더 흔하다. *night blindness 야맹증

2. We have many things in ___________. 우리는 공통점이 많다.

3. ___________ spread in Eastern Europe after World War II.
   제2차 세계대전 이후 공산주의가 동유럽에 퍼졌다.

○ **grat** : congratulate은 함께(con) 기뻐하다(grat=pleased), 즉 '축하하다'죠. grat은 '마음이 만족스러운, 기쁜, 기분 좋은'의 뜻입니다.

- **grat**uity : 마음이 흡족하여(grat=pleased) 감사의 표현으로 주는 ▷ **팁**
  [grətʃúːəti] – **receive gratuities from the tourists** 관광객에게서 팁을 받다

- **grat**itude : 마음이 흡족한(grat=pleased) ▷ **감사하는 마음**
  [grǽtətʃùːd] – **express love and gratitude** 사랑과 감사의 마음을 표현하다

- **grat**eful : 흡족함(grat=pleased)으로 가득한(ful) ▷ **감사하고 있는**
  [gréitfəl] – **a grateful letter** 감사의 편지

- **grac**e : 마음을 기분 좋게(grac=grat) 만드는 ▷ **우아함, 품위**
  [greis] *cf.* **disgrace** 불명예, 품위를 떨어뜨리다
  – **disgrace the family name** 가문의 이름을 실추시키다

1. He ___________d all of them with his behavior.
그는 그의 행동으로 그들 모두의 품위를 실추시켰다.

2. The cost of dinner includes the buffet, drinks, and __________.
저녁 비용은 뷔페와 음료수, 그리고 팁을 포함한다.

3. I live each moment of the day in heartfelt __________.
나는 진심어린 감사의 마음으로 하루의 매 순간을 살아간다. *****heartfelt** 진심에서의

○ **test** : contest는 서로(con) 내가 최고라는 것을 증명하려고(test) 앞 다투는 것,
즉 '경연대회'입니다. test는 '증명하다'라는 뜻의 어근입니다.

- **test**ify　　: 증명(test)하다 ▷ **증언하다**
  [téstəfài]　　– **testify against a person** ～에게 불리한 증언을 하다

- **test**imony : 증명(test)하는 행위(mony) ▷ **증언**
  [téstəmòuni]　– **give testimony in court** 법정에서 증언하다

- **pro**test　　: 앞으로 나와(pro=pre) 잘못된 것을 증명하다(test)
  [prətést]　　▷ **이의를 제기하다, 항의하다; 항의**
  　　　　　　　– **protest against cuts in wages** 임금 삭감에 항의하다

1. He has won a lot of dance __________s.
그는 많은 댄스 대회에서 우승했다.

2. He refused to __________ against his wife.
그는 아내에게 불리하게 증언하기를 거부했다.

3. She has expressed some doubts about his __________.
그녀는 그의 증언에 대해 몇 가지 의문을 표시했다.

4. Students __________ed against the decision.
학생들은 그 결정에 반대하여 항의했다.

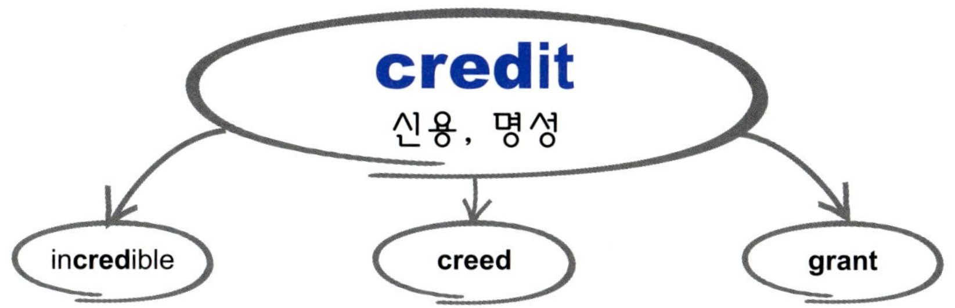

○ **cred** : cred, creed는 '믿음, 믿다'의 뜻을 가진 어근으로, c와 g의 음의 유사성으로 인해 grant로 바뀌기도 합니다.

- **incredible**: 믿을 수(cred=believe) 없는(in=not) ▷ **믿어지지 않는**
  [inkrédəbəl] – **an incredible story** 믿을 수 없는 이야기

- **creed** : 믿음(creed=cred) ▷ **신조, 신념**
  [kri:d] – **a religious creed** 종교적 신념

- **grant** : 믿음(grant=cred)을 주다 ▷ **승낙하다, 수여하다**
  [grænt] – **grant a right to him** 그에게 권리를 부여하다
    – **grant a degree** 학위를 수여하다

1. We welcome children of every race, ___________, and culture from around the world.
우리는 전 세계의 모든 인종, 종교상의 신념, 문화권 출신의 아이들을 환영한다.

2. He ___________ed her a favor.
그는 그녀의 부탁을 들어 주었다.

3. It is quite ___________ that she is already married.
그녀가 이미 결혼했다는 것이 정말 믿어지지 않는다.

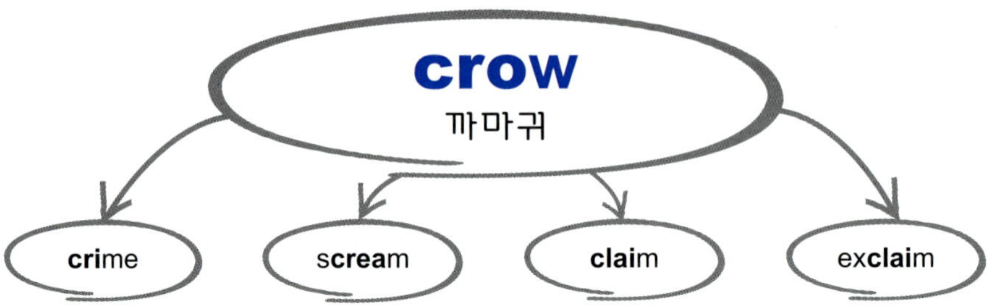

○ cro : cro는 새된 '비명 소리'나 '소리치다'라는 의미를 내포한 어근입니다. 까마귀는 '까악–'하는 소리를 내며 울기 때문에 crow가 되었죠.

- **cri**me : 사람을 소리 지르게(cri) 만드는 행위 ▷ **범죄**   *cf.* **criminal** 범죄자
  [kraim] – **the scene of the crime** 범죄의 현장

- **scre**am : **날카로운 비명소리**(crea=cry); **비명을 지르다**
  [skri:m] – **I ran out screaming.** 나는 소리를 지르면서 달려 나갔다.

- **clai**m : 목소리를 높여(clai=cry) ▷ **주장하다**
  [kleim] – **claim a refund** 환불을 요구하다

- **exclai**m : 밖으로(ex=out) 외치다(clai=cry) ▷ **소리치다**
  [ikskléim] – **exclaim in delight** 기뻐서 소리치다

1. The earthquake shook buildings, and people ___________ed.
   지진이 건물을 흔들자 사람들이 비명을 질렀다.

2. A knife was found at the scene of the ___________.
   범죄 현장에서 칼 한 자루가 발견되었다.

3. She ___________ed in excitement upon hearing the news.
   그녀는 그 소식을 듣자마자 흥분해서 소리를 질렀다.   ***upon -ing** ~하자마자

4. She ___________s to have met the singer, but I don't believe her.
   그녀는 그 가수를 만났다고 주장하지만 나는 믿지 않는다.

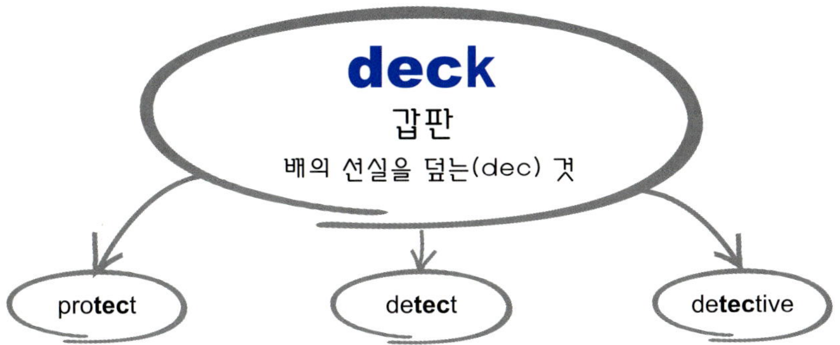

dec : deck, 즉 배의 갑판이라는 것은 배의 선실을 덮고(dec) 있는 것입니다. dec은 바로 '덮다'의 뜻이죠.

- **protect**
  [prətékt]
  : 앞에(pro) 덮개를 씌우다(tect=deck=cover) ▷ **보호하다**
  – **protect one's face from the sun** ~의 얼굴을 태양으로부터 보호하다
  cf. **protection** 보호

- **detect**
  [ditékt]
  : 덮개를(tect) ~로부터 떼어내다(de=from, off) ▷ **발견하다, 탐지하다**
  – **detect a gas leak** 가스 누출을 감지하다
  cf. **detection** 탐지 **detector** 탐지기
  – **underwater metal detectors** 수중 금속 탐지기

- **detective**
  [ditéktiv]
  : 범인을 탐지하는 사람 ▷ **탐정, 형사**
  – **a detective story** 탐정 소설

1. The ___________ has identified one suspect.
   형사가 한 용의자의 신원을 확인했다.

2. The sound cannot be ___________ed by the human ear.
   그 소리는 인간의 귀로는 감지될 수 없다.

3. In order to ___________ the athletes' information, a password is needed to log in. 선수 정보를 보호하기 위해, 로그인 하려면 암호가 필요하다.

4. Agatha Christie wrote many ___________ stories.
   애거서 크리스티는 많은 탐정 소설들을 썼다.

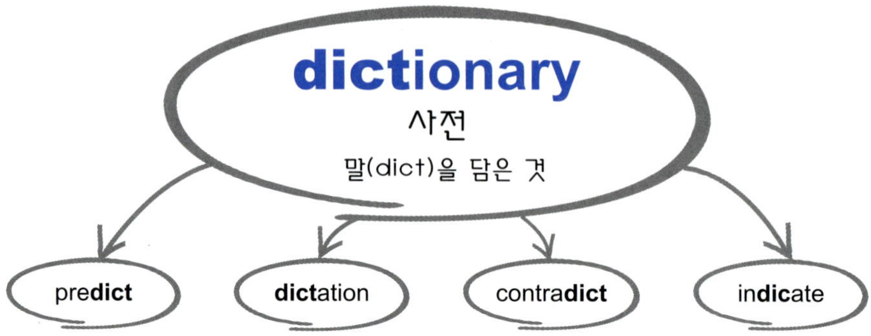

◐ **dict** : dictionary는 말(dict=dic)을 담은 것, 즉 '사전'이라는 뜻이죠. dict가 '말, 말하다'의 뜻을 가진 어근입니다.

- **predict** : 미리(pre=before) 말하다 ▷ **예언하다**
  [pridíkt]   – **predict earthquakes** 지진을 예측하다

- **dict**ation : 선생님이 말한 것(dict)을 ▷ **받아 적기** *cf.* dictate 받아 적게 하다
  [diktéiʃən]   – **do English dictations** 영어 받아쓰기를 하다

- contra**dict** : 서로 반대되는 것을(contra=against) 말하다 ▷ **~에 모순되다**
  [kàntrədíkt]   – **contradict oneself** 스스로 (말이) 모순되다

- in**dic**ate : ~에게(in=into) 말하다(dic=dict) ▷ **알려주다, 나타내다**
  [índikèit]   – **indicate a temperature** 온도를 나타내다

1. A flash of lightning __________s that thunder is near.
번개의 번쩍임은 곧 천둥이 칠 거라는 것을 나타낸다.

2. John's mother __________d a letter to John.
존의 어머니가 존에게 편지를 받아 적게 했다.

3. Store owners __________ that shoppers will spend a lot of money this Christmas.
상점 주인들은 올해 크리스마스에 고객들이 많은 돈을 소비할 것으로 예측한다.

4. The two reports __________ each other. 두 보고서는 서로 모순된다.

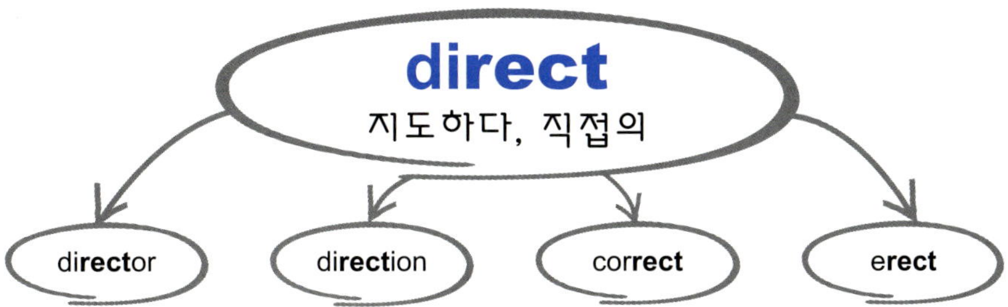

○ rect : '곧은'이라는 의미의 어근. direct에는 두 가지 뜻이 있는데, '곧게 이끌다'
라는 것에서 '지도하다, 안내하다'라는 뜻과 '곧게, 중간을 거치치 않은' ▷
'직접의' 라는 뜻이 되었습니다.

- **director**   : 앞에서 이끄는(direct) 사람 ▷ **영화감독, 관리자**
  [diréktər]   – **a zoo director** 동물원 관리자

- **direction**   : 곧게(rect) 뻗은 ▷ **방향**
  [dirékʃən]   – **a truck coming in the opposite direction**
       반대 방향에서 오는 트럭

- **correct**   : 비뚤어진 것을 곧게(rect=straight) 펴다 ▷ 1. **수정하다**   2. **올바른**
  [kərékt]   – **correct errors** 오류를 수정하다
     – **a correct answer** 올바른 답

- **erect**   : 위로(e=up) 곧게(rect) ▷ **세우다**
  [irékt]   ◖ 호모(homo) 에렉투스(erectus) ▷ 곧게(erect)선 사람 ▷ 직립원인

1. Will you __________ me to the bus stop?

제게 버스 정류장 가는 길을 알려 주시겠어요?

2. Jonathan was quite passive, but two weeks in the army camp
__________ed his attitude.

조나단은 매우 수동적이었지만 병영 캠프에서의 2주일이 그의 태도를 고쳐놓았다.

3. The soldiers __________ed barricades.   병사들은 바리케이드를 세웠다.

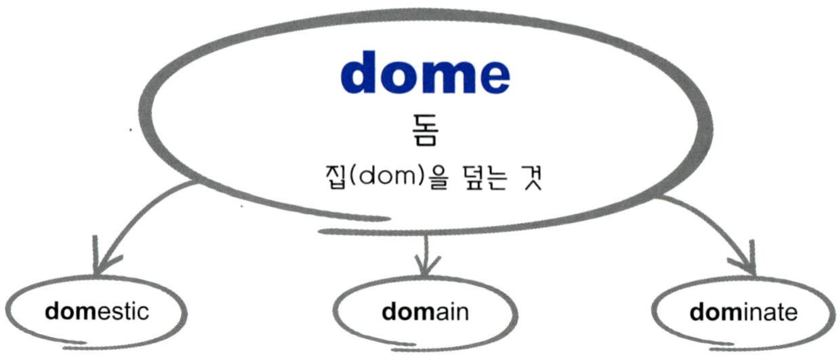

○ **dom** : dome이라고 하면 흔히 '둥근 천장'을 말합니다. 이 dome의 어근인 dom 은 '집'이라는 뜻을 가지고 있습니다. 천장은 집을 덮기 위한 것이니까요.

• **domestic** : 집(dom)안의 ▷ **가정의, 국내의**
  [douméstik]　－ **a domestic airline** 국내선 항공(로)

• **domain**　: 집(dom) 안의 영역 ▷ **영토, 영역**
  [douméin]　－ **public domain** 공공의 영역

• **dominate** : 집(dom)의 주인이 되다 ▷ **지배하다**
  [dámənèit]　－ **dominate the world** 세계를 지배하다
  　　　　　 cf. **domination** 지배, 통치

1. Farming accounts for 23% of the gross ___________ product in Cuba. 쿠바에서는 농업이 국내 총생산(GDP)의 23%를 차지한다.

2. He seldom lets others speak and _________s every meeting.
그는 좀처럼 다른 사람들이 말하게 두지 않고 모든 회의를 지배하려 한다.
*seldom 좀처럼 ~하지 않다

3. ___________ violence is one of the biggest problems in modern society. 가정 폭력은 현대 사회의 가장 큰 문제점들 중 하나이다.

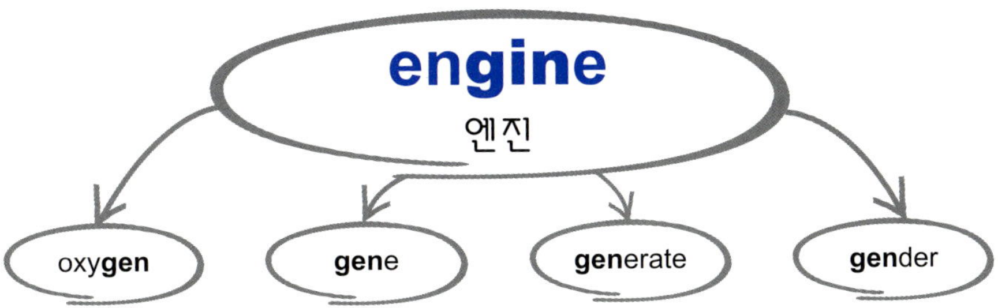

○ **gin** : engine은 힘을 만들어(gin)내는 동력기관을 말하죠. gin은 '만들다', 즉 make의 뜻을 갖는 어근입니다. gen으로 변형되어 쓰이기도 합니다.

- **oxygen** : 산(oxy) 을 만들어내는(gen) 것 ▷ **산소**
  [ɑ́ksidʒən]   – **oxygen mask** 산소 마스크

- **gen**e : 사람의 형질을 만드는(gen) ▷ **유전자**   *cf.* **genetic** 유전자적인
  [dʒiːn]   – **genetic engineering** 유전 공학

- **gen**erate : 만들어(gen)내다 ▷ **발생시키다, 생산하다**
  [dʒénərèit]   – **generate heat** 열을 발생하다
  cf. **generator** 전기를 만들어 내는 것 ▷ 발전기

- **gen**der : 생명을 만들어 내는(gen) ▷ **성** ◀ 생물학적인 암·수
  [dʒéndər]   – **the gender of the baby** 아기의 성

1. The lungs carry enough ___________ to the brain.
폐는 뇌로 충분한 산소를 운반한다.

2. His heart problems are caused by a ___________ defect.
그의 심장 질환은 유전적 결함의 의해 생겨났다.   *defect 결점, 부족

3. The new idea can ___________ 15,000 new jobs.
그 새로운 아이디어는 15,000개의 새 일자리를 창출할 수 있다.

4. I hope to get a pen-pal of any age or ___________!
나이나 성별에 관계없이 펜팔 친구가 한 명 갖고 싶어!

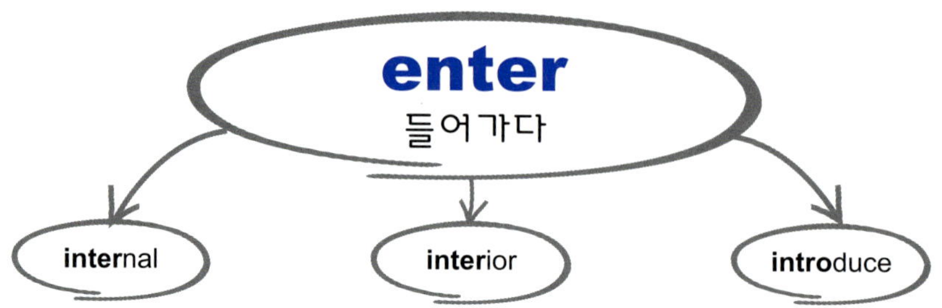

⊙ enter : enter, inter, intro는 모두 '내부의, 안의'의 뜻을 갖는 어근들입니다.

- **inter**nal　: **내부의**
  [intə́ːrnl]
  　– **internal organs** (인체) 내부 장기
  　cf. **external** 외부의
  　– **external trade** 대외 무역

- **inter**ior　: **내부의, 안에 있는**
  [intíəriər]
  　– **interior design** 실내 디자인
  　cf. **exterior** 밖의(ex=out)
  　– **the exterior walls of the houses** 집의 외벽

- **intro**duce : 어떤 모임 안으로(intro=into) 끌고 오다 ▷ **소개하다, 도입하다**
  [ìntrədjúːs]
  　– **introduce chocolate from Mexico to Europe**
  　초콜릿을 멕시코에서 유럽에 도입하다
  　cf. **introduction** 소개, 도입, 개론

1. The company conducted its own ______________ inquiry into the robbery. 회사는 강도 사건에 대해 자체 내부 조사를 실시했다.

2. A purple sunrise shines on the ______________ glass walls of the building. 자주빛 일출이 건물의 바깥쪽 유리벽에 빛난다.

3. The NASA site provides a good __________ to space.
NASA(미 항공우주국) 사이트는 우주에 대한 훌륭한 개론을 제공한다.

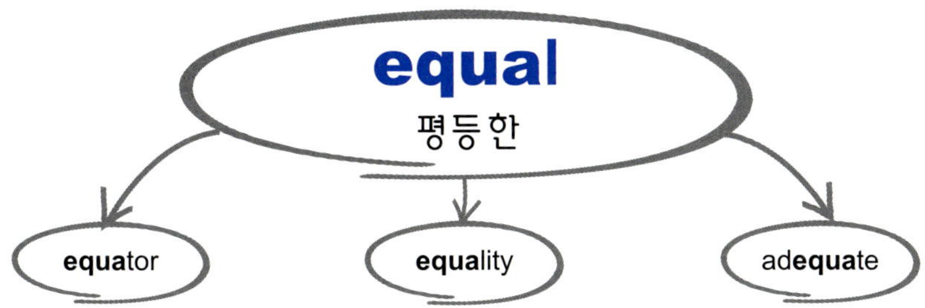

○ **equa** : '동등한, 같은'이라는 뜻의 어근입니다. equal은 '평등한'이라는 뜻이 되고, equal rights for all citizens라고 하면 '모든 시민들에 대한 동등한 권리'라는 뜻이 되겠죠.

- **equa**tor : 지구를 균등하게(equal) 반으로 나누는 선 ▷ **적도**
  [ikwéitər] – **twenty degrees south of the equator**
  적도 남쪽으로 20도 → 남위 20도

- **equa**lity : 동등함 ▷ **평등** *cf.* inequality 불평등
  [i(:)kwáləti] – **social equality** 사회적 평등

- ad**equa**te : ～에 더해서(ad=to) 같게(equa) 만든 ▷ **적당한, 알맞은**
  [ǽdikwit] – **an adequate answer to the question** 질문에 대한 적당한 대답
  cf. inadequate 부적절한

1. On a globe of the world, a circle is drawn between the North and South Pole called the __________.
지구본 위에는 북극과 남극 사이에 적도라고 불리는 원이 그려져 있다.

2. A 200-watt battery would be quite __________.
200와트 건전지 하나면 딱 적당할 것이다.

3. We are living in an era of gender __________.
우리는 남녀 평등의 시대에 살고 있다.

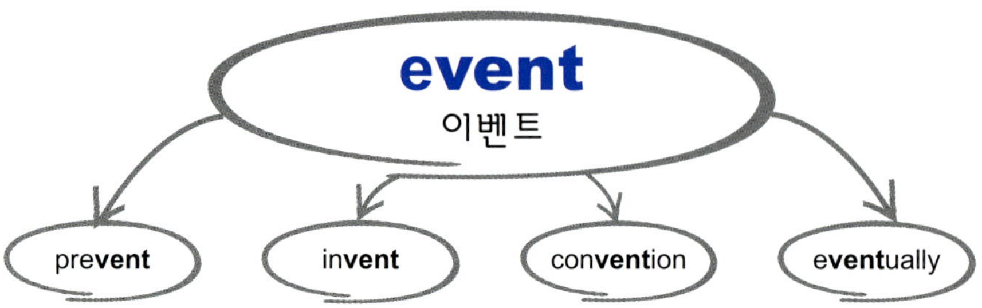

○ **vent** : event는 평범한 일상에서 밖으로(e=ex=out) 튀어나오는(vent=come) 것이기 때문에 '사건, 특별한 일'이라는 뜻이 됩니다.

- **prevent** : 사건이 터져나오기(vent) 전(pre)에 ▷ **막다, 예방하다**
  [privént] *cf.* **preventive** 예방의
  – **take preventive actions** 예방 조치를 취하다

- **invent** : 머릿속(in)에서 아이디어가 튀어나오다(vent=come) ▷ **발명하다**
  [invént] *cf.* **invention** 발명, 발명품

- **convention** : 함께(con=together) 사람들이 나오는(vent) ▷ **모임, 회의**
  [kənvénʃən] – **the Geneva Convention** 제네바 회의

- **eventually** : 일(event)의 결과로 ▷ **결과적으로, 결국에**
  [ivéntʃuəli] *cf.* **eventual** 최후의, 결과로 일어나는
  – **the eventual winner** 최종적인[최후의] 승자

1. The rain __________ed me from going there.
기차는 내가 거기에 가지 못하게 막았다.

2. George Stephenson __________ed the steam engine.
조지 스티븐슨은 증기기관을 발명했다.

3. An international ______________ on human rights will be held in Seoul. 인권에 대한 국제 회의가 서울에서 개최될 것이다.

4. His flight __________ left 3 hours late.
그가 탄 비행기는 결국 3시간 늦게 떠났다.

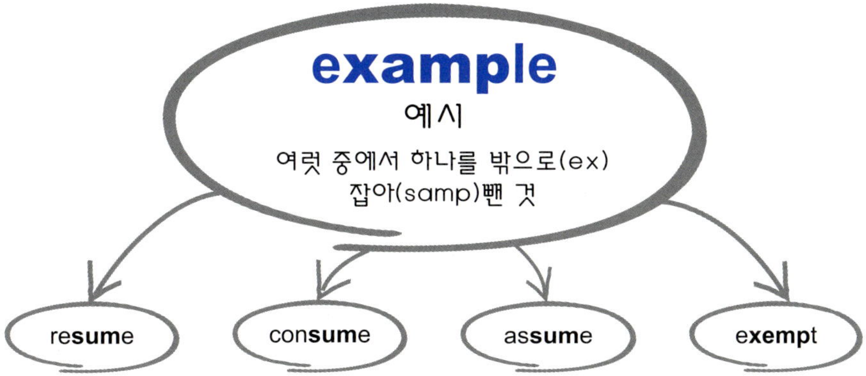

samp : samp는 '잡다'라는 뜻입니다. example은 여럿 중에서 하나를 밖으로 (ex=out) 잡아(samp) 뺀 것이니 '본보기, 예시'라는 뜻이 되죠.

- **resume** : 잃은 만큼 다시(re=again) 잡다(sum=samp) ▷ **회복하다, 재개하다**
  [rizúːm] – **resume talks** 회담을 재개하다

- **assume** : 1. 어떤 일을 자기 것으로 잡다(sum) ▷ **떠맡다**
  [əsjúːm] – **assume the role of Odysseus** 오디세우스의 역할을 떠맡다

  2. 어떤 상황을 머릿속에 잡다 ▷ **추측하다** *cf.* **assumption** 추측, 가정
  – **Let's assume that the plan succeeds.**
  계획이 성공한다고 가정해 봅시다.

- **exempt** : 여럿 중 하나를 잡아(xemp=samp) 밖으로(ex) 빼는 ▷ 예외로 하는 ▷ **면제된**
  [igzémpt] – **exempt from tax** 세금이 면제된

1. I __________ that you know. 물론 아실 것으로 생각합니다.

2. He __________d speaking after drinking water.
그는 물을 마신 뒤 연설을 다시 시작했다.

3. You'd better cite an __________ to support your argument.
당신은 주장을 뒷받침하기 위해 예를 하나 드는 것이 낫다. *****cite** 인용하다

4. A nonprofit organization is __________ from income tax.
비영리 단체는 소득세를 면제 받는다.

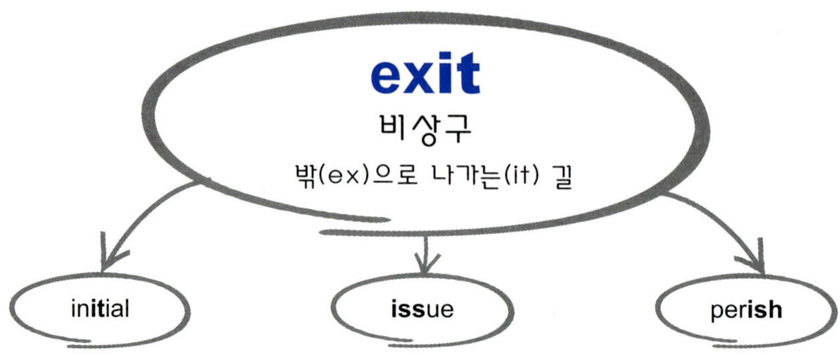

it : it은 '가다'라는 뜻의 어근입니다. exit은 '건물 안에서 밖으로(ex=out) 가다 (it=go)'란 의미로 만들어진 단어입니다.

- **initial**
  [iníʃəl]
  : 들어(in) 가다(it) ▷ 시작하다 ▷ **처음의, 이름의 머리글자**
  – **the initial stage** 초기 단계

- **issue**
  [íʃu:]
  : 1. 내보내다(iss=it) ▷ **지급하다, 발행하다; 발행물**
  – **issue permits to hunters** 사냥꾼들에게 면허를 발급하다
  – **today's issue of the paper** 오늘자 발행 신문
  2. 내놓고(iss) 얘기하다 ▷ **논쟁점**
  – **a key issue** 중요한 사안

- **perish**
  [périʃ]
  : 완전히(per=perfect) 맛이 가버리다(ish=it) ▷ **죽다, 멸망하다, 상하다**
  – **perish by the sword** 칼로 망하다

1. His ___________ delight was soon replaced by sorrow.
그의 처음의 기쁨은 곧 슬픔으로 바뀌었다.

2. Hundreds of people __________ed in the fire.
수백 명의 사람들이 그 화재로 죽었다.

3. Abortion is a delicate ___________ to talk about.
낙태는 이야기하기 민감한 사안이다.

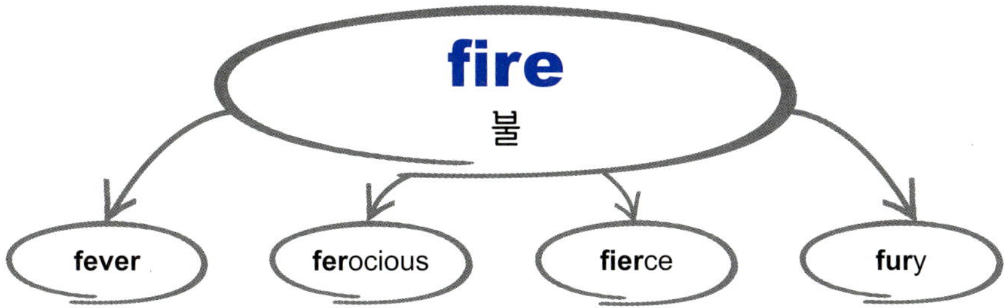

○ fire : 단어 그대로 '불, 불같은'의 뜻을 가진 어근입니다.

- **fever** : 타오를 때(fever=fer) 생기는 ▷ **열**
  [fíːvər]   – **World Cup fever** 월드컵 열기

- **fer**ocious : **사나운**(fer=fire)
  [fəróuʃəs]   – **ferocious dogs** 사나운 개

- **fier**ce : 불처럼 격렬한 ▷ **사나운, 치열한**
  [fiərs]   – **a fierce battle** 치열한 전투

- **fur**y : 불처럼 타오르는 ▷ **분노, 격렬함**
  [fjúəri]   – **the fury of the storm** 폭풍의 격렬함
  cf. furious 성난, 격렬한

1. The man flew into a __________ when she refused his request.
그 남자는 그녀가 그의 요구를 거절했을 때 격분했다.   ***flew into a fury** 격노하다

2. A __________ typhoon struck the country.
격렬한 태풍이 그 마을을 휘몰아쳤다.

3. In 1872, ___________ winds caused widespread damage in the region.   1872년에 사나운 바람이 그 지역에 광범위한 피해를 일으켰다.

4. Aspirin can help reduce a __________.
아스피린은 해열에 도움이 된다.

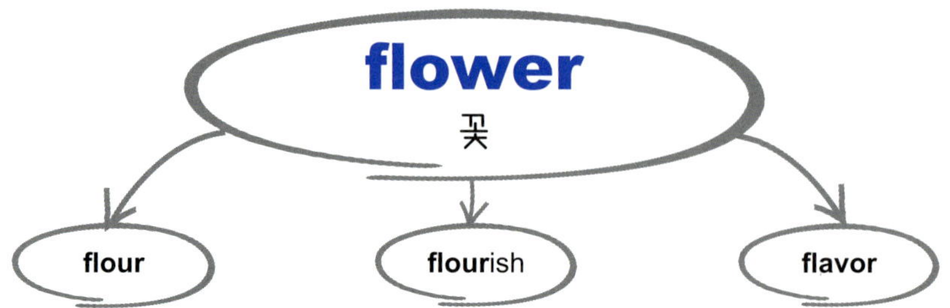

flower : 설명이 필요 없는 어근입니다. '꽃'이라는 뜻이죠.

- **flourish** : 꽃(flour=flower)이 만발하듯 ▷ **번창하다**
  [flə́:riʃ]   – **Wild plants flourish in the area.**
       그 지역에는 야생 식물들이 무성하다.

- **flour** : **밀가루** ◈ 원래 밀꽃(flower)을 가리키다가 철자 변형과 함께 '밀가루'가 됨.
  [flauər]   – **wholewheat flour** 통밀가루

- **flavor** : 꽃의 ▷ **향, 풍미; 맛을 내다**
  [fléivər]   – **sweet flavor** 단맛

1. We sell 31 different ___________s of wine.
우리는 서로 다른 31가지 향의 와인을 판매한다.

2. Stir the eggs, ___________, baking powder, and salt.
달걀, 밀가루, 튀김가루, 소금 등을 섞어라.   *stir 뒤섞다, 휘젓다

3. In the distant past, life did not ___________ on Earth.
먼 과거에는 생명체가 지구상에 번성하지 못했다.

4. This soup is ___________ed with garlic.
이 스프는 마늘로 향을 냈다.

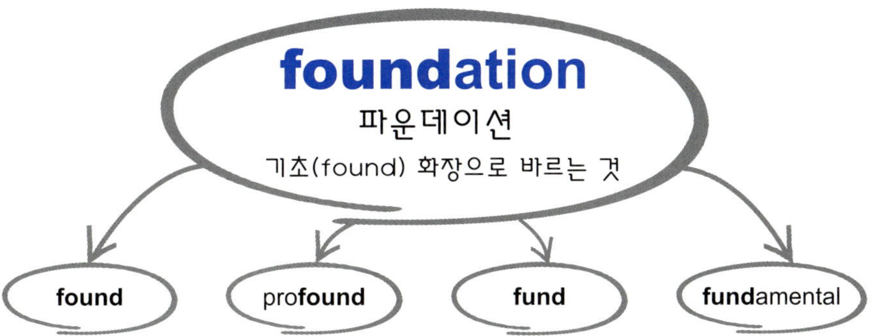

○ found : 여자들이 기초 화장으로 얼굴에 바르는 것을 '파운데이션'이라고 하죠?
foundation의 found는 말 그대로 '기초, 근거'라는 뜻입니다.

- **found**
  [faund]
  : 기초(found)를 만들다 ▷ **설립하다**   *cf. founder* 설립자
  – **found a college** 대학을 설립하다

- **profound**
  [prəfáund]
  : 앞으로(pro=forth) 나아가 바닥(found)까지 이르는 ▷ **심오한, 충심의**
  – **a profound meaning** 심오한 뜻

- **fund**
  [fʌnd]
  : 투자의 기초(fund=found)가 되는 ▷ **기금, 종자돈**
  – **a scholarship fund** 장학 기금
  cf. refund 돈(fund)을 돌려(re)주다 ▷ 환불하다

- **fundamental** : 기본(fund=found)이 되는 ▷ **근본적인**
  [fʌ̀ndəméntl]
  – **a fundamental law** 기본 법칙

1. He couldn't raise the ___________s for the trip.
그는 여행 자금을 마련할 수 없었다.

2. I give you my ___________ thanks for saving my life.
제 목숨을 구해 준 것에 대해 깊은 감사를 드립니다.

3. They are on the wrong track, so they need a ___________ change.
그들은 길을 잘못 들어서 근본적인 변화가 필요하다.

4. A good society has to be ___________ed on belief.
좋은 사회는 믿음의 토대 위에서 설립되어야 한다.

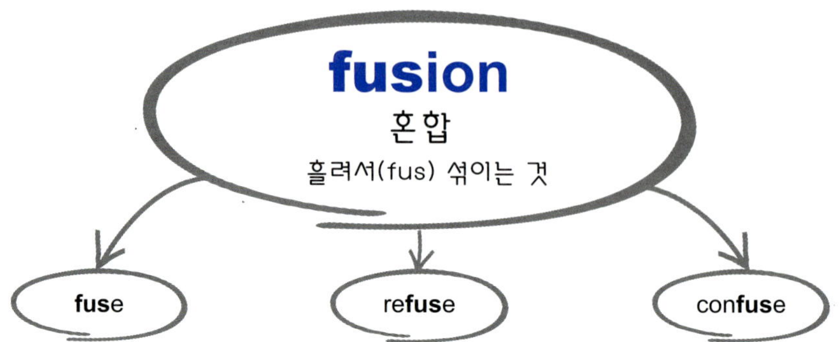

○ **fus** : fus는 '흐르다'라는 뜻의 어근. fusion이라고 하면 '혼합, 섞임'이라는 뜻인데, 액체 따위가 흘러서(fus) 서로 섞인 것을 말합니다. the fusion of art and science라고 하면 '예술과 과학의 혼합'이라는 뜻이 되죠.

- **fus**e : 고체를 흐르게(fus) 하다 ▷ **녹이다, 융합시키다**
  [fjuːz]   – **fuse a tin sheet** 양철판을 녹이다

- **ref**u**se** : 흐름(fus)을 거스르다(re=back) ▷ **거절하다**
  [rifjúːz]   – **refuse to help one's friend** ～의 친구 돕기를 거절하다
       cf. refusal 거절, 거부

- **confus**e : 여러 가지를 함께(con) 섞어서(fus) ▷ **혼동하다**
  [kənfjúːz]   – **confuse her and her twin sister** 그녀와 쌍둥이 동생을 혼동하다
       cf. confusion 혼동, 당황

1. He ___________d to listen to his mother.
그는 어머니의 말을 듣기를 거절했다.

2. The music is a ___________ of Latin American and modern jazz rhythms. 그 음악은 남미 리듬과 현대 재즈 리듬이 융합된 것이다.

3. Sometimes, people ___________ double rooms and twin rooms.
사람들은 간혹 더블룸과 트윈룸을 혼동한다.

*double room 2인용 침대(double bed)가 있는 호텔의 2인용 방
*twin room 1인용 침대(single bed) 한 쌍이 있는 호텔의 방 = twin-bedded room

Unit 44 : gest _ 전하다 > gist

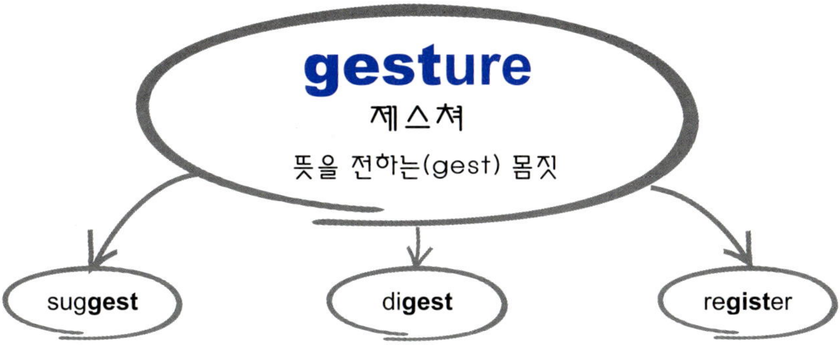

gest : gesture는 바로 '뜻을 전하는(gest) 몸짓, 표정'이라는 뜻. 여기서 gest는 carry와 같은 뜻으로 '전하다, 옮기다'라는 의미를 가진 어근입니다.

• **suggest** [səgdʒést] : 몸짓으로 전하다(gest=carry) ▷ **암시하다, 제안하다**
- **Peter suggested I contact you.**
피터가 당신을 만나볼 것을 제안했다.
***cf.* suggestion** 암시, 제안

• **digest** [didʒést] : 음식물을 나눠서(di=apart) 전달하다(gest=carry) ▷ **소화시키다**
- **digest meat easily** 고기를 쉽게 소화시키다
***cf.* digestive** 소화가 잘 되는 **digestion** 소화

• **register** [rédʒəstər] : 이름을 다시(re) 전달하다(gist=carry) ▷ **등록하다**
- **register a trademark** 상표를 등록하다

1. He __________ed my taking a walk every day.
그는 나에게 매일 산책을 할 것을 제안했다.

2. Some patients had minor __________ side effects.
몇몇 환자들은 사소한 소화기 계통의 부작용을 겪고 있었다. *side effect 부작용

3. Click here to ____________, and please remember to enter your source code. 등록하려면 여기를 클릭하고서 소스 코드를 꼭 입력하세요.
*source code 바탕 부호, 소스 코드

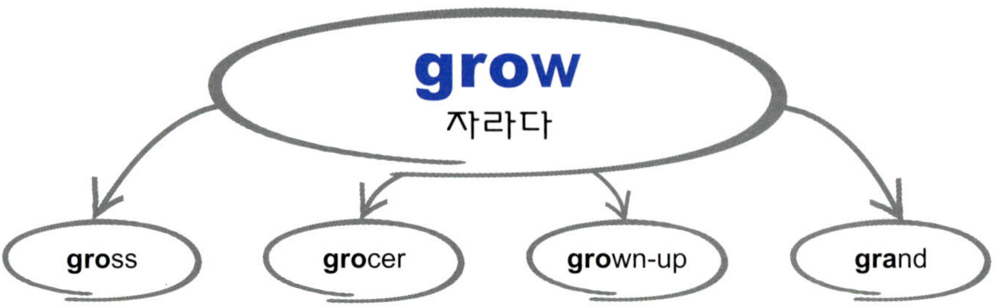

○ **gro** : grow는 자라다, 즉 '커지는' 일을 말합니다. gro가 '큰'이라는 뜻의 어근으로 쓰인 단어들을 살펴봅시다.

- **gro**ss   : 큰(gro) ▷ 1. **총계의, 전체의**   2. **뚱뚱한**
  [grous]   – **gross national product** 국민 총생산(GNP)

- **gro**cer   : 큰 덩어리로(groce=gross) 사고파는 사람들 ▷ **식료품 상인**
  [gróusər]   *cf.* **grocery** 식료품(점)

- **gro**wn-up : 성장한(grow) 사람들 ▷ **어른**   *cf.* **growth** 성장
  [gróunʌp]   – **Ask a grown-up to help you.** 어른한테 도와달라고 해라.

- **gra**nd   : 큰(gra) ▷ **웅장한**
  [grænd]   – **a grand plan** 원대한 계획

1. The beautiful cross became a symbol of this __________ church.
그 아름다운 십자가가 이 웅장한 교회의 상징이 되었다.

2. __________ family income must be at least $2,000 a month.
가족 총수입이 적어도 월 2,000 달러는 되어야 한다.

3. We went __________ shopping and had dinner together.
우리는 식료품 쇼핑을 하고 같이 저녁을 먹었다.

4. Many __________s cannot have dinner until their babies are asleep. 많은 어른들은 아기들이 잠들고 나서야 저녁을 먹는다.

*not ~ until... ···후에야 비로소 ~하다

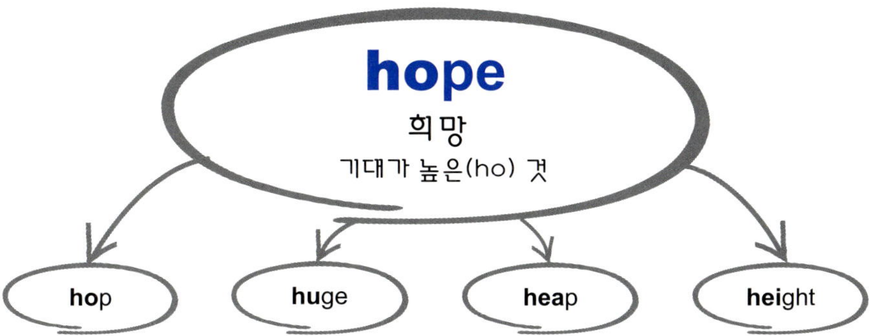

○ **ho** : high, 즉 '높은'의 뜻. hope는 기대가 높은(ho=high)것이니 '희망'이라는 뜻이죠. 참고로 hopeless는 '절망적인', a hopeless situation은 '절망적인 상황'.

- **hop**　　: 높이(ho=high) ▷ **깡충 뛰다**
  [hɑp]　　 – **hop a fence** 울타리를 깡충 뛰어넘다

- **huge**　　: 높아서(hu=high) ▷ **거대한**
  [hju:dʒ]　 – **huge losses** 막대한 손실

- **heap**　　: 높이(hea=high) 쌓아올린 ▷ **더미**
  [hi:p]　　 – **a sand heap** 모래 더미

- **height**　: **높이, 신장**　*cf.* **heighten** 높이다
  [hait]　　 – **the height of the pyramids** 피라미드의 높이

1. Engineers measured the ___________ of the flag pole.
기술자들이 깃대의 높이를 측정했다.

2. Worn-out car tires were piled in ___________s.
닳아빠진 자동차 타이어들이 더미로[많이] 쌓여 있었다.　　　　　　***pile** 쌓아 올리다

3. The rabbit ___________ped across the grass.
토끼가 풀밭을 가로질러 뛰어갔다.

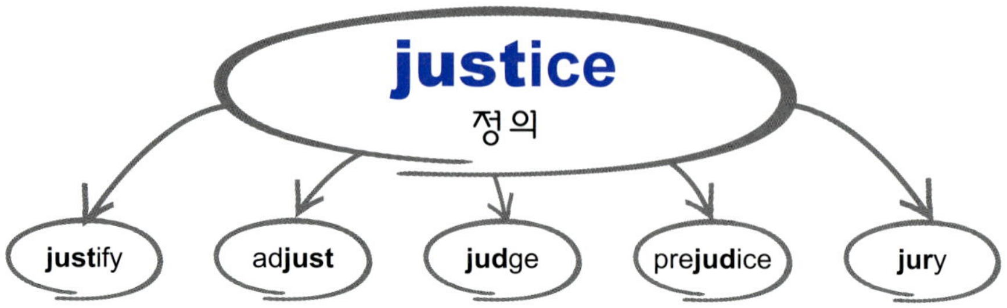

○ **just** : '정의'라는 뜻의 justice의 어근은 just로 '올바른, 정당한'이라는 뜻입니다.

- **just**ify : 정당한(just) 것으로 만들다(fy=fac) ▷ **정당화하다**
  [dʒʌ́stəfài] – **justify his actions** 그의 행위를 정당화하다
  cf. **justification** 정당화

- ad**just** : 옳은(just) 방향으로(ad=to) 가다 ▷ **~에 맞추다, 조절하다**
  [ədʒʌ́st] – **adjust to life in America** 미국에서의 생활에 적응하다

- **jud**ge : 옳은(jud=jus) 것을 ▷ **판단하다; 심사위원**
  [dʒʌ́dʒ] – **judge a person by his income** 수입으로 사람을 판단하다

- pre**jud**ice : 미리(pre=before) 판단하는 것(jud=judge) ▷ **선입견, 편견**
  [prédʒədis] – **prejudice against homosexuals** 동성애자에 대한 편견

- **jur**y : 옳은지(jur=just) 판단하는 ▷ **배심원**
  [dʒúəri] – **a jury trial** 배심원 재판

1. You can't __________ being late for class so often.
당신은 그렇게 자주 수업에 지각하는 것을 정당화할 수는 없다.

2. You need to __________ the brakes. 너는 브레이크를 조정할 필요가 있다.

3. __________ against homosexuals will not disappear overnight.
동성애자들에 대한 선입견이 하룻밤 사이에 사라지지는 않을 것이다. ***overnight** 하룻밤 사이에

4. The __________ found the man guilty. 배심원들은 그에게 유죄를 판결했다.

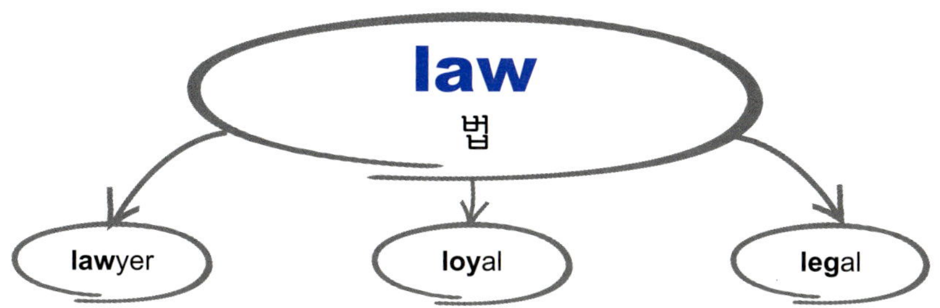

○ **law** : '법'이라는 뜻의 어근으로 사용됩니다. break traffic laws라고 하면 '교통 법규를 어기다'라는 뜻입니다.

- **lawyer** : 법(law)을 다루는 사람(yer) ▷ **변호사**
  [lɔ́ːjər]   – **consult a lawyer** 변호사와 상담하다

- **loyal** : 법(law=loy)을 준수하는 ▷ **충성스런**
  [lɔ́iəl]   *cf.* **loyalty** 충성, 성실
          – **loyalty to the king** 왕에 대한 충성

- **legal** : **법적인**(leg=law) ↔ **illegal** 불법의
  [líːgəl]   – **take legal action** 법적인 조치를 취하다

1. He wanted to see his __________ before he said anything.

그는 진술을 하기 전에 변호사를 만나기를 원했다.

2. Should employees be __________ to employers?

피고용자들은 고용주에게 충성해야 하는가?

3. Marijuana is the most widely used ____________ drug among women in Asia.

마리화나는 아시아 여성들에게 가장 널리 사용되는 불법적인 약물이다.   *marijuana 마리화나

4. Drinking under 18 is against the __________.

18세 미만의 음주는 법에 위배된다.   *against the law 법을 위반하여

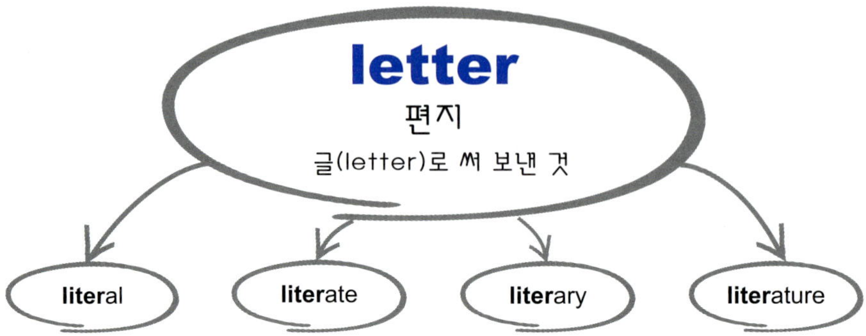

◑ letter : 우리가 잘 알고 있는 letter는 어근으로 쓰일 때 '글자'라는 뜻을 갖습니다.
'편지'라는 뜻도 '글(letter)로 써 보낸 것'이라는 의미에서 나왔습니다.

- **literal** : **문자**(letter) **그대로의**
  [lítərəl]   – **literal translation** 직역
  cf. **literally** 문자 그대로, 완전히

- **literate** : **문자**(letter)**를 읽고 쓸 줄 아는** ↔ **illiterate** 문맹의; 문맹자
  [lítərit]   – **computer illiterate** 컴맹

- **literary** : **문학**(letters)**의**
  [lítərèri]   – **a literary critic** 문학 비평가

- **literature** : 글로 쓴 ▷ **문학**
  [lítərətʃər]   – **English literature** 영문학

1. The _________ meaning of "dusk" is "sunset."
'황혼'의 문자 그대로의 의미는 '일몰'이다.

2. Though twelve, she was still _________.
열두 살인데, 그녀는 여전히 문맹이었다.

3. She was brought up in Canada with a rich, _________ background.
그녀는 풍부한 문학적 배경을 지니고 캐나다에서 자라났다.

4. The country was _________ destroyed. 그 나라는 완전히 파괴되었다.

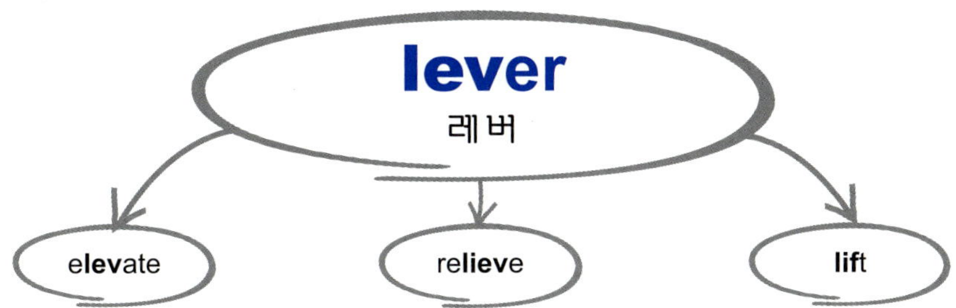

○ **lev** : lever는 '지렛대, 지렛대의 손잡이'라는 뜻입니다. lev가 바로 '들어올리다'
라는 뜻을 가진 어근이죠.

- **elevate** : 위로(e=up) 올리다(lev) ▷ **상승시키다** *cf.* **elevator** 승강기(미국)
  [élэvèit] – **elevate the standard of living** 생활수준을 향상시키다

- **relieve** : 다시(re) 들어올리다(liev=lev) ▷ **부담을 덜어주다**
  [rilí:v] – **relieve stress** 스트레스를 덜어주다
  cf. **relief** 경감, 구호
  – **a relief fund** 구호 기금

- **lift** : 1. **들어 올리다**(lif=lev) 2. **승강기**(영국)
  [lift] – **lift his hand high over his head**
  그의 손을 머리 위로 높이 들어 올리다

1. Pull the __________ down to unlock the door.
문을 열려면 손잡이를 아래로 당겨라.

2. His performance against New York __________d his team to new
heights. 뉴욕 팀을 상대로 한 그의 플레이는 팀을 새로운 전성기로 끌어올렸다.
*heights 정점, 정상

3. If you don't __________ the tension, you'll be in pain.
당신이 긴장을 덜어내지 못하면, 고통을 겪게 될 것이다.

4. Could you help me __________ this desk, please?
제가 이 책상 들어 올리는 것을 도와주실 수 있으십니까?

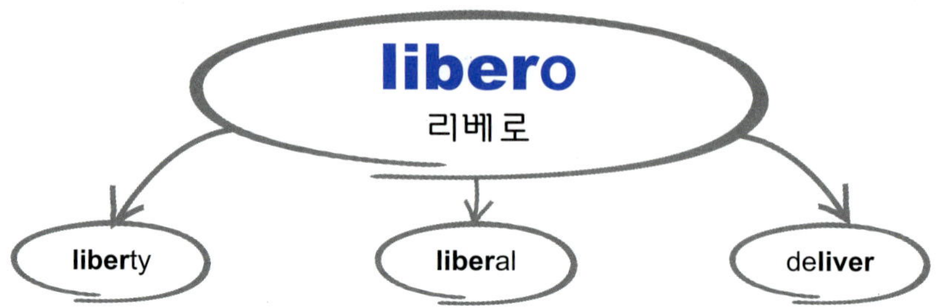

○ liber : 축구에서 포지션에 크게 구애받지 않고 자유롭게 움직이는 선수를 리베로 (libero)라고 하죠? 라틴어 어근 liber는 영어의 **free**에 해당합니다.

- **liber**ty　　: (정치적 의미의) **자유**　⋙ freedom은 포괄적 개념의 자유.
  [líbərti]　　　　– **their struggle for liberty** 자유를 향한 그들의 투쟁

- **liber**al　　: 자유로운(liber) 상태의(al) ▷ **자유주의의, 진보적인**
  [líbərəl]　　　　– **liberal democracy** 자유민주주의

- de**liver**　　: 1. 산모의 뱃속에 갇힌 아이를 자유롭게(liber)하다 ▷ **출산하다**　⋙ de: 강조
  [dilívər]　　　　– **be delivered of a child** 아이를 낳다

　　　　　　　2. 자유롭게(liber)하다 ▷ 짐을 덜어주다 ▷ 건네주다 ▷ **배달하다**
　　　　　　　　　– **deliver a package** 짐을 배달하다

　　　　　　　3. 자유롭게(liber)하다 ▷ **구출하다**
　　　　　　　　　– **deliver them from slavery** 그들을 노예 상태에서 구해내다

　　　　　　　4. 말을 배달하다(deliver) ▷ **전달하다**
　　　　　　　　　– **deliver a speech** 연설하다

1. God grants __________ only to those who are ready to defend it.
신은 그것을 지킬 준비가 된 사람들에게만 자유를 준다.

2. My mother was much more __________ than hers.
나의 어머니가 그녀의 어머니보다 훨씬 더 개방적이셨다.

3. The parcel was not __________ed this morning.
소포는 오늘 아침에 배달되지 않았다.

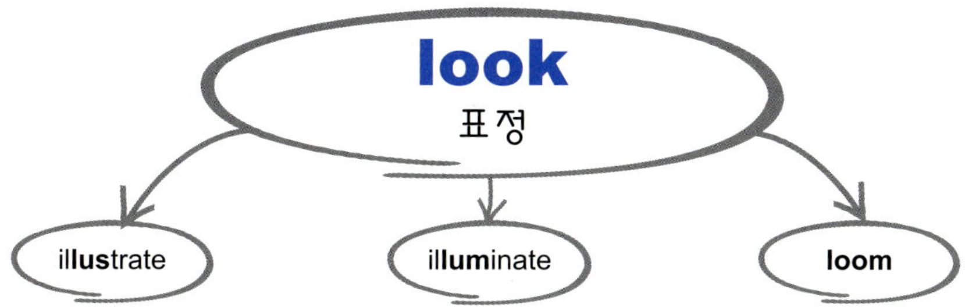

○ **look** : '보이다'라는 뜻의 어근. lus, loom, lum 모두 같은 의미를 갖습니다.

- **illustrate** : 안이(il=in) 보이도록 ▷ 보여주다 ▷ **그림으로 설명하다**
  [íləstrèit] *cf.* **illustration** 삽화   **illustrated** 삽화가 그려진
  – **an illustrated textbook** 삽화가 그려진 교과서

- **illuminate** : 안이(il=in) 잘 보이도록 ▷ **비추다, 조명하다**
  [ilúːmənèit] – **illuminate a Christmas tree** 크리스마스 트리에 조명을 비추다
  cf. **illumination** 조명
  – **the illumination of an unexplored topic**
     연구되지 않은 주제에 대한 조명

- **loom** : **어렴풋이 보이다**
  [luːm] – **The peak loomed in front of us.**
     우리 앞에 산봉우리가 모습을 드러냈다.

1. A dark shape __________ed in the fog.
어두운 형상이 안개 속에서 아련히 나타났다.

2. Colored lights __________d the streets.
색색의 불빛이 거리를 비추었다.

3. She __________d her lecture with many slides.
그녀는 많은 슬라이드로 강의를 설명했다.

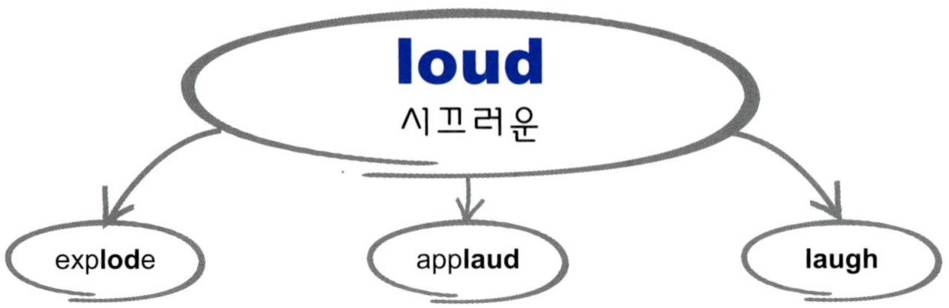

O loud : 영어 단어 그대로 '큰 소리의, 시끄러운'이라는 뜻의 어근입니다.

• **explode** : 밖으로(ex) 큰 소리를 내며(plode=loud) ▷ **폭발하다, 폭발시키다**
[iksplóud]   ◀) loud에 p음이 첨가되어 터져 나오는 큰 소리를 나타냄.
   – **explode bombs** 폭탄을 폭발시키다
   cf. **explosion** 폭발

• **applaud** : 큰소리(plaud=plod=loud)를 내며 ▷ **박수치다**
[əplɔ́ːd]   – **applaud his effort** 그의 노력에 박수를 보내다
   cf. **applause** 박수갈채

• **laugh** : 큰 소리로(loud) ▷ **웃다**
[læf]   – **laugh at her jokes** 그녀의 농담에 웃다
   cf. **laughter** 웃음

1. When the bomb ______________d, the post popped up out of the
ground. 폭탄이 폭발했을 때, 기둥이 갑자기 지면에서 튀어나갔다.

2. Everyone ____________ed his performance and clapped for a long
time. 모든 사람들이 그의 공연에 갈채를 보내며 오랫동안 박수를 쳤다.

3. ________________ and humor can create a more enjoyable and
comfortable place to work.
웃음과 유머는 일하기에 보다 즐겁고 편안한 장소를 만들 수 있다.

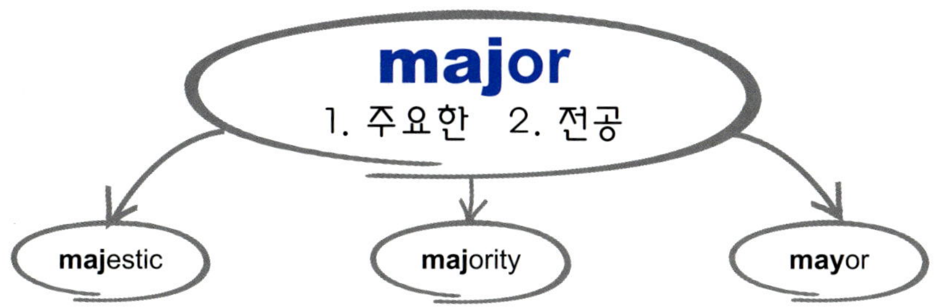

maj : 어근 maj는 '크다'라는 뜻입니다. major는 '주요한'이라는 뜻 외에, 가장 크게(maj) 자리를 차지하는 과목을 공부하는 것이므로 '전공하다'라는 뜻도 갖습니다.

- **maj**estic   : 큰(maj) ▷ **장엄한, 위엄 있는**
  [mədʒéstik]   – **the majestic river** 그 장엄한 강

- **maj**ority   : 큰(maj) ▷ **다수, 대부분**
  [mədʒɔ́(:)rəti]   – **majority rule** 다수결 원칙
        – **the majority of people** 대다수의 사람들
        cf. minority 소수

- **may**or   : 도시에서 가장 큰 어른 ▷ **시장**
  [méiər]   – **the mayor of New York** 뉴욕 시장

1. The ___________ galaxy is located 60 million light-years away.
장엄한 은하수는 6천만 광년이나 떨어진 곳에 위치한다.

2. She _________ed in French at Harvard.
그녀는 하버드에서 불어를 전공했다.

3. Rudy Giuliani was the ___________ of New York.
루디 줄리아니는 뉴욕 시장이었다.

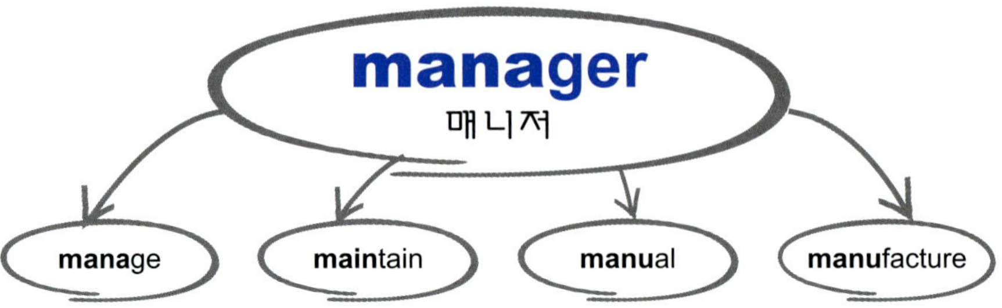

○ **mana** : '손'이라는 뜻을 가진 어근입니다. 우리가 흔히 말하는 '매니저'는 손수 (mana) 일을 관리하는 사람(er)이므로 manager가 되었습니다.

- **mana**ge : 손(mana)으로 일을 ▷ 처리하다 ▷ **관리하다**
  [mǽnidʒ] **cf. management** 관리, 경영

- **main**tain : 1. 손(main=man)으로 잡고 있다(tain=take) ▷ **유지하다**
  [meintéin] – **maintain close relations** 가까운 관계를 유지하다

  2. 어떤 입장을 유지하다 ▷ **주장하다**
  – **maintain his innocence** 그의 결백을 주장하다

- **manu**al : 1. 성직자들이 손(manu)에 들고 다니던 ▷ **교본**
  [mǽnjuəl] – **a manual text** 소형 교과서, 교본

  2. 손(manu)으로 하는 ▷ **수동의** ↔ **automatic** 자동의

- **manu**facture : 손(man)으로 만들다(fac=make) ▷ **제조하다**
  [mǽnjəfǽktʃər] – **manufactured goods** 제조 상품[제품]

1. The two countries have __________ed close relations.
그 두 나라는 가까운 관계를 유지해 왔다.

2. The __________ for my computer helped me to set it up.
컴퓨터의 교본은 내가 셋업하는 것을 도와주었다.

3. The new leader was not very good at __________________.
새 지도자는 경영에는 그리 능숙하지 못했다.

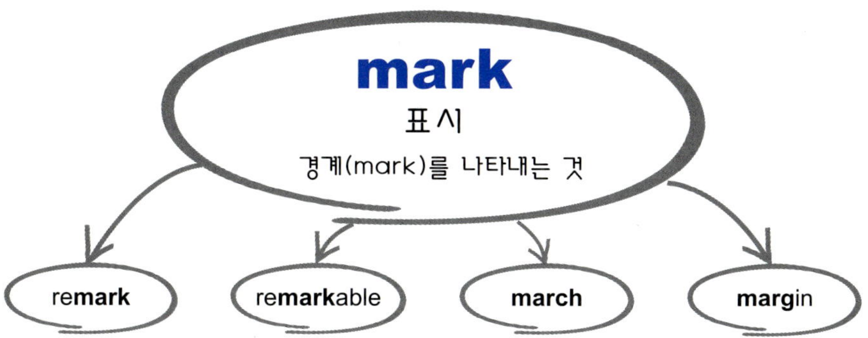

◐ **mark** : mark는 원래 '경계'를 뜻합니다. 그러다가 '경계'를 짓는 '표시'(sign)도 의미하게 된 것입니다.

• re**mark**　　: 강하게(re=강조) 의견을 표시하다(mark) ▷ **말하다; 발언**
[rimá:rk]　　 – **a witty remark** 재치 있는 말

• re**mark**able : 강하게 표시해서 ▷ 눈에 띄는 ▷ **주목할 만한**
[rimá:rkəbəl]　 – **a truly remarkable boy** 진짜 주목할 만한 소년

• **march**　　 : 경계를 넘어가다 ▷ **행진; 행진하다**
[mɑ:rtʃ]　　　 – **Soldiers were marching along the street.**
　　　　　　　　군인들이 길을 따라 행군하고 있었다.

• **marg**in　　 : 1. 경계가 되는 ▷ **가장자리, 여백, 여유**
[má:rdʒin]　　 – **a wide margin** 넓은 여백

　　　　　　　　2. **이윤**(가장자리는 남는 부분이므로)
　　　　　　　　– **a total margin of 45%** 45%의 총이윤

1. In the 2004 election, she won by a ＿＿＿＿＿＿ of just 20,000 votes.　2004년 선거에서, 그녀는 단 2만 표 차이(여유)로 승리했다.

2. He ＿＿＿＿＿ed that she was beautiful.
그는 그녀가 아름답다고 언급했다.

3. She has ＿＿＿＿＿ talent.　그녀는 주목할 만한 재능을 갖추었다.

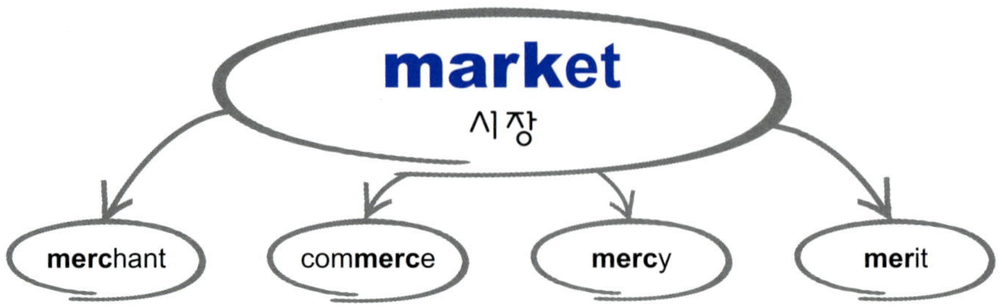

○ **mark** : 어근 mark는 '상품'이라는 뜻입니다. market은 상품(mark=merc)을 파는 곳이니 '시장'이 되는 거겠죠.

- **merc**hant : 상품(merc)을 거래하는 사람들 ▷ **상인**
  [mə́:rtʃənt]   – **merchant ships** 상선(商船)

- com**merc**e : 상품(merc)을 서로(com) 사고파는 ▷ **상업**
  [kámə:rs]   *cf.* **commercial** 상업의; 상업 광고
      – **a commercial on television** TV 상업 광고

- **merc**y : 물건을(merc) 주는 ▷ **자비**
  [mə́:rsi]   – **ask for mercy** 자비를 구하다

- **mer**it : 상품(mer=merc)이 가지는 ▷ **가치, 장점** ↔ **demerit** 단점, 결점
  [mérit]   – **Her poetry is of great merit.** 그녀의 시는 높은 가치가 있다.

1. The novel's __________ success made her a star.
그 소설의 상업적 성공이 그녀를 스타로 만들었다.

2. The terrorists showed no __________ to their hostages.
테러리스트들은 인질들에게 어떠한 자비심도 보이지 않았다.   ***hostage** 인질

3. The book has the ____________ of being both informative and interesting. 그 책은 정보도 주고 재미도 있다는 장점이 있다.

4. This plan is written on the basis of 5 years' __________ research.
이 기획서는 5년 간의 시장 조사를 바탕으로 작성되었다.

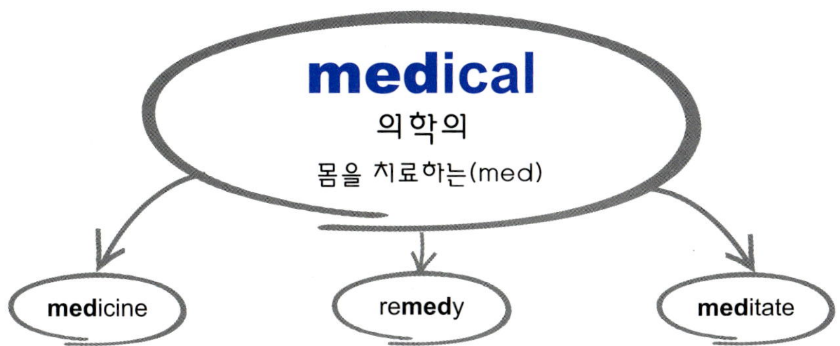

◐ **med** : medical은 몸을 치료(med)하는 것이라서 '의학의'라는 뜻입니다.

- **med**icine : 병을 치료하는(med) ▷ **약, 의학**
  [médəsən]   – **cough medicine** 기침약
  ***cf.* medication** 약물, 약물 치료

- re**med**y : 다시(re) 나아지게(med) 하다 ▷ **치료, 요법**
  [rémədi]   – **a natural remedy** 자연 치료법

- **med**itate : 정신을 치유(med)하다 ▷ **명상하다**
  [médətèit]   ***cf.* meditation** 명상
      – **prayer and meditation** 기도와 명상

1. There's not any __________ for this disease yet.
아직 이 병에는 어떠한 치료법도 없다.

2. The new __________ seems to be helping.
새로운 약이 효과가 있는 것 같다.

3. She __________d on the day's events every night.
그녀는 매일 밤 그 날의 일들에 대해 명상했다.

4. I studied __________ science at the university.
나는 대학에서 의학을 공부했다.

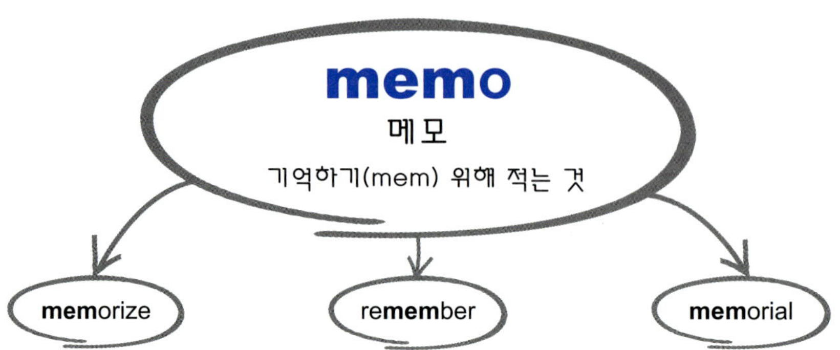

⊃ mem : memo는 기억(mem)해 두기 위해 적는 것이죠. mem이 바로 '기억하다' 라는 뜻의 어근입니다.

- **mem**orize : **암기하다**(mem)
  [méməràiz] – **memorize whole texts** 전체 본문을 암기하다

- re**mem**ber : 다시(re) 기억(mem) 속에 떠올리다 ▷ **기억해내다**
  [rimémbər] *cf.* **remembrance** 기억, 회상
   – **Remembrance Day** 현충일

- **mem**orial : 사람들이 오래 기억(mem)하도록 만든 ▷ **기념물, 추모비; 추모의**
  [mimɔ́:riəl] – **a memorial to those who died in the war**
    전사자들을 위한 위령비
   cf. **memory** 기억, 추억
   – **in memory of** ～을 기념하여, ～을 기억하며

1. Once you receive your PIN number, you should ___________ it.
일단 개인 식별 번호를 받으면, 그것을 외워두어야 한다.
*PIN(personal identification number) 개인별 식별 번호

2. Visitors still come to Hawaii in ___________ of those who went down with the ship.
방문객들은 여전히 그 배와 함께 침몰한 사람들을 기억하며 하와이를 찾아온다.

3. His school will build a ___________ garden for him.
그의 학교는 그를 위한 추모 정원을 세울 것이다.

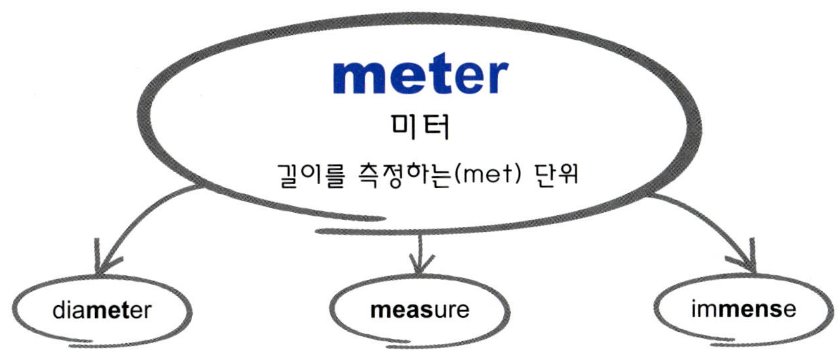

❍ **met** : meter는 길이를 측정하는(met) 단위이죠. met이 바로 '측정하다'라는 뜻의 어근입니다.

- **dia**meter : ~을 가로질러(dia=across) 측정한(met) 것 ▷ **지름**
  [daiǽmətər]　– **the diameter of the earth** 지구의 직경

- **meas**ure : **측정하다, 재다**
  [méʒər]　– **measure one's heart rate** ~의 심박 수를 측정하다
  cf. **measures** 수단(=means), 조치

- im**mens**e : 측정이(mens) 불가능한(im=in=not) ▷ **막대한, 거대한**
  [iméns]　– **an immense amount of money** 막대한 양의 돈

1. She drew a circle two inches in ___________.
그녀는 직경 2인치짜리 원을 그렸다.

2. Some further ___________s should be taken to avoid terrorism.
테러를 피하기 위해서 보다 심화된 조치가 취해져야 한다.

3. She had no idea of the ___________ size of the ocean.
그녀는 대양의 엄청난 크기를 전혀 알지 못했다.　　*have no idea of ~을 전혀 알지 못하다

4. We ___________ distance by the mile and yard.
우리는 마일과 야드로 거리를 측정한다.

○ **polis** : polis는 '도시, 국가'를 의미하는 어근입니다. metropolis는 가정의 중심인 어머니(metro=mother)와 같이 나라 중심이 되는 도시(polis)라는 뜻에서 '대도시'가 되었습니다.

• **polic**y : 국가(polis)의 일 ▷ **정책**
[pálǝsi]
 – **policy-makers** 정책 입안자들
 – **a foreign policy** 외교 정책

• **polit**ician : 국가(polit=polis) 를 통치하는 ▷ **정치가**
[pàlitíʃǝn]
 – **a right-wing politician** 우익 정치가
 cf. **politics** 정치   **political** 정치적인
 – **retire from politics** 정계에서 은퇴하다
 – **political differences among countries** 국가 간의 정치적 차이

1. Tokyo has become a high-tech __________.
도쿄는 첨단 기술의 대도시가 되었다.

2. What is the new president's __________ on the environment?
환경에 대한 새 대통령의 정책은 무엇인가?

3. She was very active as a left-wing __________.
그녀는 좌파 정치가로서 매우 적극적이었다.

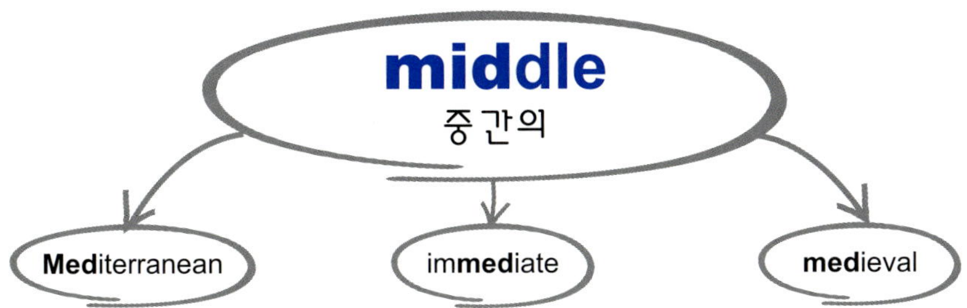

○ **mid** : middle은 '한가운데'라는 뜻이죠. mid와 med가 '가운데, 중간'이라는 뜻의 어근입니다.

- **Med**iterranean : 땅(terra) 중간(med)에 있는 바다 ▷ **지중해**
  [mèdətəréiniən]   – **a Mediterranean climate** 지중해성 기후

- **im**mediate : 중간(med)을 거치지 않은(im=not) ▷ **즉시의**
  [imí:diət]   – **take immediate action** 즉각적인 조치를 취하다
      cf. **immediately** 즉시, 바로

- **med**ieval : 중간(med)에 해당하는 시기 ▷ **중세**
  [mì:dií:vəl]   – **medieval castles** 중세의 성
      – **the medieval times** 중세기(= the Middle Ages)

1. Newspapers present us with ___________ information about the world. 신문은 우리에게 세상에 대한 즉각적인 정보를 제공한다.

     *****present A with B** A에게 B를 선사하다

2. Many ancient cultures were centered around the __________ Sea. 많은 고대 문명들은 지중해 주변에 중심을 두고 있었다.

3. Most students were dressed in __________ costumes of their own making. 대부분의 학생들은 자신들이 만든 중세풍의 옷을 입고 있었다.

     *****of one's own -ing** 자신이 직접 ~한

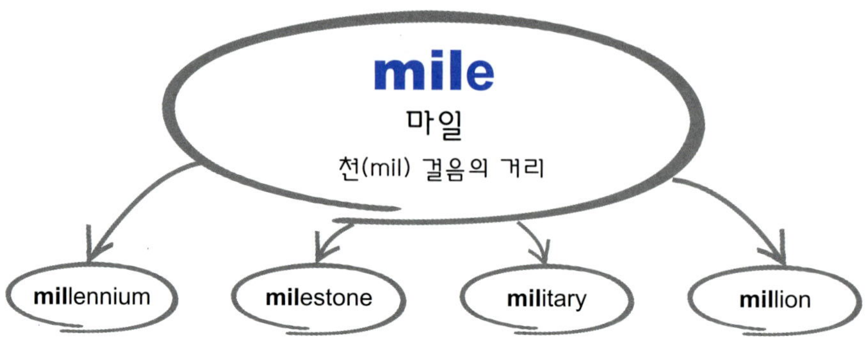

○ **mil** : 거리의 단위인 mile(마일)은 원래 '천 걸음'이라는 뜻으로 약 1.609km에 해당하는 거리를 말합니다. mil이 바로 '1000'을 의미하는 어근입니다.

- **millennium** : 천(mil)년(enn=ann=year)의 기간 ▷ **1000년**
  [miléniəm]
  – **celebrate the beginning of a new millennium**
  새 천년의 시작을 축하하다
  cf. **biennale** 비엔날레 ◦▶ 2(bi)년(enn=year)마다 열리는 행사

- **milestone** : 몇 마일 단위로 돌(stone)에 방향을 표시해 둔 것 ▷ **이정표**
  [máilstòun]
  – **an important milestone in history** 역사의 중요한 이정표

- **military** : **군대** ◦▶ 군대는 많은 인원으로 구성되므로 1000을 나타내는 mil이 쓰임.
  [mílitèri]
  – **a military uniform** 군복

- **million** : **백만** ◦▶ 백만을 만들기 위해 1000에 1000을 곱한 것에서 유래.
  [míljən]
  cf. **millionaire** 백만장자
  – **an oil millionaire** 석유 백만장자

1. Having such a good website means becoming a __________.
그렇게 좋은 웹사이트를 소유한다는 것은 백만장자가 된다는 것을 의미한다.

2. Moving out from her company was a real __________ in her life.
그녀가 회사를 그만둔 것은 그녀의 인생에서의 진정한 이정표였다.

3. The government should take __________ action.
정부는 군사적 조치를 취해야 한다.

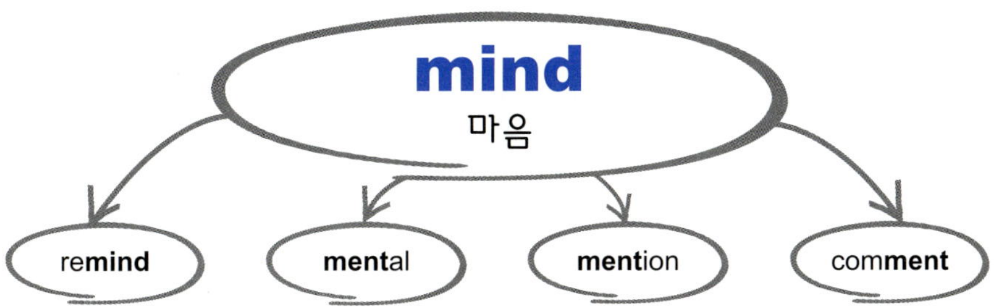

○ **mind** : 단어 그대로도 '마음'이라는 뜻이죠. mind가 어근으로 쓰일 때 역시 '마음'
이라는 뜻을 가집니다.

- **remind** : 다시(re) 마음(mind) 속에 떠오르게 하다 ▷ **상기시키다**
  [rimáind]   – **A reminds me of B** A를 보면 B가 생각나다

- **mental** : 마음의(ment=mind) ▷ **정신의, 마음의**
  [méntl]   – **a mental hospital** 정신병원

- **mention** : 마음(ment)속에 품어둔 것을 ▷ **말하다, 언급하다**
  [ménʃən]   – **as mentioned above** 위에서 언급한 것처럼

- **comment** : 마음(ment)속에 있는 생각을 ▷ **논평하다; 논평**
  [kámənt]   – **a writer's comment** 작가의 논평

1. Although Susie is thirty-five, she has a __________ age of ten.
수지는 서른 다섯 살이지만, 열 살의 정신 연령을 가지고 있다.

2. The ring will __________ me of you.
그 반지는 나에게 당신을 생각나게 할 겁니다.

3. Peter __________ed your name to me.
피터가 네 이름을 언급했다[말했다].

4. Your __________s about this web site are highly appreciated.
이 웹사이트에 대해 의견을 주시면 정말로 감사하겠습니다.

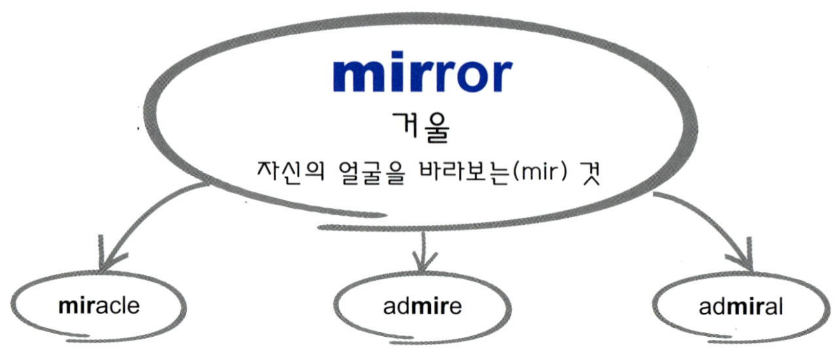

○ **mir** : mirror는 자신의 얼굴을 보는(mir) 것이죠. mir가 바로 see의 의미를 가
진 어근입니다.

- **mir**acle : 보고(mir) 놀라는 ▷ **기적**
  [mírəkəl]   *cf.* **miraculous** 기적적인
  – **miraculous weight-loss** 기적적인 체중 감량

- ad**mir**e : ~을 향해(ad=to) 바라보며(mir) ▷ **~에 경탄하다, 동경하다**
  [ædmáiər]   – **He admired her for her courage.** 그는 그녀의 용기에 감탄했다.
  cf. **admiration** 감탄, 탄복

- ad**mir**al : 부하들이 우러러 보는(mir) ▷ **해군 대장**
  [ǽdmərəl]   – **Admiral Lee Sun Shin** 이순신 제독[장군]

1. It's a ___________ that she wasn't killed in the accident!
그 사고에서 그녀가 죽지 않은 것은 기적이다!

2. The athlete was ___________d by all of them.
그 선수는 모두에게서 존경받았다.

3. ___________ Byrd remained a leading figure in polar research until
his death. 버드 제독은 죽기 전까지 극지방 연구의 선두 주자로 남아 있었다.

4. I ___________d his fantastic performance on the stage.
나는 무대 위에서의 그의 멋진 연기에 감탄했다.

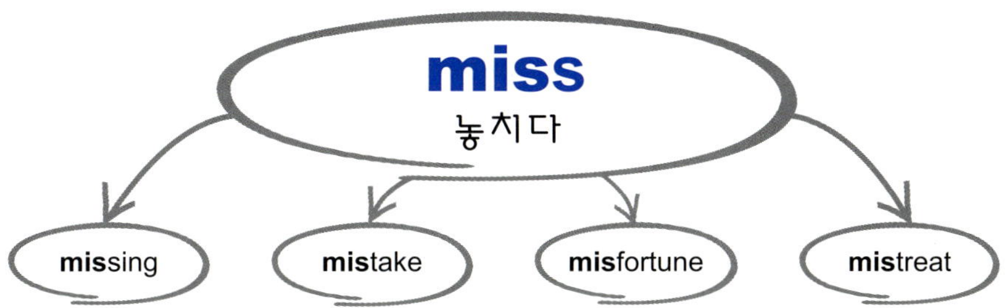

◐ **mis** : 어근 mis는 '놓쳐서 없는'이라는 뜻입니다. 이 뜻이 확장되어 miss는 '놓치다'라는 뜻 외에 '(없어서) 그리워하다'라는 뜻도 됩니다.

- **mis**sing
  [mísiŋ]
  : 놓친 ▷ **실종된**
  – **a missing child** 실종된 아이

- **mis**take
  [mistéik]
  : 잡았던 것을(take) 놓치다(mis) ▷ **실수, 잘못; 착각하다, 잘못하다**
  – **admit a mistake** 잘못을 인정하다
  – **mistake A for B** A를 B로 잘못 알다
  ◉ take A for B는 'A를 B로 여기다'의 뜻.

- **mis**fortune
  [misfɔ́:rtʃən]
  : 운(fortune)이 없는(mis) ▷ **불운**
  – **a series of misfortunes** 불행의 연속, 연속된 불행들

- **mis**treat
  [mistrí:t]
  : 잘못(mis) 다루다(treat) ▷ 부당하게 대우하다 ▷ **학대하다**
  – **mistreat the children** 아이들을 학대하다

1. Peterson came home to find his wife ___________.
피터슨은 집에 와서 아내가 사라지고 없다는 것을 알았다.

2. The early ones were crude, but the typing ___________s have gone away. 처음 것은 조잡했지만, (지금은) 철자상의 실수들이 사라졌다.

3. One ___________ rides upon another's back.
하나의 불행은 다른 불행의 등을 타고 온다. → 〈속담〉 엎친 데 덮친 격, 설상가상(雪上加霜)

4. There can be no excuse for ___________ing prisoners.
죄수들을 학대한 것에 대해서는 변명의 여지가 있을 수 없다.

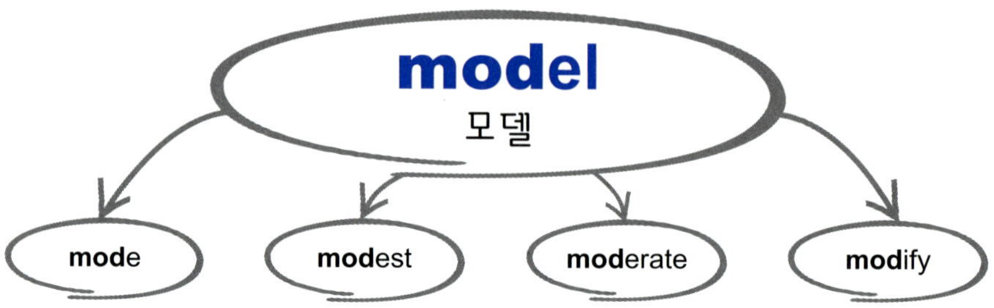

○ **mod** : mod는 '어떤 틀이나 양식에 맞는'이라는 의미를 갖는 어근입니다. 더 나아가서는 '모범의'라는 뜻도 갖게 되죠.

• **mode**   : 모범(mod)이 되는 ▷ **양식, 방식, 형태**
[moud]   – **a mode of life** 생활 양식

• **modest**   : 1. 양식에(mod)에 맞는 ▷ **알맞은**
[mɑ́dist]   2. 모범적(mod)으로 처신하는 ▷ **겸손한**
        – **a modest little house** 소박한 작은 집

• **moderate** : 양식(mod)에 맞는 ▷ **보통의, 적절한**
[mɑ́dərət]   – **run at a moderate pace** 적정한 속도로 달리다

• **modify**   : 양식(mod)에 맞춰 ▷ **수정하다, 변경시키다**
[mɑ́dəfài]   – **modify the plan** 계획을 변경하다
        cf. **modification** 수정, 변경

1. Railways are the most important __________ of transportation in Korea. 철도는 한국에서 가장 중요한 운송 방식이다.   *transportation 운송

2. You'd better __________ your views. 너의 관점을 수정하는 게 좋겠다.

3. Even a __________ amount of the drug can be harmful.
적당한 양의 약재조차도 해로울 수 있다.

4. We ought to buy something simple, __________, and elegant.
우리는 검소하고 점잖으면서도 우아한 것을 사야한다.

○ **mount** : mount는 '위로 솟아오른'이라는 뜻의 어근입니다. mountain은 높이 솟아올라 있기 때문에 '산'이라는 의미가 되었죠.

• **amount** : 위로 솟은(mount) ▷ 쌓인 높이 ▷ **총액; 총계가 ～에 이르다**
[əmàunt]
 – **the amount of traffic** 교통량
 – **amount to** 총계가 ～에 이르다
 – **goods amounting to $800** 800달러에 달하는 상품

• **mound** : 솟아 오른 땅 ▷ **흙더미, 작은 언덕**
[maund]
 – **a small mound of sand** 작은 모래 언덕

• **mount** : **오르다, 위에 걸다**
[maunt]
 – **mount a horse** 말에 올라타다

1. His pay _________s to 1 billion won per year.
그의 연봉은 10억 원에 달한다.

2. The pitcher throws the ball from the _________ in baseball.
야구 경기에서 투수는 마운드에서 공을 던진다.

3. He _________ed the platform to speak to the crowd.
그는 연단에 올라 군중에게 연설을 했다.　　　　　　　　*platform 연단, 강단

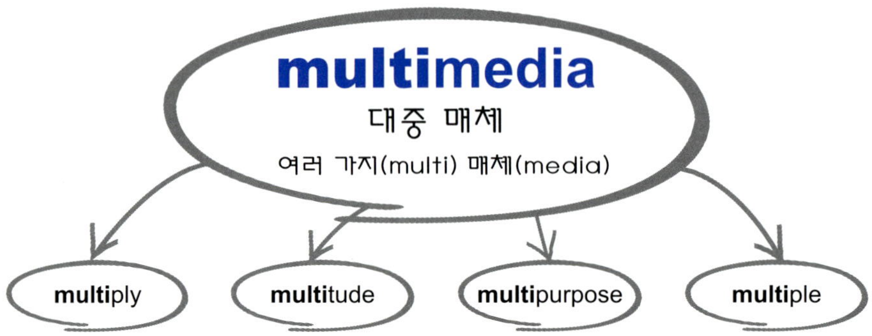

○ **multi** : '여러 번, 다수의'라는 뜻의 친숙한 어근이죠. 이 어근에서 파생된 mult-imedia는 '여러 가지(multi) 매체(media)'를 가리키는 것입니다.

- **multiply**   : 여러(multi) 번 ▷ **곱하다, 증식하다**
  [mʌ́ltəplài]   – **If you multiply 3 by 4, you get 12.** 3에 4를 곱하면 120이다.
  ***cf.* multiplication** 곱셈

- **multitude**   : 여러(multi)명 ▷ **군중, 다수**
  [mʌ́ltitʃùːd]   – **a cheering multitude** 환호하는 군중
  – **a multitude of** 다수의, 수많은

- **multipurpose** : 여러 가지(multi) 목적(purpose)의 ▷ **다목적의**
  [mʌ̀ltipə́ːrpəs]   – **a multipurpose dam** 다목적 댐

- **multiple**   : 여럿(multi)의 ▷ **많은**(= many)
  [mʌ́ltəpl]

1. She has __________ reasons for not marrying him.
그녀에게는 그와 결혼하지 않은 많은 이유가 있다.

2. In hot weather, the viruses __________ more rapidly.
더운 날씨에서 바이러스는 보다 빨리 증식한다.

3. A cheerful __________ greeted the football team.
환호하는 군중이 축구팀을 맞이했다.

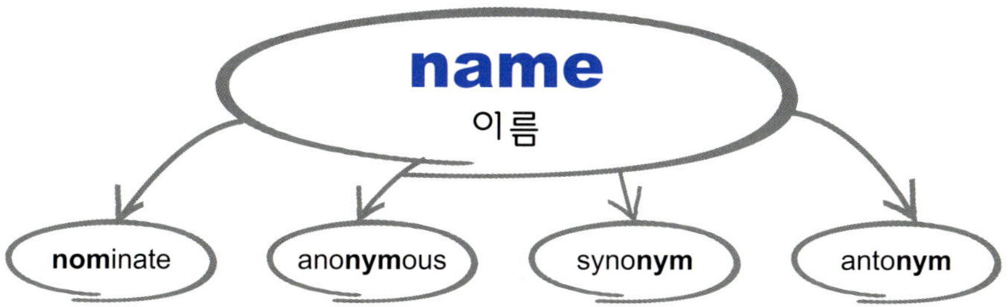

◐ **name** : 말 그대로 '이름'이라는 뜻. nom, noun, nym 등 다양하게 변신하는 어근입니다.

- **nom**inate : 이름을(nom)을 거명하여 ▷ **후보로 올리다**
  [námənèit] – **nominate her for president** 그녀를 회장 후보로 지명하다

- **ano**nym**ous** : 이름이(nym)이 없는(an=in=not) ▷ **익명의**
  [ənánəməs] – **an anonymous letter** 익명의 편지

- **syno**nym : 같은(syn=same) 이름(nym) ▷ **동의어**
  [sínənim] – **The words 'sad' and 'unhappy' are synonyms.**
  'sad'와 'unhappy'는 동의어이다.

- **anto**nym : 반대(anto=anti) 이름(nym) ▷ **반의어**
  [æntənìm] – **a dictionary of antonyms** 반의어 사전

1. Callers to the hotline remain __________.
긴급 직통전화를 건 사람은 익명으로 남는다.

2. "Indifference" is an __________ of "love."
'무관심'은 '사랑'의 반대말이다.

3. She was __________d by the Progressive Party as their candidate.
그녀는 진보당의 후보로 지명되었다.

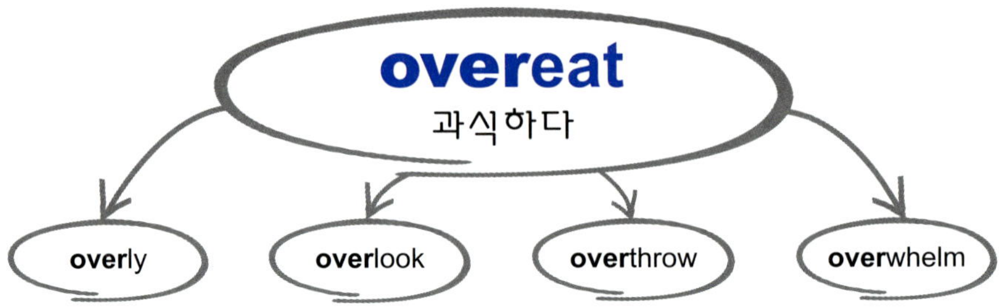

○ over : over는 '지나친, 과한'의 뜻과 '~을 넘다'의 두 가지 뜻을 가지는 어근입니다.

- **over**ly : **지나치게**
  [óuvərli] – **overly optimistic** 지나치게 낙관적인

- **over**look : 자세히 보지 않고 대충 넘겨(over) 보다(look) ▷ **눈감아 주다, 간과하다**
  [òuvərlúk] – **overlook one important fact** 한 가지 중요한 사실을 간과하다

- **over**throw : 던져서(throw) 넘어(over)뜨리다 ▷ **뒤집어엎다, 전복시키다**
  [òuvərθróu] – **overthrow the government** 정부를 전복시키다

- **over**whelm : 위에서(over) 덮어버리다(whelm) ▷ **압도하다**
  [òuvərhwélm] – **an overwhelming victory** 압도적인 승리

---

1. Skipping meals can make you ___________ at the next one.
식사를 거르는 것은 다음 식사에 과식하게 만들 수도 있다.

2. Growth forces us to be ___________ dependent on technology.
성장은 우리를 기술에 지나치게 의존하게 만든다.

3. She's so friendly that people usually ___________ her faults.
그녀는 너무나 다정다감해서, 사람들은 대개 그녀의 잘못을 눈감아 준다.

4. The government was ___________ in a coup d'etat.
그 정부는 쿠데타를 통해 전복되었다.   *coup d'etat 쿠데타

5. The beauty of the city ___________ed her.
도시의 아름다움이 그녀를 압도했다.

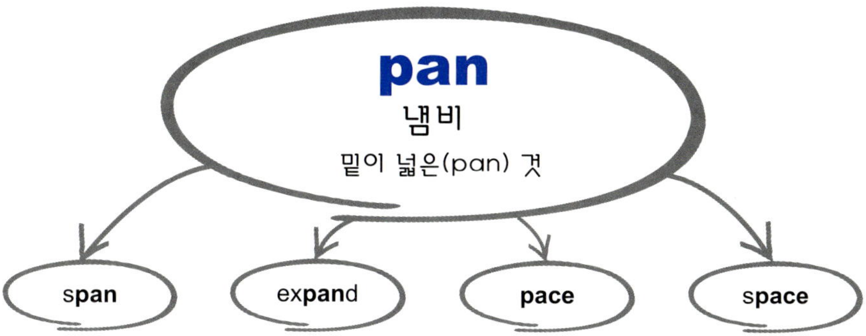

○ **pan** : pan을 발음할 때 위, 아래 입술이 서로 '넓게' 붙기 때문에 pan은 '넓이'의 의미를 가진 어근으로 활용됩니다. 냄비는 밑이 '넓어서' pan입니다.

- **span** : 넓이(pan) ▷ **한 뼘, 범위, 기간**
  [spæn] – **average life span** 평균 수명

- **expand** : 밖으로(ex=out) 넓게(pan) ▷ **확장하다**
  [ikspǽnd] – **expand the size of the image** 이미지 크기를 확대하다
  cf. **expansion** 확장

- **pace** : 한 걸음, 보폭(pace=pan) ▷ (걷는) **속도, 걸음걸이**
  [peis] – **the pace of economic growth** 경제 성장 속도

- **space** : 넓게 퍼진(pace) ▷ 1. **공간** 2. **우주**
  [speis] – **a parking space** 주차 공간

1. The air in the balloon __________s if heated.
풍선 속의 공기는 가열되면 팽창한다.

2. The __________ of the kite from one side to the other is 2 meters.
그 연의 한 쪽 끝에서 다른 쪽 끝까지의 길이는 2미터이다.

3. When she heard someone following her, she quickened her ______.
누군가 따라오는 소리를 듣고 그녀는 발걸음을 빠르게 했다.

4. Is there enough __________ for five in his car?
그의 차에 다섯 명이 탈 공간이 있습니까?

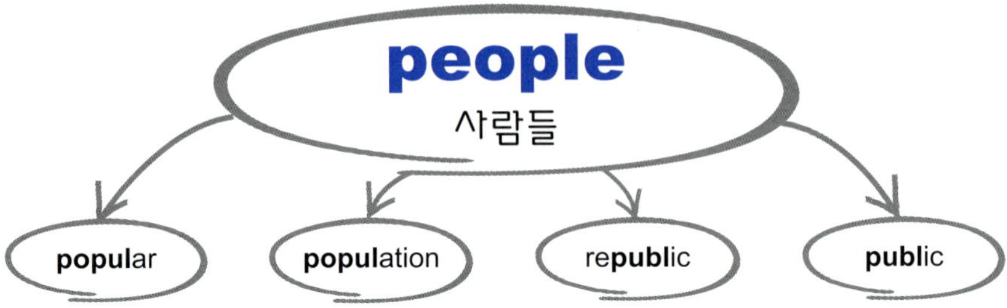

○ **people** : 영어로 people은 '사람들'이라는 뜻이죠. 여기에서 발전된 어근 popul, publ 모두 '사람들'이라는 뜻입니다.

- **popular** : 사람들에게(popul=people) 잘 알려진 ▷ **인기 있는**
  [pápjələr] *cf.* **popularity** 명성, 인기

- **population** : 사람들의(popul) 수 ▷ **인구**
  [pàpjəléiʃən] – **a population explosion** 인구 급증

- **republic** : 왕이 아닌 보통 사람들(publ)이 주인이 되는 ▷ **공화국**
  [ripʌ́blik] – **the Republic of Ireland** 아일랜드 공화국

- **public** : 대중의 ▷ **대중; 공공의** ↔ **private** 사적인
  [pʌ́blik] – **public opinion** 대중의 의견 ▷ 여론
  – **a public officer** 공무원

1. Muslims make up 85% of the entire ___________.
이슬람교도는 전체 인구의 85%를 차지한다.　　　　　　*Muslim 이슬람교도

2. Korfball is increasing in ___________ throughout the world.
코프볼은 세계적으로 인기가 커지고 있다.　　*korfball 코프볼(농구와 비슷한 남녀 혼합 구기 종목)

3. The Labor Party tried to turn the country into a ___________.
노동당은 그 나라를 공화국으로 만들려고 노력했다.

4. The garden is open to the ___________ on weekends.
그 정원은 주말마다 대중에게 개방된다.

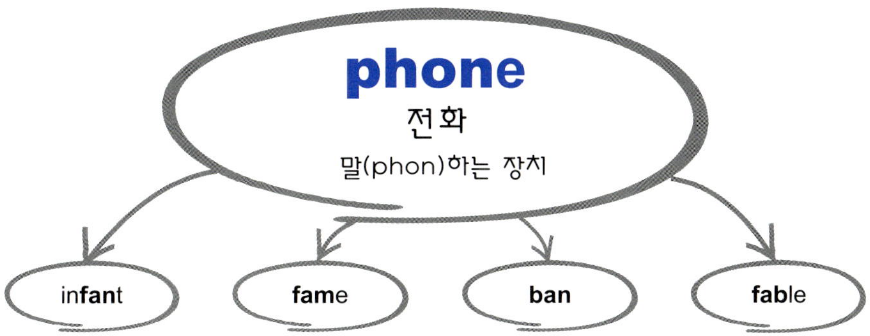

❍ **phon** : '말'이라는 뜻의 어근입니다. phone은 말(phon)하는 장치, 즉 '전화기'
란 뜻이죠.

- **infant** : 말(fan=phon)을 못하는(in=not) ▷ **유아**
  [ínfənt]
  　　– **an infant genius** 신동
  　　cf. **infancy** 유년기

- **fame** : 많은 사람들이 말하는(fam=fan=phon) ▷ **명성**
  [feim]
  　　– **win worldwide fame** 세계적인 명성을 얻다
  　　cf. **famous** 유명한

- **ban** : 통치자의 말(ban=fan=phon) ▷ 명령 ▷ **금지령; 금지하다**
  [bæn]
  　　– **ban him from driving a car** 그에게 운전을 금지하다

- **fable** : 말로(fab=fan=phon) 전해 내려온 이야기 ▷ **우화**
  [féibəl]
  　　– **Aesop's Fables** 이솝 우화

1. She was ___________ned from playing tennis for two years after
failing a drug test.
그녀는 약물 검사를 통과하지 못한 후 2년 동안 테니스 경기를 금지당했다.

2. He came to __________ as a football player at the age of 17.
그는 17세에 축구 선수로서의 명성을 얻게 되었다.

3. Her eldest son died in __________.
그녀의 맏아들은 어릴 적[유년기]에 죽었다.

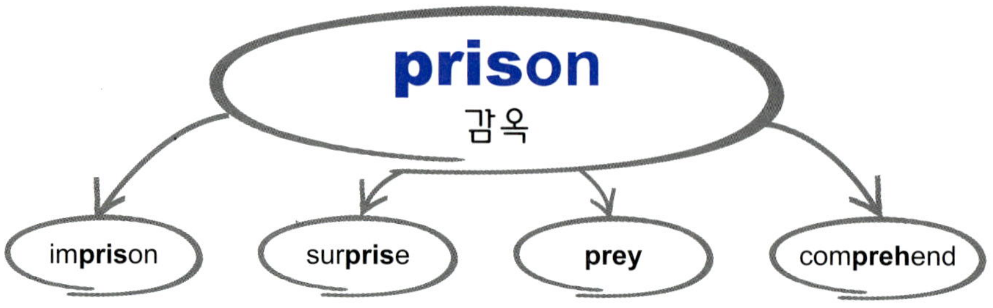

⊃ pris : prison은 죄인을 잡아(pris)가두는 곳이죠. pris는 '잡다'라는 뜻의 어근 입니다.

- **imprison**
  [imprízən]
  : 감옥(prison) 안에(im=in) ▷ **가두다**
  – **be imprisoned for murder** 살인죄로 투옥되다

- **surprise**
  [sərpráiz]
  : 독수리가 위에서(sur=over) 갑자기 잡아채다(pris=hold)
  ▷ **놀라게 하다**
  – **be surprised at** ~에 매우 놀라다

- **prey**
  [prei]
  : 잡혀(prey=pris) 먹히는 ▷ **먹이, 희생**
  – **easy prey** 손쉬운 먹잇감

- **comprehend**
  [kàmprihénd]
  : 의미를 완전히(com=강조) 잡다내다(prehen=pris) ▷ **이해하다**
  – **comprehend the meaning** 의미를 이해하다
  cf. **comprehension** 이해

1. He was __________ed for murder. 그는 살인죄로 투옥되었다.

2. Much to his __________, he passed the test.
너무나 놀랍게도 그는 시험에 합격했다.　　　　*to one's surprise 놀랍게도

3. Many workers have fallen __________ to the illness.
많은 노동자들이 그 질병에 희생되었다.

4. It's not easy to ______________ the principles behind those
technologies. 그 기술 이면의 원리를 이해하기란 쉽지 않다.

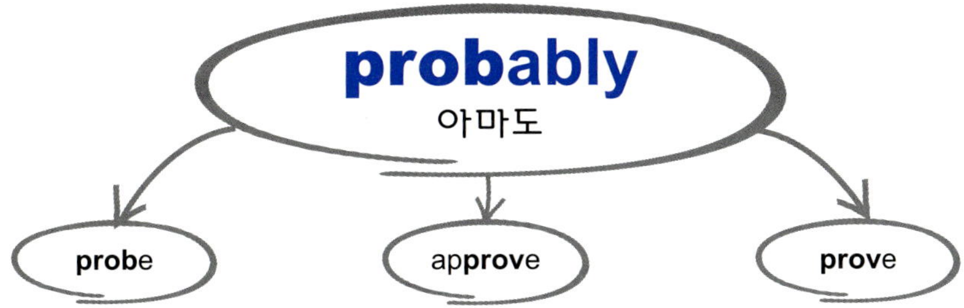

○ prob : prob, prov는 '아마도'라는 추측의 의미를 나타내는 어근입니다.

- **probe**
  [proub]
  : 아마도 ~라고 입증하기 위해 ▷ **조사, 탐사; 조사하다**
  – **a police probe** 경찰의 조사
  – **A probe into B** A가 B를 조사하다

- **approve**
  [əprúːv]
  : 아마도 ~일 것이다 ▷ ~로 기울다 ▷ **찬성하다**
  – **approve of A** A를 인정하다
  cf. **approval** 찬성, 승인

- **prove**
  [pruːv]
  : 아마도 ~일 것이라고 ▷ **증명하다**
  – **prove his innocence** 그의 무죄를 증명하다
  cf. **proof** 증거; 보증된, 막는
  – **waterproof** 물(water)이 새지 않는 것이 공인기관에 의해 증명(proof)된 ▷ 방수의
  – **bulletproof glass** 방탄 유리

1. Do you have any ___________ that she is a spy?
그녀가 첩자라는 증거가 있나요?

2. The project has not yet received ___________ from the chairman.
그 계획은 아직 회장으로부터 승인을 받지 못했다.

3. They have no right to ___________ into his personal life.
그들은 그의 사생활을 조사할 권리가 없다.

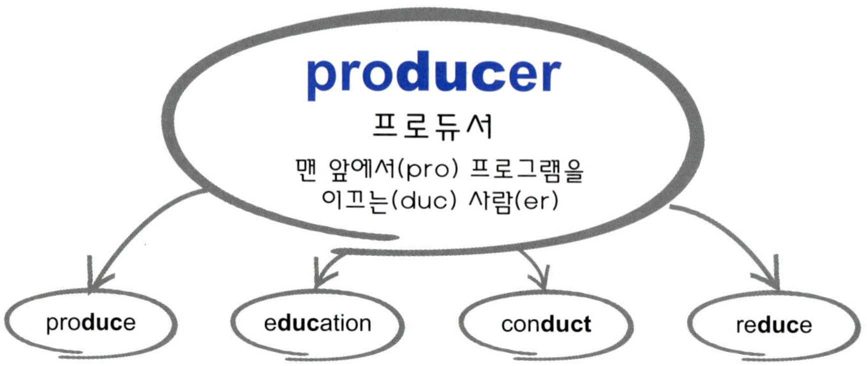

○ **duc** : draw, 즉 '끌다'의 뜻을 가진 어근. 프로듀서는 앞에서(pro) 프로그램의 방향을 이끌어(duc=draw)가는 사람이죠.

• **produce** : 앞으로(pro) 이끌어내다(duc) ▷ **생산하다**
[prədjúːs] – **produce the best wine** 최고의 포도주를 생산하다
cf. **product** 상품 **productive** 생산적인 **production** 생산

• **education** : 학생의 재능을 밖으로(e=ex=out) 끄집어내는(duc) 것 ▷ **교육**
[édʒukèiʃən] *cf.* **educational** 교육적인

• **conduct** : 사람들을 함께(con) 이끌다(duct) ▷ **지휘하다, 안내하다; 품행**
[kándʌkt] – **conduct an orchestra** 관현악단을 지휘하다
  ᵔ '사람들을 이끌다'란 뜻에서 '처신, 품행'의 뜻이 파생되었음.

• **reduce** : 다시(re=again) 끌어내리다(duc) ▷ **줄이다**
[ridjúːs] – **reduce speed** 속도를 늦추다

1. Engineers tried to turn the deserts into ___________ land.
기술자들은 사막을 생산적인 땅으로 바꾸려고 노력했다.

2. The secret of ___________ lies in respecting the pupil.
교육의 비결은 학생들을 존중해 주는 데 있다.

3. He was criticized for his improper ___________.
그는 적절치 못한 처신으로 비난받았다.

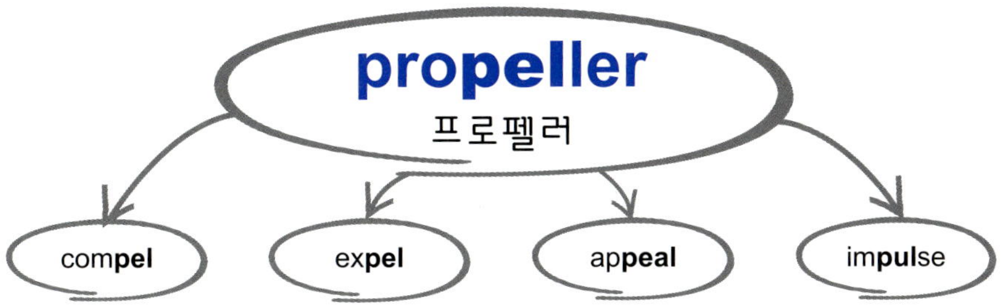

❍ pel : pel은 힘을 가하여 '내몰다(drive)'라는 뜻의 어근으로 peal, pul의 형태로
도 쓰입니다.

- **compel** : 여럿이 함께(com=together) 내몰다 ▷ **억지로 ～시키다**
  [kəmpél]   – **compel a person to V** ～가 …하도록 강요하다

- **expel** : 밖으로(ex) 내몰다(pel) ▷ **내쫓다**
  [ikspél]   – **expel the troublemaking student from school**
  문제 학생을 학교에서 퇴학시키다

- **appeal** : 누구를 향해(a=to) ～하도록 내몰다(peal=pel) ▷ **호소하다, 간청하다**
  [əpíːl]   – **appeal to voters** 유권자들에게 호소하다

- **impulse** : 내 마음속에서(in) ～하도록 내모는(pul=pel) 것 ▷ **충동**
  [ímpʌls]   – **an impulse buy** 충동 구매

1. The police ___________ed to the public for any information.
경찰은 어떤 정보든 달라고 대중에게 호소했다.

2. She ___________led him to go to school.
그녀는 억지로 그가 학교에 가게 만들었다.

3. They ___________led the Jews from Spain.
그들은 스페인에서 유대인들을 쫓아냈다.   *****Jew** 유대인

4. He has a serious ___________ control problem.
그는 심각한 충동 제어 장애가 있다.

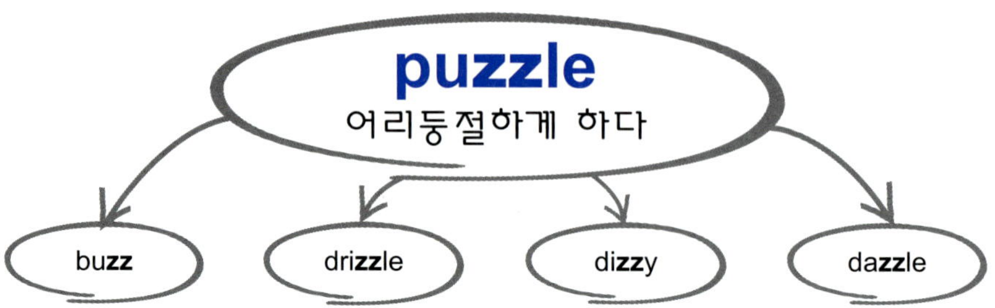

zz : zz는 '어지러운 느낌'을 연상시키는 어근입니다. puzzle에는 우리가 잘 아는 '퍼즐' 외에 '어리둥절하게 만들다'라는 뜻도 있죠.

- **buzz**
  [bʌz]
  : (벌 따위가) 어지럽게(zz) 날아다니다 ▷ **바쁘게 돌아다니다**
  – **a fly buzzing in the room** 방에서 윙윙거리며 돌아다니는 파리

- **drizzle**
  [drízl]
  : 흩뿌리듯 어지럽게(zz) 날리는 ▷ **이슬비, 가랑비; 이슬비가 내리다**
  – **a drizzling rain** 이슬비

- **dizzy**
  [dízi]
  : **어지러운**(zz)   *cf. dizziness* 현기증
  – **a dizzying height** 아찔한 높이

- **dazzle**
  [dǽzəl]
  : 눈을 어지럽게(zz) 하다 ▷ **눈부시게 하다**
  – **dazzling sunlight** 눈부신 햇살

1. Reporters were ___________ing around to get the full story.
기자들은 전체 이야기를 알아내기 위해 바쁘게 돌아다니고 있었다.

2. Climbing so high makes him feel __________.
그렇게 높이 올라가는 것은 그를 현기증 나게 만든다.

3. The sunlight __________s me.
햇빛이 나를 눈부시게 한다.

4. It's been __________ing all day.
하루 종일 부슬비가 내리고 있다.

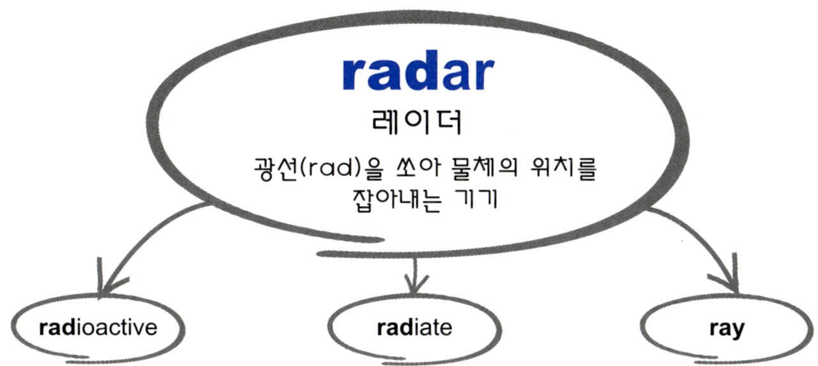

○ rad : rad는 '광선'이라는 뜻을 가진 어근입니다.

- **rad**ioactive : 광선(rad)이 활발히 움직이는(active) ▷ 방사능 광선 ▷ **방사능의**
  [rèidiouǽktiv]   – **radioactive waste** 방사능 폐기물

- **rad**iate : 빛(rad)을 만들어내다(ate) ▷ (빛·열 등을) **발산하다**
  [réidièit]   – **a heater radiating heat** 열을 방출하는 난방장치(= a radiator)

- **ray** : 광선(ray=rad)
  [rei]   – **the sun's rays** 태양 광선

1. No ship showed up on the ship's __________.
그 배의 레이더 상에는 어떤 배도 나타나지 않았다.

2. Uranium is a __________________ material.
우라늄은 방사능 물질이다.

3. Sunglasses are used to filter out harmful ultraviolet _________s.
선글라스는 해로운 자외선을 차단하기 위해 사용된다.

4. The element _________s energy constantly.
그 원소는 끊임없이 열을 발산한다.

bow : rainbow는 비(rain)가 온 뒤 활(bow)처럼 굽은 모양으로 생기기 때문에 붙여진 이름입니다. bow는 '활 모양의 것'을 나타내는 어근입니다.

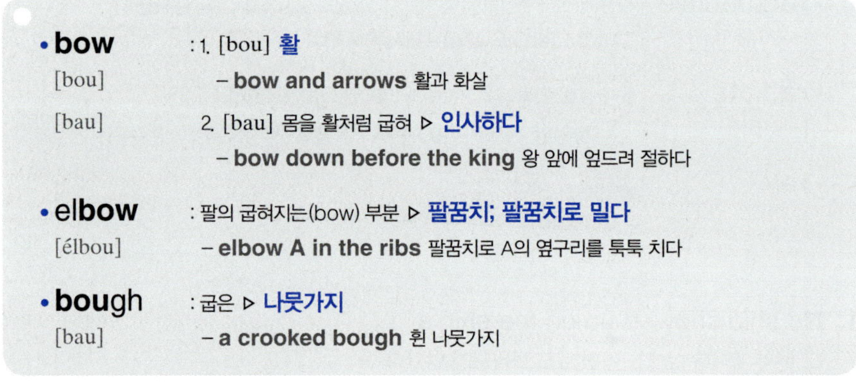

1. He ____________ed down to the ground and begged for money.

그는 땅에 엎드려 절하며 돈을 구걸했다.

2. A man sat with his ____________s on the desk.

한 남자가 책상 위에 팔꿈치를 대고 앉아 있었다.

3. I am looking at a squirrel on a ____________ above my head.

나는 내 머리 위 나뭇가지에 있는 다람쥐를 바라보고 있다.

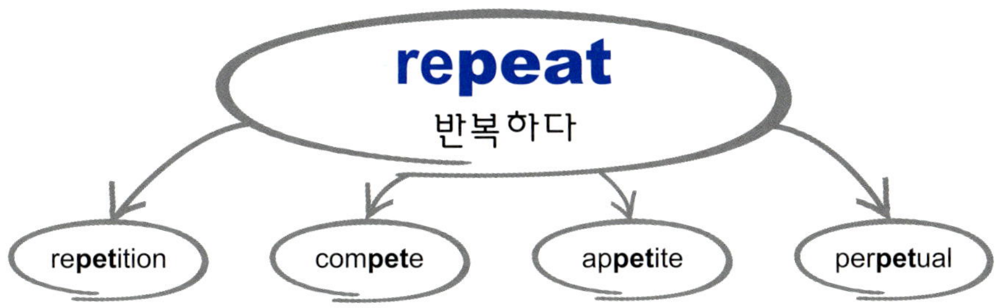

○ **peat** : repeat은 한번 간 길을 다시(re) 쫓아가다(peat)라는 것에서 '반복하다'
라는 뜻이 되었습니다. peat은 '쫓아가다'라는 뜻의 어근입니다.

- **re**pet**ition** : 반복 *cf.* **repetitive** 반복적인
  [rèpətíʃən] – **learning by repetition** 반복에 의한 학습

- **com**pet**e** : 함께(com) 쫓아가다(pet=peat) ▷ 경쟁하다
  [kəmpíːt] *cf.* **competitor** 경쟁자 **competition** 경쟁
         competent 경쟁력 있는, 유능한 **competitive** 경쟁의
       – **competition for jobs** 일자리를 얻기 위한 경쟁
       – **a good, competent school** 훌륭하고 경쟁력 있는 학교

- **ap**pet**ite** : ~로 향해(a=to) 쫓아가는(pet) 마음 ▷ 식욕, 욕구
  [ǽpitàit] – **loss of appetite** 식욕의 상실, 식욕 부진
         cf. **appetizer** 애피타이저(식욕을 돋우는 음식, 전채요리)

- **per**pet**ual** : 끝까지(per=perfect) 쫓아가는(pet) ▷ 영구적인, 끊임없는
  [pərpétʃuəl] – **perpetual snows** 만년설
         cf. **perpetually** 끊임없이

1. She is very ____________ at giving speeches.
그녀는 연설을 하는 것에 매우 유능하다.

2. Doing exercise has given me an ____________.
나는 운동을 해서 식욕이 생겼다.

3. His stepmother ____________ asked him for money.
그의 계모는 끊임없이 그에게 돈을 요구했다.

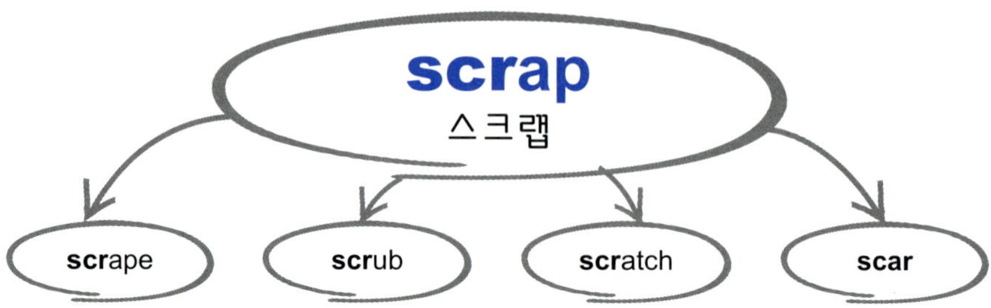

○ **scr** : 신문, 잡지 등의 필요한 부분을 오려낸 것을 scrap이라고 하죠. 뭔가의 표면을 잘라내는 소리와 같은 '마찰음'을 나타내는 어근이 scr입니다.

- **scr**ape : **긁다, 스쳐 긁히다**
  [skreip]   – **the scrape of chalk on a blackboard** 칠판에 분필 긁는 소리
  cf. skyscraper 고층 빌딩 ◁» 하늘을 긁을 정도로 높으니까.

- **scr**ub : **문지르다**
  [skrʌb]   – **scrub the mark on the wall** 벽에 난 자국을 문질러 지우다

- **scr**atch : **할퀴다,** (가려운 곳을) **긁다**
  [skrætʃ]   – **scratch one's head** ~의 머리를 긁적이다

- **scar** : 표면에 긁혀 생긴 ▷ **상처**
  [skɑːr]   – **leave a scar on one's forehead** ~의 이마에 흉터를 남기다

1. His hands _________d against the trunk.
그의 손이 나무줄기에 긁혔다.

2. He _________bed the old pan for ages.
그는 오래된 냄비를 한참동안 문질러 닦았다.   ***for ages** 오랫동안(= for an age)

3. The child _________ed at the mosquito bites on his arm.
그 아이는 팔에 모기 물린 곳을 긁었다.

4. She had a _________ on her back from the fire three years ago.
그녀는 3년 전 화재로 등에 흉터가 있다.

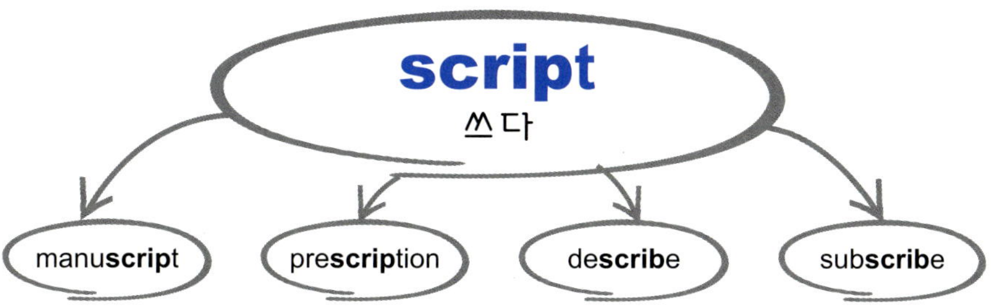

● **scrip** : 옛날엔 나무판이나 돌 위에 글을 새겼기 때문에 긁는 느낌이 나는 scr라는 철자를 이용해 '쓰다'라는 뜻으로 쓴 것입니다.

- **describe**
  [diskráib]
  : 아래로(de=down) 써내려가다(scrib) ▷ **묘사하다**
  – **describe in details** 상세히 묘사하다

- **subscribe**
  [səbskráib]
  : 밑에(sub=under) 주소를 적어(scrib) ▷ **구독하다**
  – **subscribe to a magazine** 잡지를 구독하다

- **manuscript**
  [mǽnjəskrìpt]
  : 손으로(manu=hand) 쓴 것(script) ▷ **원고**
  – **an original manuscript** 원고

- **prescription**
  [priskrípʃən]
  : 약 짓기 전에(pre=before) 먼저 써 주는 것(script) ▷ (의사의) **처방전**
  – **prescription drugs** 처방약
  cf. **prescribe** 처방하다

1. The reporter ___________d the event as it was happening.
기자는 그 사건을 일어났던 그대로 묘사했다.

2. His book ___________ was sent to the editor.
그의 책 원고가 편집자에게 보내졌다.   *editor 편집자

3. To ___________, send an e-mail message.
구독 신청을 하기 위해서는 이메일 메시지를 보내세요.

4. The doctor wrote her a ___________.
의사가 그녀에게 처방전을 써 주었다.

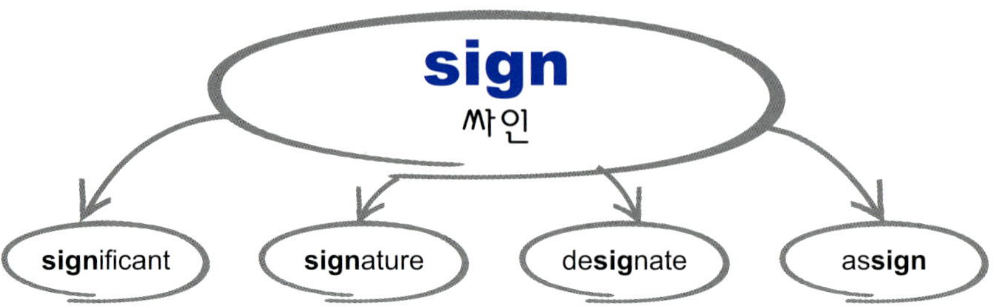

○ sign : '신호'라는 뜻의 어근입니다. 참고로 유명 인사들의 '싸인'은 autograph라고 하고, 계약서 따위에 '서명'하는 것이 sign입니다.

- **sign**ificant : 어떤 신호를(sign) 만드는(fic) ▷ **의미 있는, 중요한**
  [signífikənt]   – **a significant smile** 의미심장한 미소

- **sign**ature : 본인임을 표시하는(sign) ▷ **서명**
  [sígnətʃər]   – **his signature on the card** 카드 위의 그의 서명

- de**sign**ate : 표시(sign)를 해 두다 ▷ **나타내다, 지정하다**
  [dézignèit]   – **designated seats for the elderly** 경로 지정석

- as**sign** : ~에(a=to) 표시를 해서(sign) ▷ **할당하다, 주다**
  [əsáin]   *cf.* **assignment** 할당, 숙제
    – **assignment of the tasks** 과제의 할당

1. He played a limited but ____________ role in the project.
그는 그 프로젝트에서 제한적이지만 의미있는 역할을 했다.

2. Two copies were sent to him for his ____________.
서명을 위해 두 개의 사본이 그에게 보내졌다.

3. All of the rooms will be ____________d as offices.
모든 방이 사무실로 지정될 것이다.

4. The teacher ____________ed each student a different task.
선생님이 각각의 학생에게 다른 과제를 내주셨다.

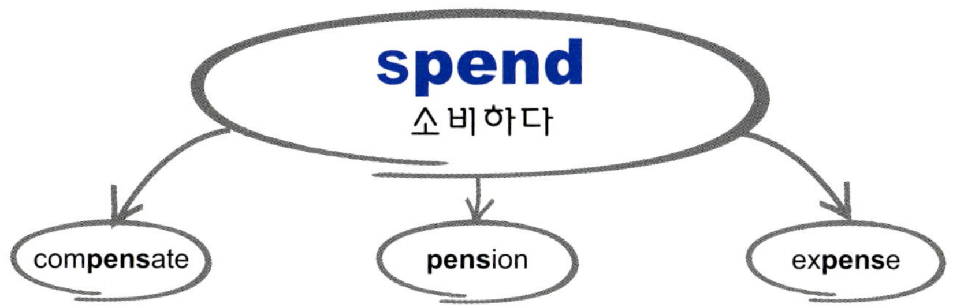

○ **pend** : spend는 돈을 지불하는(pend) 것이기 때문에 '쓰다, 소비하다'라는 뜻 입니다. pend가 '지불하다'라는 뜻의 어근이죠.

- **compensate** : 완전히 지불하다 ▷ **보상하다**
  [kámpənsèit]   – **compensate for the loss** 손실을 보상하다
  cf. **compensation** 보상

- **pension** : 정부에서 지급하는 ▷ **연금**
  [pénʃən]   – **a personal pension** 개인 연금

- **expense** : 지불해서(pend) 나가는(ex) 돈 ▷ **비용**
  [ikspéns]   – **school expenses** 학비
  cf. **expensive** 비용이 드는 ▷ 비싼
  – **expensive presents** 비싼 선물

1. You should claim ______________ for your lost eye.
당신은 한쪽 눈을 잃은 것에 대해 보상을 요구해야 한다.

2. He started to receive his __________ this year.
그는 올해 연금을 받기 시작했다.

3. Buying a bigger car doesn't always prove to be worth the ________.
더 큰 차를 사는 것이 항상 그 비용만큼의 가치가 있는 것으로 판명되지는 않는다.

4. We will __________ you for your extra work.
우리는 당신이 초과 근무한 것에 대해서 보상해 줄 것이다.

○ **spir** : 혼(魂)을 뜻하는 spirit에서 'spir'는 라틴어로 호흡, 즉 '숨'이란 뜻인데 숨쉬는 모든 것은 영혼을 가지고 있다는 맥락에서 생겨난 단어입니다.

- **aspire** : ~쪽으로(a=to) 정신이(spir) 쏠리다 ▷ **열망하다**
  [əspáiər]　– **aspire to be a great writer** 훌륭한 작가가 되기를 갈망하다

- **conspiracy** : 함께(con) 호흡을(spir) 맞추는 것 ▷ **음모**
  [kənspírəsi]　– **conspiracy to murder** 살인 음모

- **expire** : 숨이(spir) 몸 밖으로(ex=out) 빠져나가다 ▷ **끝나다, 기한이 만료되다**
  [ikspáiər]　*cf.* **expiry** 소멸, 만료
  　– **expiry date** 기한 만료일

- **inspire** : 몸속으로(in) 혼을(spir) 불어넣다 ▷ **영감을 주다, 고무시키다**
  [inspáiər]　– **the paintings inspired by Monet's work**
  　모네의 작품에 영향을 받은 그림들

1. Many people ___________ to go to the Baseball Hall of Fame.
   많은 사람들은 야구 명예의 전당에 가기를 열망한다.　　　*Hall of Fame 명예의 전당

2. They were charged with ___________ to murder.
   그들은 살인을 공모한 혐의로 기소되었다.　　　*charge A with B A를 B의 혐의로 고발하다

3. The landlord must offer a new lease before the old one ________s.
   땅주인은 이전 계약이 만료되기 전에 새로운 계약 조건을 제시해야 한다.　　*lease 임대차계약

○ **spon** : 무엇인가에 '응하다'라는 뜻의 어근입니다. sponsor는 도움 요청에 응하는(spon) 사람이죠. '보증인, 후원자'라는 뜻이 되었습니다.

- **respond** : 응하다 ▷ **응답하다** *cf.* **response** 응답, 반응
  [rispánd]   – **a conditioned response** 조건 반사

- **responsible** : ~에 응해야 하는 ▷ **책임이 있는** ↔ **irresponsible** 무책임한
  [rispánsəbəl]   – **be responsible for the accident** 그 사고에 책임이 있다
  cf. **responsibility** 책임

- **correspond** : 1. ~와 함께(co=together) 응답하다 ▷ **소식을 주고받다**
  [kɔ̀:rəspánd]   – **stop corresponding with a friend** 친구와의 연락을 끊다
      2. ~에 호응하다 ▷ **~에 일치하다, 어울리다**
      – **correspond to what he expected** 그가 예상한 것과 일치하다

- **spouse** : 지원(spous=spon)해 주는 사람 ▷ **배우자**
  [spaus]   – **Fill in your spouse's name here.**
      배우자의 이름을 여기 기입하세요.

1. It is the __________ of the court to judge that a person is guilty.
어떤 사람이 유죄라는 것을 판결하는 것이 법원의 책임이다.

2. Her white hat __________s with her black hair.
그녀의 흰 모자는 그녀의 검은 머리에 잘 어울린다.

3. Both __________s go out to work in most households in Korea.
한국의 대부분의 가정에서는 두 배우자 모두가 일을 하러 간다.

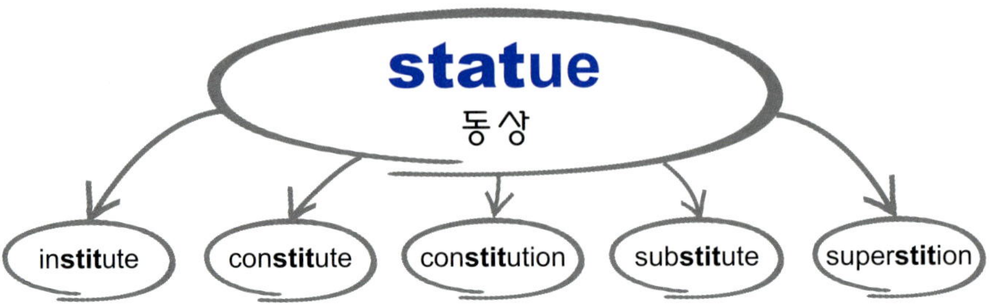

○ **stat** : 동상(statue)은 서(stand)있죠? 어근 stat은 stand의 뜻이며 stit으로 변형됩니다.

- **institute** : 안에(in) 들어가 서(stit) 있는 것 ▷ 여러 사람들로 구성된 ▷ **협회, 연구소**
  [ínstətʃùːt]
  – **a research institute** 연구소
  cf. **institution** 기관

- **constitute** : 함께(con) 서서(stit=stat) ▷ **구성하다**
  [kánstətʃùːt]
  – **constitute the European Union** 유럽연합을 구성하다

- **constitution** : 한 국가를 구성하는(constitute) 체계 ▷ **헌법**
  [kànstətʃúːʃən]
  – **the South Korean constitution** 남한의 헌법

- **substitute** : 누구 밑으로(sub) 들어가 서다(stit) ▷ **대신하다, 대체하다; 대용품**
  [sʌ́bstitjùːt]
  – **a sugar substitute** 설탕 대용품

- **superstition** : 사람들 위에(super) 서 있는(stit) 어떤 존재 ▷ **미신**
  [sùːpərstíʃən]
  – **a widespread superstition** 널리 퍼져 있는 미신

1. The under-20s ___________ nearly 35% of the city's population.
   20세 이하의 사람들이 도시 인구의 거의 35%를 구성한다. *population 인구

2. Butter can be ___________d with margarine.
   버터는 마가린으로 대체할 수 있다.

3. During this period ___________ prevailed over scientific thought.
   이 시기 동안에는 미신이 과학적 사고보다 우세했다.

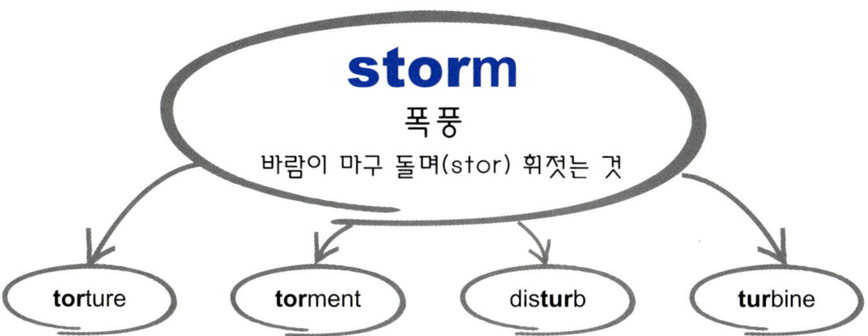

⊙ **stor** : storm은 바람이 돌며(stor) 휘젓는 '폭풍'이라는 뜻이죠. stor, tor, tur 는 모두 '마구 돌리다, 휘젓다'의 의미를 갖는 어근들입니다.

- **tor**ture   : 육체를 비틀다(tor) ▷ **고문하다; 고문**
  [tɔ́:rtʃər]   – **torture prisoners** 죄수들을 고문하다

- **tor**ment   : 육체를 비틀다(tor) ▷ **고통을 주다; 고통**
  [tɔ́:rment]   – **suffer torment** 고통을 겪다

- dis**tur**b   : 정신을 못 차리게(dis) 휘젓고 다니다(tur=tor)
  [distə́:rb]   ▷ **방해하다, 혼란스럽게 만들다**
    – **Don't disturb!** 방해하지 마시오!

- **tur**bine   : 프로펠러가 돌아가며(tur) 전기를 발생시키는 ▷ **원동기**
  [tə́:rbain]   – **a steam turbine** 증기 기관

1. The steam is used to drive a ______________ generating electric power.   그 증기는 전력을 생산하는 원동기를 구동하는 데 사용된다.

2. The noise ___________ed her sleep.   소음이 그녀의 잠을 방해했다.

3. I heard stories of terrible ___________ in prisons.
나는 감옥에서 행해진 끔찍한 고문에 대한 이야기를 들었다.

4. The accident left thousands of loved ones in ___________.
그 사고는 수천 명의 사랑하는 사람들을 고통 속에 빠뜨렸다.

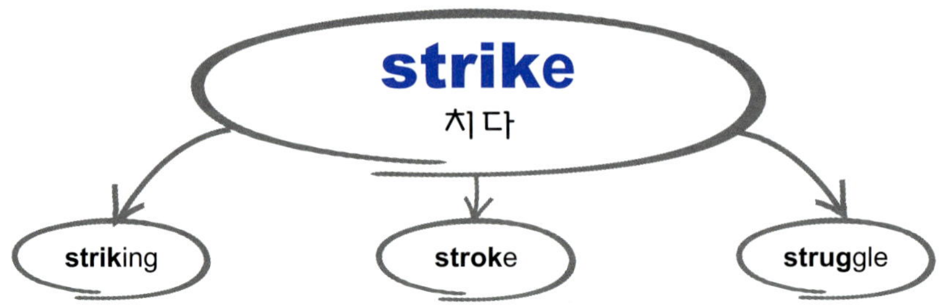

strik : '치다'라는 뜻을 가진 어근. strike는 명사로 '파업'이라는 뜻도 있지만 동사로는 '때리다, 치다'의 뜻을 갖습니다.

• **strik**ing : 치는(strike) ▷ 충격적인 ▷ **눈에 띠는**
[stráikiŋ]
　　– **a striking difference** 현저한 차이
　　cf. **strikingly** 두드러지게, 눈에 띄게

• **strok**e : **일격, 타격** ⇒ '뇌졸중'이란 뜻도 있음.
[strouk]
　　– **suffer a stroke** 발작[뇌졸증]을 겪다
　　– **a stroke of lightning** 번개의 일격

• **strug**gle : 치고 받고(strug=strike) 싸우다 ▷ **투쟁하다**
[strʌ́gəl]
　　– **struggle to win one's freedom** ~의 자유를 얻기 위해 투쟁하다

1. The deer __________d to get free of the trap.
그 사슴은 덫에서 벗어나려고 버둥거렸다.

2. The big tree was split by a __________ of lightning.
그 큰 나무가 번개의 일격으로 쪼개졌다.

3. The actress was __________ly beautiful.
그 여배우는 눈에 띄게 아름다웠다.

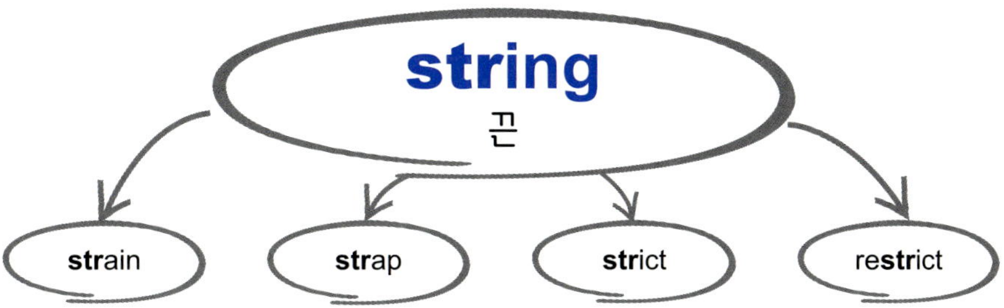

◐ str : 어근 str은 발음하면 앞으로 길게 뻗어나가는 느낌입니다. 그래서 string은 '끈, 줄, 실'등의 뜻을 가집니다.

- **strain** : 줄(string)을 ▷ (팽팽하게) **당기다; 긴장**
  [strein]   – **strain a wire** 철사를 잡아당기다

- **strap** : 줄(string)처럼 생긴 것 ▷ (가죽) **끈**
  [stræp]   – **a watch with a leather strap** 가죽 끈 달린 시계

- **strict** : 줄(string)로 묶어둔 ▷ 마음대로 못하게 하는 ▷ **엄격한**
  [strikt]   – **strict rules** 엄격한 규칙

- **restrict** : 다시(re) 줄(string)로 묶다 ▷ **옭아매다, 제한하다**
  [ristríkt]   – **restrict freedom of speech** 언론의 자유를 제한하다

1. You should learn to deal with the stresses and ___________s of public life.   당신은 공공생활의 스트레스와 긴장을 다루는 법을 배워야 한다.

2. In the __________ sense of the term, a true democracy has never existed.
엄격하게 말한다면 진정한 민주주의는 존재했던 일이 없다.

3. __________ any other user from using the services.
다른 사용자들이 그 서비스를 이용하는 것을 제한하라.

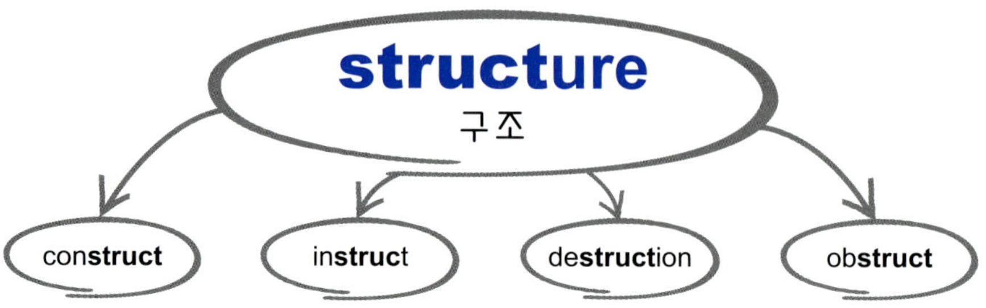

○ **struct** : '구조'를 뜻하는 structure의 어근 struct는 '쌓아올리다', 즉 build의 뜻을 가지고 있습니다.

• **con**struct
[kənstrʌ́kt]
: 여러 재료를 함께(con=together) 쌓아서(struct) ▷ **건설하다**
– **construct a new bridge** 새 다리를 건설하다
cf. **constructive** 건설적인

• **in**struct
[instrʌ́kt]
: 학생들 머릿속에(in) 지식을 쌓아주다(struct) ▷ **가르치다**
cf. **instructor** 강사   **instruction** 교육, 지시

• **de**struc**tion**
[distrʌ́kʃən]
: 쌓아올린 것(struct)을 아래로(de=down) 허물어뜨리다 ▷ **파괴**
– **the destruction of the rain forests** 열대 우림의 파괴
cf. **destroy** 파괴하다

• **ob**struct
[əbstrʌ́kt]
: ~에 맞서서(ob=agaist) 장애물을 쌓아올리다(struct) ▷ **막다, 방해하다**
– **You're obstructing my driveway.**
당신이 지금 내 길 막고 있잖아요.

1. The bridge was __________ed in 1984. 그 다리는 1984년에 건설되었다.

2. Tommy __________s the user how to operate the machines.
토미가 사용자들에게 기계를 작동시키는 방법을 지시한다.

3. Building roads results in the __________ of nature.
도로 건설은 결국 자연의 파괴로 귀결된다.

4. A fallen tree on the road __________ed traffic.
도로에 쓰러진 나무가 교통을 막았다.

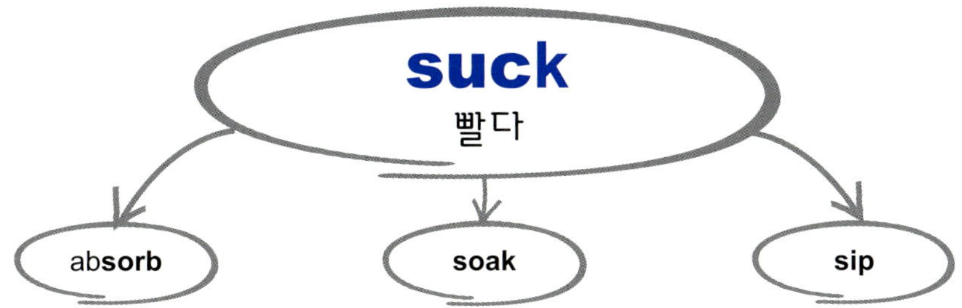

○ **suc** : '빨다'라는 뜻의 어근입니다. sorb, soak, sip의 형태로도 쓰입니다.

- **ab**sorb
  [əbsɔ́ːrb]
  : ~쪽으로(ab=to) 빨다(sorb=suck) ▷ **흡수하다**
  – **absorb radar signals** 레이더 신호를 흡수하다
  – **be absorbed in** ~에 열중하다, ~에 심취하다
  cf. **absorption** 흡수

- **soak**
  [souk]
  : 물을 빨아들이다 ▷ **물에 적시다, 젖다**
  – **soak a shirt in soapy water** 셔츠를 비눗물에 적시다

- **sip**
  [sip]
  : (물 따위를) **홀짝홀짝 마시다**
  – **sip wine at the bar** 술집에서 와인을 홀짝이다

1. He was too __________ed in his work to notice her come in.

그는 일에 너무 몰두해서 그녀가 들어오는 것을 알아차리지 못했다.

*too ~ to... 너무 ~해서 …하지 못하다

2. The rain __________ed my shirt.

비가 내 셔츠를 적셨다.

3. The tea was very hot, so he __________ped it slowly.

차가 너무 뜨거워서, 그는 그것을 천천히 홀짝이며 마셨다.

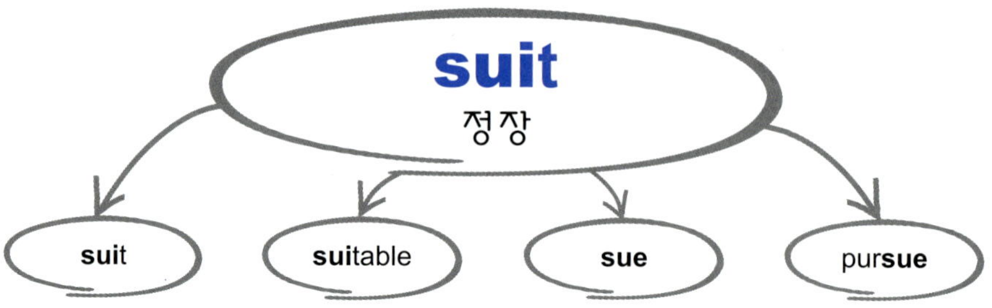

○ **sui** : '정장'을 뜻하는 suit의 sui는 '따라가다', 즉 follow의 뜻을 가진 어근입니다. 정장이라고 하는 것은 결국 상의의 색깔이나 스타일을 하의가 '따라가는' 것 아니겠어요?

- **sui**t : 1. **정장**
  [súːt]
  2. 재판 절차를 따라가는 것 ▷ **소송** ⬗ lawsuit이라고도 함.
  – **a civil suit** 민사 소송
  3. ~에 잘 따라가다(suit) ▷ **어울리다**

- **sui**table : ~에 따라가는(suit) ▷ **어울리는, 알맞은**
  [súːtəbəl]
  – **a suitable place for a picnic** 소풍에 적당한 장소

- **sue** : **소송을 제기하다** ⬗ suit의 동사형.
  [suː]
  – **sue him for damages** 그에게 피해에 대한 소송을 제기하다

- pur**sue** : 앞으로(pur=pro) 따라가다(sue=follow) ▷ **추구하다**
  [pərsúː]
  cf. **pursuit** 추구

1. He filed a __________ against his employer for getting fired.
그는 해고당한 것에 대해 고용주를 상대로 소송을 했다.
**file a suit against* ~을 상대로 소송을 걸다*

2. She may well __________ her husband for divorce.
그녀가 남편에게 이혼 소송을 제기할 만하다.　　　**may well* ~하는 게 당연하다*

3. She __________d her own business interests.
그녀는 자신의 사업적 이익을 추구했다.

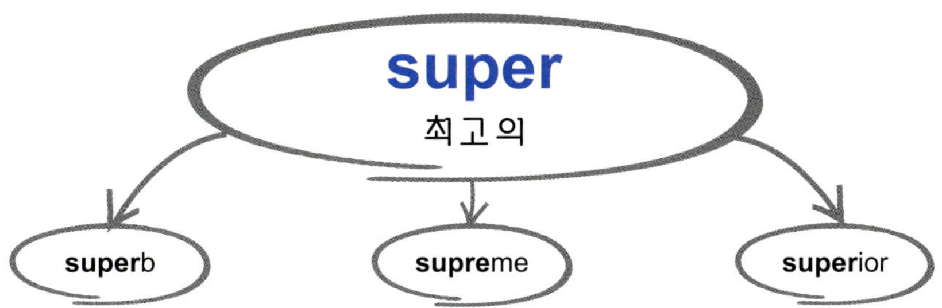

◗ **super** : 말 그대로 '뛰어난, 더 나은'이라는 뜻의 어근.

- **superb**　: 월등한 ▷ **훌륭한, 멋진**
  [supə́ːrb]　　　– **a superb goal** 아주 멋진 골

- **supreme**　: 월등한 ▷ **최고의, 가장 중요한**
  [səpríːm]　　　– **a supreme court** 대법원

- **superior**　: 더 뛰어난(super) ▷ **더 월등한** ↔ **inferior** ~보다 못한, 열등한
  [səpíəriər]　　　– **superior intelligence** 월등한 지능

1. The hotel offers ___________ views of the fall.
그 호텔은 폭포의 멋진 경관을 제공한다.

2. Losing weight requires ___________ effort and will.
살을 빼는 것은 최상의 노력과 의지를 필요로 한다.

3. Breast-feeding is ___________ to bottle-feeding.
모유 수유가 우유로 키우는 것보다 월등히 더 좋다.　　　　***breast-feed** 모유로 기르다

4. We can purchase ____________ products at very low prices from
him. 우리는 그로부터 하급품을 매우 싼 가격에 구입할 수 있다.

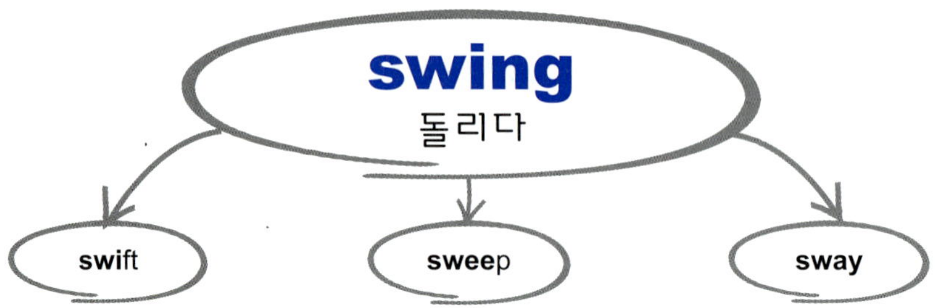

◐ swing : '돌리다'라는 뜻의 어근입니다.

- **swi**ft : 방망이를 돌리듯(swi) ▷ **빠른** *cf.* **swiftly** 빨리
  [swift]   – **move swiftly** 신속하게 움직이다

- **swee**p : 방향을 이리저리 돌리며(swee=swing) ▷ (빗자루로) **쓸다**
  [swiːp]   – **sweep the floor** 마루를 쓸다
           cf. **sweeping** 일소하는, 광범위한

- **sway** : 방망이 돌리듯(sway) ▷ **이리저리 흔들다**
  [swei]   – **sway one's hips** 엉덩이를 흔들다

1. The branches are ___________ing in the wind.
   나뭇가지가 바람에 흔들리고 있다.

2. The ___________ing beautiful mountain view made the hard climb
   worthwhile. 모든 것을 일소하는 아름다운 산의 경치가 힘든 등반을 가치 있게 만들었다.
   *worthwhile ~할 보람이 있는

3. Thank you for your ___________ reply.
   신속한 답변에 감사드립니다.

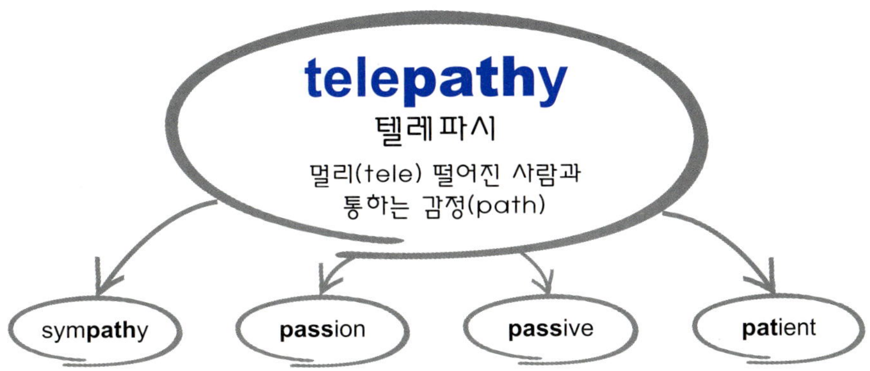

○ **path** : 멀리(tele) 떨어진 사람과 통하는 감정(path)이 바로 텔레파시죠. path 는 이렇듯 '감정'이라는 뜻을 가진 어근입니다.

- **sympathy**: 똑같이(sym=same) 느끼는 감정(path) ▷ **동정심**
  [símpəθi]　　　– **feel sympathy for the poor** 가난한 사람들에게 동정을 느끼다
  　　　　　　　cf. **sympathetic** 동정하는　**sympathize** 동정하다, 공감하다

- **passion**　: 감정(pass=path) ▷ **열정**　*cf.* **passionate** 열정적인
  [pǽʃən]　　　– **his passionate performance** 그의 열정적 공연

- **passive**　: 감정을(pass) 삭이는 ▷ **수동적인**　*cf.* **passively** 수동적으로
  [pǽsiv]　　　– **the dangers of passive smoking** 간접 흡연의 위험성

- **patient**　: 1. 감정을 삭이는 ▷ **참을성 있는**　*cf.* **patience** 인내심, 끈기
  [péiʃənt]　　　– **infinite patience** 무한한 인내심
  　　　　　　2. 참을성 있게(pat=path) 견디는 사람들 ▷ **환자**

1. My ___________ for books continued throughout my life.
책에 대한 내 열정은 일생동안 계속되었다.

2. Be ___________, and wait till I'm finished.
내가 일을 끝낼 때까지 인내심 있게 기다려라.

3. The man tends to wait ___________ for his master to tell him what to do. 그 사람은 주인이 그에게 할 일을 시키기를 수동적으로 기다리는 경향이 있다.

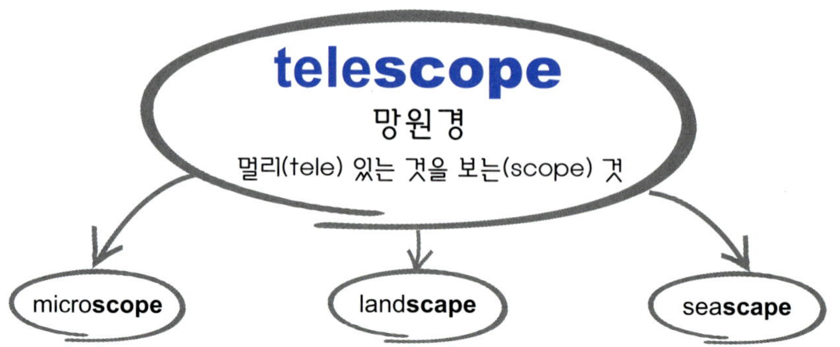

○ **scope** : '보다'라는 뜻의 어근. telescope는 멀리(tele)있는 것을 보게(scope) 해 주는 '망원경'이라는 뜻입니다.

*astronomical telescope 천체 망원경

• **microscope** : 아주 작은 것(micro)을 보게(scope)해 주는 ▷ **현미경**
[máikrouskòup] – **examine under a microscope** 현미경으로 검사하다

• **landscape** : 땅(land)에 펼쳐져 볼(scape=scope) 수 있는 ▷ **풍경**
[lǽndskèip] – **a rural landscape** 시골 풍경

• **seascape** : 바다(sea)의 모습이 펼쳐져 보이는(scape) 것 ▷ **바다의 경치**
[síːskèip]

1. Even a powerful radio ____________ in England failed to detect the sign. 영국의 강력한 전파 망원경조차도 그 신호를 탐지하는 데 실패했다.

*radio 전파

2. The scientist looked at the samples under the __________ .
그 과학자는 현미경으로 표본들을 관찰했다.

3. Jan van Goyen is a Dutch __________ painter.
얀 반 고엔은 네덜란드의 풍경화가이다.

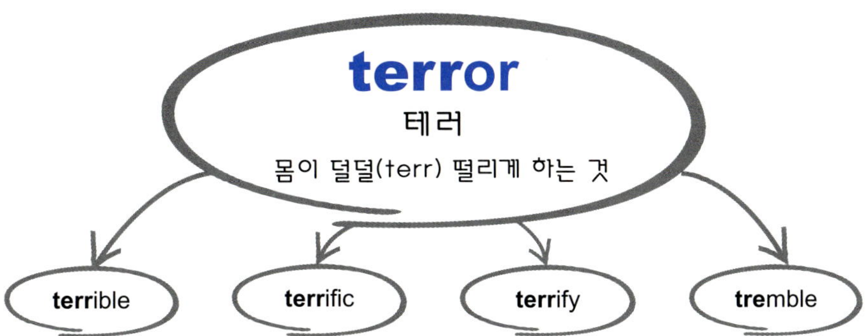

◆ **terr** : 어근 terr는 몸을 '덜덜' 떠는 모습을 나타냅니다. terror는 그래서 '공포'라는 뜻이 됩니다.

- **terr**ible : 몸이 떨릴(terr) 정도로 ▷ **무서운, 끔찍한**
  [térəbəl]
  – **a terrible accident** 끔찍한 사고

- **terr**ific : 몸이 떨릴(terr) 정도로 ▷ 강렬한 느낌을 주는 ▷ **아주 멋진**
  [tərífik]
  – **She looked terrific in that dress.**
  그 옷을 입은 그녀는 정말 멋져 보였다.

- **terr**ify : **공포에 질리게 하다** *cf.* terrified 겁에 질린
  [térəfài]
  – **terrified hostages** 겁에 질린 인질들

- **tre**mble : **떨다**(tre=terr)
  [trémbəl]
  – **tremble with fear** 두려움에 떨다

1. The old man collapsed upon hearing the __________ news.
그 끔찍한 소식을 듣자마자 노인은 쓰러졌다.   *collapse 무너지다, 실신하다

2. I found your web site __________ today.
나는 오늘 당신의 웹사이트가 아주 멋지다는 것을 알았다.

3. When you have to give a speech, you may be __________.
연설을 해야만 할 때 당신은 겁에 질릴 수도 있다.

4. When she came out of the swimming pool, she __________d
from the cold. 수영장 밖으로 나와서, 그녀는 추위로 떨었다.

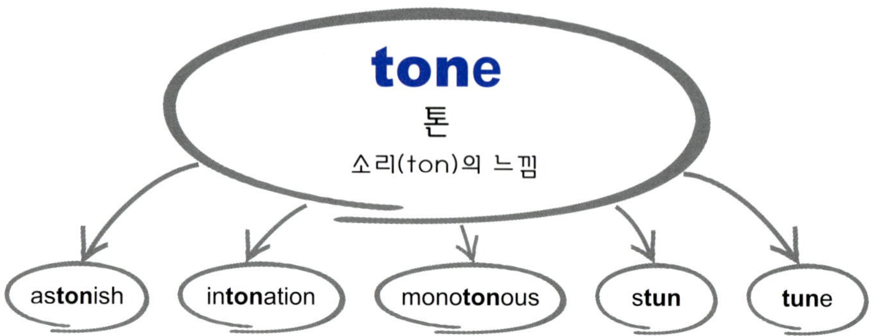

ton : '소리'를 뜻합니다. tone은 소리(ton)의 느낌, 즉 '어조, 음색'의 뜻이죠.

- **astonish**
  [əstániʃ]
  : 입 밖으로(as=ex=out) 소리(ton=tone)를 낼 정도로 ▷ **놀라게 하다**
  – **an astonishing news** 놀라운 뉴스

- **intonation**
  [ìntənéiʃən]
  : 목소리 톤(ton=tone)이 들어가 있는(in) ▷ **억양**
  – **a rising intonation** 올라가는 억양

- **monotonous**
  [mənátənəs]
  : 한 가지(mono) 소리(ton=tone)만 계속 나는 ▷ **단조로운**
  – **a monotonous job** 단조로운 일

- **stun**
  [stʌn]
  : 소리(tun=ton)도 안 나올 정도로 ▷ **멍하게 만들다, 기절시키다**
  – **I'm too stunned to speak.** 너무 기가 막혀서 말이 안 나온다.

- **tune**
  [tʃuːn]
  : 소리(tun=ton)의 조화 ▷ **선율, 가락**
  – **sing in tune** 가락에 맞춰 노래 부르다

1. The trainer was ___________ed by the speed of his recovery.
코치는 그의 회복 속도에 놀랐다.

2. His words ___________ned me. 그의 말이 나를 멍하게 만들었다.

3. Life in a small town is ___________. 작은 마을에서의 삶은 단조롭다.

4. Her ___________ and speech patterns are quite masculine.
그녀의 억양과 말투는 매우 남성적이다.

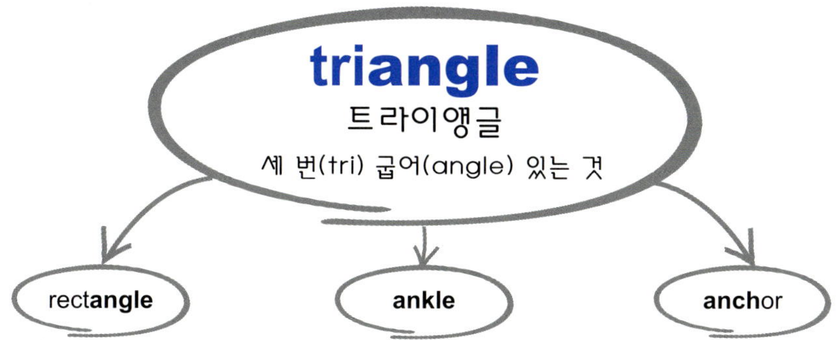

◐ **angle** : triangle은 '삼각형'이란 뜻이죠? tri는 three에 해당하고 angle은 '각, 모서리', 즉 '굽은 곳'을 의미합니다.

- **rectangle** : 네모난(rect) 각(angle) ▷ **직사각형**
  [réktæŋgl] **cf. rectangular** 직사각형의

- **anchor** : 구부러진(anch=angle) 쇳덩이 모양이므로 ▷ **배의 닻**
  [æŋkər] ◐ 닻은 배가 움직이지 않고 한 자리를 지키도록 하는 것. 뉴스 앵커 역시 뉴스를 처음
  부터 끝까지 데스크에 앉아 지키기 때문에 anchor라고 부른다.
  – **drop anchor and stop** 닻을 내리고 멈추다

- **ankle** : 잘 구부러지는 부분(ankle=angle) ▷ **발목**
  [æŋkl] – **twist my ankle** 내 발목을 삐다

---

1. The sailors dropped __________ and stopped their ship.
선원들은 닻을 내리고 배를 정박시켰다.

2. He slipped, fell, and sprained his __________.
그는 미끄러져 넘어져서 발목을 삐었다. *sprain (발목·손목을) 삐다

3. Cut four small __________s from the bottom of the carton.
상자 바닥에서 작은 네 개의 직사각형을 잘라라. *carton 큰 판지 상자

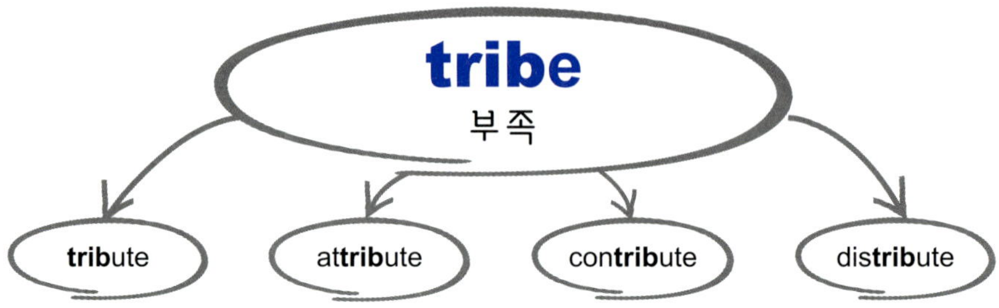

○ **trib** : tribe는 '부족'이라는 뜻입니다. 고대 로마에서 국민을 세 등급(tri=three) 으로 나누었던 데서 유래했습니다.　　*Native American tribes 아메리카 토착 부족

- **trib**ute　　: 부족(tribe)들이 바치던 ▷ **공물, 증정물**
  [tríbjuːt]　　– **a floral tribute** 헌화
  　　◖◗ tribute는 어근으로 '주다, 돌리다'의 뜻을 갖게 됨.

- **attrib**ute　　: 원인을 ~쪽으로(a=to) 돌리다(tribute) ▷ **~탓으로 돌리다**
  [ətríbjuːt]　　– **attribute the failure to bad luck** 실패를 나쁜 운 탓으로 돌리다

- **contrib**ute　　: 함께(con=together) 거들어 주다(tribute) ▷ **기여하다, 공헌하다**
  [kəntríbjut]　　– **contribute to the local economy** 지역 경제에 기여하다

- **distrib**ute　　: 따로따로 나눠(dis=apart) 주다(tribute) ▷ **분배하다**
  [distríbjuːt]　　– **distribute pamphlets to the audience**
  　　청중에게 팸플릿을 배포하다
  　　cf. **distribution** 분배

1. He __________s his success to hard work.
그는 성공을 열심히 일한 덕분으로 돌렸다.

2. All artists __________ to better lives for everyone.
모든 예술가들은 모두의 보다 나은 삶에 기여한다.

3. Personal information should not be __________d without control.
개인 정보가 통제 없이 배포되어서는 안 된다.

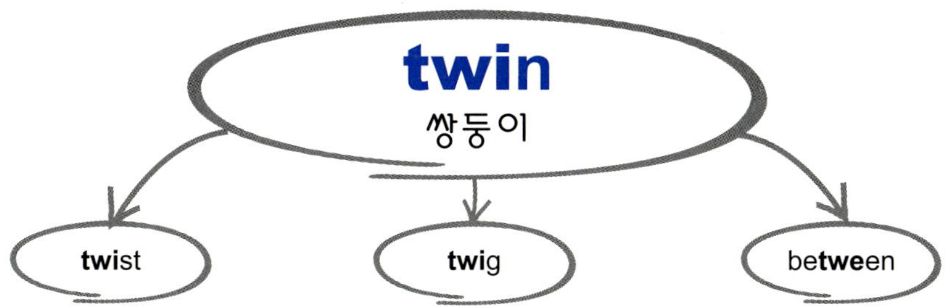

○ twi : 둘을 뜻하는 어근입니다. 쌍둥이는 둘(two)이 똑같죠? identical twins라고 하면 '일란성 쌍둥이'라는 뜻입니다.

- **twist** : 기다란 줄 두 개(twi)로 ▷ **꼬다**
  [twist] – **twist one's arm behind one's back** 팔을 등 뒤로 비틀다

- **twig** : 두 갈래로(twi) 나눠지는 ▷ **작은 가지**
  [twig] – **dry twigs** 마른 나뭇가지

- **between** : 둘(twe=two) 모두의 옆(be=by)에 있는 ▷ **~사이에**
  [bitwíːn] – **This is just between you and me.** 이거 너하고 나만의 비밀이야.

1. The road __________s and turns.
그 길은 꼬이고 휘어 있다.

2. As the __________ is bent, so grows the tree.
나무는 나뭇가지가 굽은 대로 자란다. → 〈속담〉 될성부른 나무는 떡잎부터 알아본다.

3. __________ ourselves, Ken's party was so boring.
우리끼리니까 하는 말인데, 켄이 연 파티는 정말 지루했어.

Unit 105 : val _ 가치 > vail

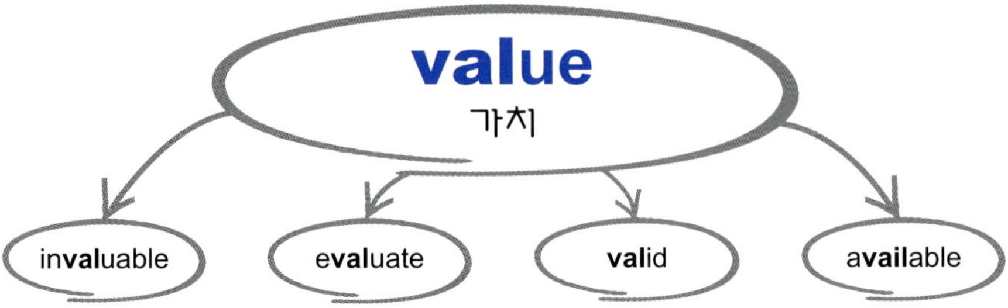

val : '가치'라는 뜻의 어근입니다. vail로도 쓰입니다.

- **invaluable** : 가치(value)를 따질 수 없는(in) ▷ **아주 소중한**
  [invǽljuəbəl]
  ···▸ valuable의 반대말이 아님에 유의.
  – **invaluable experience** 값을 따질 수 없는 경험
- **evaluate** : 가치를(val) 밖으로(e=ex) 공개하다 ▷ **평가하다**
  [ivǽljuèit]
  – **evaluate the data** 자료를 평가하다
- **valid** : 가치(val)가 있는 ▷ **유효한** ↔ **invalid** 효력을 상실한
  [vǽlid]
  – **a bus pass valid for one day** 하루 동안만 유효한 버스표
- **available** : ~에(a=to) 가치(vail=val)가 있는 ▷ 쓸모 있는 ▷ **이용 가능한**
  [əvéiləbəl]
  – **the information available to parents**
  부모들이 이용할 수 있는 정보

1. The results of each student are ___________d twice a year.
각 학생들의 결과물은 일 년에 두 번 평가를 받는다.

2. There aren't many jobs ___________ right now.
지금 바로 구할 수 있는 일은 많지가 않다.

3. Your passport is ___________ for another year.
당신의 여권은 일 년 더 유효하다.

4. The Internet will be an ___________ resource for people.
인터넷은 사람들에게 매우 소중한 자원이 될 것이다.

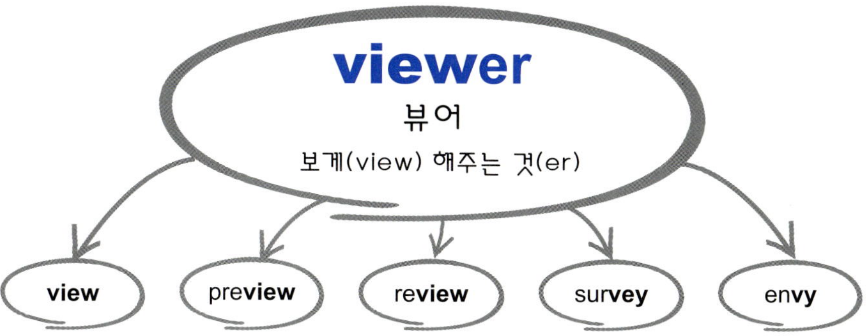

◑ view : 우리가 흔히 말하는 '인터뷰'의 '뷰(view)가 '보다'라는 뜻입니다. 영어로 'see'의 의미이죠. vey의 형태로도 변합니다.

- **view** : 보는 것 ▷ **전망, 시각**
  [vju:] — **point of view** 관점

- **preview** : 미리(pre) 보다(view) ▷ **예습; 예습하다**
  [príːvjùː] — **preview a chapter** 한 과를 예습하다

- **review** : 다시(re) 보다(view) ▷ **복습; 복습하다**
  [rivjúː] — **review the last lesson** 지난 수업을 복습하다

- **survey** : 위에서(sur=over) 아래를 살펴보다(vey=view) ▷ **조사; 조사하다**
  [səːrvéi] — **according to the survey** 조사에 의하면

- **envy** : 어떤 대상에(en=on) 시선(vy=view)을 던지다 ▷ **부러워하다**
  [énvi] — **envy one's ability** ~의 능력을 부러워하다
  cf. **envious** 부러워하는

1. Their __________ of the company shows that it is in trouble now.
회사에 대한 그들의 조사는 그 회사가 지금 어려움에 처해있다는 사실을 보여준다.

2. We __________ed the last lesson and started a new one.
우리는 지난 단원을 복습하고 새 단원을 공부했다.

3. The teacher __________ed the course for us.
선생님께서 우리를 위해 그 강좌를 개관해 주셨다.

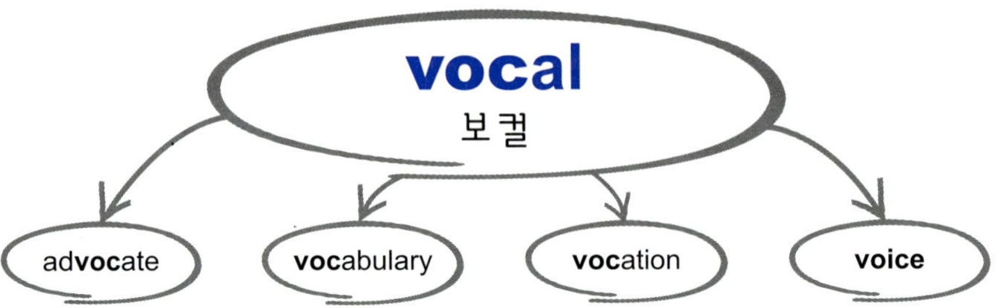

○ **voc** : 밴드 멤버 중 노래를 담당하는 사람을 vocal이라고 하죠? 어근 'voc'은 사람이 내는 소리를 뜻합니다.

- **ad**voc**ate**
  [ǽdvəkit]
  : ~편에서(ad) 목소리를 내(voc) 거들다 ▷ **옹호하다, 변호하다; 옹호자**
  – **advocate peace** 평화를 지지하다

- **voc**abulary
  [voukǽbjəlèri]
  : 목소리(voc)가 내는 ▷ 단어 ▷ **어휘**
  – **a wide English vocabulary of English** 풍부한 영어 어휘

- **voc**ation
  [voukéiʃən]
  : 신의 목소리(voc) ▷ 신의 명령에 의한 일 ▷ **천직, 직업**
  – **vocational training** 직업 훈련

- **voice**
  [vɔis]
  : **목소리**(voic=voc)
  – **a man with a soft voice** 부드러운 목소리를 가진 남자

1. He's an ____________ of state ownership of the railways.
그는 철도의 국유화를 옹호하는 사람이다.   *****state** 주(州), 국가

2. Improve your ____________ with this very book – a new word each day. 바로 이 책으로 당신의 어휘를 개선하세요; 하루에 새로운 단어 하나씩.

3. He regards his work as a ____________, not just a job.
그는 자신의 일을 그냥 직업이 아니라 천직이라고 여긴다.

Unit 108 : wil _ 바라다 > vol

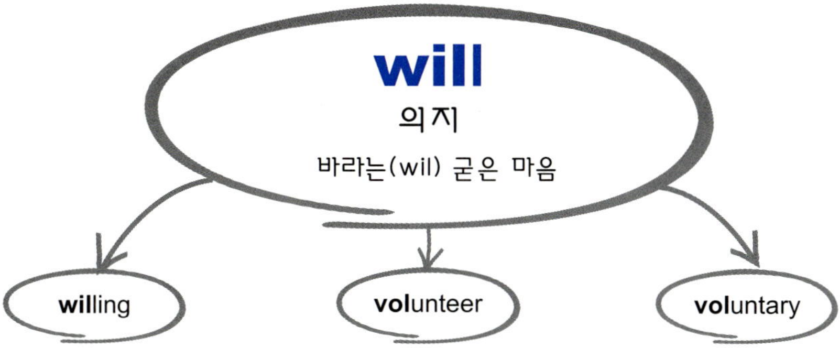

wil : '바라다'라는 어근에서 will이 '의지'라는 뜻이 되었습니다. good will이라고 하면 '선의'라는 뜻입니다.

- **willing** [wíliŋ] : 기꺼이 하는
  - **be willing to** 기꺼이 ~하다
  - **a willing volunteer** 기꺼이 지원하는 사람
  - *cf.* **willingly** 기꺼이 ↔ **unwillingly** 마지못해(= reluctantly)
- **volunteer** [vɑ̀ləntíər] : 자기가 바래서(vol=will) 하다 ▷ 자원하다; 자원봉사자
  - **No volunteers came forward.** 어떤 자원자도 앞으로 나오지 않았다.
- **voluntary** [vɑ́ləntèri] : 스스로 바라기(vol) 때문에 하는 ▷ 자발적인 ↔ **involuntary** 비자발적인
  - **voluntary agreement** 자발적 동의
  - *cf.* **voluntarily** 자발적으로

1. The doctor needed 100 healthy __________s for the test.
의사는 실험을 위해 100명의 건강한 자원봉사자들이 필요했다.

2. Jane does __________ service for the Red Cross on weekends.
제인은 주말에 적십자사를 위해 자원봉사 일을 한다.

3. I __________ agreed to the plan.
나는 마지못해 그 계획에 동의했다.

4. I'm __________ to help your research.
기꺼이 너의 연구를 돕겠다.

○ **wis** : wis는 '보다'라는 뜻의 어근입니다. wise는 사물을 꿰뚫어 보는(wis)것이므로 '지혜로운'이라는 뜻이 되었습니다.

- **wit**
  [wit]
  : 지혜로운(wise) ▷ **재치**
  – **a man of great wit** 재치가 많은 사람
  cf. **witty** 재치 있는

- **witness**
  [wítnis]
  : 사건을 보다(wit=wis) ▷ 1. **목격하다**   2. **증인**
  – **witness the accident** 사건을 목격하다
  – **witnesses to the incident** 그 사건의 목격자들

- **wizard**
  [wízərd]
  : 원래 현명한(wiz=wise) 사람 ▷ 통달한 사람 ▷ **마법사, 귀재**
  – **a computer wizard** 컴퓨터의 귀재

1. She is __________ and pretty.
그녀는 재치 있고 예쁘다.

2. Two __________es to the accident contacted the police.
그 사고의 목격자 두 명이 경찰에게 연락했다.

3. Some __________s are believed to become ghosts after they die.
어떤 마법사들은 죽은 뒤에 유령이 된다고 믿어진다.

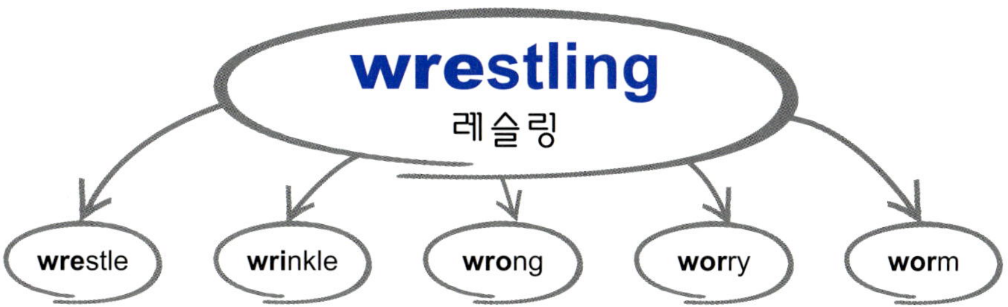

○ **wre** : 레슬링(wrestling)은 서로 엉겨서 상대를 바닥에 먼저 쓰러뜨리는 사람이 이기는 경기죠? wre는 '엉긴, 꼬인' 즉 'twist'의 뜻을 가진 어근입니다.

- **wre**stle : (문제, 어려움 등과) **맞서 싸우다**
  [résəl] – **wrestle with the problem** 그 문제로 씨름하다

- **wri**nkle : 살이 서로 엉긴(wri=wre) ▷ **주름**
  [ríŋkəl] – **wrinkles around one's eyes** ~의 눈가의 주름

- **wro**ng : 일이 꼬인(wro=wre) ▷ **잘못된**
  [rɔ:ŋ] – **the wrong answer** 오답

- **wor**ry : 머릿속을 꼬이게(wor=wre) 하는 ▷ **걱정거리; 걱정시키다, 걱정하다**
  [wə́:ri] – **worry about exams** 시험에 대해 걱정하다

- **wor**m : 꾸불꾸불(wor) 기어가는 ▷ **벌레**
  [wə:rm] – **apples full of worms** 벌레 가득한 사과

1. Our town needs to __________ with many issues related to life.
우리 마을은 생활과 관련된 많은 현안들과 씨름할 필요가 있다.

2. As skin ages, we develop __________s.
피부가 나이가 들면서 주름이 생기게 된다.

3. You must have dialed the __________ number.
당신 전화를 잘못 거셨군요!   *must have p.p. ~했음에 틀림없다

중요 어원 102

- **caut**ious : 소리(caut=cous)에 민감한 ▷ **주의 깊은, 조심하는**
  [kɔ́ːʃəs]   – **a more cautious approach** 보다 신중한 접근
  cf. **caution** 주의

- **precaut**ion : 미리(pre) 조심하는 것(caution) ▷ **예방책**
  [prikɔ́ːʃən]   – **precautions against fire** 화재 예방책

*be apt to ~하기 쉽다

- **att**itude : 상황에 적절한(att=apt) ▷ **몸가짐, 태도**
  [ǽtitʃùːd]   – **a change of attitude** 태도의 변화

- **ad**ap**ter** : 전압을 기기에 맞게(ad=to) 적절히(apt) 맞춰주는 기기 ▷ **어댑터**
  [ədǽptər]   – **a wireless adapter** 무선 어댑터

1. You should take __________s to protect your skin from the sun.
   당신은 태양으로부터 피부를 보호하기 위해 예방책을 취해야 한다.

2. The boss was very __________ in his response to the report.
   사장은 그 보고서에 대한 반응에 있어 아주 신중했다.

3. Your __________s toward seniors have to be changed.
   연장자들에 대한 당신의 태도는 변해야 한다.

- **band**age : 다친 부위를 묶는 ▷ **붕대; 붕대로 감다**
  [bǽndidʒ]   – **wrap a bandage around an injured part** 부상 부위에 붕대를 감다
- **bind** : **묶다, 속박하다**
  [baind]   – **bind up his wounds** 그의 상처 부위를 묶다
  cf. **be bound to** 반드시 ~하게 되어 있다

- **bare**ly : 거의 없는(bare) ▷ **겨우, 가까스로**
  [bɛ́ərli]   – **a barely audible whisper** 거의 들리지 않는[가까스로 들리는] 속삭임
- **barr**en : 땅에 초목이 거의 없는(bare) ▷ **황폐한, 불모의**
  [bǽrən]   – **a remote and barren island** 외딴 불모의 섬

1. He hurt his leg and could __________ walk.
   그는 다리를 다쳐서 거의 걸을 수가 없었다[가까스로 걸었다].

2. Don't __________ the wound too tightly.
   상처 부위를 붕대로 너무 꽉 묶지 마라.

3. An animal is __________ to depend on plants for its food.
   동물은 먹이감으로 식물에 의존하게 되어 있다.

4. We drove through a __________ desert.
   우리는 불모의 사막을 운전해 지나갔다.

- **bit**
  [bit]
  : 물어뜯은 ▷ **작은 조각**
  – **bits of broken glass** 깨진 유리 조각들

- **bait**
  [beit]
  : 물고기가 무는 ▷ **미끼**
  – **The fish took the bait.** 물고기가 미끼를 물었다.

- **bride**
  [braid]
  : 장차 결혼해서 빵을 구워줄 사람 ▷ **신부**
  – **a toast to the bride and groom** 신랑 신부를 위한 축배
  cf. **bridegroom** 신랑(= groom)

- **breed**
  [briːd]
  : 1. 빵을 먹여 ▷ **키우다**
  – **breed as hunting dogs** 사냥개로 키우다
  2. (가축의) **품종**
  – **rare breeds** 희귀 품종

1. He is digging up earthworms to use for ___________.
그는 미끼로 사용할 지렁이를 파내고 있다.　　　　　　　　　　*earthworm 지렁이

2. The _______________ and groom posed for pictures outside the
building. 신랑과 신부는 건물 밖에서 사진 찍을 자세를 취했다.

3. Familiarity __________ contempt.
친숙함은 경멸을 키운다. → 〈속담〉 친할수록 예의를 지켜라.

- **bir**th : 엄마 몸속에 가지고 다니다가(bir=bear=fer=carry) ▷ **탄생, 출생**
  [bə:rθ]   – **birthrate** 출산율
- **bur**den : 어깨에 메고 옮기는(bur=bear=fer) ▷ **짐, 부담**
  [bə́:rdn]   – **a heavy burden** 무거운 짐

- **com**panion : 함께(com) 빵(pan) 먹는 사람들 ▷ **친구, 벗**
  [kəmpǽnjən]   – **a traveling companion** 여행 친구
- ac**com**pany : 동무(company)가 가는 쪽으로(ac=to) ▷ **동행하다**
  [əkʌ́mpəni]   – **be accompanied by an adult** 어른을 동반하다

1. The cat has been her constant __________.
고양이는 그녀의 변함없는 동반자였다.

2. The little horse struggled under its heavy __________.
그 작은 말은 무거운 짐을 지고 버둥거렸다.

3. Please write down your name and date of __________ here.
여기에 당신의 이름과 생년월일을 적어 주세요.

4. Children under the age of 11 must be __________ by an adult.
11세 미만의 어린이들은 어른과 동행해야 합니다.

*함께(com) 생각하는(pute) 것

- **dispute** : 서로 동떨어진(dis=away) 생각(pute) ▷ **논쟁, 분쟁; 논쟁하다**
  [dispjúːt]   – **a border dispute** 국경 분쟁

- **reputation** : 다른 사람들로 하여금 다시(re) 생각나게 하는(put) ▷ **명성, 평판**
  [rèpjətéiʃən]   – **build a world-wide reputation** 세계적 명성을 쌓다

*on the contrary 반면에

- **contradictory** : 반대되는(contra=against) 이야기를 하는(dict) ▷ **모순된**
  [kàntrədíktəri]   – **contradictory statements** 모순되는 진술

- **encounter** : 반대쪽에서(counter) 보다 (en: 동사형 접두사)
  [enkáuntər]   ▷ **마주치다, 만나다; 만남, 조우**

1. We couldn't settle the __________ over our working conditions.
   우리들은 우리의 근무 조건에 대한 논쟁을 해결할 수 없었다.

2. He has a world-wide __________ as a doctor.
   그는 의사로서 세계적 명성을 가지고 있다.

3. Our troops ______________ed the enemy at the river and fought
   them.   우리 부대는 강에서 적과 마주쳐 전투를 벌였다.

4. He got two pieces of ______________ advice.
   그는 두 개의 모순되는 충고를 받았다.

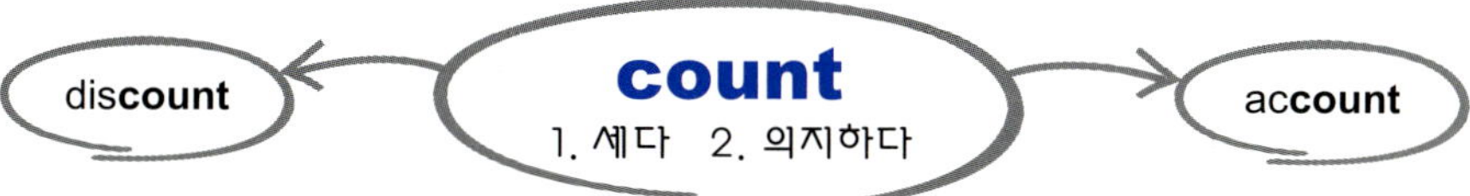

- **discount** : 마이너스로(dis=not) 계산하다(count) ▷ **할인; 할인하다**
  [dískaunt] – **a cash discount** 현금 할인

- **account** : 1. **계산, 셈**(count)
  [əkáunt] – **take into account** 셈에 넣다 ▷ 고려하다
      – **account for** ~에 대해 설명하다 ◉ 계산의 과정을 보여준다는 의미에서.
  2. **은행의 계좌**
      – **a bank account** 은행 계좌

- **courteous** : 궁정(court)의 격에 맞는(eous) ▷ **예의바른**
  [kɔ́:rtiəs] – **a courteous hotel staff** 예의바른 호텔 직원

- **courtesy** : 예의바른(courteous) 상태(y) ▷ **예의바름, 공손함**
  [kɔ́:rtəsi] – **common courtesy** 기본 예의

1. The young man was friendly and ___________.
그 젊은이는 다정하고 예의발랐다.

2. Train ___________s are available only for people over 65.
기차 할인은 65명 이상의 사람들에게만 유효하다.

3. Before making a speech, you should take the audience's age into
___________ **first.** 연설을 하기 전에 너는 청중의 나이를 먼저 고려해야 한다.

- **discover** : 덮개(cover)를 ～로부터(dis=from) 떼어내다 ▷ **발견하다**
  [diskʌ́vər]   – **discover Pluto** 명왕성을 발견하다
      cf. **discovery** 발견

- **recover** : 파낸 곳을 다시(re=again) 덮다(cover) ▷ **복구하다, 회복시키다**
  [rikʌ́vər]   – **recover consciousness** 의식을 회복하다
      cf. **recovery** 회복

- **culture** : 땅을 경작하다(cult) ▷ 갈고 닦는 것 ▷ **교양, 문화**
  [kʌ́ltʃər]   *cf.* **cultural** 문화의, 문화적인
      – **cultural differences** 문화적 차이

- **agriculture** : 밭(agri=acre)을 경작하는(cult) 행위(ure) ▷ **농업**
  [ǽgrikʌ̀ltʃər]   – **urban agriculture** 근교 농업

1. He has ___________ed from the flu.   그는 독감에서 회복되었다.

2. Many foreigners are studying modern Korean language and
___________. 많은 외국인들이 현대 한국의 언어와 문화를 공부하고 있다.

3. Those days most people were engaged in ___________ and fishing.
그 당시에는 대부분의 사람들이 농업과 어업에 종사했다.   *be engaged in ~에 종사하다

- **ac**custom : 풍습(custom)처럼 만들다(ac) ▷ **익숙하게 하다**
  [əkʌ́stəm] – **be accustomed to -ing** ~하는 데 익숙하다(= be used to -ing)
- **custom**er : 습관적으로(custom) 오는 사람(er) ▷ **단골 고객**
  [kʌ́stəmər] – **customer support** 고객 지원

*damn은 '~을 파멸시키다'란 뜻에서 '저주를 내리다'라는 뜻이 되고 따라서 미국인들이 화날 때 God damn it! 이라고 말하는 것은 '신이여 저주를 내리소서'란 뜻입니다. 보통 우리말로 '젠장' 정도로 번역을 합니다.

- **dam**age : 저주를 내리는(dam=damn) 것(age) ▷ **손상을 입히다; 손해, 피해**
  [dǽmidʒ] – **the level of flood damage** 홍수 피해의 수준
- **con**demn : ~함께(con) 저주를 내리다(demn=damn) ▷ **비난하다, 유죄로 판정하다**
  [kəndém] – **condemn him for his error** 그를 잘못에 대해 비난하다

1. His teacher ___________ed him for his error.
그의 선생님은 그의 잘못을 비난했다.

2. He has become ___________ed to living without any help.
그는 그 어떤 도움도 없이 사는 것에 익숙해져버렸다.

3. Staring at computer screens can ___________ our eyes.
컴퓨터 화면을 보는 것은 눈에 해를 입힐 수 있다.

- **dip** : **살짝 담그다**(dip=deep) ◉ deep보다 발음이 짧으니 깊이가 그리 깊지 않은 셈.
  [dip] – **dip the bread into the milk** 빵을 우유에 적시다
- **dimple** : 얼굴에 깊게(dump=deep) 들어간 부분 ▷ **보조개**
  [dímpəl] – **have dimples on one's cheeks** 볼에 보조개가 있다

*~의 아래에(de) 매달리다(pend)

- **independent** : 의존하지(dependent) 않는(in=not) 상태의(ent) ▷ **독립적인**
  [ìndipéndənt] – **an independent economic power** 독립된 경제력
- **suspense** : 1. 밑에(sus=sub=under) 매달린(pens=pend)
  [səspéns] ▷ 결정되지 않은, 유보된 ▷ **미결정**
  2. 밑에 매달린 ▷ 아슬아슬한 ▷ **긴장, 서스펜스**
  – **a tale of suspense** 미스테리와 긴장감 있는 이야기
  cf. **suspension** 매달기, 정지
  – **a six-month suspension of driver's license**
  면허 6개월 정지

1. She has ____________s on her cheeks.　그녀는 볼에 보조개가 있다.

2. I couldn't bear the __________ any more and shut my eyes.
나는 긴장감을 견디지 못하고 눈을 감아버렸다.

3. South Korea became an __________ nation after 1945.
남한은 1945년 이후 독립 국가가 되었다.

*기대(esper)가 없는(de)

- **despair** : 기대(espair=esper)가 무너진(de=down) ▷ **절망**
  [dispέər]
  – **to my despair** 절망스럽게도
  – **a desperate attempt to escape** 달아나려는 필사적인 노력
- **prosper** : 기대(esper)를 가지고 앞(pro=pre=before)을 내다보다 ▷ **번영하다**
  [práspər]
  – **the business prospers** 사업이 번창하다
  cf. prosperity 번영, 부유   prosperous 부유한

*알려주는(doc) 사람

- **document** : 알려주는(doc) ▷ **문서; 기록하다**
  [dάkjəmənt]
  – **official documents** 공식 문서
- **dignity** : 가르치는 사람(dig=doc=teach)에게서 풍기는 ▷ **위엄, 존엄**
  [dígnəti]
  – **the dignity of labor** 노동의 존엄성

1. The __________s must be stored on the computer's hard drive.
그 문서들은 컴퓨터 하드 드라이브에 저장되어야 한다.

2. She was __________ to see her son again.
그녀는 아들을 다시 만나는 데 필사적이었다.

3. Everyone should be able to die with __________.
모든 사람은 위엄 있게 죽을 수 있어야 한다.

- **thrive** [θraiv]
  : 앞으로 쭉쭉 몰고 나아가다(drive) ▷ **번성하다, 잘 자라다**
  cf. thrift 근검, 절약 ⋯▶ thrive 하려면 아껴야 하니까.
  – **thrift shops for used clothes** 중고 의류 알뜰[할인] 상점

- **drift** [drift]
  : 물 위나 공중에서 나아가다(drif=drive) ▷ **떠다니다**
  – **drift out to sea** 바다로 떠내려가다

- **drain** [drein]
  : 바닥의 물이 마르도록(drai=dry) 하는 ▷ **배수구**
  – **a blocked drain** 막힌 배수구

- **drought** [draut]
  : 땅이 바싹 마르는(drou=dry) ▷ **가뭄**
  – **the worst drought on record** 기록상 최악의 가뭄

---

1. The __________s in the streets have overflowed from the rain.
거리의 배수관들이 비로 범람했다. *overflow 넘쳐흐르다, 범람하다

2. Children will __________ on life in the country.
아이들은 시골 생활 속에서 잘 자랄 것이다.

3. The country is experiencing a three-year __________.
그 나라는 3년 째 가뭄을 겪고 있다.

4. Clouds of smoke __________ed into the room.
연기 구름이 방으로 흘러 들어왔다.

- **en**dure : 어떤 일을 지속되게 (dur) 하다 (en) ▷ **견디다, 인내하다**
  [endʒúər] *cf.* **endurance** 인내, 지구력
- **dur**able : 지속 (dur)되게 할 수 있는 (able) ▷ **오래 견디는**
  [djúərəbəl] – **durable goods** (주택·차·가구 등의) 내구 소비재

- **amba**ssador : 여기 저기 돌아다니는 (amba) 사람 ▷ **대사, 특사**
  [æmbǽsədər] – **an ambassador of peace** 평화 사절
- **ambi**tious : **야망**(ambition)**을 가진** ◀ 지금도 그렇지만 고대 로마에서는 공직에 선
  [æmbíʃəs] 출되기 위해 후보자가 거리를 돌아다니며 유권자의 한 표를 호소했다. 라틴
  어로 '돌아다니다'란 말이 'ambir'였는데 여기서 나온 ambition은 결국
  공직에 나가고자 하는 '야망'을 뜻하게 되었음.
  – **Boys, be ambitious!** 청년들이여, 야망을 가져라!

1. He is too __________ for his only son. 그는 외아들에 대한 야심이 너무 크다.

2. He had to __________ a long wait. 그는 오랜 기다림을 견뎌야 했다.

3. Steel is more __________ than other materials.
강철은 다른 재료들보다 더 내구력이 있다.

4. She's the American __________ to Japan. 그녀는 일본 주재 미국 대사이다.

*일(erg)하게 만드는(en) 것

- **surgeon** : 손으로 일(urg=erg)하는 사람(eon) ▷ 정교한 손기술을 가진 ▷ **외과 의사**
  [sə́:rdʒən] ◈ 앞의 s는 손을 뜻하는 어근 cir가 변한 것으로 뒤의 모음 u 때문에 ir이 탈락하고
  c가 s로 변했음.

- **organ** : 일(org=erg=work)을 하는 것 ▷ **기관**
  [ɔ́:rgən] – **the sense organs** 감각 기관

- **err** : 돌아다니다, 헤매다 ▷ **틀리다, 잘못하다**
  [ə:r] – **erred in the plan** 계획을 그르치다

- **errand** : 여기 저기 돌아다니면서(err) 하는 것 ▷ **심부름**
  [érənd] – **run errands for his mother** 어머니 심부름을 하다

1. To __________ is human.

실수를 저지르는 것이 인간이다. → 사람은 실수하기 마련이다.

2. The __________ operated on his broken arm.

외과 의사가 그의 부러진 팔을 수술했다.

3. Her mother sent her out on an __________.

그녀의 어머니가 그녀를 심부름 보냈다.

- **experiment** : 경험(experience)하는 것 ▷ **실험**
  [ikspérəmənt]　　　　– **experiments on animals** 동물 실험
- **expert** : 경험(experience) 많은 ▷ **전문가**
  [ékspəːrt]　　　　– **a computer expert** 컴퓨터 전문가

- **surface** : 얼굴(face) 위에(sur=over) 있는 ▷ **표면**
  [sə́ːrfis]　　　　– **a smooth surface** 부드러운 표면
- **superficial** : 표면(fic=face) 위의(super=over) ▷ **피상적인**
  [sùːpərfíʃəl]　　　　– **a superficial knowledge of the subject**
  　　　　주제에 대한 피상적인 지식

1. ____________s on animals to test new drugs should be banned.

신약을 테스트하기 위한 동물 실험은 금지되어야 한다.

2. Rocks on the beach have a smooth __________.

해변의 돌들은 부드러운 표면을 가지고 있다.

3. This man is an __________ with guns.

이 사람은 총기 전문가이다.

4. This book shows a __________ understanding of history.

이 책은 역사에 대한 피상적 이해를 보여준다.

- **federal** : 믿음(fed=fid=faith)으로 뭉친 ▷ **연방의, 동맹의**
  [fédərəl]　　– **a federal state** 연방 국가

- **confident** : 자신에 대한 강한(con=강조) 믿음(fid=faith) ▷ **자신감 있는, 확신하는**
  [kánfidənt]　　*cf.* **confidence** 확신, 자신감

- **phantom** : 상상으로 나타나는(phant=fant) ▷ **유령**
  [fǽntəm]　　– **a phantom ship** 유령선

- **fancy** : 머릿속에 그리다(fan=fant) ▷ **상상; 상상하다, 좋아하다**
  [fǽnsi]　　– **fancy of being rich** 부유해지는 상상

1. There were ___________, strange-looking animals in Australia.
호주에는 환상적이고 신기하게 생긴 동물들이 있었다.

2. The privacy of student education records is protected by ________
law.　학생들 교육 기록의 비밀은 연방법에 의해 보호받는다.

3. I ___________ myself a great singer.
나는 내가 훌륭한 가수라고 상상한다.

4. I'm ___________ that the team will win the game.
나는 그 팀이 시합에서 승리할 것이라고 확신한다.

- **false** : 잘못된(fal=faul) ▷ **틀린, 거짓의**
  [fɔːls]　　– **a false statement** 허위 진술
- **fail** : 일이 잘못된(fal=fail) ▷ **실패하다**
  [feil]　　– **fail in his duty** 임무를 실패하다
  cf. **failure** 실패
  – **admit failure** 실패를 인정하다

- **defense** : 방어벽(fence)에서 적들을 멀리(de=away) 보내다 ▷ **방어, 수비**
  [diféns]　　– **national defense** 국방
  cf. **defend** 방어하다
- **offense** : 방어벽(fence) 쪽으로 다가가다(o=a=to) ▷ **공격, 위반, 모욕**
  [əféns]　　– **a parking offense** 주차 위반
  cf. **offend** 공격하다　　**offensive** 불쾌한, 공격적인

1. The country's national __________s are in good condition.
   그 나라의 국방은 양호한 상태이다.

2. Her attempt to make cakes ended in __________.
   케이크를 만들려는 그녀의 시도는 실패로 끝이 났다.

3. Some people may find your remarks __________.
   어떤 사람들은 당신의 말을 불쾌하다고 생각할 수도 있다.

- **confront** : 앞(fro=pro)을 함께(con) ▷ 마주보다 ▷ **직면하다**
  [kənfrʌ́nt] – **the problems confronting the country** 그 나라가 직면한 문제들

- **frontier** : 영토의 가장 앞(fro)으로 나아간 경계 ▷ **국경**
  [frʌntíər] – **the frontier between India and Pakistan**
  인도와 파키스탄 사이의 국경

- **perfume** : 연기(fume)처럼 강하게(per는 강조) 퍼지는 ▷ **향수, 향기**
  [pə́ːrfjuːm] – **the sweet perfume of roses** 향긋한 장미 향기

- **funeral** : (죽은 자를 위해) 연기(fun=fume)를 피우는 ▷ **장례식; 장례식의**
  [fjúːnərəl] – **a funeral procession** 장례식 행렬

1. North Korea has __________s with both Russia and China.
북한은 러시아, 중국 양쪽과 국경을 접하고 있다.

2. Her new __________ smelled absolutely wonderful.
그녀의 새 향수는 정말 좋은 향이 난다.

3. Thousands of people will attend the __________.
수천 명의 사람들이 장례식에 참가할 것이다.

4. The police were __________ed by an angry crowd.
경찰은 성난 군중과 마주쳤다.

- **yard** : **안마당, 정원** ◉ gard에서 g와 y의 철자교환 현상.
  [jɑːrd] – **a school yard** 교정

- **or**chard : 과일(or)이 있는 뜰(chard=gard=garden) ▷ **과수원**
  [ɔ́ːrtʃərd] – **an apple orchard** 사과 과수원

- **for**give : 완전히(for=per=perfect) 주다(give) ▷ 베풀다
  [fərgív] ▷ **~에게 용서를 베풀다**
  cf. forgiveness 용서   unforgiven 용서받지 못한

- **gift** : 1. 주는 것 ▷ **선물**
  [gift] – **birthday gifts** 생일 선물
  2. 하늘이 준 것 ▷ **재능**
  – **a gift for languages** 언어에 대한 재능

1. The doll was a __________ from my father.

그 인형은 아버지로부터의 선물이었다.

2. I'll never __________ you for what you did.

난 당신이 한 일에 대해 당신을 용서하지 않을 것이다.

3. Someone picked apples from his __________.

누군가가 그의 과수원에서 사과를 땄다.

- **grab** : 움켜잡다
  [græb]   – **grab her by the arm** 그녀의 팔을 잡다

- **grasp** : 1. 붙잡다; 꽉 쥐기
  [græsp]   – **grasp his hand** 그의 손을 붙잡다
  2. 의미를 잡아내다 ▷ **이해하다**
  – **grasp the rules of the game** 게임을 규칙을 이해하다

- **hostile** : 미워하는(host=hate) ▷ **적대적인**
  [hástil]   – **a hostile reaction** 적대적 반응

- **hatred** : **미움, 증오** ◀ 동사 hate의 명사형
  [héitrid]   – **a hatred for the government** 정부에 대한 증오

1. She is __________ toward her neighbors. 그녀는 이웃에 대해 적대적이다.

2. Keep a tight __________ on the racket. 라켓을 꽉 붙잡아라.

3. He __________bed the chance to work for the company.
   그는 그 회사에서 일할 기회를 잡았다.

4. I was unable to __________ how to start it.
   나는 그것을 작동시키는 법을 이해할 수 없었다.

*몸 상태가 완전한(heal)

- **heal** : 완전한(heal) 상태로 만들다 ▷ **낫게 하다, 치유하다**
  [hiːl] – **heal the scars** 상처를 치유하다
- **whole** : 완전한(whol=hol=heal) ▷ **전체의**
  [houl] – **in the whole world** 전 세계에서

- **inherit** : 상속자(her=heir)가 되어 수중에 넣다(in) ▷ **상속하다**
  [inhérit] – **inherit the business** 사업을 물려받다
- **heredity** : 상속(her=heir) 받은 것 ▷ **유전**
  [hirédəti] – **the effects of heredity and the environment** 유전과 환경의 영향
  cf. heritage ▷ 유산   – **our cultural heritage** 우리의 문화 유산

1. He __________ed a fortune from his father.
   그는 아버지로부터 재산을 물려받았다.

2. The plaster cast is helpful in __________ing the broken bone.
   석고 붕대는 부러진 뼈를 고치는 데 효과적이다.   ***plaster cast** 깁스(석고 붕대)

3. __________ has influence on a person's behavior.
   유전은 사람의 행동에 영향을 끼친다.

4. This building is part of the cultural __________ of my country.
   이 건물은 우리나라 문화 유산의 일부이다.

*땅(hom)에 의지해 살아가는

- **hum**id   : 땅(hum=hom)이 비옥한 ▷ 촉촉한 ▷ **습한**
  [hjúːmid]   – **a hot and humid climate** 고온 다습한 기후

- **hum**ble   : 땅(hum=hom)처럼 낮은 ▷ **천한, 겸손한**
  [hʌ́mbəl]   – **a humble house** 초라한 집

- **imag**ine   : 이미지를(image) 떠올리다 ▷ **상상하다**
  [imǽdʒin]   *cf.* **imagination** 상상, 상상력

- **imit**ate   : 같은 이미지(imit=imag)를 만들어 내다 ▷ **모방하다, 흉내내다**
  [ímitèit]   – **imitate their heroes** 그들의 영웅들을 모방하다
  cf. **imitation** 모방
  – **imitation leather** 모조 가죽

1. We should be ___________ enough to learn from our mistakes.
우리는 우리의 실수로부터 배울 수 있을 정도로 겸손해야 한다.

2. It takes a lot of ___________ to do the work.
그 일을 하는 데는 많은 상상력이 필요하다.

3. Art ___________s nature.   예술은 자연을 모방한다.

4. The island is ___________ in the summer.   그 섬은 여름에는 습윤하다.

- **isl**e : **섬** ◈ 문학 작품에서 또는 섬 이름과 함께 쓰임.
  [ail] – **The British Isles** 영국 제도

- **isol**ate : 섬(isol=isl)처럼 ▷ **고립시키다, 격리시키다**
  [áisəlèit] – **isolated mountain villages** 외딴 산골 마을

*하루(jour)의 기록

- **jour**ney : 하루(jour) 종일 걸리는 ▷ (오래 걸리는) **장거리 여행**
  [dʒə́ːrni] – **a twenty-hour train journey** 12시간의 기차 여행

- **jour**nalist : 일기(journal)를 쓰듯 사건을 기록하는 ▷ **신문 기자**
  [dʒə́ːrnəlist] – **a sports journalist** 스포츠 신문 기자

1. He should be __________d from the other prisoners.

그는 다른 죄수들로부터 격리되어야 한다.

2. A __________ writes news stories for a newspaper everyday.

기자는 매일 신문에 사용할 뉴스 기사를 쓴다.

3. I want to explore the Caribbean __________s.

나는 카리브 해의 섬들을 탐험하고 싶다.

4. After a long __________ of 18 hours, I was completely exhausted.

18시간의 긴 여행 후에 나는 완전히 녹초가 되었다.

- **collaborate** : 함께(co=together) 일하다(labor) ▷ **공동으로 일하다, 협력하다**
  [kəlǽbərèit]   – **collaborate on A with B** B와 A의 작업을 협력하다

- **laboratory** : 일(labor)하는 곳 ▷ 작업장 ▷ **실험실**
  [lǽbərətɔ̀:ri]   – **a language laboratory** 어학 연습실

*late - later - latest 〈시간〉   late - latter - last 〈순서〉

- **latter** : 순서상으로 늦은 ▷ **나중의, 후자의** ↔ **former** 전자의
  [lǽtər]   – **the latter half of 2007** 2007년 후반

- **last** : 1. 늦게까지 ▷ 오래 동안 ▷ **지속되다**
  [læst]   – **last for a week** 일주간 계속되다

       2. 늦은 ▷ **지난**

       – **last week** 지난 주

1. He prefers the _________ part of the book.
그는 그 책의 후반부를 더 좋아한다.

2. They will _________ to develop a new vaccine.
그들은 새로운 백신을 개발하기 위해 협력할 것이다.

3. Scientists follow their studies in the _________.
과학자들은 실험실에서 연구를 수행한다.

- **reli**g**ion** : 사람의 마음을 어떤 대상에 강하게(re:강조) 얽어매는(lig) ▷ **종교**
  [rilídʒən]   *cf.* **religious** 종교의, 종교적인

- **ob**l**ige** : 사람을 강하게(ob) 얽어매다(lig) ▷ **강요하다, 어쩔 수 없이 ～하게 하다**
  [əbláidʒ]   *cf.* **obligation** 의무, 책임

- **loc**a**te** : 1. ～의 장소(loc=place)에 두다 ▷ **～에 위치시키다**
  [lóukeit]   – **the factory located in Ulsan** 울산에 위치한 공장
  　　　　　 2. 위치를(loc=place) 잡아내다 ▷ **위치를 찾아내다**
  　　　　　 – **locate the flaw** 결점을 찾아내다

- **loc**al : 사람들이 자리 잡은 장소(loc=place)에서의 ▷ **지역의, 지방의**
  [lóukəl]   – **a local paper** 지방 신문

1. What's the exact ___________ of the palace? 궁전의 정확한 위치가 어디냐?

2. Everyone has the right to have their own ___________.
   모든 사람은 자신의 종교를 가질 권리가 있다.

3. A serious injury ___________d me to leave school.
   심각한 부상이 내가 학업을 그만두게 만들었다.

4. As the new supermarket is built, many _____________ shops are
   forced to close. 새 슈퍼마켓이 세워지면서, 많은 지방 가게들은 문을 닫을 수밖에 없다.

- **analyze** : 완전히(ana=throughout) 풀어헤치다(lyze=loose) ▷ **분석하다**
  [ǽnəlàiz] *cf.* **analysis** 분석
  – **gather and analyze data** 자료를 수집하고 분석하다

- **paralyze** : 신체의 한쪽이(para=beside) 늘어지다(lyze=loose) ▷ 마비되어 늘어지다
  [pǽrəlàiz] ▷ **마비시키다**
  – **get paralyzed from the waist down** 허리 아래부터 마비가 되다
  cf. **paralysis** 마비

- **magic** : 무엇인가 신기한 것을 만들어내는(mag=make) ▷ 마술
  [mǽdʒik] – **magic words** 주문

- **machine** : 물건을 만들어내는(mach=make) ▷ 기계
  [məʃíːn] – **a washing machine** 세탁기

1. Scientists __________d data from the study.
과학자들이 연구 자료들을 분석했다.

2. A sudden tsunami __________d the whole city.
갑작스런 쓰나미가 도시 전체를 마비시켰다.　　　　　　*tsunami 해일

3. Don't use that coffee __________ – it's not working now.
저기 있는 커피 자판기 사용하지 마세요. 지금 작동이 안 되네요.

*머무르는(man) 곳

- **perman**ent : 오래 동안 온전한(per=perfect=강조) 상태로 남아 있는(man=remain)
  [pə́ːrmənənt]   ▷ **영원한, 변치 않는**
  　　　　　　　　　– **permanent brain damage** 영구적 뇌 손상

- **re**main : 뒤에(re=back) 머무르다(main=man) ▷ **남다; 나머지**
  [riméin]   　– **remain single** 미혼으로 남아 있다

- **master**piece : 숙련된 장인(master)이 만든 작품(piece) ▷ **걸작**
  [mǽstərpìːs]   – **a masterpiece of ancient painting** 고대 회화의 걸작

- **mister** : 집안의 주인(master=mister) ▷ **성인 남자의 존칭, ~씨**
  [místər]   – **Mr. Baker** 베이커 씨

1. The painting *Mona Lisa* is said to be a ___________.
모나리자 그림은 걸작이라고들 한다.

2. I am looking for a ___________ job.
나는 평생 몸담을 직업을 찾고 있다.

3. There still ___________s a lot of things to do.
할 일이 아직도 많이 남아 있다.

- **im**migrate : 안으로(im=in) 이주해(migrate) 오다 ▷ (사람이 타국에서) **이주하다**
  [íməgrèit] – **immigrate to the USA** 미국으로 이주해 오다

- **e**migrate : 밖으로(ex=e=out) 이주해(migrate) 가다 ▷ (사람이 타국으로) **이주하다**
  [éməgrèit] – **emigrate to New Zealand** 뉴질랜드로 이주해 가다

*프랑스어로 mort는 '죽음, 죽음의'라는 뜻이고 gage는 '저당 잡힘'이라는 뜻이다. '모기지론(loan)'은
대개 30~40년 걸리는 장기 대출(loan)이어서 말 그대로 죽을 때까지 갚아야 하는 빚인 셈.

- **mort**al : 죽음(mort=death)에 이르게 하는 ▷ **치명적인, 죽을 운명의**
  [mɔ́ːrtl] – **a mortal injury** 치명적인 부상
  ↔ **immortal** 불멸의

- **murd**er : 사람을 죽이는(murd=mort) ▷ **살인; 살해하다**
  [mɔ́ːrdər] – **be charged with attempted murder** 살인 미수 혐의를 받다

1. Ancient Egyptians believed their gods were ___________.
고대 이집트 사람들은 그들의 신은 죽지 않는다고 믿었다.

2. His parents ___________d to the USA from Korea.
그의 부모들은 한국에서 미국으로 이주해 왔다.

3. His family ___________d from Algeria in 1974 and went to France.
그의 가족은 1974년에 알제리에서 이민을 떠나 프랑스로 갔다.

- **matter** : 1. 모든 물건의 모태(mater=mother) ▷ **물질**
  [mǽtər]   – **solid matter** 고체

  2. 물질 ▷ 중요한 것 ▷ **문제; 문제가 되다, 중요하다**
     – **It doesn't matter.** 그것은 문제가 되지 않는다.

- **mater**ial : 물질(matter)에 관한 ▷ **물질의; 재료, 용구**
  [mətíəriəl]   – **a wood materials store** 목재상

*습기찬 흙 ▷ 진흙

- **mois**t : 습기(mois=mud)차서 ▷ **축축한**   *cf.* moisture 습기
  [mɔist]   – **warm and moist air** 따뜻하고 습한 공기

- **mos**s : 습기(mos=mois=mud)찬 곳에서 사는 ▷ **이끼**
  [mɔ(:)s]   – **moss-covered rocks** 이끼 덮인 바위

1. After playing tennis, they became __________ with sweat.
   테니스를 친 후에, 그들은 땀으로 축축해졌다.

2. What __________ is this bridge made of?   이 다리는 무슨 재질로 만들어졌니?

3. A rolling stone gathers no __________.
   〈속담〉 구르는 돌에는 이끼가 끼지 않는다.

4. The project __________s to me.   그 계획은 나에게 중요하다.

*그 지역에서 태어난(nat) ▷ 토박이

- **nat**ion : 태어난(nat) 곳 ▷ **국가**   *cf.* national 국가의
  [néiʃən] – **the national anthem** 국가

- **nai**ve : 타고난(nai=nat) ▷ 순수한 ▷ **순진한**
  [nɑːíːv] – **a naive question** 순진한 질문

- **near**ly : ∼에 가까이(near) ▷ **거의**
  [níərli] – **nearly die of shock** 충격으로 거의 죽을 뻔하다

- **neigh**bor : 가까운(neigh=near) 곳에 사는 ▷ **이웃**
  [néibər] – **a next-door neighbor** 옆집의 이웃

1. The gentleman is a ___________ of Kansas.
그 신사는 캔자스 토박이이다.

2. He's ___________ twice as heavy as she is.
그는 그녀보다 몸무게가 거의 두 배이다.

3. She was ___________ enough to trust him.
그녀는 그 남자를 믿을 만큼 순진했다.

4. The ___________ flag of Korea is called the Taegukgi.
한국의 국기는 태극기라고 불린다.

- **deny** : 아니라고(ny=not) 강하게(de=강조) 말하다 ▷ **부인하다**
  [dinái]
  – **deny the fact** 사실을 부인하다
  cf. **denial** 부인

- **nau**ghty : 행동거지가 영 아닌(no) ▷ **못된**
  [nɔ́:ti]
  – **a naughty boy** 심술궂은 아이

- **nerv**ous : 신경(nerv)이 쓰이는 ▷ **신경이 곤두선, 긴장된** ◉ nerve의 형용사형
  [nə́:rvəs]
  – **a nervous complaint** 신경질적인 불평

- **neur**osis : 신경(nerv)의 병적 상태 ▷ **신경증, 노이로제**
  [njuəróusis]
  – **suffer from neurosis** 노이로제를 앓다

---

1. She felt really __________ before the test.
그녀는 시험 전에 정말 긴장되었다.

2. The child __________ breaking the window.
그 아이는 창문을 깼다는 것을 부인했다.

3. __________ her son nor her daughter were at the party.
그녀의 아들, 딸 누구도 파티에 없었다.

4. The teacher treated us like __________ students.
선생님은 우리를 버릇없는 학생처럼 대하셨다.

- **abnormal** : 정상(normal)이 아닌(ab=not) ▷ **비정상의**
  [æbnɔ́:rməl] – **abnormal behavior** 비정상적인 행동
- **enormous** : 정상적인(norm) 크기를 벗어난(e=ex=out) ▷ **거대한**
  [inɔ́:rməs] – **an enormous amount of money** 막대한 양의 돈

- **innovate** : 새롭게(nov) 만들다 ▷ **혁신하다**
  [ínouvèit] – **innovate new ideas** 새로운 아이디어를 혁신하다
  cf. **innovative** 혁신적인   **innovation** 혁신
- **novice** : 새로(nov) 시작하는 사람 ▷ **초보자**
  [návis] – **a complete novice** 완전 초보

1. You must have ___________ ideas to succeed in business.
사업에 성공하기 위해서는 혁신적인 사고를 가져야 한다.

2. This flower is difficult for a ___________ to grow.
이 꽃은 초보자가 키우기에는 어렵다.

3. Tests showed ___________ levels of sugar in the blood.
실험은 비정상적인 혈중 당도를 보여주었다.

4. I spent an ___________ amount of money to buy this car.
나는 이 자동차를 사기 위해서 막대한 돈을 썼다.

- **numer**ous : 숫자(◆ numer=number에서 'b'탈락)가 많은 ▷ **수많은**
  [njú:mərəs]   – **numerous studies** 수많은 연구들

- in**numer**able : 숫자(numer=number)로 다 헤아릴 수(able) 없는(in)
  [injú:mərəbl]   ▷ **무수한**

- **nour**ish : 돌보다(nour=nurs) ▷ (영양분을 주어) **기르다**
  [nə́:riʃ]   – **healthy, well-nourished children** 건강하게 잘 자란 아이들

- **nutr**ition : 기르면서(nutr=nurs) 먹이는 것 ▷ **영양, 영양 공급**
  [nju:tríʃən]   – **adequate nutrition** 충분한 영양

1. ____________ people took part in the contest.
수많은 사람들이 대회에 참가했다.

2. The child looks well-__________ed.
그 아이는 영양분을 잘 섭취한 것처럼 보인다.

3. ________________________ books have been burnt in the fire.
헤아릴 수 없을 만큼 많은 책들이 화재로 불타버렸다.

4. You require good __________ to recover from your illness.
당신은 병에서 회복하기 위해서 충분한 영양 공급이 필요하다.

- **opera**te : 1. 활동(oper)하다 ▷ **작동시키다**
  [ápərèit]   – **operate machinery** 기계를 작동시키다
            2. 작업(oper)하다 ▷ **수술하다**

- **coopera**te : 함께(co) 작업하다(operate) ▷ **협력하다**   *cf.* **cooperation** 협동
  [kouápərèit]   – **cooperate with each other** 서로 협력하다

- ad**opt** : ∼로(ad=to) 팔을 뻗어 선택하다(opt) ▷ 1. **채택하다**   2. **양자로 삼다**
  [ədápt]   – **adopt the proposals** 그 제안을 채택하다
          – **adopt a baby girl** 여자아기를 입양하다

- **opin**ion : 자신이 선택한(opin) 쪽 ▷ **의견**
  [əpínjən]   – **public opinion** 여론

1. The doctors __________d on her eyes.   의사들이 그녀의 눈을 수술했다.

2. In my __________, you'd be crazy not to accept the offer.
내 의견으로는, 그 제안을 받아들이지 않는 것은 미친 짓이다.

3. They have no children of their own, so they've __________ed a
baby boy.   그들은 아이들이 없어서, 남자 아이를 입양했다.

4. The two companies __________d with each other on the project.
두 회사는 그 프로젝트에서 서로 협력했다.

- **alter**native : 다른(alter=other) 것 ▷ **대체물, 대안**
  [ɔ:ltə́:rnətiv]　　– **alternative energy sources** 대체 에너지원
- **alter** : 다른 것(alter=other)으로 ▷ **바꾸다, 변경하다**
  [ɔ́:ltər]　　– **alter our lifestyle** 우리의 생활 방식을 바꾸다

- **pen**alty : 고통(pen=pain)을 주는 것 ▷ **처벌, 벌금**
  [pénəlti]　　– **impose harsh penalties** 가혹한 처벌을 가하다
- **pun**ish : 고통(pun=pen=pain)을 주다 ▷ **처벌하다**　*cf.* punishment 벌, 처벌
  [pʌ́niʃ]　　– **punish drug trafficking** 마약 거래를 처벌하다

1. I have no ___________ but to ask you to help me.
   난 너에게 도와달라 부탁하는 것 외에는 대안이 없다.

2. The ___________ for riding without a ticket is $50.
   승차권 없이 승차하는 것에 대한 벌금은 50달러이다.

3. His mother ___________ed him by keeping him from watching TV.
   그의 어머니는 그가 TV를 보지 못하게 하는 벌을 주었다.
   *keep+사람+from -ing 누구를 ~하지 못하게 막다

4. Marriage to her has ___________ed his lifestyle.
   그녀와의 결혼이 그의 삶의 양식을 바꾸어 놓았다.

- **peer** : 짝(peer=pair)이 되는 ▷ **동료, 동등한 사람**
  [piər] – **have no peer** 필적할 자가 없다, 최고다

- **compare** : 함께(com=con) 짝(pare=pair)을 지어 ▷ **비교하다**
  [kəmpɛ́ər] – **compare the first with the second** 전자를 후자와 비교하다
  cf. **comparison** 비교 **comparative** 비교의, 상대적인

- **prepare** : 미리(pre) 순서(par)대로 ▷ **준비하다**
  [pripɛ́ər] *cf.* **preparation** 준비

- **repair** : 다시(re) 순서(pair=par)에 맞게 만들다 ▷ **고치다; 수리**
  [ripɛ́ər] *cf.* **irrepairable** 고칠 수 없는

1. We are making __________s to move to a new house.
   우리는 새 집으로 이사갈 준비를 하고 있다.

2. Teenage boys are more active than their female __________s.
   10대 소년들은 또래 여자아이들보다 활동적이다.

3. The __________ worth of a car depends on its age.
   자동차의 상대적 가치는 그것의 연식에 달려 있다.

4. The bridge is still under __________. 그 다리는 여전히 수리 중이다.

- **pac**t : 평화(peac=pac)를 위한 ▷ **계약, 협정**
  [pækt] – **make a pact** 협정을 맺다

- **pac**ific : 평화(peac=pac)로운 바다 ▷ **평화로운, 태평양의**
  [pəsífik] – **the Pacific Ocean** 태평양

*발(ped)로 밟는

- **exped**ition : 발(ped)로 걸어 나가는(ex=out) ▷ **탐험, 여행**
  [èkspədíʃən] – **an expedition to the North Pole** 북극으로의 탐험

- **ped**estrian : 발(ped)로 걸어 다니는 사람(ian) ▷ **보행자; 도보의**
  [pədéstriən] – **a pedestrian bridge** 육교
  – **pedestrian areas** 보행 구역

1. We're going on an ___________ to the North Pole.
우리는 북극 탐험을 갈 예정이다.

2. Both countries have signed a free-trade ___________.
양국이 자유무역협정에 서명했다.

3. More and more ___________s are getting hit by cars.
점점 더 많은 보행자들이 차에 치고 있다.

4. We enjoyed the quiet and ___________ atmosphere around the
lake. 우리는 그 호수 주위의 조용하고 평화로운 분위기를 만끽했다.

*지혜(sophy)를 사랑하는(phil) 학문

- **sophi**sticated : 지식을(sophi=sophy)을 갖춘 ▷ **세련된, 정교한**
  [səfístəkèitid]   – **sophisticated computer equipment** 정교한 컴퓨터 장비

- **sopho**more   : 아직은 지혜(sopho=sophy)가 모자란 ▷ **대학 2학년생**
  [sáfəmɔ̀ːr]   – **a sophomore slump** 2년 차 슬럼프

- **de**pict   : 밑에(de=down) 그리다(pict) ▷ **묘사하다**
  [dipíkt]   – **depict the life of the artist** 예술가의 삶을 묘사하다

- **pict**uresque : 그림(picture)과 닮은(esque) ▷ **그림 같은**
  [pìktʃərésk]   – **the picturesque resort in California**
                  캘리포니아의 그림 같은 리조트

1. She was a smart and ________________ young lady.
   그녀는 똑똑하고 세련된 젊은 숙녀였다.

2. The football player is in a __________ slump.
   그 축구 선수는 2년차 슬럼프를 겪고 있다.   *slump 폭락, 부진 상태

3. In the television drama, she is __________ed as a heroine.
   TV 드라마에서 그녀는 여걸로 묘사되어 진다.

4. The cottage on the banks of the river is __________.
   강둑 위의 그 오두막은 (마치) 그림 같다.

- **ap**point : ~을 향해(a=to) 가리키다(point) ▷ 지목하다 ▷ **임명하다**
  [əpɔ́int] – **appoint a new teacher** 새로운 교사를 임명하다

- **disap**point : 지목(appoint)을 취소하다(dis) ▷ **실망시키다**
  [dìsəpɔ́int] – **I disappointed him.** 난 그를 실망시켰다.

*앞에(pre) 있는(sent)

- **ab**sent : 여기서 멀리 떨어져(ab=away) 있는(sent) ▷ **결석한**
  [ǽbsənt] – **be absent from school** 학교에 결석하다

- **repre**sent : 어떤 집단을 강하게(re=강조) 나타내다(present) ▷ **대표하다, 상징하다**
  [rèprizént] *cf.* **representative** 대표

---

1. The boss __________ed her captain of the team.
사장은 그녀를 팀장으로 임명했다.

2. He is seldom __________ from work. 그는 좀처럼 회사에 결근하지 않는다.

3. My teacher was __________ed in the result.
선생님께서는 그 결과에 실망하셨다.

4. Doves are used by the artist to __________ peace.
비둘기는 예술가들에 의해 평화를 상징하는 데 사용된다.

promise
약속, 약속하다

compromise ← promise → promising

- **compromise** : 함께(com) 약속하다(promise) ▷ **타협; 타협하다**
  [kάmprəmàiz]   – **a compromise solution** 타협책
- **promising** : 미래를 약속해(promise)주는(ing) ▷ **가망 있는, 유망한**
  [prάmisiŋ]   – **a promising young artist** 유망한 젊은 예술가

punch
펀치

acupuncture ← punch → punctual

- **acupuncture** : 뾰쪽한(acu) 끝으로 뚫는(punc=punch) ▷ **침, 침술**
  [ǽkjupʌ̀ŋktʃər]   – **an acupuncture point** 침의 혈자리
- **punctual** : 점을 찍는(punc=punch) ▷ 정확한 ▷ **시간을 정확히 지키는**
  [pʌ́ŋktʃuəl]   – **a punctual start at 8 o'clock** 8시 정각에 출발

1. ___________ has its roots in China. 침술은 중국에 기원을 두고 있다.

2. The president said that he won't ___________ with terrorists.
대통령은 테러리스트들과는 타협하지 않겠다고 말했다.

3. He is one of the most ___________ football players.
그는 가장 유망한 축구 선수 중 한 사람이다.

4. Always try to be ___________ for meetings.
항상 모임에 시간을 엄수하려고 노력하라.

- **range** : 등급(rang=rank) ▷ **범위; 범위가 ∼이다**
  [reindʒ] – **within the range of my responsibilities** 나의 책임 범위 이내에

- **arrange** : 등급(range) 별로 ▷ 배열하다, 정리하다 ▷ **준비하다, 정하다**
  [əréindʒ] – **arrange a meeting** 약속을 정하다

*던지면 다시(re) 튀어나오는(sult) 반작용

- **insult** : ∼에게(in=on) 팅기듯(sult) 행동하다 ▷ **모욕하다; 모욕**
  [ínsʌlt] – **insult my intelligence** 나의 지능을 무시하다 ▷ 바보 취급하다

- **assault** : ∼에게(a=to) 갑자기 팅겨(sault=sult) 달려들다 ▷ **공격하다; 공격**
  [əsɔ́:lt] – **assault a police officer** 경찰관을 공격하다

1. A major __________s above a captain.
   소령은 대위보다 계급이 더 높다.   *major 소령　captain 대위

2. He __________ed me by saying I am ugly.
   그는 내가 못생겼다고 말하며 나를 모욕했다.

3. A young woman was sexually __________ed last night.
   어느 젊은 여성이 어젯밤 성폭행 당했다.

4. My mother __________d for me to have English lessons everyday.
   어머니는 내가 영어 수업을 매일 듣도록 일정을 짜두었다.
   *arrange for 사람 to V ∼가 …하도록 정해놓다

- **riv**al
  [ráivəl]
  : 강(rive)을 사이에 두고 서로 다투는 ▷ **경쟁자; 경쟁하는**
  – **a TV debate between the rivals** 경쟁자들끼리의 TV 토론
  cf. **rivalry** 경쟁, 대항

- **ar**rive
  [əráiv]
  : 배를 타고 강(rive) 건너 ~에(a=to) 이르다 ▷ **도착하다**
  – **arrive at her house** 그녀의 집에 도착하다

- **rad**ish
  [rǽdiʃ]
  : 뿌리(root=rad)로 된 ▷ **무**
  – **a bunch of radishes** 무 한 다발

- **rad**ical
  [rǽdikəl]
  : 뿌리(rad=root)를 뽑는 ▷ **근본적인, 급진적인**
  – **a radical right-wing group** 급진적 우익 단체

1. We went to the supermarket to get a bunch of __________es.
우리는 무 한 묶음을 사러 슈퍼마켓에 갔다.

2. There is a friendly __________ between the two teams.
그 두 팀 간에는 우호적인 경쟁의식이 있다.

3. We noticed __________ differences between the sexes.
우리는 남녀 사이에 근본적인 차이점들이 있음을 인식했다.

4. The train __________d at the station about ten minutes late.
기차가 10분쯤 늦게 역에 도착했다.

- **rough**ly : 섬세하지 못하고 거친(rough) 방식으로 ▷ 대강 ▷ **대략**
  [rʌ́fli]   – **roughly one out of every nine** 대략 아홉 개 중 하나
- **rud**e : 태도가 거친(rough=rud) ▷ **무례한**
  [ruːd]   – **rude manners** 무례한 매너

*~에 대해 아는(scien) 것

- **con**scie**nce** : 옳은 것을 분명히(con=강조) 아는(scien) 것 ▷ **양심**
  [kánʃəns]   – **a guilty conscience** 양심의 가책, 떳떳치 못한 마음
- **con**scio**us** : 분명히(con) 알고 있는(scio=scie) ▷ **의식하는**
  [kánʃəs]   – **make a conscious effort** 의식적인 노력을 하다
      – **be conscious of** ~을 의식하다

1. It takes __________ two hours to get there by airplane.
거기에 가는 데는 비행기로 대략 두 시간이 걸린다.

2. Every person should vote according to his own __________.
모든 사람은 자신의 양심에 따라서 투표해야 한다.

3. Many people began to become health-__________.
많은 사람들이 건강에 대해 의식하기 시작했다.

4. She told him a __________ joke. 그녀는 그에게 무례한 농담을 했다.

- **ex**ecut**e** : 일을 끝까지(ex=out) 따라가다(xecut=secut=second)
  [éksikjù:t] ▷ **수행하다, 사형을 집행하다**
  – **execute a plan** 계획을 실행하다
  cf. **executive** 중역, 이사   **execution** 실행, 수행

- **con**sequent : 원인에 함께(con) 따라가는(sequent=second) ▷ **결과의**
  [kánsikwènt] *cf.* **consequence** 결과, 중요성   **consequently** 결과적으로
  – **of great consequence** 매우 중대한

*남과 여로 나뉘는(sex)

- **sec**tion : 나눈(sec=sex) ▷ **부분, 구역**
  [sékʃən] – **the sports section of the newspaper** 신문의 스포츠 면

- **in**sect : 몸이 세 부분으로(in=into) 나뉘는(sec) ▷ **곤충**
  [ínsekt] – **get an insect bite** 곤충에게 물리다

1. The man was __________d for murder.
그 사람은 살인죄로 사형이 집행되었다.

2. I've got an __________ bite on my hand. 나는 손을 곤충에게 물렸다.

3. The event is of great __________ in human history.
그 사건은 인류 역사에 있어서 매우 중요하다.

- **shield** : 껍질(shiel=shell)로 ▷ 막다 ▷ **방패, 보호물**
  [ʃiːld] – **riot shields** 폭동 진압용 방패
  cf. **windshield** 바람을 막아주는 차창, 자동차 전면 유리
- **shelter** : 몸을 막아주는(shelt=shield) ▷ **피난처, 집**
  [ʃéltər] – **an air-raid shelter** 방공호

*여러 사람이 어울리는(soci)

- **sociable** : 어울릴(soci) 줄 아는(able) ▷ **사교적인**
  [sóuʃəbəl] – **a sociable child** 사교적인 아이
- **associate** : ~에(a=to) 함께 어울리게(soci) 하다 ▷ **~와 관련시키다, 연합시키다**
  [əsóuʃièit] – **be associated with** ~와 관련이 있다

1. Sunblock cream is a good ___________ against the sun's rays.
자외선 차단 크림은 태양 광선에 대한 좋은 방어물이 아니다.

2. He's very ___________ and likes to talk to anyone.
그는 매우 사교적이어서 누구에게든 말 거는 것을 좋아한다.

3. When it started to rain, we found ___________ under a rock.
비가 내리기 시작해서 우리는 바위 밑에 피할 곳을 찾았다.

4. Her bad behavior is ___________d with her difficult childhood.
그녀의 나쁜 행동은 어려웠던 유년 시절과 관련이 있다.

- **sol**e : 하나인(sol) ▷ **유일한, 단독의**
  [soul]
    – **the sole survivor of the accident** 그 사고의 유일한 생존자

- **sol**itary : 혼자(sol) 있는 ▷ **고독한**
  [sάlitèri]
    – **lead a solitary life** 고독한 삶을 영위하다
    cf. **solitude** 고독, 쓸쓸한 곳

- re**solve** : 느슨해진 것(solve)을 다시(re) 조이다 ▷ 1. **결심하다** 2. **해결하다**
  [rizάlv]
    – **resolve the dispute** 논쟁을 해결하다
    cf. **resolution** 결심, 결의

- ab**sol**ute : (다른 것들)로부터(ab=from) 풀려(sol=solve) 나온 ▷ 하나뿐인
  [ǽbsəlù:t]   ▷ **절대적인**
    – **absolute power** 절대 권력
    cf. **absolutely** 〈구어에서〉 물론(=sure, certainly)

1. Solar energy cannot be an ＿＿＿＿＿＿ solution for our fuel problems.
태양열 에너지는 우리의 연료 문제에 대한 절대적인 해결책은 될 수 없다.

2. His ＿＿＿＿＿＿ reason for attending the party was to see her.
파티에 참석한 그의 유일한 이유는 그녀를 보는 것이다.

3. The man has led a ＿＿＿＿＿＿ life. 그 사람은 고독한 삶을 살아왔다.

- hemi**sphere** : 공(sphere)의 절반(hemi=semi=half) ▷ **반구(半球)**
  [hémisfìər] – **the northern hemisphere** 북반구

- atmo**sphere** : 지구(sphere)의 공기(atmo) ▷ **대기, 분위기**
  [金tməsfìər] – **the pollution of the atmosphere** 대기 오염

*몸이 딱딱하게(starv) 바싹 마르다

- **stub**born : 성격이 딱딱하게(starv=stub) 굳은 ▷ **완고한, 고집 센**
  [stʌ́bərn] – **a stubborn little boy** 고집 센 어린 아이

- **stif**f : (몸 따위가) 뻣뻣한(starv=stif) ▷ **경직된, 뻣뻣한**
  [stif] – **a stiff brush** 뻣뻣한 솔

1. Millions of people in Africa will ___________ next year.
   내년에는 아프리카의 수백만 명의 사람들이 굶주리게 될 것이다.

2. The earth is divided into the Northern and Southern ___________s.
   지구는 북반구와 남반구로 나누어진다.

3. Many cars are releasing harmful gases into the ___________.
   많은 자동차들이 대기 중으로 해로운 가스를 방출하고 있다.

4. My ___________ little son would not take his hat off.
   내 고집 센 어린 아들이 모자를 벗지 않으려 했다.

- **assure** : ~에게(a=to) 확신(sure)을 주다 ▷ **보증하다, 확실하게 하다**
  [əʃúər] – **assure A of B** A에게 B를 보증하다
- **insurance** : 확실하게(sure) 하는(in=en) ▷ 보장하는 ▷ **보험**
  [inʃúərəns] – **health insurance** 건강 보험

*~을 극복하고(sur) 살아있는(viv) 것

- **vivid** : 살아있는(viv) ▷ **생생한**
  [vívi] – **vivid dreams** 생생한 꿈
- **revival** : 다시(re) 살아나는(viv) ▷ **부활, 재생**
  [riváivəl] – **the revival of trade** 상업의 부흥

1. The singers did a __________ of folk music.
그 가수들은 포크 음악의 부흥을 이루었다.

2. I am __________ that he is telling the truth.
나는 그가 사실을 말하고 있다고 확신한다.

3. The life __________ doesn't cover you for fire.
생명보험은 화재에 대해서 보장해 주지는 않는다.

4. The book shows a __________ picture of life in those days.
그 책은 그 당시 삶의 생생한 모습을 보여준다.

- **tech**nology : 기술(tech) 관련 학문(ology) ▷ **공학, 과학 기술**
  [teknάlədʒi]   – **computer technology** 컴퓨터 기술

- archi**tec**t : 기술(tect=tech)자 중에서 우두머리(arch=head) ▷ **건축가, 설계사**
  [ά:rkitèkt]   – **a naval architect** 조선 기사
  cf. **architecture** 건축, 건축물
  – **a typical example of Gothic architecture**
     고딕 건축의 전형적 예

- **term**inal : 기간(term)의 끝 ▷ **끝, 종점; 말기의**
  [tə́:rmənəl]   – **terminal cancer** 말기암

- de**term**ine : 완전히(de) 끝(term)을 정하다 ▷ 종결하다 ▷ **결정하다**
  [ditə́:rmin]   – **determine to ignore his advice** 그의 충고를 무시하기로 결정하다
  cf. **determination** 결심, 결정   **determined** 굳게 결심한

1. We should invest in science ___________.
   우리는 과학 기술에 투자해야 한다.

2. I'm ___________ to go there. 나는 그곳에 가기로 결심한 상태다.

3. The ___________ designed school buildings.
   그 건축가가 학교 건물들을 설계했다.

4. She's suffering from ___________ cancer. 그녀는 말기암을 앓고 있다.

- **Mediterranean** : 땅(terr) 중간(medi)에 있는 바다 ▷ **지중해**
  [mèdətəréiniən]   – the Mediterranean Sea 지중해
- **territory** : 땅(terr) ▷ **영토**
  [térətɔːri]   – occupied territories 점령된 땅

*신(theo)을 연구하는 학문(logy)

- **atheist** : 신(the=theo)이 없다고(a=not) 생각하는 사람 ▷ **무신론자**
  [éiθiist]   *cf.* atheism 무신론
- **enthusiasm** : 신(thu=theo) 들린(en=in) ▷ **열광**
  [enθúːziæzəm]   – enthusiasm for music 음악에 대한 열정
  cf. enthusiastic 열렬한

1. __________s find no need for religion in their lives.
무신론자들은 그들의 삶에서 종교의 필요성을 찾지 못한다.

2. She works with __________ for the company.
그녀는 회사에 대한 열의를 가지고 일한다.

3. The __________ Sea has Europe to the north and North Africa to the south.   지중해는 북쪽으로는 유럽, 남쪽으로는 북아프리카를 접하고 있다.

4. The Samoan Islands are a __________ of the USA.
사모아 제도는 미국의 영토이다.

*돌봐주는(tut=watch) 사람(or)

- **tuit**ion : 학생을 돌봐주는 것(tuit=tut) ▷ **교습, 수업, 수업료**
  [tʃuːíʃən] – **get private tuition in English** 영어 개인 교습을 받다

- **intuit**ion : 안(in)을, 즉 사물의 본질을 꿰뚫어 보는(tuit=watch) 것 ▷ **직관, 직감**
  [ìntʃuíʃən] – **rely on one's intuition** ~의 직관에 의지하다

- **ab**use : 잘못(ab=not) 사용하다(use) ▷ 1. **남용하다** 2. **학대하다**
  [əbjúːz] – **an abuse of power** 권력 남용
  – **child abuse** 아동 학대

- **ut**ility : 많은 사람이 사용하는(ut=use)
  [juːtíləti] ▷ (수도, 전기, 가스 등의) **공공 서비스; 유용성**
  – **public utilities** 공공사업

  cf. **utilize** 활용하다

1. I received private ___________ in the course.
나는 그 과목을 개인 교습 받았다.

2. She noticed by ___________ that the job was dangerous.
그녀는 직감적으로 그 일이 위험하다는 것을 알았다.

3. Public ___________ like gas, water, and electricity are very important
in our lives. 가스, 수도, 전기와 같은 공공 설비들은 우리 삶에 있어서 매우 중요하다.

*'우물'이라는 뜻도 있음

- **wel**fare : 잘(wel=well) 지내는(fare) 것 ▷ **복지**
  [wélfɛ̀ər] – **social welfare** 사회 복지

- **weal**th : 잘(weal=well) 사는 상태(th) ▷ **부(富), 재산**
  [welθ] – **a great amount of wealth** 막대한 양의 부

- **wild**erness : 야생의(wild) ▷ **황야, 황무지**
  [wíldərnis] – **a wilderness area** 자연 보호 구역

- be**wild**er : 황량한 곳(wild)에 서다 ▷ 길 잃다 ▷ **어리둥절하게 하다**
  [biwíldər] – **His sudden change of mood bewildered her.**
  그의 갑작스런 기분 변화가 그녀를 당황하게 했다.

1. Good education depends on ___________ in most countries.
   대부분의 나라에서 좋은 교육은 부(富)에 달려 있다.

2. He is interested in child ___________. 그는 아동 복지에 관심이 있다.

3. We were totally ___________ed by the news.
   우리는 그 소식에 완전히 당황했다.

4. The beautiful ___________ should be protected in our national park.
   그 아름다운 미개발지는 국립공원에서 보호되어야 한다.

알짜 어원 162

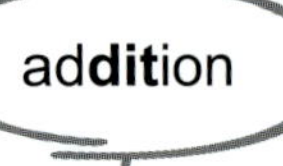

addition

~에(ad=to) 주는(dit=dos=give) 것(ion) ▷ 더하기
– **learn addition and subtraction** 덧셈과 뺄셈을 배우다

• **dos**e
[dous]

: 약사가 주는(dos=give) ▷ **처방약,** (약의 1회) **복용량**
  – **a dose of painkillers** 진통제의 복용량

adult

어른, 성인

• **adol**escent
[ǽdəlésənt]

: 어른(adol=adul)으로 성장(scen=grow) 중인 ▷ **청소년; 청소년의**
  – **adolescent girls** 사춘기 소녀

alto

(성악) 남성 최고음, 여성 최저음 ▷ 알토

• **alti**tude
[ǽltətjùːd]

: 높은(altus=alti) 상태(tude) ▷ **고도, 높이**
  – **fly at an altitude of 1,000 meters** 1,000미터 고도에서 비행하다

amateur

(돈을 벌 목적이 아니라) 자기가 좋아서(ama=love) 하는 사람(eur) ▷ 아마추어

• en**em**y
[énəmi]

: 좋아하지(emy=ama) 않는(en=in=not) ▷ **적**
  – **enemy troops** 적군

an**nounce**

~에게(a=to) 말하다(nounce) ▷ 발표하다, 알리다

• pro**nounce**
[prənáuns]

: 대중 앞에서(pro) 말하다(nounce) ▷ **선언하다, 발음하다**
  – **pronounce him guilty** 그가 유죄라고 선언하다

approach　　～에(a=to) 도달하다(roach=reach) ▷ 접근하다

- **approximately** : ～에(a=to) 접근한(roxi=reach) ▷ **대략**
  [əpráksəmitli]　　**cf. approximate** 대략의
  　　　　　　　　　　– **the approximate cost of repairs** 대략의 수리비

arrogant　　～에게(a=to) 요구하는(rog) ▷ 건방진

- **interrogate** : 마주보고(inter) 대답을 요구하다(rog) ▷ **질문하다, 심문하다**
  [intérəgèit]　　– **interrogate the suspect** 용의자를 심문하다

1. The ______________ price will be about $50.
   대략의 가격은 50달러 정도일 것이다.

2. When we are weaker, we must hide from our __________.
   우리가 더 약할 때는, 적으로부터 숨어야 한다.

3. The 'b' in dumb is not __________d.
   dumb에서 b는 발음되지 않는다.

4. He is looking for __________s between the ages of 13 and 18.
   그는 13~18세 사이의 청소년들을 찾고 있다.

5. Mount Everest is higher in __________ than any other mountain.
   에베레스트 산은 고도가 다른 어떤 산보다도 더 높다.

6. The spy was __________d by the police for 3 days.
   그 첩자는 3일 동안 경찰에 의해 심문을 받았다.

7. They __________d the wedding of their son in the newspaper.
   그들은 아들의 결혼을 신문에 발표했다.

ascend
~로(a=to) 올라가다(scend=climb) ▷ 올라가다

• **de**scend
[disénd]
: 올라가는(scend) 것과 반대로(de=not) 가다 ▷ **내려가다**
cf. **descendant** 후손 ↔ **ascendant** 선조

ban
금지, 금지령; 금지하다

• **aban**don
[əbǽndən]
: 금지하는(ban) 것에 따르다(a=to) ▷ **포기하다, 버리다**
– **abandon all hope** 모든 희망을 버리다

barbarian
외국의(barbar) 사람(ian) ▷ 야만인, 이교도

• **brav**e
[breiv]
: 야만인(barb=brav)처럼 ▷ **용감한**
cf. **bravery** 용기

be**hind**
뒤에(hind) 있는(be) ▷ ~뒤에

• **hind**er
[híndər]
: 뒤로(hind) 밀다 ▷ **방해하다**   *cf.* **hindrance** 방해, 장애물
– **hinder him from sleeping** 그가 못 자게 방해하다

be**love**d
사랑(love)하는
– **his beloved wife** 그의 사랑하는 아내

• be**lieve**
[bilíːv]
: 사랑(love=liev)해서 ▷ **믿다**
cf. **belief** 믿음

bid 물건을 요구하다(bid) ▷ (경매의) 입찰; 명령하다, 입찰하다
– **bid $500 for the painting** 그 그림에 500달러의 입찰가를 부르다

• **forbid**
[fərbíd]
: ∼하지 말라고(for=against) 요구하다(bid) ▷ **금지하다**
– **forbid students to smoke** 학생들에게 흡연을 금지시키다
◢ bid는 현대 독일어에서 bitten이며 이는 영어의 ask에 해당하는 동사임.

bold 자신 있는 ▷ 대담한

• **boast**
[boust]
: 자신만만하게(bo) ▷ **뽐내다**
– **boast about his sons** 그의 아들들을 자랑하다
cf. **boaster** 자랑꾼

1. His illness __________ed him from doing his best.
그의 병이 그가 최선을 다하지 못하게 방해했다.

2. She seldom __________ed of her skill as a dancer.
그녀는 좀처럼 댄서로서의 재주를 뽐내지 않았다.

3. The boy was praised for his __________.
소년은 그의 용기를 칭찬받았다.

4. She hurt her leg __________ing the stairs.
그녀는 계단을 내려가다가 다리를 다쳤다.

5. We had to __________ the project because it cost too much.
우리는 비용이 너무 많이 들어서 그 계획을 포기해야 했다.

6. The law __________s selling alcohol to students.
법률은 학생들에게 술을 판매하는 것을 금지한다.

7. __________ in yourself, and move forward!
너 자신을 믿고 앞으로 나아가라!

brief
짧은, 간결한; 요약하다

- **brief**case
[bríːfkèis]
: 간단한(brief) 가방(case) ▷ **서류 가방**
cf. **briefing** 짤막한 보고　**a press briefing** 언론 브리핑
– **put documents into a briefcase** 서류 가방에 서류를 넣다

broad
넓은

- **abroad**
[əbrɔ́ːd]
: 넓은(broad) 쪽으로(a=to) ▷ **해외로**
– **study abroad** 유학하다

burst
폭발; 터지다, 폭발하다

- **bruis**e
[bruːz]
: 핏줄이 터져(bruis=burs) 생긴 ▷ **멍, 타박상; 멍들게 하다**
– **bruise his leg badly** 그의 다리에 심하게 타박상을 입히다

butt
밑동, 아래 부분
– **cigarette butts** 담배꽁초

- **bott**om
[bátəm]
: 밑(bott=butt) ▷ **바닥**
– **Bottoms up!** 술잔 바닥을 위로 가게하다 → 건배!

call
부르다, 소환하다

- **recall**
[rikɔ́ːl]
: 다시(re) 불러내다(call) ▷ **상기시키다,** (결함 있는 상품을) **회수하다**
– **recall the event clearly** 그 사건을 명확히 생각해내다

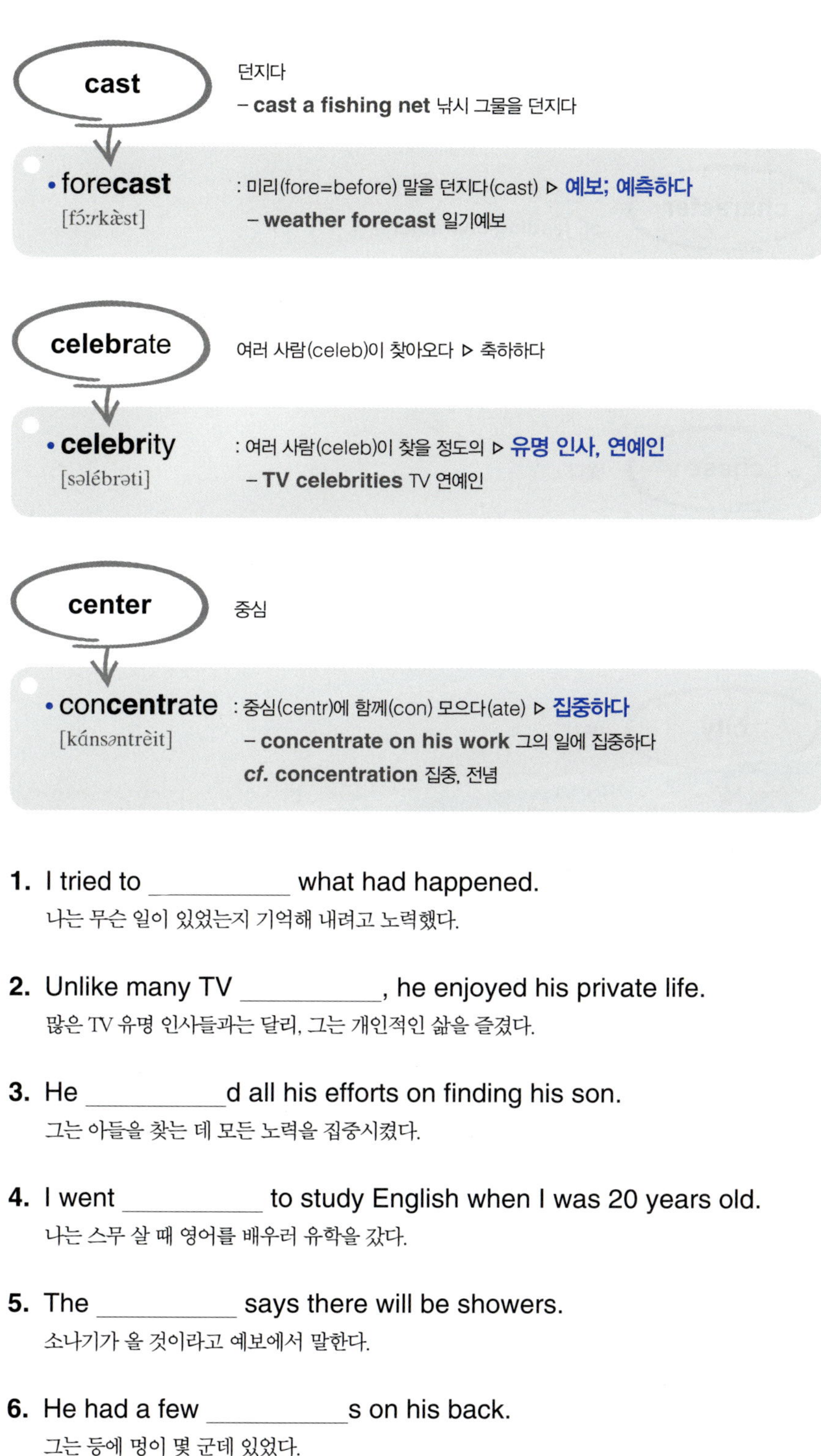

1. I tried to ___________ what had happened.
나는 무슨 일이 있었는지 기억해 내려고 노력했다.

2. Unlike many TV ___________, he enjoyed his private life.
많은 TV 유명 인사들과는 달리, 그는 개인적인 삶을 즐겼다.

3. He ___________d all his efforts on finding his son.
그는 아들을 찾는 데 모든 노력을 집중시켰다.

4. I went ___________ to study English when I was 20 years old.
나는 스무 살 때 영어를 배우러 유학을 갔다.

5. The ___________ says there will be showers.
소나기가 올 것이라고 예보에서 말한다.

6. He had a few ___________s on his back.
그는 등에 멍이 몇 군데 있었다.

character 인물, 인격
cf. **leading character** 주역

• **character**istic : 인물(character)이 가지는(istic) ▷ **특징의; 특징**
[kæ̀riktərístik]   – **children's physical characteristics** 아이들의 신체적 특징

chase 쫓다

• pur**chase** : 물건을 향해(pur=for) 쫓아가다(chase) ▷ **구매; 구매하다**
[pə́ːrtʃəs]   – **the purchase of new equipment** 새 장비의 구입

city 도시

• **civi**lize : 도시(city=civi)를 만들다(ize) ▷ **문명화하다** *cf.* **civilization** 문명
[sívəlàiz]   – **Education civilizes people.** 교육이 사람들을 문명화시킨다.

class 계층, 종류

• **class**ify : 계층별(class)로 하다(ify) ▷ 나누다 ▷ **분류하다**
[klǽsəfài]   – **classify families according to their incomes**
     가족들을 수입에 따라 분류하다

clockwise 시계(clock) 방향으로(wise)

• other**wise** : 다른(other) 방향으로(wise) ▷ **그럴지 않으면, 달리**
[ʌ́ðərwàiz]   *cf.* **likewise** ~와 같은(like) 방향으로(wise) ▷ 마찬가지로

compact 　서로(com=together) 눌러서(pact=press) ▷ 빽빽하게 채운, 아담한

- **im**pact
  [ímpækt]
  : 강하게 눌러(pact) 안으로(im=in) 움푹 들어간
  ▷ **충돌, 영향; ~와 충돌하다, 영향을 주다**
  – **the impact of global warming** 지구 온난화의 영향

culture 　경작한(cultivate=cult) 것(ure: 명사형 접미사) ▷ 문화, 교양

- **col**ony
  [kάləni]
  : 새로운 땅을 경작한(col=cult) ▷ 개척 ▷ **식민지**
  – **a former Japanese colony** 예전의 일본 식민지
  cf. **colonize** 식민지화 하다

---

1. I got up late this morning. ____________, I wouldn't have been late for school.

나는 오늘 아침 늦게 일어났다. 그렇지 않았더라면, 학교에 지각하지 않았을 것이다.

2. Algeria was a former French ____________.

알제리는 이전에 프랑스 식민지였다.

3. ____________ all the books in the library according to subject.

도서관의 모든 책들을 주제에 따라 분류하여라.

4. Nuclear war will lead to the end of ____________.

핵전쟁은 문명의 종말로 귀결될 것이다.　　　　　　　　　　　　　　*nuclear (원자)핵의

5. She decided to ____________ a used car.

그녀는 중고차를 구입하기로 결심했다.

6. The use of language is a key ____________ of human society.

언어의 사용은 인간 사회의 주요한 특징이다.

7. His anti-war campaign made quite an ____________ on everyone.

그의 반전 운동은 모든 이들에게 큰 영향을 끼쳤다.

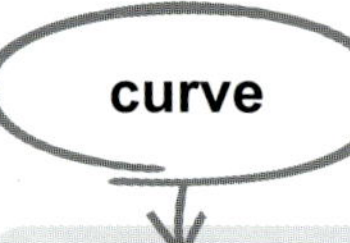

curve

커브, 곡선

cf. **curly** 머리카락이 휜(curve) ▷ 곱슬머리인

- **carve**
[kɑːrv]

: 곡선(curve)을 따라 ▷ **새기다, 조각하다**
– **carve her name on her desk** 책상에 그녀의 이름을 새기다

danger

위험

- **endanger**ed
[indéindʒərd]

: 위험(danger)에 빠지게(en) 된(ed) ▷ **위기에 처한**
cf. **endanger** 위험하게 하다

dark

어두운

- **dusk**
[dʌsk]

: 어둠(dark)이 깔리는 ▷ **황혼, 어스름**
– **dusk falls** 황혼이 지다

day

하루

- **dawn**
[dɔːn]

: 하루(day)가 시작되는 ▷ **새벽**
– **dawn breaks** 새벽이 동트다, 날이 새다

delicious

마음을 흡족하게(delic) 하는 ▷ 맛있는

- **deligh**t
[diláit]

: 마음이 흡족스러움(deligh=delic) ▷ **기쁨, 즐거움; 기쁘게 하다**
– **to my delight** 기쁘게도

democracy 민중(demo)에 의한 통치(cracy) ▷ 민주주의
– **direct democracy** 직접 민주주의

• **epidemic** : 군중(dem=demo) 사이에 널리(epi=around) 퍼진 ▷ **유행병, 유행**
[èpədémik] – **a flu epidemic** 유행성 독감

despise 내려다(de=down) 보다(spise=look) ▷ 무시하다
– **despise gossip** 소문을 무시하다

• **despite** : 무시하는(despit=despise) ▷ ~을 상관하지 않는
[dispáit] ▷ **~에도 불구하고**(= in spite of)
– **despite opposition** 반대에도 불구하고

1. His success on the exam ___________ed his family.
그의 시험 합격이 가족을 기쁘게 했다.

2. The wood was ___________d into the shape of a puppy.
그 나무는 강아지 모양으로 조각되었다.

3. The streetlights went on as ___________ was falling.
땅거미가 지자 가로등이 켜졌다.

4. One mistake can ___________ the future of our country.
하나의 실수가 우리나라의 미래를 위험하게 할 수도 있다.

5. There are flu ___________s every winter.
매년 겨울 독감이 유행한다.

6. He left as ___________ was breaking.
그는 동틀 무렵이 되자 떠났다.

7. ___________ studying hard, he did poorly on his test.
열심히 공부했는데도 불구하고 그는 시험을 망쳤다.

dig (땅을) 파다

• **ditch**
[ditʃ]
: 땅을 파서(dit=dig) 생긴 ▷ **도랑**
– **dig a ditch** 도랑을 파다

dilig**ent** 나누어(di=dis=apart) 모으고(lig=pick) 있는 ▷ 근면한

• **neg**lig**ent**
[néglidʒənt]
: 모으지(lig) 않고(neg=not) 있는(ent) ▷ **태만한, 소홀한**
– **be negligent in studying English**
영어를 공부하는 데 소홀하다

divide 나누다

• **devic**e
[diváis]
: 여러 부품으로 나눠지는(devic=divid) ▷ **장치**
– **a device for measuring temperature** 온도 측정 장치

• in**divid**ual
[ìndəvídʒuəl]
: 더 이상 나눌(divid) 수 없는(in=not) ▷ **개체, 개인**
– **individual rights** 개인의 권리

dress 곧게, 반듯하게(dress=straight) 입은 ▷ 정장, 드레스

• ad**dress**
[ədrés]
: 1. ~로(ad=to) 곧장(dress=straight) 가도록 하는 ▷ **주소**
– **the address of your web site** 당신의 인터넷 주소
2. ~에게(ad) 곧바로(dress) 말하는 ▷ **연설**
– **deliver a televised address** TV 연설을 하다

drop 물방울; 떨어뜨리다

• **drip**
[drip]
: 물방울(drop=drip)이 떨어지다 ▷ (액체가) **뚝뚝 떨어지다; 물방울**
– **a dripping candle** 촛농이 떨어지는 양초

dumb 벙어리의
– **the deaf and dumb** 귀가 멀고 벙어리인 사람, 농아자

• **dum**my
[dʌ́mi]
: 말을 못하는(dum=dumb) 것 ▷ **마네킹, 모조품; 모조의**
– **a window dummy** 마네킹, 전시 인형

1. To secure your house, you need this special locking __________.
당신의 집을 안전하게 하려면, 이 특수 잠금 장치가 필요하다.

2. The bottle of wine on display is a __________.
전시된 포도주 병은 모조품이다.

3. His father was __________ in teaching him manners.
그의 아버지는 그에게 예의범절을 가르치는 것을 소홀히 했다.

4. We teachers have to treat our students as __________s.
우리 교사들은 학생들을 개인으로서 대해야 한다.

5. The president is to make the opening __________.
대통령이 개회 연설을 할 예정이다.

6. The car fell into a __________ neaby.
그 차는 근처 도랑으로 떨어졌다.

7. The water continued to __________ from the faucet all night long.
밤새도록 수도꼭지에서 계속해서 물이 떨어졌다.　　　　*faucet 수도꼭지

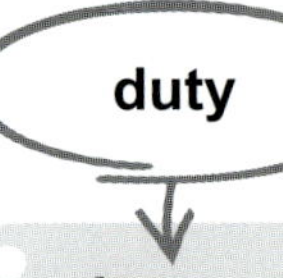

duty

~해야 하는, 갚아야 하는(due) 것(ty) ▷ 의무, 임무, 조세
cf. **night duty** 야근

• **due**
[djuː]
: ~해야 하는, 빚진(due=debt) ▷ 1. **~할 예정인**   2. **~ 때문에**
– **be due to arrive soon** 곧 도착할 예정이다
– **be canceled due to bad weather** 악천후 때문에 취소되다

eat

먹다

• **obese**
[oubíːs]
: 지나치게(ob=over) 먹어(es=eat) ▷ **비만한**   *cf.* **obesity** 비만
– **an obese child** 비만아

emerge

밖으로(e=out) 나타나다(merg) ▷ 나오다, 나타나다

• **emerg**ency
[imə́ːrdʒənsi]
: 갑자기 터져 나온(emerg) ▷ **비상 사태**
– **an emergency landing** 비상 착륙

emperor

명령하는(emper) 사람(or) ▷ 황제
cf. **empire** 제국

• **imper**ative
[impérətiv]
: 황제(imper=emper)가 말하는(ive) ▷ **필수적인, 긴요한, 명령적인**
– **an imperative tone** 명령조

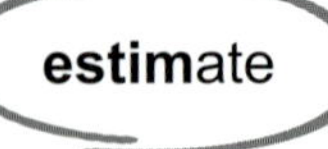

estimate

가치(estim)를 만들다(ate) ▷ 평가하다, 어림잡다

• **esteem**
[istíːm]
: 가치(estim)가 있는 대상을 ▷ **높이 평가하다, 존중하다; 존중**
– **self esteem** 자존심

excellent
밖으로(ex=out) 높게(cel) 솟은 ▷ 훌륭한, 뛰어난

- **accelerate**
  [æksélərèit]
  : ∼에(a=to) 더하여 높이다(cel) ▷ **가속시키다**
  – **accelerate economic development** 경제 발전을 가속시키다

exotic
나라 밖의(ex=ex=out)에서 온(otic: 형용사형 접미사) ▷ 이국적인
– **wear exotic costumes** 이국적인 복장을 입다

- **exhaust**
  [igzɔ́:st]
  : 힘을 밖으로(ex=out) 쏟아내다(haust=draw)
  ▷ **지치게 하다, 소진시키다**
  cf. **exhausted** 피곤한, 녹초가 된

---

1. They want to know how to ___________ the growth of crops.
그들은 곡물의 성장을 가속시킬 방법을 알고 싶어 한다.

2. They ___________ed their supply of food.
그들은 식량 공급량을 모두 다 썼다.

3. It is ___________ to keep peace in Korea.
한국에서 평화를 유지하는 것은 절대적으로 필요하다.

4. The next meeting is ___________ to be held in January.
다음 회의는 1월에 개최될 예정이다.

5. His work was ___________ed by his colleagues.
그의 작품은 동료들에게 높이 평가받았다.

6. That ___________ woman weighs 300 pounds.
저 비만 여성은 몸무게가 300파운드이다.

7. The government declared a state of ___________.
정부는 비상 사태를 선포했다.

extra

한도를 초과하는(ex) ▷ 여분의, 추가의

• **extre**me
[ikstríːm]

: 한도를 벗어난(extre=outer) ▷ **극단의, 극도의**
 – **extreme hardship** 극도의 고통

fade

희미해지다, 시들다

• **fai**nt
[feint]

: 정신이 희미해지다(fade) ▷ **기절하다; 희미한**
 – **faint from the pain** 고통으로 기절하다

fan

팬

• **fan**atic
[fənǽtik]

: 팬(fan)처럼(atic) ▷ **열광적인; 광신자**
 – **religious fanatics** 종교적 광신자들

fast

1. 힘 있는 ▷ 빠른
2. 힘으로 ▷ 고정된

• **fast**en
[fǽsn]

: 고정되게(fast) 만들다(en) ▷**고정시키다**
 – **fasten your seatbelt** 안전띠를 매다

father

아버지

• **patr**iot
[péitriət]

: 아버지(patr=pater=father)와 같은 나라에 충성하는 ▷ **애국자**
 – **graves of deceased patriots** 애국 선열들의 무덤

fee

돈 ▷ 요금
– **pay legal fees** 법정 요금을 지불하다

• **fellow**
[félou]

: 돈(fe=fee)을 함께 내어놓다(low=lie) ▷ 동업하다 ▷ **동료, 친구**
– **fellow workers** 동료 일꾼들

festival

축제 같은(festive) 것(al) ▷ 축제; 축제의

• **feast**
[fiːst]

: **축제, 향연**
– **a wedding feast** 결혼 축하연
– **festive** 축제(feast=fest) 같은(ive) ▷ 축제의

---

1. He is a friendly __________.

그는 다정한 친구이다.

2. The __________s gathered together to fight the eneny army.

적군과 싸우기 위해 애국자들이 모여들었다.

3. The whole city was in a __________ mood.

도시 전체가 축제적 분위기였다.

4. Be sure to __________ your seat belt.

반드시 좌석 벨트를 단단히 매세요.　　　　　*be sure to 틀림없이 ~하다

5. Suddenly the girl __________ed in front of him.

갑자기 그 소녀가 그의 앞에서 기절했다.

6. She was a film __________.

그녀는 영화광이었다.

7. Their demands were too __________.

그들의 요구사항은 너무 극단적이었다.

firm

단단한, 확고한
– **a firm friendship** 확고한 우정

- **conﬁrm**
[kənfə́:rm]

: 더욱(con: 강조) 확고하게(firm) 하다 ▷ **확실히 해두다**
– **confirm a reservation** 예약을 확인하다

folder

접어서(fold) 쓰는 것(er) ▷ 서류철

- **threefold**
[θríːfòuld]

: 세 번(three) 접은(fold) ▷ **세 배의**
– **a threefold increase in price** 가격의 세 배 증가

friction

표면이 부딪히는(frict) 것(ion) ▷ 마찰
cf. **trade friction** 무역 마찰

- **conﬂict**
[kɑ́nflikt]

: 서로(con) 부딪히다(flict) ▷ **충돌, 투쟁**
– **the conflict over wages** 임금 투쟁

frost

서리

- **freeze**
[friːz]

: 서리(fros=freez)가 내릴 정도로 ▷ **얼리다, 얼다**
– **Freeze!** 꼼짝 마!
cf. **freezing** 날씨가 몹시 추운

fun

재미

- **fond**
[fɑnd]

: 재미(fon=fun)를 느끼는 ▷ **좋아하는**
– **be fond of** ～을 좋아하다

furniture   집안을 채우는(furn) 것 ▷ 가구

- **furn**ish   : 채워(furn)주다(ish) ▷ **공급하다**
  [fə́ːrniʃ]   – **furnish A with B** A에 B를 공급하다

globe   공 ▷ 지구

- **glob**al   : 지구(globe)적인(al) ▷ **세계적인, 세계의**
  [glóubəl]   – **the global economy** 세계 경제

1. They tried to avoid __________ whenever possible.
그들은 가능하면 충돌을 피하려고 했다.

2. The water in the river __________s in winter.
겨울에는 그 강물이 얼어붙는다.

3. Nobody can __________ what will happen.
무슨 일이 일어날지 아무도 확실히 말할 수 없다.

4. We should take a __________ approach to the problem.
우리는 그 문제에 대해 세계적인 차원의 접근 방식을 취해야 한다.

5. I am very __________ of cooking.
나는 요리하는 것을 매우 좋아한다.

6. He ______________ed her with all the facts he knew about the accident.   그는 사고에 대해 아는 사실을 모두 그녀에게 제공했다.

7. There was a __________ increase in sales during August.
8월 한 달간 매출에 세 배 증가가 있었다[매출이 세 배 증가했다].

go 가다

- **undergo**
[ʌ̀ndərgóu]
: 아래로(under) 지나가다(go) ▷ **겪다, 받다**
 – **undergo an operation** 수술을 받다

grave 무거운 ▷ 중대한

- **grieve**
[gri:v]
: 마음이 '무거운'(griev=grav) ▷ **슬퍼하다, 애도하다**
 – **grieve over his death** 그의 죽음을 애도하다
cf. **gravity** 무게에 작용하는 힘 ▷ 중력
 – **the laws of gravity** 중력의 법칙

grieve 슬퍼하다

- **regret**
[rigrét]
: 매우(re=강조) 슬퍼하다(gret=griev) ▷ **후회하다**
cf. **regretful** 후회하는

ground 땅 ▷ 근거

- **groundless**
[gráundlis]
: 근거(ground)가 없는(less) ▷ **근거 없는**
 – **groundless rumors** 근거 없는 소문들

guard 보다 ▷ 지키다

- **regard**
[rigá:rd]
: 뚫어지게(re=강조) 보다(gard=guard) ▷ **주시하다, 간주하다**
 – **regarding** 〜에 관하여(= concerning, respecting)

| **guide** | 보여주다 ▷ 안내하다 |

- • **disguise** : 보이지(guise=guide) 않게(dis)하다 ▷ **위장하다**
  [disgáiz] – **disguise as a man** 남자로 위장하다, 남장하다

| **gut** | 창자, 내장 |

- • **disgust** : 속(gust=gut)을 뒤집는(dis=not) ▷ **혐오; 역겹게 하다**
  [disgʌ́st] – **Garbage disgusts everyone.** 쓰레기가 사람들을 역겹게 한다.

1. He __________d himself as a woman.

그는 자신을 여성으로 위장했다.

2. The terrible smell really __________ed me.

그 끔찍한 냄새는 정말 날 역겹게 했다.

3. She still __________s over her husband's death.

그녀는 여전히 남편의 죽음을 슬퍼한다.

4. To get the job, you have to __________ an interview.

일자리를 얻기 위해, 당신은 면접을 받아야 한다.

5. I have little to say __________ing the matter.

나는 그 문제에 대해서 할 말이 거의 없다.

6. The rumor proved to be __________.

그 소문은 근거가 없다고 입증되었다.

7. He __________ted what he said when she burst into tears.

그녀가 와락 울음을 터뜨리자 그는 자기가 한 말을 후회했다.

*burst into tears 울음을 터뜨리다

hair 머리칼

- **hor**ror
[hɔ́:rər]
: 머리칼(hor=hair)이 쭈뼛 설 정도의 ▷ **공포**
– **the horrors of war** 전쟁의 공포

heart 심장, 마음

- dis**heart**en
[dishá:rtn]
: 마음(heart)을 먹지 못하게(dis) 하다(en) ▷ **낙담시키다**
– **disheartening news** 낙담스러운 소식

hesitate
달라붙어(hesi) 움직이지 않다 ▷ 망설이다, 지체하다
cf. hesitation 망설임

- ad**hesi**ve
[ædhí:siv]
: ∼에(ad=to) 달라붙게(hesi) 하는 ▷ **접착제; 접착성의**
– **adhesive tape** 접착 테이프, 반창고

holiday
휴일 ◉ 원래 교회에 가는 '신성한(holy) 날(day)'에서 유래.

- **holy**
[hóuli]
: **신성한**
– **the holy city of Jerusalem** 예루살렘 성지

honor 명예(hono)

- **hon**est
[ánist]
: 명예(hon)를 지키는 ▷ **정직한, 솔직한**
– **an honest answer** 정직한 대답

host 주인; (주인이 되어) 개최하다

- **host**age : 주인(host)의 것(age) ▷ 저당 ▷ **인질**
  [hástidʒ] – **the release of the hostages** 인질들의 석방

idea 아이디어, 생각

- **ideo**logy : 생각(idea=ideo)을 학문(logos=log)적으로 정리한 것(y) ▷ **사상**
  [àidiálədʒi] – **socialist ideology** 사회주의 사상
  cf. **ideal** 생각(idea) 속에만 존재하는 ▷ 이상적인; 이상

1. He was __________ed by the test results.
   그는 시험 결과에 낙담했다.

2. She __________d before accepting his proposal.
   그녀는 그의 청혼을 받아들이기 전에 망설였다.

3. He used __________ tape to stick a notice on the wall.
   그는 벽에 게시문을 붙이는 데 접착성 테이프를 사용했다.

4. I'm very fond of __________ movies, but my boyfriend is not.
   나는 공포 영화를 굉장히 좋아하는데, 내 남자친구는 좋아하지 않는다.

5. The gunman took the woman __________.
   총잡이는 그 여자를 인질로 잡았다.

6. They believed in Marxist __________.
   그들은 마르크스의 사상을 믿었다.

7. Jerusalem is considered a __________ city by several religions.
   예루살렘은 몇몇 종교에 의해 신성한 도시로 여겨진다.

innocent

나쁘지(noce=harm) 않은(in=not) ▷ 순수한, 무죄의
cf. **innocence** 무죄, 순진

- **nuis**ance
[njúːsəns]
: 다른 사람에게 피해(nuis=noce)를 주는 ▷ **골칫거리**
– **cause a public nuisance** (불법적인) 공적인 방해를 일으키다

insane

(정신이) 건강하지(sane) 못한(in) ▷ 미친

- **san**itation
[sæ̀nətéiʃən]
: 건강(san=sane)하게 만드는(ate) 것(ion) ▷ 보건 ▷ **위생**
– **clean water and strict sanitation** 깨끗한 물과 엄격한 위생

insert

안으로(in) 가다(sert) ▷ 삽입하다, 끼워 넣다

- **exert**
[igzə́ːrt]
: 힘이 밖으로(ex=out) 나가다(xert=sert) ▷ (힘을) **발휘하다**
– **exert more influence** 더 많은 영향력을 발휘하다

invade

안으로(in) 가다(vad=go) ▷ 침입하다

- **inevit**able
[inévitəbəl]
: 빠져(e=ex) 나갈(vit=vad=go) 수(able) 없는(in) ▷ **어쩔 수 없는**
– **the inevitable consequences** 불가피한 결과

knee

무릎

- **kneel**
[niːl]
: **무릎**(knee)**을 꿇다** *kneel-knelt-knelt
– **kneel down on the floor** 바닥에 무릎을 꿇다

lay

눕히다, 놓다, (알을) 낳다
– **lay an egg** 알을 낳다

• **lay**er
[léiər]
: 눕혀 놓은(lay) 것(er) ▷ 층
– **the ozone layer** 오존층

legend

말할(leg) 꺼리(end; 명사형 접미사) ▷ 전해져 오는 이야기 ▷ 전설
cf. **Greek myths and legends** 그리스의 신화와 전설

• **dia**lect
[dáiəlèkt]
: 사람들이 함께(dia=through) 쓰는 말(lect=speak) ▷ 방언
– **a Scottish dialect** 스코틀랜드 방언

---

1. The car accident was the ___________ result of careless driving.
그 자동차 사고는 부주의한 운전의 불가피한 결과였다.

2. The people in the play spoke in a Welsh ___________.
연극에서 사람들은 웨일즈 방언을 사용했다.

3. It's such a ___________ having to write the report again.
그 보고서를 다시 써야 한다는 것은 정말 성가신 일이다.

4. He ___________ down before his father.
그는 아버지 앞에 무릎을 꿇었다.

5. Some parents ___________ too much control over their children.
몇몇 부모들은 자식들에게 너무 많은 통제력을 발휘한다.

6. A thin ___________ of oil lies on the surface of the lake.
얇은 기름 층이 호수면에 펼쳐져 있다.

7. Disease usually results from poor ___________.
질병은 대개 열악한 위생 상태에서 발생한다.

8. The coach ___________ed the player into the game.
코치가 그 선수를 경기에 투입했다.

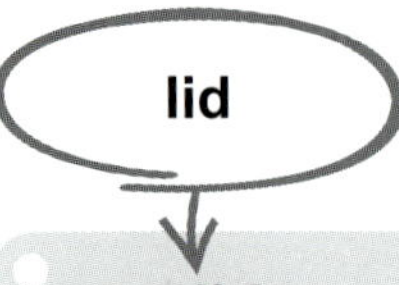

lid

뚜껑
– **a dustbin lid** 쓰레기통 뚜껑

• **eyelid**
[àilìd]

: 눈(eye)을 덮는 뚜껑(lid) ▷ **눈꺼풀**
– **apply make-up to one's eyelids** 눈꺼풀에 화장을 하다

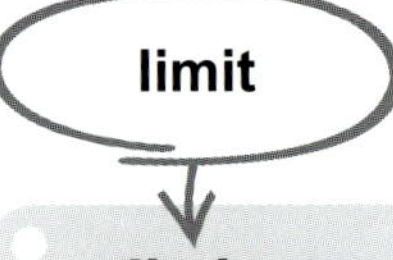

limit

경계 ▷ 한계, 제한
– **speed limits** 속도 제한

• **eliminate**
[ilímənèit]

: 경계선(limin=limit) 밖으로(e=ex=out) 보내다 ▷ 배출하다 ▷ **없애다**
– **eliminate heart disease** 심장 질환을 없애다

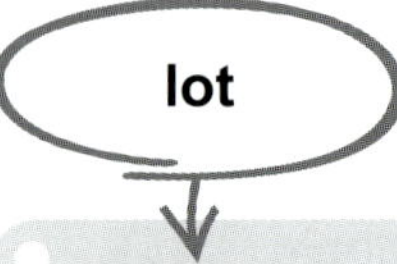

lot

제비뽑기, 운명; 부지
– **parking lot** 주차장

• **lottery**
[látəri]

: 제비, 추첨(lot)하는 행위(ery) ▷ **복권 추첨**
– **a lottery ticket** 복권

lotion

씻어주는(lot) 것(ion) ▷ 세제, 화장수 ▷ (바르는) 로션

• **pollution**
[pəlú:ʃən]

: 표면에 발라서(lution=lotion) ▷ 더럽히다 ▷ **오염**
– **the pollution of rivers** 강의 오염

luxury

～에 마음을 구부리는(lux) 것 ▷ 탐닉하는 것 ▷ 사치
– **a luxury hotel** 호화스런 (고급) 호텔

• **reluc**tant
[rilʌ́ktənt]

: 몸을 구부리는(luc=lux) 것에 반발하는(re=against) ▷ **마지못해 하는**
– **a reluctant smile** 내키지 않는 미소

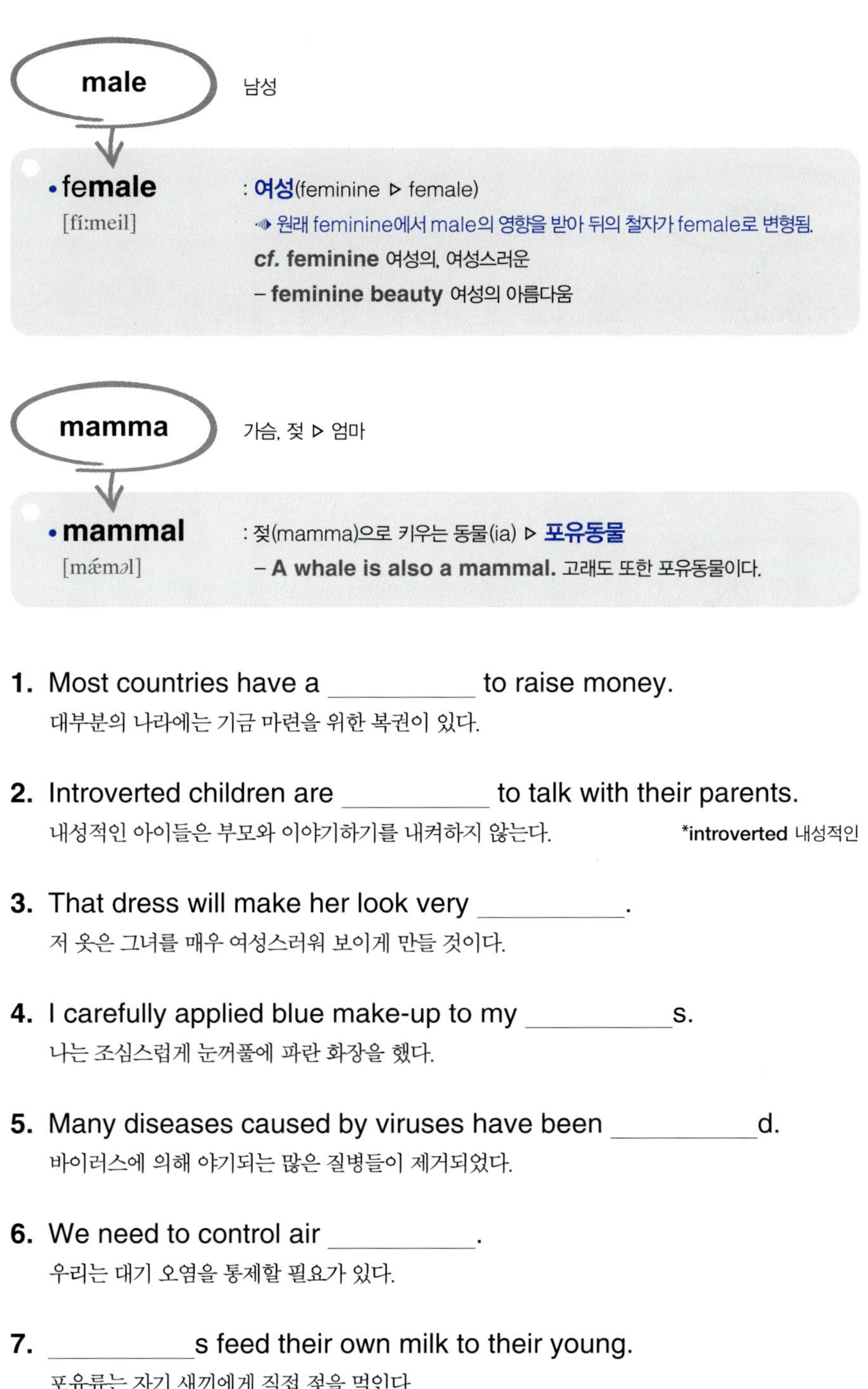

1. Most countries have a __________ to raise money.

대부분의 나라에는 기금 마련을 위한 복권이 있다.

2. Introverted children are __________ to talk with their parents.

내성적인 아이들은 부모와 이야기하기를 내켜하지 않는다.　　　　*introverted 내성적인

3. That dress will make her look very __________.

저 옷은 그녀를 매우 여성스러워 보이게 만들 것이다.

4. I carefully applied blue make-up to my __________s.

나는 조심스럽게 눈꺼풀에 파란 화장을 했다.

5. Many diseases caused by viruses have been __________d.

바이러스에 의해 야기되는 많은 질병들이 제거되었다.

6. We need to control air __________.

우리는 대기 오염을 통제할 필요가 있다.

7. __________s feed their own milk to their young.

포유류는 자기 새끼에게 직접 젖을 먹인다.

maze

미로, 혼란
– **get lost in the maze** 미로에서 길을 잃다

• **amaze**
[əméiz]

: 미로(maze) 속에 있는 것처럼 ▷ **깜짝 놀라게 하다**
cf. **amazing** 놀라운　**amazed** 놀란
– **an amazing story** 놀라운 이야기
– **I'm so amazed at these presents I received.**
　나는 내가 받은 선물들에 깜짝 놀랐다.

medley

여러 음악을 끼워 넣어 섞은(medle=mix) ▷ 메들리, 뒤범벅

• **meddle**
[médl]

: 끼어들어 섞이다(meddl=mix) ▷ (쓸데없이) **참견하다, 간섭하다**
– **meddle in other people's affairs** 타인의 일에 참견하다

million

백만
cf. **millionaire** 백만장자

• **billionaire**
[bìljənέər]

: 십 억(billion)을 가진 사람(aire) ▷ **억만장자**
– **a New York billionaire** 뉴욕의 억만장자
cf. **billion** 백만(million)이 두 개(bi=two) ▷ 조(兆) ▷ 십 억
◈ 원래는 영국, 프랑스, 독일 등지에서 '조'의 단위로 쓰였다가 이후 미국처럼 '10'억으로 쓰임.

mineral

광물
– **natural mineral water** 천연 광천수

• **mine**
[main]

: 광물이 나는 ▷ **광산; 채굴하다**
– **a diamond mine** 다이아몬드 광산
cf. **miner** 광부

miser

구두쇠

– **a stingy miser** 인색한 구두쇠

- **miser**y : 구두쇠(miser)의 삶 ▷ **비참, 불행** *cf.* **miserable** 비참한
  [mízəri] – **a miserable failure** 참담한 실패작

monitor

경계하다(mon=warn) ▷ 감시하다

– **monitor the situation** 상황을 감시하다

- **summon** : 남모르게(su=sub=under) 경고(mon)를 해주다 ▷ **부르다, 호출하다**
  [sʌ́mən] – **summon a waiter** 웨이터를 부르다

monster

불길한 징조, 경고 표시(monstr) ▷ 괴물

- **demonstrate** : 확실히(de=강조) 표시하다(monstr=monster) ▷ **보여주다, 시위하다**
  [démənstrèit] – **demonstrate self-control** 자제력을 보여주다

---

1. I was __________d by how well he played tennis.
나는 그가 테니스를 얼마나 잘 치는지를 보고 깜짝 놀랐다.

2. A __________ is someone with more than 1,000,000,000 British pounds. 억만장자는 10억 파운드 이상의 돈을 가진 사람이다.

3. He always __________s in her affairs.
그는 늘 그녀의 일에 간섭한다.

4. Disabled people in Korea still lead __________ lives.
한국에서 장애를 가진 사람들은 여전히 비참한 삶을 살고 있다.

5. He __________ed a waiter and ordered a meal.
그는 웨이터를 호출하여 음식을 주문했다.

6. The results __________ that our campaign is not working.
그 결과는 우리의 캠페인이 효과가 없다는 것을 보여준다.

month
달  moon의 변형.

- **se**mest**er** : 여섯(se=six) 달(mest=month) ▷ **한 학기**
  [siméstər] – **the fall semester** 가을 학기

mouth
입

- **mus**tache : 입(mus=mouth) 위에 있는 ▷ **콧수염**
  [mʌ́stæʃ] – **wear a mustache** 콧수염을 기르다
  cf. beard 턱수염   whisker 구레나룻

move
움직이다, 옮기다

- re**move** : 다시(re) 옮기다(move) ▷ (있던 자리에서) **치우다, 제거하다**
  [rimúːv] – **remove food stains** 음식 얼룩을 제거하다

navy
배, 함대 ▷ (배로 항해하는) 해군

- **navi**gation : 배(navy)를 운전하는(igate) 행위(ion) ▷ **항해, 항해술**
  [nӕvəgéiʃən] – **navigation in the shallow waters** 얕은 물에서의 항해

nest
둥지, 소굴

- **nast**y : 소굴(nast=nest) 같은 ▷ **더러운, 불쾌한, 심술궂은, 심한**
  [nӕsti] – **a mean and nasty child** 야비하고 심술궂은 아이

net 그물

• con**nect**
[kənékt]
: 그물(nect=net)처럼 서로(con) ▷ **연결하다**
– **connect the computer to the TV** 컴퓨터를 TV에 연결하다

order 순서, 명령, 질서

• **ordi**nary
[ɔ́:rdənèri]
: 순서(order)에 맞는 ▷ 정상적인 ▷ **평범한, 보통의**
↪ **extraordinary** 보통이 아닌
– **an ordinary Sunday morning** 평범한 일요일 아침

---

1. The countries are __________ed by train services.
그 나라들은 철도 시설로 연결되어 있다.

2. An __________ voice cannot make you successful.
평범한 목소리는 당신을 성공하게 만들 수 없다.

3. He has a __________ burn on his leg.
그는 다리에 심한 화상이 있다.

4. The children were __________d from the school after all.
그 아이들은 결국 학교에서 쫓겨났다[제거되었다].

5. The fall __________ begins in late August.
가을 학기는 늦은 8월에 시작된다.

6. __________ of a ship requires special skill.
배의 항해는 특별한 기술을 필요로 한다.

7. He wears a thick, black __________.
그는 두껍고 검은 콧수염이 있다.

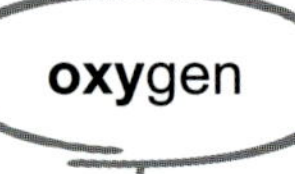

oxygen

산(oxy=acid)의 요소(gen) ▷ 산소
– **oxygen tanks** 산소 탱크

• di**oxi**de
[daiáksaid]

: 두개의(di=two) 산소(oxi=oxy) 화합물(ide) ▷ **이산화물**
– **carbon dioxide** 이산화탄소

panto**mime**

모든 것을(panto=all) 흉내 내는(mime) ▷ 팬터마임, 무언극, 몸짓

• **mimic**
[mímik]

: 흉내(mime) 내는(ic) ▷ **흉대내는; 흉내내다; 모방**
– **mimic his northern accent** 그의 북부 억양을 흉내내다

par**don**

완전히(par=per=perfect) 주다(don=give) ▷ 용서하다(= forgive)

• **don**ate
[dóuneit]

: 주는(don) 것을 행하다(ate) ▷ **기부하다**
cf. **donor** 기증자   **donation** 기부, 기증

philharmonic

화음(harmony)을 사랑하는(phil) ▷ 음악 애호의 ▷ 교향악단
– **a philharmonic orchestra** 교향악단

• **phil**osophy
[filásəfi]

: 지혜(sophy)를 사랑하는(phil) 학문 ▷ **철학**
– **Kant's philosophy** 칸트의 철학

plus

더하다

• sur**plus**
[sə́:rplʌs]

: 위에(sur=over) 더한 값(plus) ▷ **흑자, 잉여**
– **trade surplus** 무역 흑자

pocket 주머니

- **pot** : 주머니(pot=pock)처럼 속이 빈 ▷ **단지, 항아리, 냄비**
  [pɑt] – **fill a pot with water** 항아리를 물로 채우다

polish 윤(poli)을 내다; 광택
– **polish shoes** 구두에 광을 내다

- **polite** : 품행이 윤(polit=poli)이 나는(polish) ▷ 반듯한 ▷ **예의바른**
  [pəláit] ↔ **impolite** 버릇없는, 무례한
  – **be polite to the customers** 손님들에게 예의바르다

1. __________ is difficult to learn.
철학은 배우기가 어렵다.

2. She __________d thousands of dollars to a fund.
그녀는 수천 달러를 기금에 기부했다.

3. She __________ked my western accent.
그녀는 나의 서부 억양을 흉내냈다.

4. Carbon __________ makes up about 1% of the air.
이산화탄소는 공기의 약 1 퍼센트를 차지한다.   *carbon 탄소

5. It is __________ to ask a lady's age.
숙녀의 나이를 묻는 것은 무례한 짓이다.

6. The farmer's __________ crop was sold at a loss.
그 농부의 잉여 작물은 손해를 보고 팔렸다.

7. The chef cooked the stew in a huge __________.
요리사는 커다란 냄비에 스튜를 요리했다.

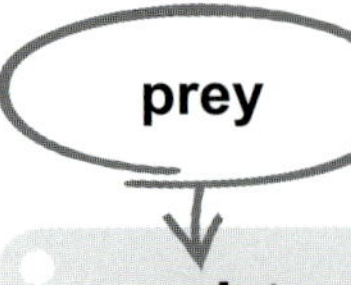

prey

먹이; 잡아먹다
- **prey for hawks** 매의 먹이

- **predator**
[prédətər]

: 잡아먹는(pred=prey) 사람(or) ▷ **포식자**
- **the relationship between predator and prey**
먹이와 포식자[천적]의 관계

profit

이익
cf. **a net profit** 순이익

- **improve**
[imprúːv]

: 이익(prov=profit)을 내다(im=en) ▷ **개선하다, 향상시키다**
- **improve the quality of life** 삶의 질을 개선하다
cf. **improvement** 개선

quarter

사분의 일(1/4)

- **square**
[skwɛər]

: 사각형(quar=quart)으로 생긴 ▷ **정사각형, 광장**
- **a square of carpet** 정사각형 모양의 깔개

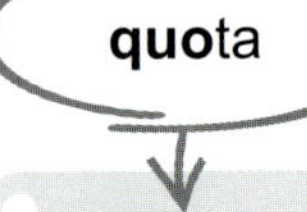

quota

얼마(quo)만큼 ▷ 할당량
- **a strict import quota on grain** 곡물에 대한 엄격한 수입 할당

- **quote**
[kwout]

: 출처가 어떤(quo) 것인지 밝히다 ▷ **인용하다**
- **quote from an official report** 공식 보고서에서 인용하다
◉ quo는 고대 라틴어의 의문사
- **Quo vadis?** 【라틴어】 (주여) 어디로 가십니까?

race 경주

- **rush**
  [rʌʃ]
  : 경주(rush=race)하듯 달리다 ▷ **돌진하다**
  – **rush to the scene** 현장으로 달려가다

razor
자르고 없애는(raze) 장치(or) ▷ 면도칼
– **an electric razor** 전기면도기

- **erase**
  [iréiz]
  : 완전히(ex=e) 잘라 없애다(raze) ▷ **지우다**
  cf. eraser 지우개

regular
규칙적인, 보통의
↔ **irregular** 규칙적이지(regular) 않은(in=ir) ▷ 불규칙적인

- **regula**tion
  [règjəléiʃən]
  : 규칙적으로(regular) 만들어 놓은(ate) 것(ion) ▷ **규칙, 규정**
  – **safety regulations** 안전 법규

1. I __________d a sentence from a poem.
   나는 시에서 한 구절을 인용했다.

2. My father made __________s in the house by building a new roof.
   아버지는 새 지붕을 얹어서 집을 개량하셨다.

3. Few animals have no natural __________s.
   천적이 없는 동물은 거의 없다.

4. She __________d the wrong spellings. 그녀는 잘못된 철자를 지웠다.

5. A good idea __________ed into his mind.
   좋은 생각이 갑자기 떠올랐다.

6. Without __________s, the sport would be very dangerous.
   규칙이 없다면, 스포츠는 매우 위험해질 것이다.

relate 관련짓다
cf. **relationship** 관계

• **relat**ive
[rélətiv]
: 1. 관계(relate)를 맺은(ive) ▷ **관계 있는; 친척**
 – **visit relatives** 친척들을 방문하다
 2. 다른 것과의 관계(relate) 속에서 비교하는(ive) ▷ **상대적인**
 – **the relative merits of the two projects**
  두 계획의 상대적 장점들
 cf. **relatively** 상대적으로　**relativity** 상대성, 의존성
 – **the theory of relativity** 상대성 이론

rent 사용한 대가로 주는 것(rent=give) ▷ 임대료, 집세; 임대하다

• **sur**rend**er**
[səréndər]
: 적의 발밑에(su=sub=under) 무기를 넘겨주다(rend=give)
 ▷ **항복하다, 굴복하다**
 – **surrender to the enemy** 적에게 항복하다

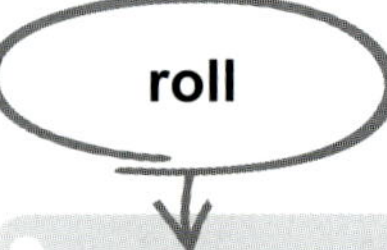

roll 두루마리, 회전, 명부; 굴리다

• **en**roll
[enróul]
: 둘둘 말은 종이(roll)에 이름을 올리다(en) ▷ **등록하다**
 – **enroll at the college** 대학에 등록하다

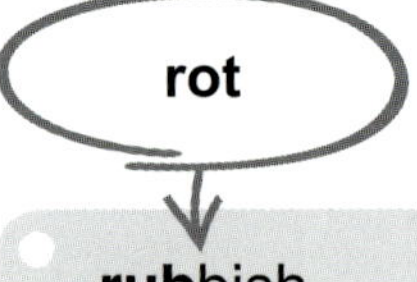

rot 부패; 썩다, 썩게하다
 – **rotten apples** 썩은 사과

• **rub**bish
[rʌ́biʃ]
: 썩은(rub=rot) ▷ **쓰레기**(영)　*cf.* **trash, garbage**(미)
 – **a rubbish bin** 쓰레기 통

rotary　　빙 돌아(rotate=rot) 가는(ary) ▷ 회전하는; 원형 교차로

• **rotat**ion　　: 돌아가는(rotate) 것(ion) ▷ **회전, 교대**　*cf.* **rotate** 돌다
[routéiʃən]　　　– **the speed of rotation** 회전 속도

route　　길

• **rout**ine　　: 길(route)처럼 왔다 갔다 반복하는 것 ▷ **일상적인 일; 일상적인**
[ru:tí:n]　　　– **some routine tests** 일상적인 시험들

rude　　행동이 거친(rude) ▷ 무례한

• **crude**　　: 섬세하지 못하고 거친(rude) ▷ **가공하지 않은, 노골적인**
[kru:d]　　　– **crude oil** (정제하기 전의) 원유

1. The earth slowly __________s as it circles the sun.
지구는 태양 주위를 돌면서 서서히 회전한다.

2. You must __________ in a course before the end of May.
당신은 5월 말 이전에 코스에 등록해야 한다.

3. Taking a walk to the park has become __________.
공원을 산책하는 것이 일상이 되었다.

4. The film I saw yesterday was sheer __________!
내가 어제 본 영화는 완전 쓰레기였어!　　　　　　　　　*sheer 완전한

5. The soldiers were forced to __________.
병사들은 항복하도록 강요받았다.

6. My cousin is my only living __________.
내 사촌은 살아 있는 나의 유일한 친척이다.

sacred

신성한
– **a sacred temple** 신성한 사원

• **sacr**ifice
[sǽkrəfàis]
: 신성한 것(sacr=sacred) ▷ **희생; 희생하다**
– **the spirit of sacrifice** 희생 정신

save

구하다

• **salv**ation
[sælvéiʃən]
: 신이 구하는(salv=save) 행위(ion) ▷ **구원, 구제**
– **the salvation of the poor** 가난한 사람들의 구제

scale

계단 ▷ 단계 ▷ 눈금, 규모

• **escal**ate
[éskəlèit]
: 사다리, 계단(scale=escal)을 ▷ **오르다, 확대하다**
– **escalate into a full-scale war** 전면전으로 확대되다

school

학교

• **schol**ar
[skálər]
: 학교(schol=school)에서 연구하는 사람(ar) ▷ **학자**
cf. **scholarship** 장학금

scrub

솔 따위로 북북 문지르다(rub)

• **rub**
[rʌb]
: **문지르다** *cf.* **rubber** 고무, 지우개
– **rub the magic lamp** 마법 램프를 문지르다

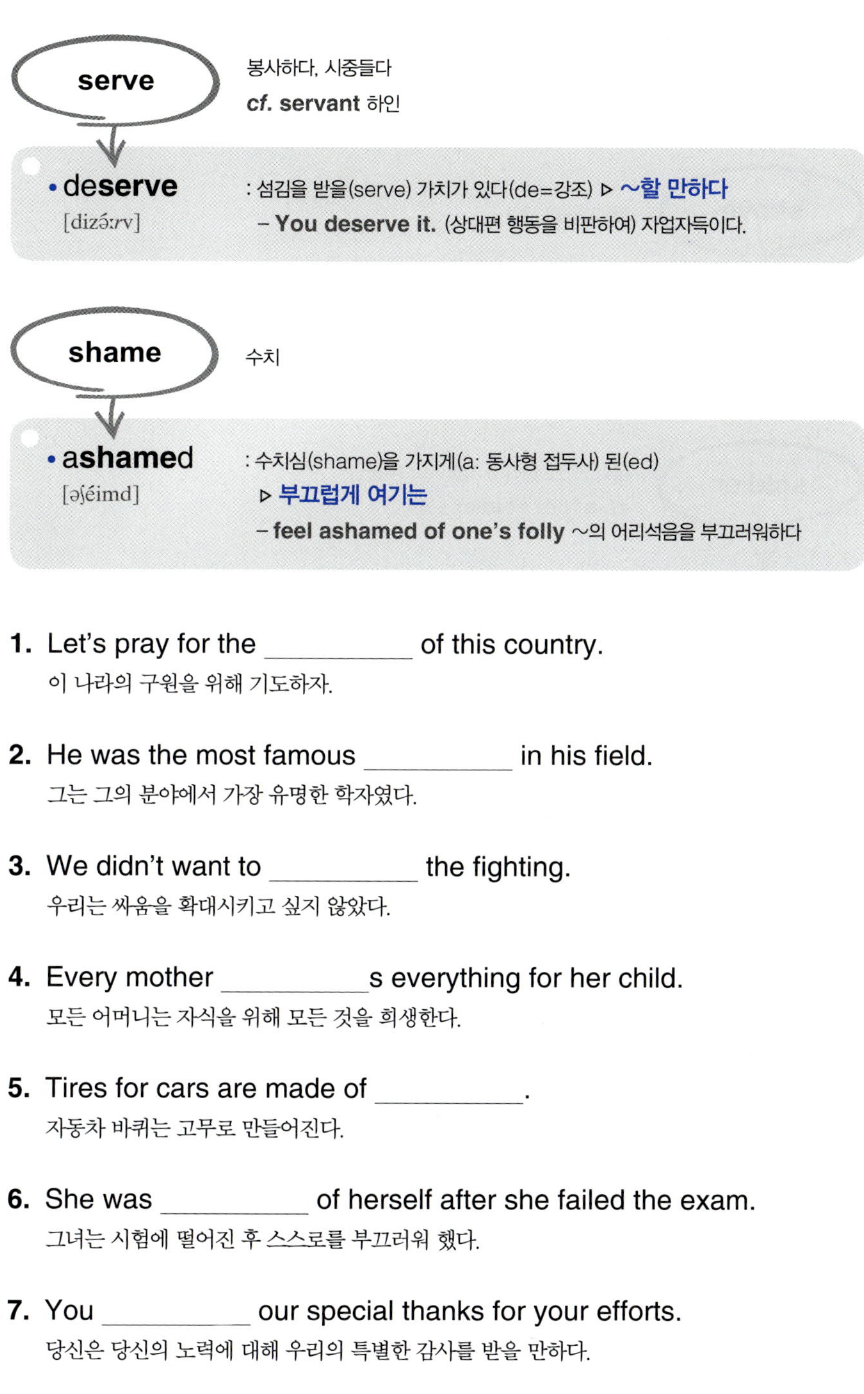

1. Let's pray for the ___________ of this country.
이 나라의 구원을 위해 기도하자.

2. He was the most famous ___________ in his field.
그는 그의 분야에서 가장 유명한 학자였다.

3. We didn't want to ___________ the fighting.
우리는 싸움을 확대시키고 싶지 않았다.

4. Every mother ___________s everything for her child.
모든 어머니는 자식을 위해 모든 것을 희생한다.

5. Tires for cars are made of ___________.
자동차 바퀴는 고무로 만들어진다.

6. She was ___________ of herself after she failed the exam.
그녀는 시험에 떨어진 후 스스로를 부끄러워 했다.

7. You ___________ our special thanks for your efforts.
당신은 당신의 노력에 대해 우리의 특별한 감사를 받을 만하다.

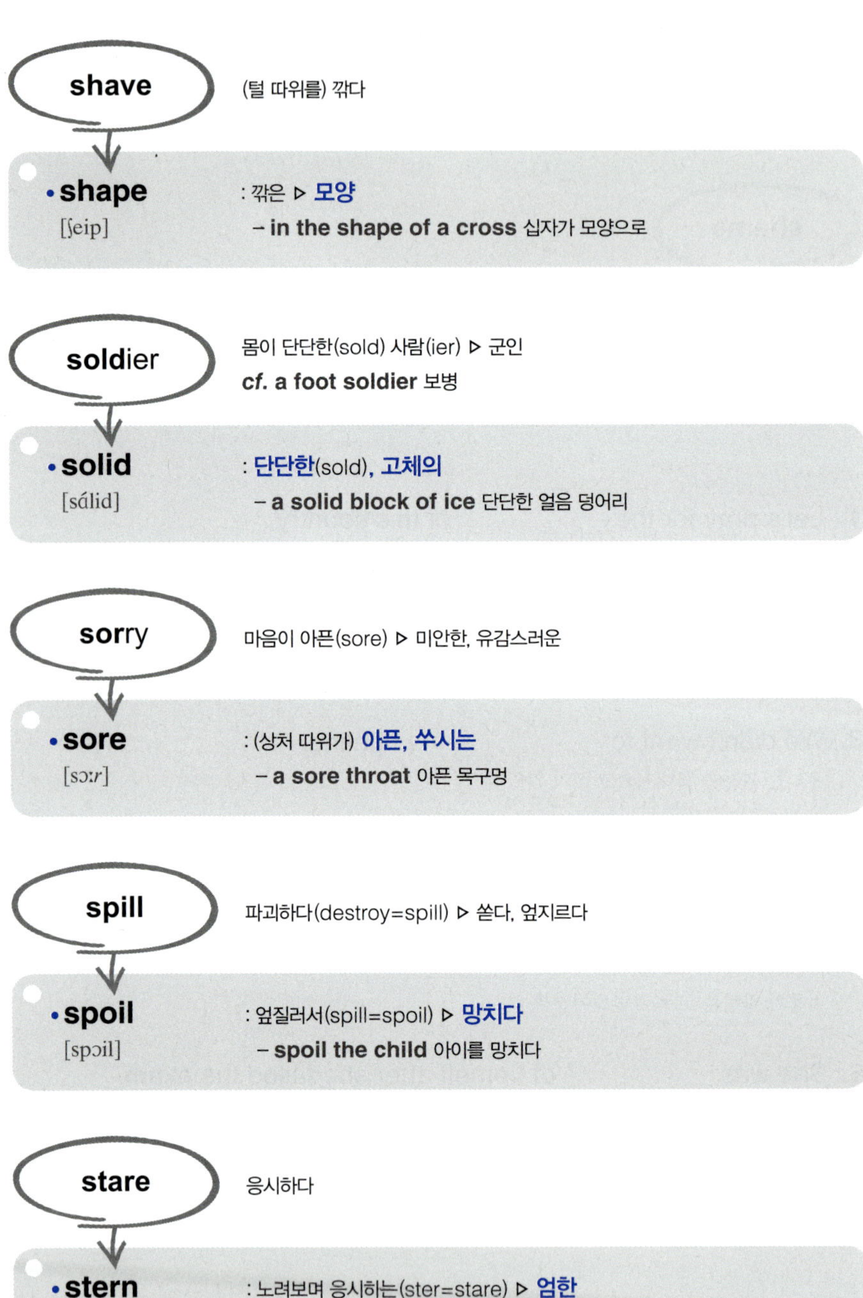

shave   (털 따위를) 깎다

- **shape** : 깎은 ▷ **모양**
[ʃeip]   – **in the shape of a cross** 십자가 모양으로

soldier   몸이 단단한(sold) 사람(ier) ▷ 군인
cf. **a foot soldier** 보병

- **solid** : **단단한**(sold), **고체의**
[sάlid]   – **a solid block of ice** 단단한 얼음 덩어리

sorry   마음이 아픈(sore) ▷ 미안한, 유감스러운

- **sore** : (상처 따위가) **아픈, 쑤시는**
[sɔːr]   – **a sore throat** 아픈 목구멍

spill   파괴하다(destroy=spill) ▷ 쏟다, 엎지르다

- **spoil** : 엎질러서(spill=spoil) ▷ **망치다**
[spɔil]   – **spoil the child** 아이를 망치다

stare   응시하다

- **stern** : 노려보며 응시하는(ster=stare) ▷ **엄한**
[stə́ːrn]   – **a stern warning** 엄중한 경고

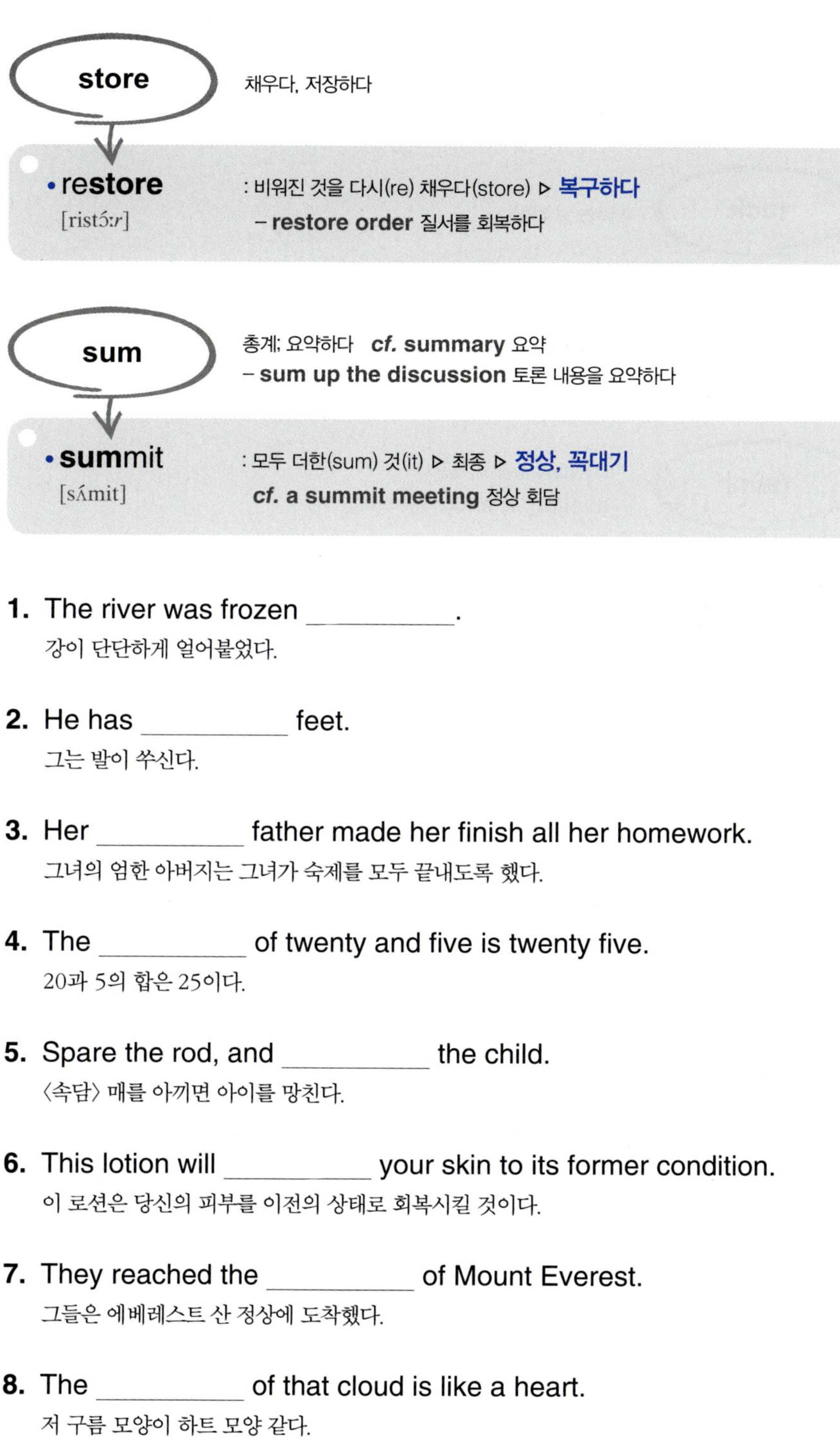

store 채우다, 저장하다

- **re**store : 비워진 것을 다시(re) 채우다(store) ▷ **복구하다**
  [ristɔ́ːr] – **restore order** 질서를 회복하다

sum 총계; 요약하다 *cf.* **summary** 요약
– **sum up the discussion** 토론 내용을 요약하다

- **summ**it : 모두 더한(sum) 것(it) ▷ 최종 ▷ **정상, 꼭대기**
  [sʌ́mit] *cf.* **a summit meeting** 정상 회담

---

1. The river was frozen __________.
강이 단단하게 얼어붙었다.

2. He has __________ feet.
그는 발이 쑤신다.

3. Her __________ father made her finish all her homework.
그녀의 엄한 아버지는 그녀가 숙제를 모두 끝내도록 했다.

4. The __________ of twenty and five is twenty five.
20과 5의 합은 25이다.

5. Spare the rod, and __________ the child.
〈속담〉 매를 아끼면 아이를 망친다.

6. This lotion will __________ your skin to its former condition.
이 로션은 당신의 피부를 이전의 상태로 회복시킬 것이다.

7. They reached the __________ of Mount Everest.
그들은 에베레스트 산 정상에 도착했다.

8. The __________ of that cloud is like a heart.
저 구름 모양이 하트 모양 같다.

tack 찌르는 ▷ 압정

• **attack** : ∼을 향해(a=to) 찌르다(tack) ▷ **공격하다**
[ətǽk] – **attack the enemy** 적을 공격하다

tailor 자르는(tail) 사람 ▷ 재단사
– **a tailor('s) shop** 맞춤 양복점

• de**tail** : 완전히(de) 잘라 놓은(tail) ▷ 부분들 ▷ **세부사항**
[díːteil] – **in detail** 상세히, 자세히

take 가지다, 취하다

• under**take** : 아래에서(under) 받쳐 들다(take) ▷ (일을) **떠맡다**
[ʌ̀ndərtéik] – **undertake the project** 프로젝트를 떠맡다

temper 열 ▷ 기질, 성질
– **out of temper** 화가 난

• **temper**ature : 열(temper)의 결과(ure) ▷ **온도**
[témpərətʃər] – **the evening air temperature** 저녁 기온

temptation 유혹하는(tempt) 행위(tion) ▷ 유혹
– **the temptation of easy profits** 쉽게 이익을 보려는 유혹

• at**tempt** : ∼에(a=to) 유혹되어, 끌리어(tempt) ▷ **시도; 시도하다**
[ətémpt] – **an attempt on the world record** 세계 기록에 대한 시도

text

짜놓은 것 ▷ 본문, 교재

⫸ 글도 내용을 조직적으로 짜 맞추는 것이기 때문에 text가 '글, 문서'의 뜻을 가짐.

• con**text**
[kántekst]

: 함께(con) 짜놓은 글(text) ▷ **문맥**
   – **a statement out of context** 문맥 밖의 진술
   cf. **textile** 짜놓은(text=weave) 것들(ile) ▷ 직물, 옷감

theme

생각 ▷ 주제, 테마

– **the main themes of the book** 그 책의 주된 테마

• hypo**thesis**
[haipáθəsis]

: 밑에(hypo) 깔린 생각(thesis=theme) ▷ **가정, 전제**
   – **a hypothesis for global warming**
     지구 온난화에 대한 한 가지 가설
   〈복수형〉 **hypotheses**

---

1. Professors should teach and __________ research.

교수는 가르치고 연구도 맡아야 한다.

2. The issue will be discussed in __________ later.

그 문제는 나중에 상세하게 토론될 것이다.

3. The __________ will rise by 4 degrees tomorrow.

내일은 기온이 4℃ 정도 오를 것이다.

4. The man was __________ed by a gangster.

그 사람은 갱단에게 공격을 받았다.

5. His thoughts can be understood in __________.

그의 생각은 문맥 속에서 이해될 수 있다.

6. Scientists should always see if their __________ works.

과학자들은 그들의 가정이 유효한지를 항상 확인해야 한다.

7. They made no __________ to escape from the prison.

그들은 탈옥하기 위한 어떠한 시도도 하지 않았다.

Unit **22**

thumb
부풀어 오른(tum) 손가락 ▷ 엄지

• **tom**b
[tu:m]
: 엄지(thumb)처럼 부풀어 오른(tom=thum) ▷ **무덤**
– **the tombs of the Pharaohs** 파라오들의 무덤

timid
소심한, 겁 많은

• **in**timid**ate**
[intímədèit]
: 소심하게(timid) 만들다(in=en: 동사형 접두사) ▷ **위협하다**
– **intimidate young children** 어린 아이들을 위협하다

toward
~ 쪽으로(ward)

• **awkward**
[ɔ́:kwərd]
: 틀린(awk=wrong) 쪽으로(ward) ▷ **서투른, 어색한**
– **an awkward silence** 어색한 침묵

tremble
떨다, 전율하다
– **tremble with anger** 분노에 떨다

• **tremen**dous
[triméndəs]
: 전율할(tremen=tremble) 정도의(ous) ▷ **엄청난, 굉장한**
– **a tremendous success** 굉장한 성공

trump
트럼프, 카드의 으뜸 패

• **triump**h
[tráiəmf]
: 으뜸(triump=trump)이 되다 ▷ **승리; 승리하다**
– **triumph at the Olympics** 올림픽에서 승리하다

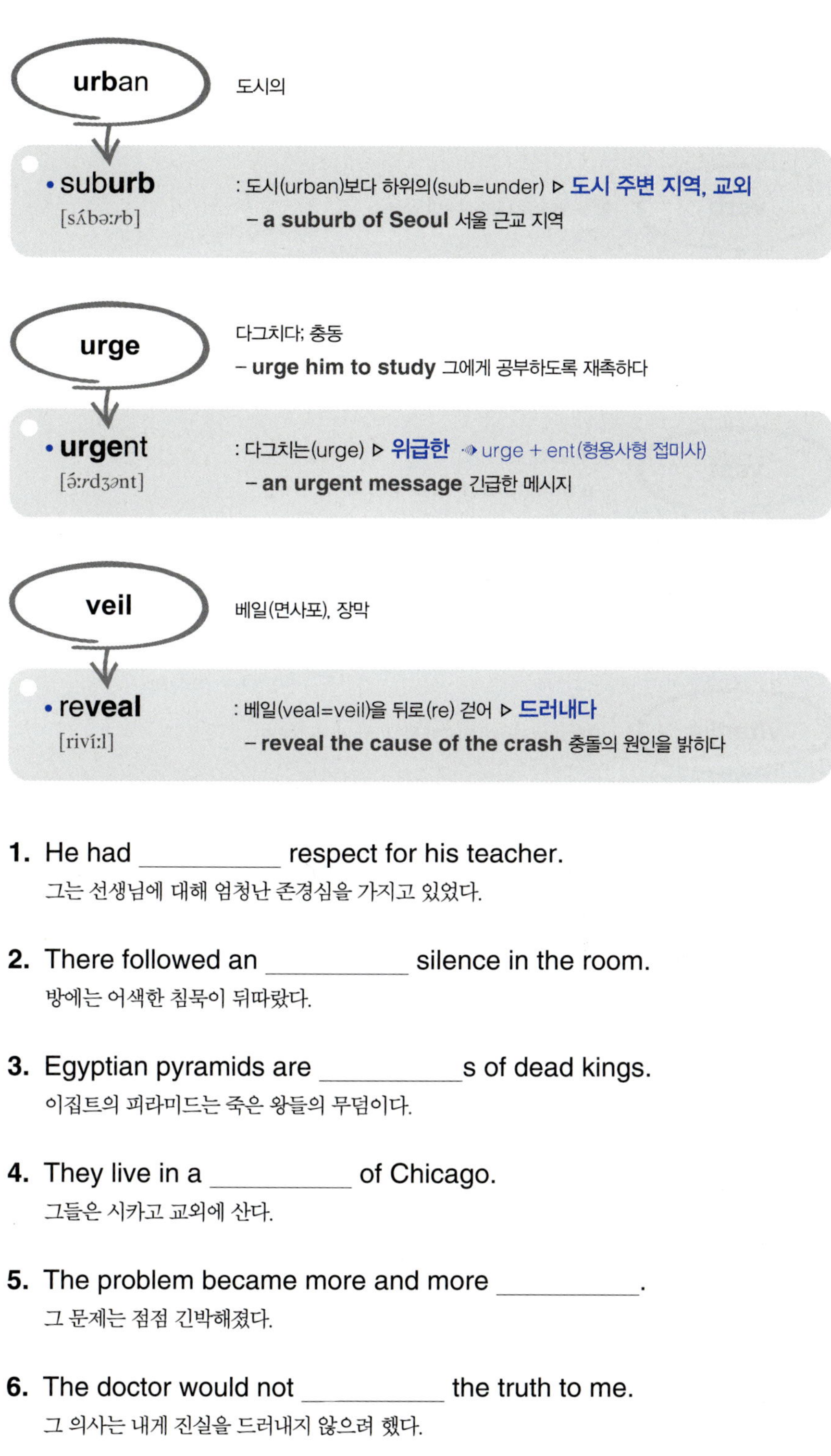

1. He had __________ respect for his teacher.
그는 선생님에 대해 엄청난 존경심을 가지고 있었다.

2. There followed an __________ silence in the room.
방에는 어색한 침묵이 뒤따랐다.

3. Egyptian pyramids are __________s of dead kings.
이집트의 피라미드는 죽은 왕들의 무덤이다.

4. They live in a __________ of Chicago.
그들은 시카고 교외에 산다.

5. The problem became more and more __________.
그 문제는 점점 긴박해졌다.

6. The doctor would not __________ the truth to me.
그 의사는 내게 진실을 드러내지 않으려 했다.

verb

말 ▷ 동작을 나타내는 말 ▷ 동사

- **pro**verb
[právə:*r*b]

: 이전부터(pro=pre=before) 전해진 말(verb) ▷ **속담, 격언**
 – **as the proverb goes** 속담에도 있듯이

vest

옷 ▷ 조끼
 – **a bulletproof vest** 방탄 조끼

- **in**vest
[invést]

: 새 옷(vest)을 향해서(in) ▷ 돈을 새로운 곳에 ▷ **투자하다**
 cf. **investment** 투자

vitamin

생명(vita=life)에 필요한 물질(amin) ▷ 비타민

- **vital**
[váitl]

: 생명(vita=life)에 관련된(al) ▷ **필수적인, 생명의**
 – **play a vital role** 매우 중요한 역할을 하다

voice

목소리

- **vow**
[vau]

: 목소리(voice)로 ▷ **맹세; 맹세하다**
 – **the marriage vows** 결혼 서약

web

거미줄, 망

- **weav**e
[wi:v]

: 거미줄(web=weav)처럼 ▷ **짜다**
 – **a web of expressways** 고속도로망

wind 바람

• **with**er : 바람(with=wind)을 맞아 ▷ **시들다**
[wíðər]   – **The spring flower already withered.**
    그 봄꽃은 이미 시들었다.

• **wand**er : 바람(wand=wind)처럼 ▷ **떠돌아다니다**
[wándər]   – **wander around the city** 도시 여기저기를 떠돌아다니다

witch 마녀

• **wick**ed : 마녀(witch)처럼 ▷ **사악한**
[wíkid]   – **a wicked look** 사악한 표정

1. He didn't know it was a __________ thing to do.
그는 그것이 사악한 짓이라는 것을 알지 못했다.

2. "Every Jack has his Jill," is a __________.
'짚신도 짝이 있다'는 말은 속담이다.

3. The army played a __________ role in our country.
군대는 우리나라에서 중요한 역할을 했다.

4. When he married her, he __________ed to love her forever.
그녀와 결혼할 때, 그는 그녀를 영원히 사랑하겠다고 맹세했다.

5. She began to __________ in the stock market.
그녀는 주식 시장에 투자하기 시작했다.   *stock market 주식 시장

6. The flower __________ed in the warm sun.
그 꽃이 따뜻한 태양 아래 시들었다.

7. The man has __________ed from country to country.
그 사람은 이 나라 저 나라를 방랑해왔다.

부록

수능에 필요한 주요 동사구

- **account for**
  ~에 대한 이유(for)나 정당성을 설명하다(account) ▷ 이유를 밝히다 ▷ 책임을 지다
  ex. The suspect had to <u>account for</u> her behavior that night.
  그 용의자는 그날 밤 자신의 행동에 대해 <u>설명해야</u> 했다.

- **add up**
  모두, 완전히(up) 더하다(add) ▷ 계산이 맞다 ▷ 이치에 맞다
  ex. The evidence just doesn't <u>add up</u>. 그 증거는 <u>이치에 맞지</u> 않는다.

- **add up to**
  ~까지(to) 완전히(up) 더하다(add) ▷ 총계가 ~이 되다 ▷ 결국 ~이 되다, ~의 결과를 낳다
  ex. The bill did not <u>add up to</u> any real help for the homeless.
  그 법안은 집 없는 사람들에게 실질적인 도움이 못 <u>되었다</u>.

- **answer for**
  ~에 대한(for) 책임이나 비난에 답하여(answer) 받아들이다 ▷ ~의 책임을 지다 ▷ ~을 보증하다
  ex. I can <u>answer for</u> his innocence. 나는 그의 결백함을 <u>보증한다</u>.

- **back up**
  (1) 뒤에서(back) 완전히(up) 믿고 받쳐주다(back) ▷ 후원하다, 지지하다
    ex. The evidence <u>backed up</u> the woman's story. 그 증거는 그녀의 이야기를 <u>뒷받침했다</u>.
  (2) 뒤를(back) 향하여(up) 물러나다(back), 후진시키다 ▷ (차를) 후진시키다
    ex. He <u>backed up</u> the car to the door. 그는 차를 문 쪽으로 <u>후진시켰다</u>.

- **become of**
  ~에 대해서(of) 어떤 일이 일어나게 되다(become) ▷ ~이 (어떻게) 되다(= happen to)
  ex. Do you know what has <u>become of</u> him? 그가 <u>어떻게 되었는지</u> 아니?

- **break down**
  깨어져서(break) 떨어져(down)버리다 ▷ 부서지다, 고장이 나다
  ex. The radio has <u>broken down</u>. 라디오가 <u>고장이 났다</u>.

- **break into**
  힘으로 깨부수고(break) 들어오다(into) ▷ 침입하다(= invade)
  ex. Somebody <u>broke into</u> my car last night. 어젯밤 누군가가 내 차에 <u>침입했다</u>.

- **break out**
  정적을 깨고(break) 갑자기 밖으로(out) 터져나오다 ▷ (전쟁, 화재 따위가) 발발하다, 발생하다
  ex. The Korean War <u>broke out</u> in 1950. 한국 전쟁은 1950년에 <u>발발했다</u>.

- **break up**
  완전히 뿔뿔이(up) 분리되어 깨지다(break) ▷ (회의가) 해산하다, 끝나다
  ex. The meeting <u>broke up</u> at midnight. 회의는 자정에 <u>끝났다</u>.

- **bring about**

  근처로(about) 가지고 오다(bring) ▷ 일 따위를 불러오다 ▷ 초래하다, 일으키다(= cause)

  ex. Computers have <u>brought about</u> many changes in the classroom.
  컴퓨터는 교실에 많은 변화를 <u>가져왔다</u>.

- **bring back**

  옛 일을 다시(back) 가지고 오다(bring) ▷ 되돌리다, 상기시키다

  ex. The pictures <u>brought back</u> many pleasant memories.
  그 사진들은 많은 즐거운 추억들을 <u>생각나게 했다</u>.

- **bring A[sth] home to B[sb]**

  A를 B에 정말 가까운 곳으로(home) 가지고 오다(bring) ▷ B가 A를 절실히 느끼게 하다

  ex. The pictures <u>bring</u> the power of love <u>home to</u> us.
  그 사진은 우리에게 사랑의 힘을 <u>절실히 느끼게 한다</u>.

- **bring up**

  (아이를) 크도록, 자라도록(up) 이끌다, 만들다(bring) ▷ ～을 기르다, 가르치다

  ex. She was <u>brought up</u> by her uncle. 그녀는 삼촌의 손에서 <u>자랐다</u>.

- **brush up**

  (쌓인 먼지를) 완전히(up) 닦아내다(brush) ▷ (기억에 묻혀 잊힌 것을) 다시 공부하다, 복습하다

  ex. He <u>brushed up</u> his English. 그는 (잊고 있던) 영어를 <u>다시 공부했다</u>.

- **burst into**

  ～한 상태로(into) 갑자기 변하다(burst) ▷ 갑자기 ～하기 시작하다(= burst out -ing)

  ex. He <u>burst into</u> laughter. = He burst out laughing. 그가 <u>갑자기</u> 웃기 <u>시작했다</u>.

- **call for**

  ～을 얻기 위해(for) 부르다(call) ▷ ～을 요구하다(= demand)

  ex. They <u>called for</u> a lot of money. 그들은 많은 돈을 <u>요구했다</u>.

- **call off**

  진행이 끊어진(off), 중지된 상태라고 부르다, 명하다(call) ▷ 취소하다(=cancel), 중지하다

  ex. The game was <u>called off</u> because of the spring rain. 그 시합은 봄비 때문에 <u>취소되었다</u>.

- **calm down**

  (분노 · 흥분 등을) 아래로(down) 가라앉히다(calm) ▷ 진정시키다, 달래다

  ex. She was too angry for him to <u>calm</u> her down.
  그녀는 너무 화가 나 있어서, 그가 <u>진정시킬</u> 수가 없었다.

- **care about**

  ～에 대해서(about) 마음을 쓰다(care) ▷ 걱정하다

  ex. I don't <u>care about</u> him. 난 그 사람을 <u>걱정하지</u> 않는다.

- **care for**

  ~을 위해(for) 마음을 쓰다(care) ▷ 좋아하다, 돌보다(= like, look after)

  ex. She <u>cared for</u> her elderly parents. 그녀는 늙으신 부모님을 <u>돌본다</u>.

- **carry off**

  ~을 가지고(carry) 멀리(off) 가버리다 ▷ 빼앗아가다, 독차지하다

  ex. He <u>carried off</u> most of the prizes. 그는 대부분의 상을 <u>독식했다</u>.

- **carry on**

  ~을 계속해서(on) 가지고가다(carry) ▷ ~을 계속하다, 경영하다

  ex. He <u>carried on</u> doing his homework. 그는 숙제를 <u>계속했다</u>.

- **carry out**

  (어떤 계획의) 결과물을, 밖으로(out) 이끌어내다(carry) ▷ 실행하다, 성취하다(= accomplish)

  ex. The investigation was not <u>carried out</u>. 그 조사는 <u>실행되</u>지 않았다.

- **catch on (with)**

  단단히, 꽉(on) (사람들의 관심을) 붙잡다, 끌다(catch) ▷ (~에게) 인기를 얻다, 유행하다

  ex. The car never really <u>caught on</u> in Korea. 그 차는 한국에서는 결코 <u>인기를 얻지</u> 못했다.

- **catch on (to)**

  ~을 완전히(on) 손에 쥐다, 붙잡다(catch) ▷ ~을 파악하다, 이해하다, 터득하다

  ex. Without any hints, he'll <u>catch on</u> soon. 아무런 힌트가 없어도 그는 곧 <u>이해할</u> 것이다.

- **catch up with**

  ~와(with) 뒤지지 않게 접근하여(up) 붙잡다(catch) ▷ ~을 따라잡다(= come up with)

  ex. If you don't go on ahead, he'll <u>catch up with</u> you.

  네가 먼저 가지 않으면, 그가 널 <u>따라잡을</u> 거야.

- **close down**

  문을 닫아(close) 내리다(down) ▷ 폐쇄하다, 중지하다, (방송을) 마치다

  ex. The television show <u>closes down</u> at 12:30 tonight.

  그 TV쇼는 오늘밤 12시 30분에 <u>막을 내린다</u>.

- **close in**

  접근해(close) 들어오다(in) ▷ 가까워지다, 다가오다

  ex. The snake <u>closed in</u> on its prey. 뱀은 먹이 <u>가까이 다가갔다</u>.

- **come about**

  둘레나 근처로(about) 다가오다(come) ▷ 일어나다(= happen)

  ex. How did the accident <u>come about</u>? 그 사건이 어떻게 <u>발생했는가</u>?

- **come across**

  서로 맞은편에서 가로질러(across) 오다(come) ▷ 마주치다, 우연히 발견하다

  ex. I <u>came across</u> a book in the drawer. 나는 서랍에서 책 한 권을 <u>우연히 발견했다</u>.

- **come down**

  아래로(down) 내려오다(come) ▷ 가격을 내리다

  ex. Can you <u>come down</u> a little? <u>가격을</u> 좀 <u>낮춰줄</u> 수는 없나요?

- **come down with**
  ～에 의해(with) 몸 상태가 아래로(down) 떨어지게 되다(come) ▷ (병에) 걸리다
  ex. I think I'm <u>coming down with</u> a cold. 내가 감기가 <u>걸리는</u> 것 같다. (감기 기운이 있다.)

- **come near[close] (to) -ing**
  ～가까이(close), 근처에(near) 오다(come) ▷ 거의 ～할 뻔하다(= nearly escape -ing)
  ex. She <u>came close to</u> being killed. 그녀는 <u>거의 죽을 뻔했다</u>.

- **come of**
  ～로부터(of) 오다, 생기다(come) ▷ ～의 결과이다, ～에 원인이 있다
  ex. His illness <u>comes of</u> smoking too much. 그의 병은 지나친 <u>흡연이 원인이다</u>.

- **come to**
  제자리에(to) 돌아오다(come), 원래의 상태로(to) 되다(come) ▷ 제정신이 들다
  ex. Has your mother <u>come to</u> yet? 어머니께서 이제 <u>제정신이 드셨니</u>?

- **come up with**
  ～에(with) 다가서게(up) 되다(come) ▷ (해답 등을) 찾아내다, 생각해내다
  ex. She <u>came up with</u> an answer to the question. 그녀는 그 질문에 대한 답을 <u>찾아냈다</u>.

- **count down**
  아래로, 거꾸로(down) 세어가다(count) ▷ 카운트다운하다, 초읽기하다
  ex. She's just <u>counting down</u> the days until her holiday.
  그녀는 휴가까지의 날들을 <u>카운트다운하고</u> 있다.

- **count on**
  ～에게 기대어(on) 셈하다, 생각하다(count) ▷ ～에 의지하다
  ex. He always <u>counts on</u> me to help him. 그는 늘 나에게 도와달라고 <u>기댄다</u>.

- **cut down (on)**
  ～을(on) 깎아(cut) 내리다(down) ▷ (수량·활동 따위를) 삭감하다, 줄이다
  ex. You should <u>cut down on</u> your drinking. 당신은 음주를 <u>줄이셔야</u> 합니다.

- **cut in**
  ～사이에(in) 대화 따위를 자르고(cut) 들어오다(in) ▷ 방해하다, 끼어들다(= interrupt)
  ex. He often <u>cuts in</u> on our conversations. 그 사람은 우리 대화에 자주 <u>끼어든다</u>.

- **cut off**
  잘라서(cut) 끊어 떨어뜨리다(off) ▷ 제거하다, 중단하다 ▷ ～로부터 차단하다, 고립시키다
  ex. The soldier was <u>cut off</u> from his troops. 그 병사는 중대로부터 떨어져 <u>고립되었다</u>.

- **depend on** ⟷ **be independent of** ～에서 **독립하다**
  ～에 대고(on) 기대다(depend) ▷ ～에 의지하다(= be dependent on)
  ex. You should not <u>depend on</u> your teacher too much. 넌 선생님한테 너무 <u>의지해서는</u> 안 된다.

- **dispense with** (☞ **do without**)
  ～을(with) 면제하다(dispense) ▷ ～을 필요 없게 하다, 없어도 되게 하다 ▷ ～없이 때우다
  ex. She cannot <u>dispense with</u> luxuries. 그녀는 사치품 <u>없이는</u> 지낼 수가 없다.

- **do without**

  ~없이(without) 행하다(do) ▷ ~없이 지내다[해나가다] (= go without, dispense with)

  ex. He cannot <u>do without</u> his computer. 그 사람은 컴퓨터 없이는 지낼 수가 없다.

- **draw back**

  뒤로(back) 끌어내다(draw) ▷ 물러나다 ▷ 손을 떼다

  ex. She <u>drew back</u> when she saw the lion's teeth. 그녀는 사자의 이빨을 보자 뒤로 물러섰다.

- **draw up**

  (1) 꽉 채워(up) 그리다, 줄을 긋다(draw) ▷ (문서를) 작성하다

  　ex. They <u>drew up</u> a contract. 그들은 계약서를 작성했다.

  (2) (마차를 세우기 위해) 말의 고삐를 위로 들어(up) 당기다(draw) ▷ (차가) 멈추다

  　ex. The bus <u>drew up</u> outside the building. 버스가 건물 밖에서 멈추었다.

- **dress up**

  완전히(up) 옷을 입히다(dress), 정돈하다(dress) ▷ 분장하다, 옷을 차려입다

  ex. We <u>dressed</u> her <u>up</u> as a bear. 우리는 그녀를 곰으로 분장시켰다.

- **drive away**

  멀리(away) 몰고 가다(drive) ▷ (근심 따위를) 몰아내다

  ex. Terrorists are <u>driving away</u> tourists. 테러리스트들이 관광객들을 쫓아내고 있다.

- **eat up**

  모두(up) 먹어버리다(eat) ▷ 먹어 없애다, 다 써버리다

  ex. <u>Eat up</u> your vegetables, dear. 애야, 채소를 다 먹어라.

- **end up -ing[in + N]**

  ~에서(in) 모두(up) 끝나버리다(end) ▷ 결국 ~이 되다

  ex. They <u>ended up</u> getting married. 그들은 결국 결혼을 했다.
  　He'll <u>end up</u> in prison. 그 사람은 결국 감옥에 갈 것이다.

- **enter into**

  ~속으로(into) 들어가다(enter) ▷ ~을 시작하다, 착수하다

  ex. Let's <u>enter into</u> the details. 세부 사항에 대해 논의를 시작하자.

- **face off**

  얼굴을 맞대고(face) 멀리 흩어지다(off) ▷ (아이스하키 등에서) 경기 개시하다 ▷ 적과 대결하다

  ex. Both teams <u>face off</u> on TV tonight. 두 팀은 오늘밤 TV에서 대결한다.

- **fall away**

  멀어지고, 사라지는 상태에(away) 빠지다(fall) ▷ 감소하다, 사라지다

  ex. Gradually, our doubts <u>fell away</u>. 점차 우리의 빚은 줄어들었다.

- **fall back upon[on]**

  ~에(upon) 등을 대는(back) 상태에 빠지다(fall) ▷ ~에 의지하다

  ex. She always <u>falls back on</u> her father's money. 그녀는 늘 아버지의 돈에 의지한다.

- **fall in with**

  ~와(with) 우연히 어떤 상태에(in) 빠지다(fall) ▷ ~와 우연히 만나다(= happen to meet)

  　ex. He <u>fell in with</u> a strange woman there. 그는 거기서 낯선 여인과 마주쳤다.

- **feed on**
  ~에 의지하여(on) 뜯어먹다(feed) ▷ ~을 먹고 살다, ~으로 살아가다
  ex. Cats <u>feed on</u> mice. 고양이는 쥐를 먹고 산다.

- **feel like -ing**
  ~하게 될 것 같이, ~처럼(like) 느끼다(feel) ▷ ~하고 싶은 기분이다(= feel inclined to)
  ex. That day I didn't <u>feel like going</u> to school. 그날은 학교에 가고 <u>싶지가</u> 않았다.

- **feel up to**
  ~할 수 있을 것으로(up to) 느끼다(feel) ▷ ~을 감당할 수 있을 것 같다
  ex. I don't <u>feel up to</u> the work. 난 그 일을 <u>감당해 낼 수 있을</u> 것 같지 않다.

- **figure out**
  완전히(out) 계산해서(figure) 답을 내놓다(out) ▷ 풀다, 이해하다(= make out, understand)
  ex. I can't <u>figure out</u> how it works. 나는 그것이 어떻게 작동하는지를 <u>이해할</u> 수가 없다.

- **fight off**
  싸워서(fight) 멀리 없애다(off) ▷ ~을 퇴치하다, 격퇴하다
  ex. She tried to <u>fight off</u> a cold. 그녀는 감기를 <u>물리치려고</u> 애썼다.

- **fill up**
  완전히, 위로(up) 가득 채우다(fill) ▷ 차다, 채우다, 보충하다
  ex. Her eyes <u>filled up</u> with tears. 그녀의 눈은 눈물로 <u>가득했다</u>.

- **fit in with**
  ~와(with) 잘 들어(in) 맞다(fit) ▷ 조화를 이루다, 어울리다
  ex. You'd better <u>fit in with</u> others. 넌 다른 사람들과 잘 어울리는 게 좋다.

- **fix up**
  완전히(up) 고정시키다, 붙이다(fix) ▷ (날짜 등을) 정하다, 수리하다, 조정하다, 해결하다
  ex. Your car needs <u>fixing up</u>. 당신 차는 <u>수리할</u> 필요가 있습니다.
  I'm going to <u>fix up</u> dinner right now. 지금 저녁 같이할 <u>날짜를 정하죠</u>.

- **get along with**
  ~와 함께(with) 같이(along) 가게 되다(get) ▷ 사이좋게 지내다 ▷ ~을 해나가다
  ex. He doesn't really <u>get along with</u> his wife's brother. 그는 처남과 <u>사이가 좋지</u> 않다.

- **get ahead**
  ~보다 앞서서(ahead) ~에 이르다(get) ▷ 성공하다, 출세하다
  ex. She wants to <u>get ahead</u> in life. 그녀는 인생에서 <u>성공하고</u> 싶어 한다.

- **get at**
  (의미나 뜻이) ~에(at) 도달하다(get) ▷ ~을 암시하다, 뜻하다, 말하고자 하다
  ex. What on earth are you <u>getting at</u>? 도대체 무슨 <u>말을 하려는</u> 거니?

- **get ~ down**
  의기소침하게(down), 기가 죽게(down) 만들다(get) ▷ ~을 실망시키다
  ex. I don't want to <u>get</u> you <u>down</u>. 난 널 <u>실망시키고</u> 싶지 않다.

- **get down to**

  마음을 가라앉히고(down), 진지하게(down) ∼로(to) 이르다(get) ▷ 차분히 ∼에 착수하다

  ex. Let's <u>get down to</u> work. 일에 <u>착수하자</u>.

- **get off**

  ∼에서 멀리 벗어나게(off) 되다, 가다(get) ▷ (차, 말 등에서) 내리다

  ex. He suddenly <u>got off</u> the bus. 그가 갑자기 버스에서 <u>내렸다</u>.

- **get on**

  탈 것 위에(on) 올라타게(on) 되다(get) ▷ (차, 말 등에) 타다(= board, mount)

  ex. You <u>got on</u> the wrong train. 당신은 딴 기차를 <u>타셨습니다</u>.

- **get over**

  완전히(over) 넘어서게(over) 되다(get) ▷ 극복하다(= overcome), 회복되다(= recover from)

  ex. Soon he'll be able to <u>get over</u> the problem. 그는 곧 그 문제를 <u>극복할</u> 수 있을 것이다.

- **get through with**

  ∼을(with) 완전히 마치게(through) 되다(get) ▷ ∼을 끝내다(= finish), ∼을 견디어내다

  ex. He can't <u>get through with</u> his work by himself. 그는 혼자서 그 일을 <u>끝낼</u> 수 없다.

- **give away**

  멀리(away), 남에게(away) 줘버리다(give) ▷ (물건·비밀 등을) 내주다, 양보하다

  ex. He <u>gave away</u> the secrets to the spy. 그는 기밀들을 스파이에게 <u>넘겨주었다</u>.

- **give in**

  (물건·권리·순서 등을) ∼의 수중에(in) 넣어(in) 주다(give) ▷ 굴복하다(= surrender), 양보하다

  ex. If you don't know the answer, you'd better <u>give in</u>.

  만약 네가 정답을 모르면, <u>포기하는</u> 게 좋다.

- **give off**

  저쪽으로, 멀리(off) 보내주다(give) ▷ (냄새·빛 따위를) 내뿜다, 발산하다(= emit)

  ex. The flower <u>gave off</u> an unpleasant smell. 그 꽃은 불쾌한 냄새를 <u>발산한다</u>.

- **give out**

  (1) 나누어주다(give) ▷ ∼을 배포하다(= distribute)

  　ex. My teacher <u>gave out</u> the exam papers. 선생님께서 시험지를 <u>나누어 주셨다</u>.

  (2) 완전히(out), 끝까지(out) 힘을 다 주다(give) ▷ (힘 등이) 다하다, 엔진이 멈추다

  　ex. My legs <u>gave out</u> and I collapsed. 다리에 <u>힘이 풀려서</u> 나는 쓰러졌다.

- **give up**

  모두 다(up) 줘버리고(give) 없다 / 두 손을 위로(up) 하다(give) ▷ 버리다, 포기하다, 항복하다(= abandon, surrender, desert, forsake)

  ex. She would not <u>give up</u> easily. 그녀는 쉽게 <u>포기하지</u> 않으려 한다.

- **go by**

  (1) 옆으로(by) 지나가다(go) ▷ 지나가다, 들르다 ▷ 방문하다

  　ex. Don't let the chance go by. 기회가 그냥 <u>지나가도록</u> 두지 마라.

  (2) ∼에 의해(by) 진행되다, 통하다(go) ▷ ∼에 의거하다, ∼으로 판단하다

  　ex. You shouldn't always <u>go by</u> appearances. 항상 겉보기만<u>으로 판단해서는</u> 안 된다.

- **go off**
  (1) 산산히 분리되어(off) 멀리 떨어져(off) 가다(go) ▷ 폭발하다, 터지다(= explode)
  ex. The bomb <u>went off</u> in New York. 그 폭탄이 뉴욕에서 <u>폭발했다</u>.
  (2) 계속 가는 것을(go) 멈추다(off) ▷ 끊기다, 작동을 멈추다
  ex. All of a sudden, all the lights <u>went off</u>. 갑자기 모든 불이 <u>꺼졌다</u>.

- **go on**
  끊이지 않고(on), 계속해서(on) 진행해 가다(go) ▷ ～을 계속하다 (= continue)
  ex. Don't <u>go on</u> drinking so much. 술을 너무 <u>계속해서</u> 마시지 마라.

- **go over**
  자세히(over), 되풀이하여(over) 가다(go) ▷ 검토하다, 반복하다(= repeat, examine)
  ex. <u>Go over</u> your paper once again. 너의 보고서를 다시 한번 <u>검토해라</u>.

- **go through**
  완전히 통과하여(through) 지나가다(go) ▷ 경험하다(= undergo, experience)
  ex. She has <u>gone through</u> a bad time in her life. 그녀는 인생에 있어 힘든 시기를 <u>보냈다</u>.

- **go with**
  ～와 함께(with), 어울려(with) 가다(go) ▷ ～와 어울리다(= go together)
  ex. That skirt <u>goes with</u> this jacket. 저 치마는 이 재킷과 <u>어울린다</u>.

- **hand down**
  아래쪽으로(down), 후손에게(down) 건네주다(hand) ▷ 후세에 전하다(= bequeath)
  ex. Most of her clothes were <u>handed down</u> to me. 그녀의 옷 대부분은 내가 <u>물려받았다</u>.

- **hand in**
  ～의 수중에(in) 건네주다(hand) ▷ ～을 제출하다
  ex. She <u>handed in</u> her homework to the teacher. 그녀는 선생님께 숙제를 <u>제출했다</u>.

- **hand out**
  밖으로(out), 드러나게(out), 여러 사람들에게(out), 건네주다(hand) ▷ ～을 나눠주다
  ex. She <u>handed</u> these books <u>out</u>. 그녀가 이 책을 <u>나눠주었다</u>.

- **hand over**
  (남에게) 넘겨(over) 주다(hand) ▷ 건네주다, 양도하다(= give control of, give over)
  ex. The captain <u>handed over</u> the command of his warship.
  선장은 전함의 지휘권을 <u>양도했다</u>.

- **hang around**
  주위를 여기저기(around) 떠돌다, 서성이다(hang) ▷ 이리저리 돌아다니다
  ex. A strange man is <u>hanging around</u> outside the door. 낯선 남자가 문밖을 <u>서성이고 있다</u>.

- **hang up**
  재래식 전화기에서 (통화를 마치고서) 수화기를 위에(up) 걸어 올려 놓다(hang) ▷ 전화를 끊다
  ex. Don't <u>hang up</u> the phone. 전화 <u>끊지</u> 마세요!

- **have (time) off**
  (일·책임 등에서) 떨어져(off), 일을 하지 않는(off) 시간을 가지다(have) ▷ 일을 쉬다
  ex. You can <u>have</u> a few days <u>off</u>. 당신은 며칠 일을 쉴 수 있습니다.

- ## have ~ on
  ~을 착용하여(on) 몸에 지니고 있다(have) ▷ ~을 입고[쓰고, 신고] 있다

  ex. She had a red hat on. 그녀는 빨간 모자를 <u>쓰고 있었다</u>.

- ## hear from
  ~로부터(from) 직접 듣다(hear) ▷ (편지·전화 등으로) 소식을 듣다

  ex. I haven't <u>heard from</u> her lately. 나는 최근에 그녀<u>에게서 소식을 듣지</u> 못했다.

- ## hear of
  ~에 대해서(of) 간접적으로, 소문으로 듣다(hear) ▷ 소문을 듣다, 전해 듣다

  ex. I <u>heard of</u> her father's death. 나는 그녀의 부친상 <u>소문을 들었다</u>.

- ## help oneself to
  ~에 대해(to) 스스로에게(oneself) 권하다(help) ▷ ~을 마음대로 들다[마시다]

  ex. Just <u>help yourself to</u> anything you'd like. 뭐든지 원하시는 걸 <u>마음껏 드세요</u>.

- ## hit on[upon]
  ~에(on) 부딪히다, 마주치다(hit) ▷ ~와 우연히 마주치다 ▷ ~에게 (생각이) 떠오르다

  ex. She suddenly <u>hit upon</u> a good idea. 문득 그녀에게 좋은 <u>생각이 떠올랐다</u>.

- ## hold back
  뒤로 물러나(back) 버티다, 유지하다(hold) ▷ 자제하다, 억제하다, 삼가다

  ex. She couldn't <u>hold back</u> her anger. 그녀는 화를 <u>억제할</u> 수가 없었다.

- ## hold on
  어떤 상태를 계속해서(on) 유지하다(hold) ▷ 지속하다, (전화를) 끊지 않고 두다

  ex. <u>Hold on</u> a second, please. 잠깐만 (전화 끊지 말고) 기다려 주세요.

- ## hold out
  (1) 손에 쥐고(hold) 밖으로(out) 내밀다 ▷ 손을 내밀다, 제공하다

     ex. She <u>held out</u> her hand. 그녀가 손을 <u>내밀었다</u>.

  (2) 끝까지(out) 손에 쥐고(hold) 버티다(hold) ▷ 마지막까지 견디다, 계속 저항하다

     ex. They couldn't <u>hold out</u> any more. 그들은 더 이상 <u>버틸 수</u>가 없었다.

- ## hold up
  위를, 단단히(up) 붙들다, 제지하다(hold) ▷ 가로막다, 방해하다, 늦추다

  ex. A car accident is <u>holding up</u> traffic. 자동차 사고가 교통을 <u>가로막고</u> 있다.

- ## keep on -ing
  계속해서(on) 유지하다(keep) ▷ ~을 계속하다, 계속해서 ~하다

  ex. He <u>kept on</u> <u>asking</u> questions of me. 그 사람은 내게 <u>계속해서</u> 질문을 <u>했다</u>.

- ## keep up with
  ~와(with) 뒤지지 않게 접근한(up) 상태를 유지하다(keep) ▷ ~에 뒤떨어지지 않다

  ex. She could not <u>keep up with</u> the rest of the class. 그녀는 반 친구들을 <u>따라잡을</u> 수가 없었다.

- ## knock down
  때려서(knock) 쓰러져 내리게(down) 만들다 ▷ 때려눕히다, 뒤집어엎다

  ex. He <u>knocked down</u> his rival in the first round. 그는 첫 라운드에서 그의 라이벌을 <u>때려눕혔다</u>.

- **know better than to**
  ～하는 것(to V) 보다는(than) 좀더(better) 사리를 안다(know), 분별이 있다(know) ▷ ～할 정도로 어리석지는 않다(= be not so foolish as to V)
  ex. You should <u>know better than to</u> judge people by their appearances.
  너는 사람을 외모로 판단할 정도로 어리석어서는 안 된다.

- **lay aside / lay by**
  곁에(by), 따로(aside) 놓아두다(lay) ▷ 모으다, 저축하다, 떼어두다(= save, store)
  ex. She <u>laid aside</u> a few cents each week. 그녀는 매주 몇 센트 씩 <u>저축을 한다</u>.

- **lay off**
  직무와 떨어져(off) 쉬도록(off) 두다(lay) ▷ 해고하다, 일을 쉬다(= fire, dismiss, discharge)
  ex. The company will <u>lay off</u> hundreds of workers. 회사는 수백 명의 노동자들을 <u>해고할</u> 것이다.

- **lead to**
  ～에(to) 이르다(lead) ▷ ～의 결과를 낳다, 결국 ～이 되다
  ex. Eating too much vitamin <u>leads to</u> health problems.
  비타민을 너무 많이 먹으면 건강 질환을 <u>낳는다</u>.

- **leave out**
  밖에(out) 놓아두다(leave) ▷ 포함시키지 않다 ▷ 빼다, 생략하다(= omit)
  ex. He <u>left out</u> a 't' in 'committee'. 그는 'committee'에서 't'를 <u>빠뜨렸다</u>.

- **let alone**
  ～은 따로(alone) 놓다, 해두다(let) ▷ ～은 말할 것도 없이(= not to mention)
  ex. The child couldn't read, <u>let alone</u> write. 그 아이는 쓰기<u>는커녕</u> 읽지도 못했다.

- **let go of**
  ～에 대하여, ～을(of) 가게(go) 하다(let) ▷ ～을 놓다, 해방하다(= release)
  ex. <u>Let go of</u> my hand, please. 손을 좀 <u>놔주세요</u>.

- **let ~ out of -ing**
  (일에서) 떨어져(out of) 두다, 하다(let) ▷ ～을 (형벌·일 등에서) 면제시키다
  ex. He <u>let</u> me <u>out of</u> paying the penalty. 그는 내가 벌금 내는 것을 <u>면해 주었다</u>.

- **live on** (☞ **feed on**)
  ～에 의지하여, 근거하여(on) 살아가다(live) ▷ ～을 먹고 살다, ～으로 살아가다
  ex. Most Koreans <u>live on</u> rice. 대부분의 한국인들은 쌀을 <u>주식으로 살아간다</u>.

- **look after**
  뒤를(after) 보아주다(look) ▷ 보살피다, 돌보다(= take care of, care for)
  ex. She <u>looks after</u> her old mother. 그녀는 나이든 어머니를 <u>돌보고 있다</u>.

- **look back on[to]**
  ～에 대해(upon, to) 뒤를 돌아(back) 보다(look) ▷ 뒤돌아 보다 ▷ 회고하다
  ex. She used to <u>look back on</u> her childhood. 그녀는 어린 시절을 <u>회상하곤</u> 했다.

- **look for**
  ～을 얻기 위해(for) 찾아(for) 보다(look) ▷ ～을 찾다(= search for)
  ex. They <u>look for</u> employees who take pride in their work. (99 수능 응용)
  그들은 자신에 일을 자랑스러워하는 근로자를 <u>찾고 있다</u>.

- **look forward to -ing**
  ~에 대해(to) 목을 앞으로 쭉 빼고(forward) 지켜보다(look) ▷ ~을 즐거운 마음으로 기다리다, 고대하다(= anticipate, expect)

  ex. We're <u>looking forward to</u> seeing you again. (95 수능)
  우리는 당신을 다시 만나기를 <u>고대하고</u> 있습니다.

- **look down on**
  사람에 대해(on) 내려다(down) 보다(look) ▷ ~을 경멸하다, 얕보다(= despise)

  ex. She <u>looks down on</u> anyone who is young. 그녀는 젊은 사람은 누구든지 <u>무시한다</u>.

- **look into**
  ~안을(into) 관심을 가지고(into) 들여다(into) 보다(look) ▷ 조사하다(= investigate)

  ex. Police are <u>looking into</u> the case. 경찰은 그 사건을 <u>조사하고</u> 있다.

- **look over**
  (1) 건너서(over), 넘겨서(over), 덮어서(over) 보다(look) ▷ 눈감아주다, 덮어주다
  (2) 온통(over), 도처에(over), 여기저기(over) 보다(look) ▷ 훑어보다, 조사하다

  ex. You should <u>look over</u> the contract before you sign it.
  너는 사인을 하기 전에 계약서를 잘 <u>살펴보아야</u> 한다.

- **look through**
  ~을 통하여(through) 꿰뚫어(through) 보다(look) ▷ ~을 철저히 조사하다

  ex. He <u>looked through</u> all his notebooks before the test.
  그는 시험보기 전에 공책을 모두 <u>살펴보았다</u>.

- **look up**
  ~을 완전히(up), 모두(up) 살펴 보다(look) ▷ (사전 등에서) 찾아보다, 조사하다(= search for)

  ex. Learn to <u>look up</u> words in the dictionary. 사전에서 단어 <u>찾는</u> 법을 익혀라.

- **look up to**
  ~을(to) 우러러(up) 보다(look) ▷ 존경하다(= respect)

  ex. He always <u>looks up to</u> his father. 그는 늘 아버지를 <u>존경한다</u>.

- **make out**
  완전히, 분명하게(out) 만들어(make) 얻다(make) ▷ 이해하다(= understand)

  ex. I can't <u>make out</u> what you mean. 네가 무슨 말을 하는지 <u>이해할</u> 수가 없다.

- **make up**
  (1) 완전히(up) 만들어(make) 세워 올리다(up) ▷ 구성하다

  ex. A family unit is made up of a husband, a wife, and a child. (00 수능 응용)
  한 가족 단위는 남편, 아내, 자식으로 <u>이루어져</u> 있다.

  (2) 완전히(up) 만들어내다, 지어내다(make) ▷ (말 등을) 날조하다, 가장하다

  ex. She <u>made up</u> some excuse about her son being sick.
  그녀는 아들이 아프다는 핑계를 <u>만들어 댔다</u>.

- **make up for**
  ~에 대해(for) 채워(up) 만들어주다(make) ▷ 보충하다, 보상하다(= compensate for)

  ex. He spent much time <u>making up for</u> his poor swimming. (97 수능 응용)
  그는 자신의 부족한 수영 실력을 <u>보충하기</u> 위해 많은 시간을 보냈다.

- **make up with**
  ~와(with) 함께(up) 붙어(up) 나아가다(make) ▷ 화해하다
  ex. He hasn't <u>made up with</u> his wife yet. 그는 아직 아내와 <u>화해하지</u> 않았다.

- **match up to**
  ~에(to) 완전히(up) 들어맞다(match) ▷ (기대 등에) 일치하다, 미치다, 필적하다
  ex. The film didn't <u>match up to</u> our expectations. 그 영화는 우리의 <u>기대에</u> 못 <u>미쳤다</u>.

- **mess around**
  여기저기(around) 어지럽히며(mess) 다니다 ▷ 쓸데없이 빈둥거리다, 시간을 낭비하다
  ex. He likes <u>messing around</u> with computers. 그는 컴퓨터로 <u>시간 때우는</u> 것을 좋아한다.

- **mess up**
  완전히(up) 더럽히다(mess) ▷ 흩뜨리다, 엉망으로 만들다
  ex. I can't trust you anymore because you <u>mess</u> everything <u>up</u>! (98 수능 응용)
  모든 것을 다 <u>망쳐 놓으니</u>, 나는 널 더 이상 믿을 수가 없다!
  You <u>messed up</u> my clean kitchen. 너는 내 깨끗한 부엌을 <u>엉망으로 만들었다</u>.

- **pass away**
  멀리 사라져(away), 없어져(away) 지나가다(pass) ▷ 가버리다 ▷ 죽다
  ex. After my parents <u>passed away</u>, I lived with my grandparents. (02 수능)
  부모님이 <u>돌아가신</u> 후에, 나는 조부모님과 살았다.

- **pick out**
  밖으로(out) 골라내다(pick) ▷ 식별하다 ▷ 돋보이게 하다
  ex. People use chopsticks to <u>pick out</u> the hot food. (02 수능 응용)
  사람들은 뜨거운 음식을 집어 들기 위해 젓가락을 사용한다.
  I couldn't <u>pick</u> her <u>out</u> in the photo. 나는 사진에서 그녀를 <u>식별할</u> 수가 없었다.

- **point out**
  밖으로(out) 드러나게(out) 가리키다(point) ▷ 나타내다, 지적하다
  ex. Experts <u>point out</u> that this is a serious problem. (03 수능)
  전문가들은 이것이 심각한 문제라고 <u>지적한다</u>.

- **point up**
  (가치를) 치켜 올려(up) 가리키다(point) ▷ 강조하다, 두드러지게 하다
  ex. The data <u>point up</u> the failure of the plan. 그 자료는 그 계획의 실패를 <u>두드러지게 한다</u>.

- **pop up**
  터져(pop) 올라오다(up) ▷ 별안간 나타나다
  ex. The words 'Non-system disk or disk error' <u>popped up</u> on the screen.
  'Non-system disk or disk error'라는 단어가 화면에 <u>갑자기 떴다</u>.

- **pull over**
  (말을 세우기 위해 고삐를) 위쪽으로(over) 끌어당기다(pull) ▷ 차를 길가로 붙이다, 세우다
  ex. At last, the car <u>pulled over</u>, and a large man jumped out. (00 수능 응용)
  마침내 차가 <u>길가에 멈춰 섰고</u>, 덩치 큰 한 사내가 뛰어 나왔다.

- **put aside**
  (1) 옆에(aside) 따로(aside) 치워놓다(put) ▷ (일시적으로) 제쳐놓다, 치우다
    ex. Let's <u>put</u> the matter <u>aside</u> for now. 당분간 그 문제는 <u>제쳐놓자</u>.
  (2) 옆에(aside) 따로(aside) 놓아두다(put) ▷ 따로 떼어두다, 저축하다 ☞ lay aside
    ex. She <u>puts aside</u> three hundred dollars every month. 그녀는 매달 300 달러씩 <u>저축한다</u>.

- **put off**
  멀리(off) 벗어난(off) 곳에 두다(put) ▷ 연기하다(= postpone, delay)
  ex. She <u>put off</u> going to the dentist. 그녀는 치과에 가는 것을 <u>연기했다</u>.

- **put on**
  ~을 몸 위에(on) 접촉하여(on) 놓다(put) ▷ 몸에 지녀(on) 착용하여(on) 놓다(put) ▷ 입다, 쓰다,
  신다, 착용하다(= wear) ↔ take off
  ex. You'd better <u>put</u> your glasses <u>on</u>. 안경을 <u>쓰는</u> 게 좋겠다.

- **put out**
  완전히(out) 제거해(out) 놓다(put) ▷ ~을 끄다(= extinguish)
  ex. Soon the firefighters <u>put</u> the fire <u>out</u>. 곧 소방수들이 불을 <u>껐다</u>.

- **put together**
  함께(together) 모아(together) 놓다(put) ▷ 결합시키다, 모으다, 구성하다(= assemble)
  ex. He <u>put together</u> a model plane for himself. 그는 스스로 모형비행기를 <u>조립했다</u>.

- **put up with**
  ~에 대해(with) (쓰러지지 않고) 일어선(up) 상태에 있다(put) ▷ ~을 참다, 견디다(= endure,
  bear, stand, tolerate)
  ex. He couldn't <u>put up with</u> her smoking any more.
    그는 그녀가 담배 피는 것을 더 이상 <u>참을</u> 수 없었다.

- **refer to**
  ~에 대해(to) 주목하다(refer) ▷ ~을 가리키다, ~을 언급하다
  ex. This feeling is often <u>referred to</u> as "parental love." (01 수능)
    이러한 감정은 종종 "부모의 사랑"이라고 <u>불린다</u>.
    = We often <u>refer to</u> this feeling as "parental love."

- **rely on**
  ~에 대하여(on) 신뢰하다(rely) ▷ ~에 의지하다
  ex. She <u>relies on</u> her father for good advice. 그녀는 아버지의 좋은 충고에 <u>의지한다</u>.

- **rest on**
  ~에 기대(on) 쉬다, 안심하다(rest) ▷ ~에 의지하다
  ex. Success in life <u>rests on</u> steadiness. 인생의 성공은 끈기에 <u>달려 있다</u>.

- **result from**
  ~로부터(from) 생기다(result) ▷ ~의 결과이다
  ex. Her difficulty in speaking <u>results from</u> a childhood illness.
    그녀의 언어 장애는 어린 시절에 질병을 앓은 결과이다.

- **result in**
  ～로(in) 결론이 나다(result) ▷ ～을 초래하다(= bring about, lead to, end in, cause)
  ex. Exposure to sunlight may <u>result in</u> burns. (96 수능 응용)
  햇볕에의 노출은 화상을 초래할 수 있다.

- **root out**
  완전히(out) 뿌리를(root) 뽑아내다(out) ▷ ～을 근절하다(= exterminate, get rid of)
  ex. He will <u>root out</u> troublemakers in this company.
  그는 회사에서 문제를 일으키는 사람들을 제거할 것이다.

- **run across**
  다니다가(run) 교차하게(across) 되다 ▷ 우연히 만나다(= meet by chance, meet with)
  ex. I <u>ran across</u> an old friend yesterday. 나는 어제 옛 친구를 우연히 만났다.

- **run for**
  ～을 위해(for) 뛰다(run) ▷ 입후보하다, 출마하다
  ex. She's going to <u>run for</u> president. 그녀는 대선에 출마할 계획이다.

- **run into**
  ～안으로(into) 달려들다(run) ▷ 충돌하다(= collide with) ▷ 우연히 만나다
  ex. He <u>ran into</u> bad weather on the way home. 그는 집에 돌아가던 중에 악천후를 만났다.

- **run out of** (☞ use up)
  정해진 물량 밖으로(out) 가다(run) ▷ 없어져(out) 가다(run) ▷ 다 써버리다, 바닥나다(= exhaust)
  ex. Maybe you've <u>run out of</u> gas. (94 수능 1차) 아마 연료가 다 되었을 지도 모른다.

- **run over**
  위로(over) 넘어서(over) 달려 지나가다(run) ▷ (차가 사람을) 치다
  ex. He nearly <u>ran over</u> a dog. 그는 개를 차로 칠 뻔 했다.

- **see off**
  떠나는 것을(off) 보다(see) ▷ ～를 배웅하다
  ex. She went to the airport to <u>see</u> her daughter <u>off</u>. 그녀는 공항에 딸을 배웅하러 갔다.

- **send for**
  어떤 사람을 불러오기 위해(for) 보내다(send) ▷ ～을 부르러 보내다
  ex. She <u>sent</u> him <u>for</u> a doctor. 그녀는 의사를 부르러 그를 보냈다.

- **set out / set off**
  밖으로(out), 먼 곳으로(off) 여정을 정하다(set) ▷ 출발하다, 착수하다
  ex. He's just <u>set out</u> on a journey around the world.
  그는 이제 막 세계일주 여행을 시작했다.

- **set up**
  정하여(set) 올려(up) 세우다(set) ▷ (일정 등을) 정하다, 설립하다
  ex. She <u>set up</u> a meeting to discuss the matter.
  그녀는 그 문제를 다루기 위해 회의 일정을 정했다.

- **settle down**

  (1) 정착하여(settle) 내려(down) 앉다 ▷ 자리를 잡다

    ex. Soon she <u>settled down</u> in her new job. 곧 그녀는 새 직장에서 <u>자리를 잡았다</u>.

  (2) 마음을 내려앉은 상태로(down) 놓다(settle) ▷ 진정시키다, 안정되다

    ex. I hope things will <u>settle down</u> soon. 나는 상황이 <u>진정되기를</u> 바란다.

- **show off**

  (남이 보도록) 밖으로(off) 드러내어(off) 내보이다(show) ▷ 과시하다, 돋보이게 하다

  ex. Susan <u>showed off</u> her teeth, which are still in good condition. (03 수능 응용)

    수잔은 여전히 상태가 좋은 자신의 치아를 <u>뽐냈다</u>.

- **show up** (☞ **turn up**)

  수면 위로(up) 드러내 보이다(show) ▷ 나타나다(= appear)

  ex. She didn't <u>show up</u> until five o'clock. 그녀는 5시 정각까지 <u>나타나지</u> 않았다.

- **sign up for**

  ~에 대해서(for) 완전히(up) 서명(sign) 완료(up) 하다 ▷ 구입계약을 하다, 참가(등록)하다

  ex. He <u>signed up for</u> the history course at the college. 그는 대학의 역사 수업<u>에 등록했다</u>.

- **sit for**

  ~을 목적으로(for) 앉아서(sit) 응시하다 ▷ 시험을 치르다

  ex. She didn't <u>sit for</u> her entrance exam. 그녀는 <u>입학 시험을 치지</u> 않았다.

- **sit up**

  (자지 않고) 일어나(up) 앉아(sit) 있다 ▷ 자지 않고 깨어 있다

  ex. I <u>sat up</u> all night reading the book. 나는 그 책을 읽느라고 밤새 <u>깨어 있었다</u>.

- **slow down**

  느리게(slow) 낮추다(down) ▷ 속력을 늦추다

  The speed of development will <u>slow down</u>. (95 수능) 발전 속도가 <u>늦춰질</u> 것이다.

- **speed up**

  위로(up) 속도를(speed) 올리다(up) ▷ 속도를 내다 ▷ 크게 박차를 가하다

  ex. He <u>sped</u> things <u>up</u> a little. 그는 일에 좀 더 <u>속도를 냈다</u>.

- **spell out**

  하나하나(up) 완전히(up) 철자를 말하다(spell) ▷ 상세하게 설명하다

  ex. She had to <u>spell</u> the plans <u>out</u> for him. 그녀는 그 계획을 그에게 <u>하나하나 설명해야</u> 했다.

- **stand by**

  옆에(by) 서있다(stand) ▷ 대기하다 ▷ 편들다(= support)

  ex. They'll always <u>stand by</u> you. 그들은 항상 <u>너의 옆에서 너의 편이 되어줄</u> 것이다.

- **stand for**

  ~을 대신해서, 대표해서(for) 서있다(stand) ▷ ~을 나타내다, 대표하다(=represent)

  ex. 'EU' <u>stands for</u> European Union. EU는 'European Union'(유럽 연합)<u>을 나타낸다</u>.

- **stand out**

  밖으로(out) 드러나게(out) 서있다(stand) ▷ 눈에 띄다(= be prominent)

  ex. The white lettering <u>stood out</u> well on the dark background.

    흰 글자는 검은 배경에서 <u>눈에</u> 잘 <u>띄었다</u>.

- **stand up for**
  ~에 찬성하여(for) 일어(up) 서다(stand) ▷ 옹호하다, 지지하다(= defend, support)
  ex. You must <u>stand up for</u> your friend. 너는 친구를 지지해야 한다.

- **stay up[late]**
  늦게까지(late) (자지 않고) 일어나(up) 있다(stay) ▷ 밤을 새우다
  ex. He <u>stayed up</u> long enough to finish the book. (01 수능 응용)
  그는 그 책을 다 읽도록 오랫동안 <u>잠을 자지 않았다.</u>

- **stem from**
  ~로부터(from) 줄기를 뻗어왔다(stem) ▷ ~에서 유래하다, 생기다
  ex. A crisis can <u>stem from</u> unhappy events. (94 수능 1차 응용)
  위기는 불행한 일들<u>로부터 생길</u> 수 있다.

- **stick it out**
  상황에(it) 끝까지(out) 들러붙어서(stick) 놓지 않다(stick) ▷ 꾹 참다, 끝까지 견디다
  ex. If you <u>stick it out</u>, everything will be OK. <u>끝까지 참으면</u> 모든 것이 좋아질 것이다.

- **stop by**
  ~옆에(by) 멈춰서다(stop), 말을 세우다(stop) ▷ ~에 들르다
  ex. She <u>stopped by</u> the store for some milk. 그녀는 우유를 사러 가게<u>에 들렀다.</u>

- **take A for B**
  A를 B인 것으로(for) 받아들이다(take) ▷ A를 B로 잘못 알다, A를 B라고 생각하다
  ex. The expert <u>took</u> the painting <u>for</u> a genuine Picasso.
  그 전문가는 그 그림<u>이</u> 진짜 피카소의 그림<u>이라고 생각했다.</u>

- **take after**
  (비슷한 모양을) 본떠서(after) 가지다(take) ▷ ~을 닮다(= resemble)
  ex. His son doesn't <u>take after</u> him at all. 그의 아들은 전혀 <u>그를 닮지</u> 않았다.

- **take ~ apart**
  따로따로(apart) 분리해(apart) 가지다(take), 취하다(take) ▷ ~을 분해하다, 분석하다
  ex. He <u>took</u> the radio <u>apart</u> to fix it. 그는 라디오를 고치기 위해서 <u>분해했다.</u>

- **take in**
  ~을 꼬임 안으로(in) 끌어(take) 들이다(in) ▷ 속이다, 기만하다(= deceive)
  ex. He <u>took</u> her <u>in</u> nicely with his story. 그는 꾸며낸 이야기로 그녀를 멋지게 <u>속였다.</u>

- **take off**
  (1) (몸에서) 분리되도록(off) 당겨 잡다(take) ▷ 잡아서(take) 벗기다(off) ▷ (옷 등을) 벗다
  ex. She <u>took</u> her wet coat <u>off</u>. 그녀는 젖은 외투를 <u>벗었다.</u>
  (2) (땅에서) 멀리(off) 떨어져(off) 가다(take) ▷ 이륙하다
  ex. The plane <u>takes off</u> at noon. 그 비행기는 정오에 <u>이륙한다.</u>

- **take over**
  ~을 넘겨(over), 건네(over) 받다(take) ▷ ~을 인수하다
  ex. Sony <u>took over</u> the company. 소니는 그 회사를 <u>인수했다.</u>

- **take up**

  (책임을) 완전히(up) 쥐다(take), 떠맡다(take) ▷ (일·연구 등에) 종사하다

  ex. Sam has no desire to <u>take up</u> any occupation. (98 수능 응용)

  샘은 어떤 직업에도 종사할 마음이 없다.

- **tear down**

  찢어(tear) 넘어(down)뜨리다 ▷ 부수다, 분해하다(= tear apart)

  ex. They <u>tore down</u> the old house to build a new one.

  그들은 새 집을 짓기 위해 헌 집을 부수었다.

- **tell A from B**

  A를 B로부터(from) 구분하여 말하다(tell) ▷ A와 B를 구별하다(= distinguish A from B)

  ex. I can't <u>tell</u> you <u>from</u> your twin brother. 나는 너를 너의 쌍둥이 동생과 구별할 수가 없다.

- **throw away**

  멀리(away) 던져 버리다(throw) ▷ 내다버리다 ▷ 낭비하다

  ex. Don't <u>throw away</u> that old desk. 그 오래된 책상을 버리지 말라.

- **throw up**

  (먹은 것을) 위로(up) 올리다(throw) ▷ 토하다

  ex. The smell made the baby <u>throw up</u> her lunch.

  그 냄새는 아기가 먹은 점심을 토하게 만들었다.

- **try on**

  착용을(on) 시도하다(try) ▷ 입어보다, 시험해 보다

  ex. She <u>tried on</u> the pants, but they were too small.

  그녀는 바지를 입어 보았는데, 너무 작았다.

- **turn away**

  방향을 멀리(away) 돌리게 하다(turn) ▷ 쫓아내다, 해고하다

  ex. He <u>turned</u> a beggar <u>away</u> at the door. 그는 문가에서 거지를 내쫓았다.

- **turn down**

  (1) 밑을(down) 향하게 놓다(turn) ▷ (서류를) 엎어놓다 ▷ 거절하다(= reject)

  ex. Steve <u>turned down</u> the promotion. (98 수능) 스티브는 승진을 거절했다.

  (2) (음량, 밝기 등을) 아래로(down) 돌리다(turn) ▷ 볼륨을 낮추다

  ex. Please <u>turn</u> the volume <u>down</u>. 소리를 좀 낮춰 주세요.

- **turn off**

  (1) (전기가) 끊어져(off) 멈추도록(off) (스위치를) 돌리다(turn) ▷ (전원을) 끄다(= switch off)

  ex. She turned off the television before she went to bed.

  그녀는 자러 가기 전에 TV를 껐다.

  (2) 관심을 멀리(away) 돌리게 하다(turn) ▷ 쫓아버리다, 흥미를 잃게 하다

  ex. The smell of his breath <u>turned</u> the woman <u>off</u>. 그의 입 냄새는 그 여자를 쫓아버렸다.

- **turn on**

  (전기가) 켜져(on), 작동되도록(on) (스위치를) 돌리다(turn) ▷ (전원을) 켜다(= switch on)

  ex. Could you <u>turn</u> the light <u>on</u>, please? 불 좀 켜 주시겠어요?

- **turn out**
  밖으로(out), 분명히(out) 보이도록 뒤집다(turn) ▷ 폭로하다, (결국) ~로 판명되다(= prove)
  ex. It <u>turned out</u> that she was a spy. = She <u>turned out</u> to be a spy.
  그녀가 간첩인 것으로 판명되었다.

- **turn to**
  (눈·얼굴 등을) ~으로(to) 돌리고(turn) 도움을 구하다 ▷ ~에 의지하다
  ex. He has no friend to <u>turn to</u>. 그는 의지할 친구가 없다.

- **turn up** (☞ **show up**)
  (1) 수면 위로(up) 얼굴을 향하다, 돌리다(turn) ▷ 나타나다(= appear)
  　　ex. In the long run, she didn't <u>turn up</u>. 결국 그녀는 나타나지 않았다.
  (2) (음량·밝기 등을) 위로(up) 돌리다(turn) ▷ 볼륨을 높이다
  　　ex. Could you <u>turn</u> the music <u>up</u> loud? 음악을 크게 틀어 주실래요?

- **use up**
  완전히(up), 모두 다(up) 사용하다(use) ▷ 다 써버리다(= exhaust)
  ex. He <u>used up</u> energy doing other things. (96 수능 응용)
  　　그는 다른 일들을 하느라고 힘을 다 써버렸다.

- **wait on**
  ~을 위해(on) 대기하고(wait) 기다리다(wait) ▷ 돌보다 , 시중들다(= attend on)
  ex. The staff <u>waited on</u> me at lunch. 직원들은 점심에 내 시중을 들었다.

- **watch out (for)**
  ~을(for), 밖을(out) 철저히(out) 살피다(watch) ▷ ~을 조심하다, 경계하다
  ex. You should have <u>watched out for</u> the steep stairs.
  　　당신은 가파른 계단을 조심했어야 했다.

- **wear out**
  완전히(out) 입고, 신고, 써서(wear) 낡게 하다 ▷ 닳아 없어지게 하다, 지치게 하다
  ex. My shoes have <u>worn out</u>. 내 신발이 다 닳았다.

- **wipe out**
  완전히(out) 닦아내다(wipe) ▷ 지우다 ▷ 파괴하다
  ex. Whole villages were <u>wiped out</u> by the tornado. 마을 전체가 토네이도에 의해서 <u>파괴되었다</u>.

- **work out**
  빠짐없이(out) 모두(out) 움직이다(work) ▷ 운동을 하다, 트레이닝하다
  ex. She <u>works out</u> in the gym a few times a week.
  　　그녀는 일주일에 두세 번 체육관에서 운동을 한다.

필수 접사 총정리

기본 접두사

1. 부정의 의미(not, without)를 만드는 접두사

- **a-** : atom 원자, atheist 무신론자
- **ab-** : abnormal 비정상의
- **an-** : anarchy 무정부 상태, anonymous 익명의
- **dis-** : disadvantage 불리함, disappear 사라지다, disappoint 실망하다, dislike 싫어하다
- **in-[ig-, il-, im-, ir-]** : inadequate 부적절한, independent 독립적인
  > n 앞에서 **ig-** : ignoble 비천한
  > l 앞에서 **il-** : illegal 불법의, illiterate 문맹의
  > m / p 앞에서 **im-** : immature 미숙한, impossible 불가능한
  > r 앞에서 **ir-** : irregular 불규칙한
- **non-** : nonexistent 존재하지 않는, nonsmoker 비흡연자, nonstop 직행의, nonviolence 비폭력
- **un-** : unable ~할 수 없는, uncertain 불확실한, uncomfortable 불편한, unusual 보통이 아닌

2. 반대·대립의 의미(back, against, in the way of, opposite)를 만드는 접두사

- **ant(i)-** : antagonist 대립자, antarctic 남극의, antipathy 반감, antisocial 반사회적인
- **contra-[contro-, counter-]** : contradict 모순되다, contrary 반대의, contrast 대조, controversy 논쟁, counterattack 반격
- **ob-[of-, op-]** : object 물체, obstacle 장애물, offend 공격하다, oppose 반대하다
- **with-** : withdraw 철회하다, withhold 보류하다, withstand 저항하다

3. 선(good, well)과 악(bad, faulty, wrong)의 의미를 만드는 접두사

(1) good, well의 의미

- **bene-[beni-, bon-]** : benefactor 후원자, beneficent 인정 많은, benefit 이익
- **eu-** : eustress 원동력, euthanasia 안락사, euphemism 완곡어법

(2) bad, faulty, wrong의 의미

- **mal-** : malady 질병, malaria 말라리아, malice 악의, malnutrition 영양실조
- **mis-** : mischief 장난, misfortune 불운, mistake 실수, mistrust 불신, misunderstand 오해하다

4. '전(before) / 후(after, later) / 뒤로, 다시(again, back)'의 의미를 만드는 접두사

(1) before, forth의 의미

- **ante-[anti-]** : antecedent 앞선, anticipate 예상하다, antique 골동의
- **pre-** : predict 예언하다, preface 서문, prejudice 선입견, prepare 준비하다, previous 이전의
- **pro-** : proceed 나아가다, prologue 프롤로그, promising 전도유망한, promote 촉진하다
- **fore-** : forefather 선조, forehead 이마, foresee 예견하다, foretell 예언하다

(2) after, later의 의미

- **after-** : aftermath 결과, afternoon 오후
- **post-** : postpone 연기하다, postscript 추신, postwar 전후의

(3) again, back의 의미

- **re-** : reaction 반응, reflect 반사하다, restore 복구하다, return 돌아가다, reverse 반대
- **retro-** : retrospect 회상, retroreflection 역반사

5. '~의 위, 초과하는(above, over, beyond, outward)'의 의미를 만드는 접두사

- **extra-** : extraordinary 비상한, extravagant 돈을 함부로 쓰는
- **hyper-** : hypercritical 혹평하는, hypertension 고혈압, hyperspace 고차원 공간
- **over-** : overcome 극복하다, overlook 못 보고 지나치다, overwhelm 압도하다
- **super-[sur-]** : superficial 표면의, superfluous 여분의, superhuman 초인적인, superior 더 우수한, surface 표면
- **ultra-** : ultramodern 초현대적인, ultrasonic 초음파(의), ultraviolet 자외선

6. '~보다 아래(down, under, beneath)'의 뜻을 만드는 접두사

- **cat(a)-** : catastrophe 재앙, catalogue 목록
- **de-** : decline 쇠퇴하다, degrade (품위를) 떨어뜨리다, depress 낙담시키다, descend 내려가다
- **sub-[suc-]** : submarine 잠수함, subway 지하철, succeed 계승하다, suspect 의심하다
- **under-** : underestimate 과소평가하다, underfoot 발밑에, undergo ~을 받다, underground 지하의, underline 밑줄

7. '~의 안(in, into, with, within)' / '~의 밖(out, better than)'의 뜻을 만드는 접두사

(1) in, into, with, within의 의미

- **en-[em-]** : enclose 동봉하다, enroll 등록하다, embrace 껴안다, employ 고용하다
- **in-[il-, im-]** : include 포함하다, income 수입, inform 알리다, immigrate 이주하다
- **intra-** : intranational 국내(만)의, intranet 사내 통신망

(2) out, better than의 의미

- **ex-[e-, ec-, ef-, es-, is-]** : exit 비상구, expand 넓히다, educate 교육하다, eccentric 이상한, effort 노력, essay 시도하다, issue 발행하다
- **out-** : outcome 결과, outline 윤곽, outlook 예측, output 생산, outstanding 눈에 띄는

8. '근처, 사이, 주변'의 뜻을 만드는 접두사

- **a-** : ashore 해변에, aboard 배를 타고
- **ad-[ac-]** : adequate 알맞은, add 더하다, adjoin 인접하다, adjust 조절하다, access 접근
- **be-** : beside ~옆에
- **by-** : byproduct 부산물, bystander 방관자
- **circum-** : circumstance 환경
- **inter- (intro-)** : intermediate 중간물, international 국제의, interrupt 방해하다, introduce 소개하다, intersect 교차하다

9. '합동(with, together)' / '결합(the same)'의 의미를 만드는 접두사

- **com-[co-, col-, con-, cor-]** : combine 결합하다, company 회사, collect 모으다, consent 동의하다, correspond 일치하다
- **sym-[syn-, sys-]** : sympathy 동정, symptom 증상, synonym 동의어, system 시스템

10. '관통(through, completely)' / '횡단(across)'의 뜻을 만드는 접두사

- **dia-** : diameter 직경
- **per-** : perceive 지각하다, perfect 완전한, perform 수행하다, permanent 영구적인
- **trans-** : transfer 이동하다, transform 변형시키다, translate 번역하다, transmit 옮기다

11. '분리, 제거(from, away, off, apart)'의 의미를 만드는 접두사

- **ab-[abs-]** : abhor 혐오하다, abscond 자취를 감추다, absorb 흡수하다
- **de-[di-]** : defect 결점, delay 늦추다, divorce 이혼, individual 개인
- **off-** : offset 차감계산
- **se-** : seclude 격리시키다, secular 세속적인, secure 안전한, separate 분리된
- **tele-** : telegram 전보, telegraph 전보, telepathy 텔레파시, telescope 망원경

12. '모든, 전부(all, every)'의 뜻을 만드는 접두사

- **al-** : altogether 전체, although 비록 ~일지라도
- **pan-** : panorama 전경, panacea 만병통치약, Pan-Asianism 범아시아주의
- **omni-** : omnipotent 전능한, omnivorous 잡식의

13. '자신의, 자기의(self)'의 뜻을 만드는 접두사

- **auto-** : autocracy 독재정치, autobiography 자서전, autocycle 오토바이

· **self-** : self-esteem 자존, self-control 자제, self-help 자조, 자립

14. 크기 관련 접두사

· **micro-** : microscope 현미경, microbe 미생물
· **mini-** : miniskirt 미니스커트, minibus 미니 버스
· **macro-** : macroscale 거시적 규모, macrophysics 거시물리학

15. 숫자 관련 접두사

(1) one, only의 뜻

· **mono-[mon-]** : monologue 독백, monopoly 독점, monarchy 군주제
· **uni-** : unicorn 일각수(유니콘), uniform 유니폼

(2) two, twice, double의 뜻

· **di-[du-, bi-]** : diagnosis 진단, diarchy 양두정치, duality 이중성, bicycle 자전거, biweekly 격주의, binoculars 쌍안경
· **ambi-** : ambisexual 양성의

(3) 숫자 '3'의 뜻

· **tri-** : triangle 삼각형, trillion 1조

(4) 숫자 '4'의 뜻

· **tetra-** : tetragon 사각형
· **quadr(i)-** : quadrillion 천 조(10^{15}), quadruple 4배의

(5) 그 외 숫자의 뜻을 나타내는 접두사

· **penta-** : '5, 5배'의 뜻. pentagon 5각형, 미국 국방부
· **quint-** : '5, 5배'의 뜻. quintillion 백만의 3제곱(10^{18})
· **hexa-** : '6, 6배'의 뜻. hexagon 6각형
· **sex(i)-** : '6, 6배'의 뜻. sextillion 10^{21}
· **hepta-** : '7, 7배'의 뜻. heptachord 7현금
· **sept(i)-** : '7, 7배'의 뜻. septillion 10^{24}, September 9월(☞ 로마의 고대 월력에서는 7번째 달)
· **octa-** : '8, 8배'의 뜻. octopus 낙지, October 10월(☞ 로마의 고대 월력에서는 8번째 달)
· **non(a)-** : '9, 9배'의 뜻. November 11월(☞ 로마의 고대 월력에서는 9번째 달)
· **dec(a)-** : '10, 10배'의 뜻. decade 10년간, December 12월(☞ 로마의 고대 월력에서는 10번째 달)
· **deci-** : '10분의 1'의 뜻. decimal 소수(10분의 1); 십진법, deciliter 10분의 1 리터
· **kilo-** : '1000'의 뜻. kilometer 1000 미터
· **milli-** : '1000분의 1'의 뜻. millimeter 1000분의 1 미터
· **mega-** : '100만(배)'의 뜻. megaton 100만(10^6) 톤
· **micro-** : '100만분의 1'의 뜻. microsecond 100만분의 1(10^{-6}) 초
· **giga-** : '10억'의 뜻. gigabyte 10억(10^9) 바이트

- **nano-** : '10억분의 1'이란 뜻. nanometer 10억분의 1(10⁻⁹) 미터
- **tera-** : '1조'의 뜻. terabit 테라비트, 1조(10¹²) 비트
- **pico-** : '1조분의 1'의 뜻. picogram 1조분의 1(10⁻¹²) 그램
- **poly-** : '다(多), 복(複)'의 뜻. polyester 폴리에스테르, Polynesia 폴리네시아
- **multi-** : '많은, 여러 가지의'의 뜻. multiply 증가하다, multipurpose 다목적의

16. '절반, 부분'의 뜻을 만드는 접두사

- **hemi-[demi-, semi]** : '반(半), 부분적, 어느 정도, 좀'의 뜻. hemisphere 반구,
  semiannual 반년마다의, semicolon 세미콜론, semifinal 준결승

17. 동사를 만드는 접두사 (→ 사역의 뜻을 만든다)

- **en-[em-]** : '~을 시키다, 만들다'의 뜻. embody 구체화하다, encourage 용기를 주다,
  enrich 풍부하게 하다, ensure 확실하게 하다, enlarge 크게 하다

기본 접미사

명사를 만드는 접미사

1. '~하는 사람'의 뜻을 만드는 접미사 : -(e)r, -i(ant), -er, -ist, -ess, -ite, -ese

- **-(e)r** : butcher 정육점 주인, carpenter 목수, peddler 행상인, astronomer 천문학자, lawyer
  변호사, murderer 살인자, prisoner 죄수, employer 고용주, examiner 검사관
- **-or** : author 저자, editor 편집자, ambassador 대사, mayor 시장, bachelor 독신남, tutor
  가정 교사, conductor 지휘자, inventor 발명가, governor 통치자
- **-ar** : beggar 거지, burglar 강도, liar 거짓말쟁이, scholar 학자
- **-ian** : vegetarian 채식주의자, physician 내과 의사, musician 음악가, politician 정치가,
  magician 마술사, Asian 아시아인, librarian 도서관원, mathematician 수학자
- **-ant** : applicant 지원자, inhabitant 거주자, tenant 소작인, ascendant 선조, resistant 저항자
- **-ent** : president 의장, resident 거주민, antecedent 조상, patient 환자
- **-ee** : refugee 피난자, examinee 수험생, guarantee 보증인, employee 피고용인
- **-eer** : engineer 기술자, mountaineer 등산가, pioneer 개척자, volunteer 자원봉사자
- **-ist** : physicist 물리학자, chemist 화학자, capitalist 자본가, optimist 낙천가, botanist 식물학자
- **-erd[-ard]** : shepherd 양치기, drunkard 주정뱅이
- **-ary** : secretary 비서
- **-tive** : native 토박이, detective 탐정, 형사
- **-ster** : youngster 젊은이, gangster 갱
- **-monger** : fishmonger 생선 장수
- **-wright** : playwright 극작가

- **-ess** : 여성형을 만든다. goddess 여신, princess 공주, duchess 공작부인, lioness 암사자,
  stewardess 스튜어디스
- **-ine** : 여성형을 만든다. heroine 영웅(여)
- **-ite** : '~의 사람, ~신봉자'의 뜻. Israelite 이스라엘 사람, Seoulite 서울 사람

2. 주요 접미사

- **-ese** : '~말, ~사람'의 뜻. Chinese 중국어[중국인], Japanese 일본어[일본인]
- **-age** : '집합, 동작, 상태, 장소'의 의미. advantage 유리한 점, marriage 결혼, passage
  통행, cottage 오두막, courage 용기, coverage 적용 범위, damage 손해, shortage
  부족, usage 사용법
- **-ate** : '직위, 행위의 산물'의 뜻. doctorate 박사학위, mandate 명령
- **-al** : '~하는 것'의 뜻. betrayal 배신, denial 부인, refusal 거절, renewal 갱신, reversal 반전,
  revival 재생, survival 생존, trial 재판, disposal 처분, removal 제거, funeral 장례식
- **-ance[-ence]** : '행위, 상태'의 뜻.(= -ancy, -ency) observance 준수, endurance 인내,
  obedience 복종, interference 간섭, decency 체면, efficiency 효율성
- **-a(e)ry** : '~때, 장소, ~하는 사람'의 뜻. delivery 배달, poetry 시, slavery 노예의 신세,
  scenery 풍경, machinery 기계 장치, discovery 발견, robbery 약탈, recovery
  회복, cemetery 묘지, adversary 역경, anniversary 기념일, beneficiary 자비,
  documentary 문서의, secretary 비서, dictionary 사전
- **-cy** : '지위, 신분, 성질, 상태'를 나타낸다. diplomacy 외교, bankruptcy 파산, accuracy
  정확성, proficiency 능숙, conspiracy 음모, literacy 읽고 쓸 줄 앎, democracy 민주주의
- **-ion** : '상태, 동작, 과정'을 나타낸다. contribution 기여, revision 개정, conviction 확신,
  situation 상황, description 묘사, operation 수술, accumulation 축적, suspicion 혐의
- **-ation** : '동작, 상태, 결과'를 나타낸다. declaration 선언, limitation 제한, destination 목적
  지, determination 결심, expectation 기대, quotation 인용, explanation 설명
- **-sion** : '동작, 상태'를 나타낸다. collision 충돌, omission 생략, persuasion 설득,
  conclusion 결론, succession 계승, decision 결정, possession 소유
- **-ism** : '행위, 상태, 주의, 학설'을 나타낸다. organism 유기체, tourism 관광, volunteerism
  자유지원제, barbarism 미개한 상태, individualism 개인주의, criticism 비평,
  patriotism 애국심, materialism 물질주의
- **-ity** : '상태, 성질'을 나타낸다. reality 현실, simplicity 단순, complexity 복잡성, infinity 무한
  대, ability 능력, density 밀도, authority 권한, personality 개성, activity 활동
- **-ive** : '행위자, 상태'를 나타낸다. executive 임원, perspective 원근법, relative 친척,
  objective 목표, alternative 양자택일, representative 대표자
- **-ment** : '동작, 상태, 결과, 수단'을 나타낸다. government 정부, retirement 은퇴,
  advancement 전진, investment 투자, argument 논쟁, advertisement 광고
- **-ness** : '성질, 상태'를 나타낸다. business 사업, competitiveness 경쟁력, happiness 행복,
  primitiveness 원시성, closeness 친밀, openness 개방 상태, loneliness 외로움
- **-ure** : '동작, 결과'를 나타낸다. creature 창조물, literature 문학, furniture 가구, pressure
  압력, mixture 혼합, failure 실패, pleasure 기쁨, temperature 온도
- **-ship** : '감정, 상태'를 나타낸다. relationship 관계, hardship 곤란, leadership 통솔력,

friendship 우정, championship 우승, dictatorship 독재권, scholarship 장학금

· **-th** : '상태'를 나타낸다. length 길이, strength 세기, truth 진실, growth 성장, wealth 부유함, health 건강, stealth 비밀, warmth 따뜻함

· **-tude** : 주로 라틴어 계통의 형용사에 붙어 '성질, 상태'의 뜻을 가진 명사를 만든다. attitude 태도, gratitude 감사, altitude 고도

· **-dom** : '영역, 상태'를 나타낸다. wisdom 지혜, kingdom 왕국, freedom 자유, boredom 권태

· **-ology** : '~학(學), ~론(論)'의 뜻. biology 생물학, technology 기술, zoology 동물학

· **-sis** : '과정, 활동'의 뜻. emphasis 강조, analysis 분석

· **-hood** : '신분, 계급, 처지, 상태, ~들, 집단'의 뜻. childhood 어린 시절, neighborhood 이웃

· **-ette** : '작은, 여성, 모조(模造), 집단'의 뜻. cigarette 담배, leatherette 모조가죽, diskette 디스켓, bachelorette 독신녀

· **-let** : '작은, 몸에 착용하는'의 뜻. streamlet 실개천, booklet 소책자

· **-ie[-y]** : '애착, 친밀'의 뜻. birdie 작은 새, auntie 아줌마

· **-ling** : '아주 작은'의 뜻. duckling 새끼오리, godling 작은 신

3. 동사를 만드는 접미사

· **-en** : (형용사 · 명사에 붙여) '~하게 하다, ~이[하게] 되다'의 뜻을 나타내는 동사를 만든다. hasten 서두르다, moisten 적시다, deepen 깊게 하다, strengthen 강화하다, lengthen 늘리다, widen 넓히다

· **-(i)fy** : '~로 하다, ~화하다, ~이 되다'의 뜻을 가진 동사를 만든다. magnify 확대하다, classify 분류하다, satisfy 만족시키다, identify 확인하다, justify 정당화하다, certify 증명하다

· **-ize[-ise]** : '~으로 하다, ~화하게 하다, ~이 되다, ~화하다'의 뜻의 동사를 만든다. theorize 이론화하다, recognize 인식하다, emphasize 강조하다, criticize 비판하다, apologize 사과하다, sympathize 동감하다, specialize 특화하다, industrialize 산업화하다

· **-ate** : '~시키다, ~(이 되게) 하다, ~을 부여하다'의 뜻을 가진 동사를 만든다. locate 위치 시키다, concentrate 집중하다, evaporate 증발시키다, celebrate 축하하다, motivate 자극하다, demonstrate 증명하다, appreciate 감사하다, communicate 의사소통하다

· **-ish** : cherish 소중히 하다, publish 출판하다, establish 성립시키다, nourish 영양분을 주다, astonish 놀라게 하다, finish 끝내다, punish 벌주다, accomplish 성취하다

4. 형용사를 만드는 접미사

· **-able[ible]** : 타동사에 붙어 '~할 수 있는, ~할 만한', 명사에 붙어 '~에 적합한, ~을 주는'의 뜻을 만든다. available 사용할 수 있는, considerable 고려할 만한, permissible 허용할 수 있는, flexible 구부릴 수 있는, invaluable 값을 헤아릴 수 없는, sensible 느낄 수 있는, comfortable 편안함을 주는

· **-ant[-ent]** : 동사에 붙어서 형용사를 만든다. assistant ~의 도움이 되는, ignorant 무지한, self-reliant 스스로를 의지하는, significant 중요한, insistent 강요하는, coherent 시종일관한, resident 거주하는, apparent 명백한

· **-al[-ic, -(i)ar]** : '~의, ~와 같은, ~ 성질의' 또는 '~에 속하는, ~으로 된'의 뜻을 만든다.

equal 같은, essential 본질적인, natural 자연의, technical 기술의,
recreational 오락의, parental 어버이의, heroic 영웅의, rustic 시골의,
economic 경제의, symbolic 상징하는, dramatic 극적인, regular 보통의,
popular 인기 있는, particular 특별한, similar 비슷한

· **-ary** : '~의, ~에 관련 있는'의 뜻. elementary 초보의, primary 초기의, literary 문학의,
contrary 반대의, imaginary 상상의, necessary 필요한, contemporary 같은 시대의

· **-ate[-ite]** : '~의 특징을 갖는'의 뜻. fortunate 운이 좋은, passionate 열정적인, temperate
절제하는, favorite 가장 좋아하는

· **-ful** : ① 명사 뒤에 붙어서 '~의 성질을 가진, ~이 많은'의 뜻. beautiful 아름다운, careful
주의 깊은, successful 성공적인, cheerful 쾌활한, delightful 기쁜, wonderful 멋진

② 동사나 형용사 뒤에 붙어서 '~하기 쉬운'의 뜻. forgetful 잊기 쉬운, resentful
화를 잘 내는

· **-ive** : '~의 성질을 지닌, ~하기 쉬운'의 뜻의 형용사를 만든다. attractive 매력적인, effective
효과적인, objective 객관적인, competitive 경쟁적인, impressive 감명을 주는

· **-(i)ous** : '~이 많은, ~성(性)의, ~와 비슷한, ~의 버릇이 있는'의 뜻의 형용사를 만든다.
dangerous 위험한, pompous 거만한, nervous 긴장되는, disastrous 비참한,
envious 시기심 강한, famous 유명한, humorous 유머러스한, various 다양한

· **-y** : '~투성이의, ~으로 찬, ~와 같은, ~ 빛이 도는'의 뜻. dirty 더러운, greedy 탐욕스러운,
hairy 털이 많은, icy 얼음으로 덮인, watery 물기가 많은, cloudy 구름 낀, pinky 연분홍빛의

· **-less** : '~이 없는, ~을 모면한' 또는 '무한한, 무수의', '~할 수 없는, ~않는'의 뜻.
homeless 집이 없는, priceless 값을 매길 수 없는, motionless 움직이지 않는,, tireless
지칠 줄 모르는, countless 무수한, doubtless 의심 없는, regardless 관심 없는

· **-ish** : '~ 같은, ~다운, ~의, ~의 기미를 띤, ~스름한, ~비슷한, 다소 ~의'의 뜻. childish
어린애 같은, Turkish 터키식의, English 영국식의, Spanish 스페인식의

· **-ile** : '~에 관한, ~할 수 있는, ~에 적합한'의 뜻의 형용사. mobile 이동할 수 있는, fragile
깨지기 쉬운

· **-ine** : '~에 속하는, ~ 성질의'의 뜻. serpentine 뱀의, genuine 진짜의

· **-ly** : 명사에 붙어 '~ 같은, ~다운'이라는 뜻의 형용사를 만든다. manly 남자다운, boldly
대담하게, monthly 매달의, friendly 정다운

· **-some** : '~에 적합한, ~하게 하는', '~하기 쉬운, ~하는'의 뜻. awesome 무시무시한,
handsome 잘생긴, burdensome 성가신, tiresome 귀찮은

· **-like** : 명사에 붙여서 '~와 같은'의 뜻. childlike 순진한, doglike 개 같은

· **-most** : '가장 ~한'의 뜻. foremost 으뜸가는, endmost 맨 끝의, inmost 가장 내부의

5. 부사를 만드는 접미사

· **-ly** : 형용사에 붙어서 '~하게, ~하도록'의 뜻을 가진 부사를 만든다. actually 실제로,
currently 일반적으로, fluently 유창하게, probably 아마도, usually 통상적으로

· **-wise** : '~와 같이, ~방향으로'의 뜻. likewise 같이, clockwise 시계 방향으로

· **-fold** : '~배(倍), ~겹'의 뜻. threefold 3배로

· **-ward(s)** : '~ 쪽으로'의 뜻. forward 앞으로, downward 아래로

혼동어 휘어잡기

01

- **across** [əkrɔ́ːs] prep. ∼을 가로질러
- **cross** [krɔːs] v. 건너다, 교차하다

[**수능 00**] Suppose you are driving (across / cross) the desert and running out of gas.
당신이 사막을 지나가면서 운전하는데 기름이 떨어져가고 있다고 가정해 보자.

02

- **alive** [əláiv] a. 살아있는 *cf.* She is alive. (o)   alive man (x)
- **live** [liv] a. 살아있는, 생방송의 *cf.* live animals (o)   The animal was live. (x)
- **living** [liviŋ] a. 살아있는 n. 생활, 생계(비) *make a living 생계비를 벌다

[**수능 02**] What will the group's first (alive / live) appearance in years be like?
그 그룹의 몇 년 만의 첫 생방송 출연은 어떨 것인가?

03

- **allusion** [əlú:ʒən] n. 언급, 암시
- **illusion** [ilú:ʒən] n. 환영, 착각

[**평가원 05**] Television programs confirm the (allusion / illusion) that all problems can be easily solved and that life should be safe and wonderful.
TV프로그램들은 모든 문제가 잘 해결될 수 있고 인생이 안정되고 멋지다는 환상을 확인시켜 준다.

04

- **alone** [əlóun] ad. 홀로(= by oneself)
- **lonely** [lóunli] a. 외로운

[**수능 96**] The pleasures of contact with the natural world are available to anyone who will place himself under the influence of a (alone / lonely) mountain top.
자연의 세계와 접촉하는 기쁨은 외로운 산 정상 아래 자신을 맡기는 사람 누구나가 가질 수 있다.

05

- **application** [æpləkéiʃən] n. 신청, 응용
- **appliance** [əpláiəns] n. 가전제품

[**수능 05**] The (application / appliance) of mathematics to art, particularly in paintings, was one of the primary characteristics of Renaissance art.
수학을 예술, 특히 회화에 응용한 것은 르네상스 시대 미술의 주된 특징 중 하나였다.

06

- **arise** [əráiz] - **arose** [əróuz] - **arisen** [ərízən] vi. 일어나다, 발생하다
- **arouse** [əráuz] - **aroused** - **aroused** vt. (사건을) 일으키다

[**수능 02**] Questions have (arisen / aroused) from victims and their families about who is responsible for those hunting accidents.

피해자와 그의 가족들로부터 누가 그 사냥 사고에 책임이 있는가 하는 문제 제기가 일어났다.

07

- **beside** [bisáid] prep. ～옆에
- **besides** [bisáidz] prep. ～뿐만 아니라, 게다가

[**수능 04**] I brought my horse to a stop at the edge of a black lake (beside / besides) the old house. 나는 그 오래된 집 옆에 있는 검은빛의 호숫가에 나의 말을 멈춰 세웠다.

08

- **likewise** [láikwàiz] ad. 마찬가지로
- **otherwise** [ʌ́ðərwàiz] ad. 다른 방식으로는, 그렇지 않으면

[**교육청 05**] Computer simulation may help us to see consequences of an accident that would not have been apparent (likewise / otherwise).

컴퓨터 시뮬레이션은 다른 방법으로는 분명하지 않았을 사고의 결과를 볼 수 있게 도와 준다.

09

- **cloth** [klɔ(ː)θ] n. 천, 옷감
- **clothe** [klouð] v. 옷을 입히다

[**교육청 01**] Normal people can feed and (cloth / clothe) themselves, work, find friends, and live by the rules of society.

정상적인 사람들은 스스로 먹고 옷을 입고, 일하고, 친구를 만나고 사회의 규칙에 따라 살아간다.

10

- **composition** [kàmpəzíʃən] n. 구성, 작문, 작곡   *cf.* compose v. 구성하다
- **composure** [kəmpóuʒər] n. 침착

[**수능 04**] At night she attended classes in (composition / composure) and developed her writing skills. 그녀는 밤에 작문 수업에 참석해서 그녀의 쓰기 능력을 갈고 닦았다.

11

- **considerable** [kənsídərəbəl] a. 상당한, 대단한
- **considerate** [kənsídərit] a. 사려 깊은, 이해심 많은

[**평가원 05**] In Korean, unlike in English, (considerable/considerate) differences exist in both grammar and vocabulary depending on the relationship between the two people involved.   한국어에서는 영어와 달리 관련된 두 화자 사이의 관계에 따라 문법과 어휘에 있어서 상당한 차이가 존재한다.

12

- **decline** [dikláin] vi. 감소하다   vt. 거절하다   n. 하락
- **incline** [inkláin] v. (마음이) 기울다

[**수능 98**] The amount of venture capital fell 53% from the previous year, to $202 million. This year the numbers are expected to show a steeper (decline / incline). 벤처 자본의 양이 전년 대비 53%가 떨어진 2억 2백만 달러였다. 올해는 그 수치가 더 가파른 감소세를 보일 것으로 예상된다.

13

- **dedicate** [dédikèit] v. 헌신하다
- **indicate** [índikèit] v. 가리키다, 지시하다

[**수능 94**] Greenpeace is an international non-profit organization (dedicated / indicated) to the protection of the natural world.
그린피스는 자연을 보호하는 데 헌신하는 비영리조직이다.

14

- **deduce** [didjú:s] v. 추론하다   *cf.* deduction n. 추론
- **induce** [indjú:s] v. 이끌다   *cf.* induction n. 유도

[**교육청 05**] Anticipating that we may regret a decision may (deduce / induce) us to take the decision seriously. 우리가 어떤 결정을 후회할 수도 있다고 예상해보는 것은 우리가 결정 사항을 진지하게 받아들이도록 이끈다.

15

- **dependable** [dipéndəbl] a. 신뢰할 수 있는
- **dependent** [dipéndənt] a. 의존적인(on)

[**수능 98**] Do you have the courage which comes from the sincere conviction that you are a (dependable / dependent], kind and caring person?
당신은 스스로가 믿을 만하고 친절하며 타인을 염려하는 사람이라는 진정한 확신으로부터 나오는 용기를 가지고 있습니까?

16

- **elder** [eldər] a. (형제·자매 등의 혈연 관계에서) 손위의
- **elderly** [éldərli] a. n. 중년을 지난, 나이가 지긋한 (사람들)

[**수능 04**] Psychologists often comment that the (elder / elderly) think of themselves as being much younger than they actually are.
심리학자들은 나이든 사람들이 스스로를 실제보다 훨씬 젊게 생각한다고 종종 말한다.

17

- **emerge** [imə́:rdʒ] v. 나타나다
- **immerge** [imə́:rdʒ] v. (물 따위에) 뛰어들다

[**수능 06**] The new aircraft's basic design (emerged / immerge) from computer models built with help from the Institute of Technology.
새 비행기의 기본 디자인은 과학기술원의 도움으로 만들어진 컴퓨터 모델로부터 나왔다.

18

- **emit** [imít] v. 배출하다   *cf.* emission n. 방출
- **omit** [oumít] v. 생략하다   *cf.* omission n. 생략

[**수능 94**] A dictionary editor (emitted / omitted) a word from the dictionary because of moral objections.
한 사전 편집자가 한 단어를 도덕적인 거부감 때문에 사전에서 누락시켰다.

19

- **evolve** [iválv] v. 발전하다, 진화하다   *cf.* evolution n. 진화
- **revolve** [riválv] v. 회전하다, 공전하다   *cf.* revolution n. 혁명, 회전

[**수능 94**] The (evolution / revolution) of mankind differs from that of other species.
인간의 진화는 다른 종들의 그것과는 다르다.

20

- **exhibit** [igzíbit] v. 전시하다   *cf.* exhibition n. 전람(회)
- **inhibit** [inhíbit] v. 방해하다   *cf.* inhibition n. 금지, 방해

[**수능 97**] The American economy now (exhibits / inhibits) a wider gap between rich and poor than it has at any other time since World War II.
지금 미국의 경제는 현재 제2차 세계대전 이후 그 어느 때보다 큰 폭의 빈부 격차를 보여주고 있다.

21

- **expression** [ikspréʃən] n. 표현   *cf.* express v. 표현하다
- **impression** [impréʃən] n. 인상   *cf.* impress v. 인상지우다

[**교육청 05**] Each language is a unique (expression / impression) of the human experience of the world. 각각의 언어는 세상에서의 인간의 경험을 독특하게 표현한 것이다.

22

- **extinct** [ikstíŋkt] a. 멸종한   *cf.* extinction n. 멸종
- **instinct** [ínstiŋkt] n. 본능

[**수능 05**] Literary fiction may become an old-fashioned genre to be preserved in a museum like an (extinct / instinct) species.
소설은 멸종한 종들처럼 박물관에서나 보존되는 구식의 문학 장르가 될지도 모른다.

23

- **exposition** [èkspəzíʃən] n. 박람회   *cf.* expose v. 노출시키다
- **exposure** [ikspóuʒər] n. 노출

[**수능 96**] Regular (exposition / exposure) to the ultraviolet rays of sunlight, especially if it results in burns, can be harmful to health.
햇빛 자외선에 대한 정기적인 노출은, 특히 화상을 초래할 경우 건강에 해로울 수 있다.

24

- **general** [dʒénərəl] a. 일반적인   n. 장군
- **generous** [dʒénərəs] a. 관대한, 너그러운

[**수능 99**] You were so (general / generous) that you took our breath away, even accustomed as we are to your thoughtfulness. 당신의 친절함에 정말 감탄했습니다. 우리가 그런 당신의 사려깊음에 이미 익숙해져 있는데도 말이죠.

25

- **identity** [aidéntəti] n. 정체성
- **identification** [aidèntəfikéiʃən] n. 신원, 신분

[**교육청 05**] Speakers of a language may experience the loss of their language as a loss of their cultural (identity / identification). 한 언어를 사용하는 사람들은 그들의 언어가 사라지는 것을 그들의 문화적 정체성이 소실되는 것으로 느낀다.

26

- **imaginary** [imǽdʒənèri] a. 가상의, 가공의
- **imaginative** [imǽdʒənətiv] a. 상상력이 풍부한

[**교육청 05**] An actor in the drama speaks and moves in the manner in which the (imaginary / imaginative) character whose part he is playing would do. 드라마 속의 배우는 그가 맡은 가상의 인물이 취할 법한 방식으로 말하고 행동한다.

27

- **industrial** [indʌ́striəl] a. 산업의
- **industrious** [indʌ́striəs] a. 부지런한

[**교육청 05**] My uncle is really (industrial / industrious). He usually gets up at four in the morning and goes for jogging along the riverside. 우리 삼촌은 매우 부지런하다. 보통 아침 4시에 일어나 강가를 따라 조깅을 한다.

28

- **intellectual** [ìntəléktʃuəl] a. 지적인   n. 지식인
- **intelligent** [intélədʒənt] a. 총명한, 영리한

[**교육청 04**] (Intellectual / Intelligent) information is one that we get through outside sources such as books, education, television, and all manner of external media. 지식 정보는 우리가 책, 교육, TV와 같은 외부 소스와 모든 방식의 외부 매체를 통해 얻는 것이다.

29

- **later** [léitər] a. 나중의
- **latter** [lǽtər] a. 후자의

[**수능 99**] Science and technology have changed a great deal since the (later / latter) part of the nineteenth century. 과학과 기술은 19세기 후반 이후로 매우 크게 변화했다.

30

- **lately** [léitli] ad. 최근에
- **latest** [léitist] a. 가장 늦은 ▷ 최신의   *cf.* late 늦게, 늦은

[**평가원 05**] We have highly-trained professionals equipped with exclusive cleaning solutions and the (lately / latest) equipment. 저희는 독보적인 청소 방법과 최신 장비를 갖춘 잘 훈련받은 전문가들을 보유하고 있습니다.

31

- **lighting** [láitiŋ] n. 조명
- **lightning** [láitniŋ] n. 번개

[교육청 04] Hurricanes accompanied by heavy rains, glaring (lighting / lightning), and roaring thunder, can be devastating.

폭우와 번쩍거리는 번개, 그리고 천둥을 동반한 허리케인은 그 파괴력이 대단합니다.

32

- **mechanic** [məkǽnik] n. 기계공
- **mechanical** [məkǽnikəl] a. 기계의

[수능 05] (Mechanic / Mechanical) clocks started appearing on towers in Italy in the 14th century, but their timekeeping was less impressive than their looks.

기계식 시계가 14세기 이탈리아의 탑들에 나타나기 시작했지만 그 정확도는 겉보기보다 크게 인상적이지 못했다.

33

- **meaning** [míːniŋ] n. 의미
- **means** [miːnz] n. 수단, 재산

[수능 99] The material culture is made up of all the physical objects that people make and give (meaning / means) to.

물질 문화는 사람들이 만들어서 의미를 부여하는 모든 사물들로 구성되어 있다.

34

- **medication** [mèdəkéiʃən] n. 약물
- **meditation** [mèdətéiʃən] n. 명상

[교육청 05] For seniors, the risk of falling may be heightened by (medications / meditations) that cause dizziness.

연세가 드신 분들은 현기증을 유발하는 약물 때문에 쓰러질 위험이 더 높아진다.

35

- **objection** [əbdʒékʃən] n. 반대
- **objective** [əbdʒéktiv] n. 목적 a. 객관적인

[교육청 06] The lessor' (objection / objective) is to minimize the vacancy rate for their buildings. So they often put an ad in the local newspaper or on the Internet.

건물주의 목적은 그들의 건물이 비어 있는 비율을 최소화하는 것이다. 그래서 그들은 종종 지역 신문과 인터넷에 광고를 올린다.

36

- **physician** [fizíʃən] n. 내과 의사
- **physicist** [fízisist] n. 물리학자

[수능 95] If you want to diet, you should consult a (physician / physicist) because it is difficult to select for yourself a proper diet. 다이어트를 하고 싶다면 의사에게 문의해야 한다. 왜냐하면 혼자서 적절한 식단을 고르는 것은 어려운 일이기 때문이다.

37

- **population** [pɑ̀pjəléiʃən] n. 인구
- **popularity** [pɑ̀pjəlǽrəti] n. 인기 *cf.* popular a. 인기 있는, 대중적인

[교육청 04] Teenagers who feel insecure about their own status and (population / popularity) often try to reassure themselves by pointing a finger at someone who is obviously out. 자신의 지위와 인기에 대해서 불안을 느끼는 십대들은 명백하게 소외된 누군가를 손가락질 함으로써 스스로를 안심시키려고 한다.

38

- **precede** [priːsíːd] v. ~에 앞서가다
- **proceed** [prousíːd] v. 나아가다, 진행하다 *cf.* process n. 진행, 과정

[교육청 05] It is important for parents to be aware of their children's warning signs that often (precede / proceed) real runaways.   *runaway 가출
실제 가출에 앞서 나타나는 자녀의 경고 표시들을 부모들이 잘 인식하는 것이 중요하다.

39

- **sensible** [sénsəbəl] a. 분별 있는, 현명한(= wise)
- **sensitive** [sénsətiv] a. 민감한, 예민한

[수능 94] How you draw a picture of you can reveal much about yourself. If your figures have large ears, for example, you might be very (sensible / sensitive) to criticism. 당신 자신을 어떻게 그리느냐가 스스로에 대해 많은 것을 드러낸다. 예를 들어 당신이 큰 귀를 가진 모습을 그린다면, 아마도 당신은 비판에 예민한 사람일 수 있다.

40

- **successive** [səksésiv] a. 연속적인
- **successful** [səksésfəl] a. 성공적인

[교육청 06] This alert system has been quite (successive / successful) in finding missing children and is now in place all over the U.S.
이 경보 시스템은 실종된 아이들을 찾는 데 매우 성공적이어서 지금은 미국 전역에 설치되어 있다.

41

- **supposing** [səpóuziŋ] 만약 ~이라면(= if)
- **be supposed to V** ~하기로 되어있다〈예정〉; ~해야 한다〈의무〉

[수능 94] As a consultant, I was (supposing / supposed) to spend an hour or more with the department heads discussing their thoughts.
컨설턴트로서 나는 부서장들과 한 시간 이상씩 그들의 생각에 대해 얘기를 나누어야 한다.

42

- **violation** [vàiəléiʃən] n. 위반 *cf.* violate v. 어기다
- **violence** [váiələns] n. 폭력 *cf.* violent a. 격렬한, 폭력적인

[교육청 05] Claiming that her books contain unnecessary (violation / violence), religious leaders have joined the boycott movement.
그녀의 책이 불필요한 폭력을 담고 있다고 주장하면서 종교 지도자들은 불매 운동에 동참했다.

43

- **aboard** [əbɔ́ːrd] ad. (배를) 타고, 탑승하여
- **abroad** [əbrɔ́ːd] ad. 해외에

[**수능 03**] Sailors in the 1800s had a hard life. They found rare comfort in the simple songs that they sang (aboard / abroad) their ships. 1880년대 선원들은 삶이 고되었다. 그들은 배를 타고서 불렀던 단순한 노래들로부터 적으나마 위안거리를 찾았던 것이다.

44

- **adapt** [ədǽpt] v. 적응시키다   *cf.* adaptation n. 적응
- **adopt** [ədápt] v. 채택하다, 입양하다   *cf.* adoption n. 채택, 입양

[**수능 05**] Like all other industries, the rose business must (adapt / adopt) to changing conditions in the marketplace.
다른 산업들과 마찬가지로 장미 사업도 시장의 변화하는 조건들에 적응해야 한다.

45

- **affect** [əfékt] v. 영향을 주다
- **effect** [ifékt] n. 영향, 효과

[**교육청 05**] Can background music (affect / effect) our impressions toward a product?
배경 음악이 상품에 대한 우리의 인상에 영향을 줄 수 있을까?

46

- **career** [kəríər] n. 경력, 직업
- **carrier** [kǽriər] n. 나르는 사람(것), 집배원

[**교육청 05**] The nation did not want the Prime Minister's (career / carrier) to be hurt by scandal. 국민들은 스캔들로 인해 수상의 경력이 손상되는 것을 원하지 않았다.

47

- **command** [kəmǽnd] n. 명령 v. 명령하다
- **comment** [kámənt] n. v. 논평(하다)

[**수능 06**] The hole in the center allows the kite to respond quickly to the flyer's (commands / comments).
중앙의 구멍은 연이 날리는 사람의 명령에 재빠르게 반응하도록 만들어 준다.

48

- **compulsive** [kəmpʌ́lsiv] a. 강제적인   *cf.* compel v. 강제하다
- **impulsive** [impʌ́lsiv] a. 충동적인

[**수능 05**] Following your instincts could lead you to make (compulsive / impulsive) decisions that you may regret later.
당신의 본능을 따르는 것은 나중에 후회하게 될지도 모르는 충동적인 결정을 하도록 이끈다.

49

- **confirm** [kənfə́ːrm] v. 확실히 하다   *cf.* confirmation n. 확정, 확인
- **conform** [kənfɔ́ːrm] v. 순응하다, 따르다   *cf.* conformity n. 적합, 일치

[**수능 95**] This letter is to (confirm / conform) that you will be dismissed from the company effective October 14, 1995.
이 편지는 1995년 10월 14일부로 당신이 회사에서 해고될 것임을 확인시켜 드리는 것입니다.

50

- **current** [kə́:rənt] n. 흐름, 경향, 전류   a. 현재의
- **currency** [kə́:rənsi] n. 통화, 화폐

[**수능 96**] When we think of money, we usually think of (current / currency), that is, coins and bills. 우리가 돈에 대해 생각할 때는 보통 화폐, 즉 동전이나 지폐 등을 떠 올린다.

51

- **deliver** [dilívər] v. 배달하다, 전달하다
- **delay** [diléi] v. 미루다, 연기하다   n. 지연

[**평가원 05**] The lighter particles are (delivered / delayed) further from the shore than the heavier particles. 더 가벼운 입자들은 무거운 알갱이들보다 해안에서 더 멀리 운반된다.

52

- **expanse** [ikspǽns] n. (넓은) 공간   *cf.* expand v. 확장하다
- **expense** [ikspéns] n. 지출   *cf.* expend v. 지출하다

[**수능 06**] One summer night a man stood on a low hill overlooking a wide (expanse / expense) of forest and field.
어느 여름날 밤 한 남자가 넓은 숲과 들판을 내려다보면서 낮은 언덕배기에 서 있었다.

53

- **find** [faind] - **found** [faund] - **found** [faund] vt. 발견하다
- **found** [faund] - **founded** [faundid] - **founded** [faundid] vt. 설립하다

[**교육청 05**] Through research, it was (found / founded) that these participants' habits met the criteria for a psychological disorder.
조사를 통해 이 참가자들의 습관이 정신 장애의 기준에 부합한다는 사실이 발견되었다.

54

- **good** [gud] a. 좋은   n. 선, 이익
- **goods** [gudz] n. 상품, 물건

[**수능 01**] A trade discount is offered to the businesses that buy (good / goods) on a large scale. 이 할인 거래는 대규모로 상품을 구매하는 사업자에게 제공되는 것입니다.

55

- **lay** [léi] - **laid** [léid] - **laid** [léid] vt. 눕히다, 놓다   n. layer 층
- **lie** [lái] - **lay** [lei] - **lain** [léin] vi. 눕다

[**수능 06**] A light mist (laid / lay) along the earth, partly veiling the lower features of the landscape. 연한 안개가 부분적으로 풍경의 아랫부분을 감추고서 지표면을 따라 누워 있었다.

56

- **moral** [mɔ́(:)rəl] a. 도덕적인
- **morale** [mouræl] n. 사기, 기세

[수능 94] Schools should stick to academics, leaving (moral / morale) education to the parents and the community.

학교는 도덕적인 교육은 부모나 지역사회에 맡기고 학과 공부에 매달려야 한다.

57

- **principal** [prínsəpəl] a. 주요한   n. 교장
- **principle** [prínsəpl] n. 원리, 원칙

[수능 06] The shapes of Korean kites are based on scientific (particles / principles) which enable them to make good use of the wind.

한국 연의 형태는 그것이 바람을 잘 이용할 수 있게끔 해주는 과학적인 원리들에 기초하고 있다.

58

- **poverty** [pávərti] n. 빈곤   *cf.* poor a. 가난한
- **property** [prápərti] n. 재산, 특성   *cf.* proper a. 적당한, 고유의

[수능 96] Poor living conditions in the urban areas bring about an increase in (poverty / property), disease and crime.

도시 지역의 열악한 거주 조건이 가난과 질병, 그리고 범죄의 증가를 초래하고 있다.

59

- **sacred** [séikrid] a. 신성한
- **scared** [skɛərd] a. 겁먹은

[교육청 05] Christianity and Islam worship different (sacred / scared) works.

기독교와 이슬람이 숭배하는 성스러운 작품들은 서로 다르다.

60

- **thirsty** [θə́ːrsti] a. 목마른   *cf.* thirst n. 갈증
- **thrifty** [θrífti] a. 검소한   *cf.* thrift n. 절약, 검소

[교육청 05] My father always said to me, "We have to be (thirsty / thrifty) and save money for a rainy day."

아버지는 늘 이렇게 말씀하셨다. "우리는 어려운 때를 대비해 검소해져야 하고 돈을 모아야 한단다."

61

- **farther** [fáːrðər] a. (거리가) 더 먼
- **further** [fə́ːrðər] a. (정도가) 더 나아간, 심화된

[평가원 05] Individuals who have invested in (farther / further) education earn more money than individuals who have not.

심화 교육에 투자한 개인들은 그렇지 않은 사람들보다 더 많은 돈을 번다.

62

- **ethic** [éθik] a. 윤리적인
- **ethnic** [éθnik] a. 인종의

[교육청 05] Speakers of a language may experience the loss of their language as a loss of their (ethic / ethnic) identity.

한 언어의 사용자들은 그들의 언어가 사라지는 것을 그들의 민족적 정체성 상실로 느낀다.

Chapter 1

Unit 01 1. access 2. ancestor
3. decease 4. exceed 5. procedure
6. succeed 7. necessarily

Unit 02 1. attention 2. contend
3. extend 4. extent 5. intend 6. pretend
7. intense 8. tend

Unit 03 1. exist 2. insist 3. resist
4. consist 5. persist 6. assistant 7. exist

Unit 04 1. award 2. reward 3. aware
4. guard 5. Beware 6. forward 7. unaware
8. award

Unit 05 1. forth 2. forward 3. forehead
4. foresee 5. foremost 6. former
7. prolong 8. promptly

Unit 06 1. breeze 2. breathe 3. breast
4. bleed 5. blast 6. broad 7. bloom
8. blossom

Unit 07 1. blond 2. blanket 3. blank
4. Blend 5. blind 6. blink 7. brilliant

Unit 08 1. captain 2. capital 3. cattle
4. achieve 5. chief 6. chapter 7. escape
8. mischief

Unit 09 1. accept 2. anticipate
3. concept 4. deceive 5. except
6. intercept 7. participate 8. receipt

Unit 10 1. circle 2. recycle 3. bicycle
4. circumstance 5. circulate 6. search
7. research 8. cyclone 9. circulation

Unit 11 1. clung 2. climb 3. Clay
4. clutch 5. claw 6. clothes 7. clever
8. glue 9. climb 10. clutch

Unit 12 1. flexible 2. duplicate 3. reflect
4. diploma 5. perplex 6. complicate
7. application 8. Multiply 9. imply

Unit 13 1. concrete 2. create
3. recreation 4. creativity 5. recruit
6. increase 7. decrease

Unit 14 1. content 2. contain 3. obtain
4. Maintain 5. attain 6. abstain
7. continue 8. continent

Unit 15 1. logic 2. psychology
3. biology 4. sociology 5. Logical
6. eloquent

Unit 16 1. affect 2. defect 3. effect
4. facilities 5. factor 6. infect
7. manufacture 8. perfect

Unit 17 1. conference 2. fertile
3. interfere 4. offer 5. prefer 6. refer
7. suffer 8. transfer

Unit 18 1. definite 2. define 3. fine
4. infinite 5. confine 6. final 7. definitely

Unit 19 1. explore 2. flap 3. flare
4. float 5. flood 6. fluent 7. flush
8. influence

Unit 20 1. effort 2. comfort
3. comfortable 4. enforce 5. reinforce
6. fortress 7. fortune

Unit 21 1. genetic 2. genuine
3. pregnant 4. general 5. generous
6. generation 7. genius

Unit 22 1. glory 2. glimmer 3. glimpse 4. gleam 5. glare 6. glow 7. glitter 8. glance

Unit 23 1. flatter 2. stutter 3. litter 4. glitter 5. shatter 6. mutter 7. scatter 8. chatter

Unit 24 1. prize 2. priceless 3. precious 4. appreciate 5. praise

Unit 25 1. debt 2. behave 3. heavy 4. habitual 5. inhabit 6. habitat 7. prohibit 8. exhibit

Unit 26 1. interval 2. intercept 3. international 4. interrupt 5. interact 6. interview 7. interpret

Unit 27 1. leave 2. lease 3. loose 4. lost 5. relax 6. release 7. leave

Unit 28 1. delay 2. ladder 3. lately 4. liable 5. ally 6. rely 7. laid 8. alliance

Unit 29 1. incurable 2. curiosity 3. secure 4. security 5. accurate 6. cherish 7. charity

Unit 30 1. diminish 2. minute 3. minimal 4. minister 5. administer

Unit 31 1. admit 2. commit 3. omit 4. permit 5. submit 6. messy 7. dismiss

Unit 32 1. remote 2. motivate 3. motive 4. promote 5. emotion 6. promotion 7. emotional

Unit 33 1. knowledge 2. acknowledge 3. diagnosis 4. ignore 5. recognize 6. notice 7. notify 8. notorious

Unit 34 1. artificial 2. beneficial 3. certificate 4. deficient 5. deficit 6. magnificent

Unit 35 1. depart 2. Department 3. Particle 4. particular 5. partial

6. proportion 7. parcel 8. participate

Unit 36 1. passport 2. passage 3. passenger 4. compass 5. passers-by 6. bypass 7. surpass 8. past

Unit 37 1. flat 2. plate 3. plaza 4. replace 5. plain 6. place 7. plain

Unit 38 1. accomplish 2. complete 3. complement 4. compliment 5. supply 6. supplement 7. plenty 8. plural 9. completely

Unit 39 1. compose 2. component 3. compound 4. deposit 5. oppose 6. pause 7. position 8. postpone

Unit 40 1. president 2. resident 3. saddle 4. settle 5. site 6. situation 7. assess 8. session

Unit 41 1. pressure 2. depressed 3. oppress 4. suppress 5. express 6. impression

Unit 42 1. principal 2. principle 3. primitive 4. prime 5. priority 6. primary 7. Prior

Unit 43 1. private 2. privilege 3. deprive 4. property 5. appropriate 6. Improper 7. public

Unit 44 1. grammar 2. diagram 3. telegram 4. biography 5. autobiography 6. autograph 7. photograph 8. geography

Unit 45 1. conquest 2. request 3. acquire 4. require 5. inquire 6. quest

Unit 46 1. accord 2. courage 3. encourage 4. core 5. record 6. courageous 7. concord

Unit 47 1. export 2. portable 3. import 4. porter 5. important 6. transport 7. support 8. opportunity

Unit 48 1. preserve 2. conservative
3. conserve 4. reserve 5. observe
6. conservation 7. observe

Unit 49 1. concise 2. Suicide
3. pesticide 4. precise 5. decision
6. decide

Unit 50 1. sensitive 2. consensus
3. consent 4. resent 5. sentence
6. sentimental 7. scent 8. Sensual
9. sentence

Unit 51 1. similar 2. assemble
3. resemble 4. simultaneous
5. simulation 6. similar 7. assembly

Unit 52 1. slim 2. slender 3. slope
4. sleeve 5. slacks 6. sled 7. slip

Unit 53 1. conspicuous 2. despise
3. inspect 4. expectation 5. respect
6. spectator 7. respective 8. suspect
9. prospect

Unit 54 1. spring 2. sprout 3. sprinkle
4. spread 5. splash 6. split 7. spark
8. spit

Unit 55 1. stamina 2. contrast
3. arrest 4. stable 5. establish 6. steady
7. instead 8. install

Unit 56 1. astronomer 2. astrology
3. astronaut 4. astronomy 5. disaster
6. consider

Unit 57 1. stimulate 2. distinguish
3. instinct 4. extinct 5. stitch 6. stingy
7. stink 8. stung 9. extinguish

Unit 58 1. strip 2. stray 3. stripe
4. stream 5. stride 6. string 7. streak
8. stroll

Unit 59 1. evident 2. invisible
3. provide 4. revise 5. supervise
6. evidence 7. visual 8. advise

Unit 60 1. contract 2. attract
3. abstract 4. distract 5. extract 6. retreat
7. trigger 8. subtract 9. attractive

Unit 61 1. transport 2. traffic
3. transfer 4. transplant 5. traitor
6. tradition 7. betray 8. traffic 9. translate

Unit 62 1. prophecy 2. profess
3. profession 4. professor 5. preface
6. confess 7. fate 8. fatal 9. professional

Unit 63 1. outstanding 2. constant
3. distant 4. stem 5. substance
6. obstinate 7. destine 8. destination

Unit 64 1. unique 2. unit 3. union
4. unification 5. universal 6. university
7. universe

Unit 65 1. formal 2. uniform
3. perform 4. inform 5. form 6. reform
7. conform 8. formula

Unit 66 1. grade 2. Gradual
3. graduate 4. aggressive 5. congress
6. ingredient 7. degree 8. progress

Unit 67 1. vacant 2. vanish 3. vast
4. devastate 5. vanish 6. vanity 7. vain
8. waste 9. vacancy 10. vain

Unit 68 1. advertise 2. controversy
3. diverse 4. divorce 5. anniversary
6. verse 7. extrovert 8. convert

Unit 69 1. convey 2. obvious
3. Previous 4. trivial 5. convoy 6. voyage
7. vein

Unit 70 1. revolve 2. involve 3. evolve
4. develop 5. envelope 6. Revolution

Chapter 2

Unit 01 1. accidental 2. incident
3. coincidence 4. accidentally

Unit 02 1. react 2. interact 3. exact

Unit 03 1. disappear 2. appearance 3. apparent 4. transparent 5. peer

Unit 04 1. alarm 2. army 3. armed 4. alarm

Unit 05 1. audience 2. inaudible 3. obedient

Unit 06 1. authority 2. authorize 3. authentic 4. author

Unit 07 1. combine 2. bilingual 3. balance

Unit 08 1. belly 2. bowl 3. bold 4. bullet

Unit 09 1. bankrupt 2. abrupt 3. corrupt 4. erupt

Unit 10 1. barricade 2. barrier 3. barrel 4. bar

Unit 11 1. basement 2. basis 3. base 4. basically

Unit 12 1. battle 2. beat 3. combat 4. debate

Unit 13 1. cause 2. accuse 3. excuse

Unit 14 1. fragile 2. fracture 3. brick 4. break

Unit 15 1. Canal 2. channel 3. cane

Unit 16 1. cartoon 2. chart 3. discard 4. Charter

Unit 17 1. casual 2. casualty 3. occasional 4. case

Unit 18 1. captive 2. capture 3. chase 4. purchase

Unit 19 1. ceiling 2. cellar 3. conceal 4. cell

Unit 20 1. clean 2. declare 3. cleanse 4. clear

Unit 21 1. incline 2. client 3. decline

Unit 22 1. recollect 2. elect 3. select 4. election

Unit 23 1. income 2. outcome 3. overcome

Unit 24 1. command 2. demand 3. recommendation 4. mandatory

Unit 25 1. commonplace 2. common 3. Communism

Unit 26 1. disgrace 2. gratuity 3. gratitude

Unit 27 1. contest 2. testify 3. testimony 4. protest

Unit 28 1. creed 2. grant 3. incredible

Unit 29 1. scream 2. crime 3. exclaim 4. claim

Unit 30 1. detective 2. detect 3. protect 4. detective

Unit 31 1. indicate 2. dictate 3. predict 4. contradict

Unit 32 1. direct 2. correct 3. erect

Unit 33 1. domestic 2. dominate 3. Domestic

Unit 34 1. oxygen 2. genetic 3. generate 4. gender

Unit 35 1. internal 2. exterior 3. introduction

Unit 36 1. Equator 2. adequate 3. equality

Unit 37 1. prevent 2. invent
3. convention 4. eventually

Unit 38 1. assume 2. resume
3. example 4. exempt

Unit 39 1. initial 2. perish 3. issue

Unit 40 1. fury 2. fierce[ferocious,
furious] 3. fierce[ferocious, furious]
4. fever

Unit 41 1. flavor 2. flour 3. flourish
4. flavor

Unit 42 1. fund 2. profound
3. fundamental 4. found

Unit 43 1. refuse 2. fusion 3. confuse

Unit 44 1. suggest 2. digestion
3. register

Unit 45 1. grand 2. Gross 3. grocery
4. grown-up

Unit 46 1. height 2. heap 3. hop

Unit 47 1. justify 2. adjust 3. Prejudice
4. jury

Unit 48 1. lawyer 2. loyal 3. illegal
4. law

Unit 49 1. literal 2. illiterate 3. literary
4. literally

Unit 50 1. lever 2. elevate 3. relieve
4. lift

Unit 51 1. liberty 2. liberal 3. deliver

Unit 52 1. loom 2. illuminate 3. illustrate

Unit 53 1. explode 2. applaud
3. Laughter

Unit 54 1. majestic 2. major 3. mayor

Unit 55 1. maintain 2. manual
3. management

Unit 56 1. margin 2. remark
3. remarkable

Unit 57 1. commercial 2. mercy
3. merit 4. market

Unit 58 1. remedy 2. medicine
3. meditate 4. medical

Unit 59 1. memorize 2. memory
3. memorial

Unit 60 1. diameter 2. measure
3. immense 4. measure

Unit 61 1. metropolis 2. policy
3. politician

Unit 62 1. immediate 2. Mediterranean
3. medieval

Unit 63 1. millionaire 2. milestone
3. military

Unit 64 1. mental 2. remind 3. mention
4. comment

Unit 65 1. miracle 2. admire 3. Admiral
4. admire

Unit 66 1. missing 2. mistake
3. misfortune 4. mistreat

Unit 67 1. mode 2. modify 3. moderate
4. modest

Unit 68 1. amount 2. mound 3. mount

Unit 69 1. multiple 2. multiply
3. multitude

Unit 70 1. anonymous 2. antonym
3. nominate

Unit 71 1. overeat 2. overly 3. overlook
4. overthrew 5. overwhelm

Unit 72 1. expand 2. span 3. pace
4. space

Unit 73 1. population 2. popularity
3. republic 4. public

Unit 74 1. ban 2. fame 3. infancy

Unit 75 1. imprison 2. surprise 3. prey
4. comprehend

Unit 76 1. proof 2. approval 3. probe

Unit 77 1. productive 2. education
3. conduct

Unit 78 1. appeal 2. compel 3. expel
4. impulse

Unit 79 1. buzz 2. dizzy 3. dazzle
4. drizzl

Unit 80 1. radar 2. radioactive 3. ray
4. radiate

Unit 81 1. bow 2. elbow 3. bough

Unit 82 1. competent 2. appetite
3. perpetually

Unit 83 1. scrape 2. scrub 3. scratch
4. scar

Unit 84 1. describe 2. manuscript
3. subscribe 4. prescription

Unit 85 1. significant 2. signature
3. designate 4. assign

Unit 86 1. compensation 2. pension
3. expense 4. compensate

Unit 87 1. aspire 2. conspiracy
3. expire

Unit 88 1. responsibility 2. correspond
3. spouse

Unit 89 1. constitute 2. substitute

3. superstition

Unit 90 1. turbine 2. disturb 3. torture
4. torment

Unit 91 1. struggle 2. stroke 3. striking

Unit 92 1. strain 2. strict 3. Restrict

Unit 93 1. construct 2. instruct
3. destruction 4. obstruct

Unit 94 1. absorb 2. soak 3. sip

Unit 95 1. suit 2. sue 3. pursue

Unit 96 1. superb 2. supreme
3. superior 4. inferior

Unit 97 1. sway 2. sweep 3. swift

Unit 98 1. passion 2. patient
3. passively

Unit 99 1. telescope 2. microscope
3. landscape

Unit 100
1. terrible 2. terrific 3. terrified 4. tremble

Unit 101 1. astonish 2. stun
3. monotonous 4. intonation

Unit 102 1. anchor 2. ankle
3. rectangle

Unit 103 1. attribute 2. contribute
3. distribute

Unit 104 1. twist 2. twig 3. Between

Unit 105 1. evaluate 2. available
3. valid 4. invaluable

Unit 106 1. survey 2. review 3. preview

Unit 107 1. advocate 2. vocabulary
3. vocation

Unit 108 1. volunteer 2. voluntary
3. unwillingly 4. willing

Unit 109 1. witty 2. witness 3. wizard

Unit 110 1. wrestle 2. wrinkle 3. wrong

Chapter 3

Unit 01 1. precaution 2. cautious
3. attitude

Unit 02 1. barely 2. bandage
3. bound 4. barren

Unit 03 1. bait 2. bride 3. breed

Unit 04 1. companion 2. burden
3. birth 4. accompanied

Unit 05 1. dispute 2. reputation
3. encounter 4. contradictory

Unit 06 1. courteous 2. discount
3. account

Unit 07 1. recover 2. culture
3. agriculture

Unit 08 1. condemn 2. accustom
3. damage

Unit 09 1. dimple 2. suspense
3. independent

Unit 10 1. document 2. desperate
3. dignity

Unit 11 1. drain 2. thrive 3. drought
4. drift

Unit 12 1. ambitious 2. endure
3. durable 4. ambassador

Unit 13 1. err 2. surgeon 3. errand

Unit 14 1. Experiment 2. surface

3. expert 4. superficial

Unit 15 1. fantastic 2. federal 3. fancy
4. confident

Unit 16 1. defense 2. failure
3. offensive

Unit 17 1. frontier 2. perfume
3. funeral 4. confront

Unit 18 1. gift 2. forgive 3. orchard

Unit 19 1. hostile 2. grasp 3. grab
4. grasp

Unit 20 1. inherit 2. heal 3. Heredity
4. heritage

Unit 21 1. humble 2. imagination
3. imitate 4. humid

Unit 22 1. isolate 2. journalist 3. isle
4. journey

Unit 23 1. latter 2. collaborate
3. laboratory

Unit 24 1. location 2. religion 3. oblige
4. local

Unit 25 1. analyze 2. paralyze
3. machine

Unit 26 1. masterpiece 2. permanent
3. remain

Unit 27 1. immortal 2. immigrate
3. emigrate

Unit 28 1. moist 2. material 3. moss
4. matter

Unit 29 1. native 2. nearly 3. naive
4. national

Unit 30 1. nervous 2. denied
3. Neither 4. naughty

Unit 31 1. innovative 2. novice
3. abnormal 4. enormous

Unit 32 1. Numerous 2. nourish
3. Innumerable 4. nutrition

Unit 33 1. operate 2. opinion 3. adopt
3. cooperate

Unit 34 1. alternative 2. penalty
3. punish 4. alter

Unit 35 1. preparation 2. peer
3. comparative 4. repair

Unit 36 1. expedition 2. pact
3. pedestrian 4. pacific

Unit 37 1. sophisticated 2. sophomore
3. depict 4. picturesque

Unit 38 1. appoint 2. absent
3. disappoint 4. represent

Unit 39 1. Acupuncture 2. compromise
3. promising 4. punctual

Unit 40 1. rank 2. insult 3. assault
4. arrange

Unit 41 1. radish 2. rivalry 3. radical
4. arrive

Unit 42 1. roughly 2. conscience
3. conscious 4. rude

Unit 43 1. execute 2. insect
3. consequence

Unit 44 1. shield 2. sociable 3. shelter
4. associate

Unit 45 1. absolute 2. sole 3. solitary

Unit 46 1. starve 2. hemisphere
3. atmosphere 4. stubborn

Unit 47 1. revival 2. sure 3. insurance
4. vivid

Unit 48 1. technology 2. determined
3. architect 4. terminal

Unit 49 1. Atheist 2. enthusiasm
3. Mediterranean 4. territory

Unit 50 1. tuition 2. intuition 3. utilities

Unit 51 1. wealth 2. welfare
3. bewilder 4. wilderness

Chapter 4

Unit 01 1. approximate 2. enemy
3. pronounce 4. adolescent 5. altitude
6. interrogate 7. announce

Unit 02 1. hinder 2. boast 3. bravery
4. descend 5. abandon 6. forbid
7. Believe

Unit 03 1. recall 2. celebrities
3. concentrate 4. abroad 5. forecast
6. bruise

Unit 04 1. otherwise 2. colony
3. Classify 4. civilization 5. purchase
6. characteristic 7. impact

Unit 05 1. delight 2. carve 3. dusk
4. endanger 5. epidemic 6. dawn
7. Despite

Unit 06 1. device 2. dummy
3. negligent 4. individual 5. address
6. ditch 7. drip

Unit 07 1. accelerate 2. exhaust
3. imperative 4. due 5. esteem 6. obese
7. emergency

Unit 08 1. fellow 2. patriot 3. festive
4. fasten 5. faint 6. fanatic 7. extreme

Unit 09 1. conflict 2. freeze 3. confirm
4. global 5. fond 6. furnish 7. threefold

Unit 10 1. disguise 2. disgust
3. grieve 4. undergo 5. regard
6. groundless 7. regret

Unit 11 1. dishearten 2. hesitate
3. adhesive 4. horror 5. hostage
6. ideology 7. holy

Unit 12 1. inevitable 2. dialect
3. nuisance 4. knelt 5. exert 6. layer
7. sanitation 8. insert

Unit 13 1. lottery 2. reluctant
3. feminine 4. eyelid 5. eliminate
6. pollution 7. Mammal

Unit 14 1. amaze 2. billionaire
3. meddle
4. miserable 5. summon 6. demonstrate

Unit 15 1. connect 2. ordinary
3. nasty 4. remove 5. semester
6. Navigation 7. mustache

Unit 16 1. Philosophy 2. donate
3. mimic 4. dioxide 5. impolite 6. surplus
7. pot

Unit 17 1. quote 2. improvement
3. predator 4. erase 5. rush 6. regulation

Unit 18 1. rotate 2. enroll 3. routine
4. rubbish
5. surrender 6. relative

Unit 19 1. salvation 2. scholar
3. escalate 4. sacrifice 5. rubber
6. ashamed 7. deserve

Unit 20 1. solid 2. sore 3. stern
4. sum 5. spoil 6. restore 7. summit
8. shape

Unit 21 1. undertake 2. detail
3. temperature 4. attack 5. context
6. hypothesis 7. attempt

Unit 22 1. tremendous 2. awkward
3. tomb 4. suburb 5. urgent 6. reveal

Unit 23 1. wicked 2. proverb 3. vital
4. vow 5. invest 6. wither 7. wander

부록3. 혼동어 휘어잡기

01. across 02. live
03. illusion 04. lonely
05. application 06. arisen
07. beside 08. otherwise
09. clothe 10. composition
11. considerable 12. decline
13. dedicated 14. induce
15. dependable 16. elderly
17. emerged 18. omitted
19. evolution 20. exhibits
21. expression 22. extinct
23. exposure 24. generous
25. identity 26. imaginary
27. industrious 28. Intellectual
29. latter 30. latest
31. lightning 32. Mechanical
33. meaning 34. medications
35. objective 36. physician
37. popularity 38. precede
39. sensitive 40. successful
41. supposed 42. violence
43. aboard 44. adapt
45. affect 46. career
47. commands 48. impulsive
49. confirm 50. currency
51. delivered 52. expanse
53. found 54. goods
55. lay 56. moral
57. principles 58. poverty
59. sacred 60. thrifty
61. further 62. ethnic